COMMENT
PENSER
L'ARGENT ?

CHEZ LE MÊME ÉDITEUR

Science et philosophie, pour quoi faire ?
Premier Forum Le Monde Le Mans, textes réunis et présentés par Roger-Pol Droit, 1990.

Les Grecs, les Romains et nous. L'Antiquité est-elle moderne ?
Deuxième Forum Le Monde Le Mans, textes réunis et présentés par Roger-Pol Droit, 1991.

COMMENT PENSER L'ARGENT ?

Troisième Forum Le Monde Le Mans

Textes réunis et présentés par

Roger-Pol DROIT

Avec la participation de
Jean ANDREAU, Christian DE BOISSIEU, Henri BOURGUINAT, Pierre CHAUNU, Dany COHEN, Alain COTTA, Gilles COTTEREAU, Jean DEFLASSIEUX, Jacques DERRIDA, Paul FABRA, Christophe GUETTIER, Bernard GUIBERT, Géraud GUIBERT, Marc GUILLAUME, Michel HENRY, Denis KESSLER, Jacques LESOURNE, Robert LION, Bernard MARIS, Maurice MÉNARD, Alain DE MIJOLLA, Vinh Nguyen QUOC, Erik ORSENNA, François RACHLINE, Jean-Michel SERVET, Marc SHELL, Mark C. TAYLOR, Jean-Marie THIVEAUD, Marc UZAN, Jean-Louis VIEILLARD-BARON.

Le Monde
EDITIONS

ISBN 2-87899-050-1

Préambule

La parole est d'argent...

Roger-Pol Droit

D'un monde à un autre

Il était une fois un monde où l'argent était discret, et presque silencieux. Il était bien présent — ce monde était industrialisé, urbanisé, productif — mais il faisait peu parler de lui. Peut-être parce qu'on ne cessait de le voir et de le toucher, sous la forme de billets et de pièces, de chèques à signer, qui passaient de main en main, innombrables et muets.

Il manquait toutefois à ce temps, qui se disait moderne, plusieurs traits marquants de celui où nous vivons. On écoutait des journaux radiophoniques sur des transistors, pas des infos sur la FM. Ces nouvelles ne disaient mot de l'indice Nikkei, des variations du Dow Jones ou des fluctuations du CAC 40. S'il existait un marché boursier, il était réservé aux gens du métier. Monsieur N'importe-qui ne se réveillait pas en apprenant comment a clôturé Tokyo pendant son sommeil, ne s'endormait pas en sachant comment s'est comporté New York, ne déjeunait pas en direct avec le Palais Brongniart.

A la télévision, en noir et blanc, et au nom de l'ORTF, on ne scrutait pas chaque jour le cours du mark, du dollar et du yen. Le déficit du commerce extérieur ou la balance des paiements ne figuraient pas parmi les informations quotidiennes. Bernard Tapie n'était pas encore riche. Il n'y avait ni *Roue de la fortune* ni *Juste Prix*. Un candidat à la présidence de la République, quand il parlait de l'inflation, se reprenait aussitôt pour dire « la vie chère », sachant que le premier terme, trop technique, n'appartenait pas au vocabulaire de tous les électeurs.

Décidément, la France, il y a vingt ans seulement, était un autre monde. La BNP choquait, avec une campagne de publicité où un jeune loup avouait : « Votre argent m'intéresse. » Au coin des rues, bon nombre de boulangeries et de cafés avaient déjà disparu, laissant place à des banques. Mais il fallait encore entrer dans les agences, parler à un employé, signer un chèque. Les machines ont changé tout cela. Une carte, un code, et des billets sortent du mur. Ils ne servent plus guère. La carte règle à peu près tout, y compris ce qu'on achète désormais sur minitel.

En ce temps-là, pas si lointain quand même, on parlait une langue devenue désuète. Il existait toute une série de verbes : « organiser », « contrôler », « aménager », « surveiller », « diriger », ou encore « veiller à », « s'occuper de », « faire face à », qui ont été depuis remplacés par un seul : « gérer ». On ne gère plus simplement un portefeuille d'actions, une entreprise ou un stock. On gère sa carrière, son emploi du temps, son régime alimentaire, sa forme physique ou ses émotions. « Je reviens dans une heure, peux-tu gérer les gosses ? », cette phrase est devenue possible. Elle ne l'était pas naguère. C'est aussi à ce genre d'indices que les mutations de notre époque se repèrent.

Il est évidemment d'autres signes, plus massifs et moins anecdotiques, d'un tournant de l'histoire. Chacun les connaît, et il concerne la planète entière : mondialisation des marchés, informatisation des échanges et des cotations, accroissement vertigineux des masses de capitaux flottants, invention permanente de nouveaux produits financiers, intensification de la spéculation sous toutes ses formes. En même temps, la place tenue par l'argent dans les mentalités collectives se modifie. Longtemps tabou, il devient totem, passe de la honte à la gloire, du mépris subi à la fascination exercée. L'argent n'a pas simplement cessé d'être suspect. Il tend à devenir la seule valeur reconnue, censée tout justifier, ou presque tout. La disparition de la plupart des régimes communistes, et surtout de tout horizon révolutionnaire, n'a fait qu'accentuer cette impression : l'argent est roi, sans que sa légitimité soit contestée, au moins pour un temps. On soupçonne que ce roi, peut-être, est fou, victime en tout cas d'accès de fièvre et de sautes d'humeur. Mais cela n'empêche pas de régner.

Ces divers constats n'ont en eux-mêmes rien d'original. Leur convergence, toutefois, délimite un des aspects majeurs de notre époque, qu'il convient d'interroger. Il nous a donc paru justifié de centrer ce troisième Forum Le Monde Le Mans sur la question, ou, plutôt, *les* questions de l'argent. La vocation de cette rencontre entre chercheurs et grand public est en effet d'éclairer, de manière accessible et interdisciplinaire, les grandes perplexités de notre temps. Dans cette optique, il a semblé judicieux de demander ce que l'argent représente aujourd'hui, de tenter de savoir comment s'agencent les liens multiples entre réalités financières et réalités imaginaires.

Nous avions, en effet, l'intuition que l'argent renvoie à des phénomènes plus complexes et surtout plus bigarrés que ne le croient les économistes. Les théoriciens de la monnaie et les experts de la finance, quelles que soient leurs écoles et leurs tendances, travaillent sur un matériau épuré, fort éloigné en fait de cet obscur réseau d'émotions, d'angoisse et d'espoir qui accompagne les pouvoirs auxquels l'argent demeure attaché dans l'imagination de tous et de chacun. Sans doute faut-il, pour élaborer des modèles conceptuels et des analyses scientifiques, rompre avec la diversité des fantasmes et le flou des représentations populaires. Mais cette part de rêve peut-elle être vraiment détachée des mécanismes monétaires ? Tout ce qui gravite autour des affaires en matière d'illusions et de rumeurs, d'irrationnel et d'archaïque, ne vient-il pas contaminer la rigueur informatisée des places boursières plus sûrement que les virus des logiciels ? Ne faudrait-il pas envisager l'argent dans toutes ses dimensions, sous toutes ses faces, dans la multiplicité et la complexité de leurs interférences ?

C'est l'impression que nous avons eue, au premier temps de l'élaboration de ce Forum. Même si ce livre est nécessairement fort loin de remplir un tel programme, il en confirme la pertinence. A mesure de la préparation, puis du déroulement de ces journées nous avons acquis l'intime conviction qu'il y a là un très vaste domaine de recherche, et des foules de questions à creuser. Notre étonnement, c'est que si peu de travaux leur aient été jusqu'à présent consacrés. Il faut dire quelques mots de cette situation surprenante, et de la manière dont ce volume y prend place.

Ouvrir une lacune

Toute personne familière de l'écrit le sait : il existe des livres sur tout sujet. Quelle que soit la question, des publications d'experts contestent ou corroborent celles d'autres spécialistes. Considérant la place prépondérante de l'argent dans l'ensemble des activités humaines, et singulièrement dans les sociétés actuelles, on pourrait s'attendre à d'interminables bibliographies. On s'apprête à parcourir d'abondantes listes de travaux en tous genres, traitant de l'histoire de l'argent, de ses aspects philosophiques, psychologiques, de ses techniques et de leur évolution, de ses relations multiformes à l'économie, au pouvoir politique, à l'éthique, à l'art — par exemple. Eh bien non... cette surabondante littérature n'existe pas !

Il existe évidemment des travaux. Certains sont de qualité. et nous sommes redevables à bon nombre d'entre eux. Mais le plus frappant demeure la disproportion fantastique entre le rôle social, historique, politique, etc., de l'argent et le nombre, relativement très faible, de recherches dont il fait l'objet. Il est tout de même très curieux que cet élément omniprésent n'ait pas suscité davantage le zèle des penseurs. Depuis un quart de siècle, il y a fort à parier, même sans avoir fait d'exact décompte, que se sont imprimés plus d'ouvrages sur *Hamlet* ou *Madame Bovary* que sur la question de l'argent. Si cela était possible, il faudrait tirer au clair une telle énigme.

Pourquoi les penseurs, dans leur ensemble, sont-ils ainsi

comme aveugles aux réalités de leur temps ? Scruter les activités financières, serait-ce déroger à la noblesse des contemplations théoriques ? Sont-ils encore victimes de ce vieux préjugé : l'argent ignoble, sale, méprisable, voire diabolique ? Ce n'est pas impossible. C'est pourtant trop simple. Il se pourrait plutôt, ce n'est qu'une hypothèse, qu'entre le processus d'abstraction qui fonde les signes monétaires et celui qui fonde la langue, le statut des idées, la possibilité même de la pensée et de sa circulation, une trop grande proximité existe. L'argent ne serait pas un objet visible pour la réflexion dans la mesure même où trop de similarités les rendraient presque jumeaux. Ce serait sans doute une piste à creuser. Ce n'est pas le lieu.

Ce livre, en effet, ne s'est pas donné pour tâche de chercher pour quels motifs la réflexion a si continûment négligé l'analyse d'une réalité omniprésente. Il s'est fixé comme objectif de contribuer à baliser le terrain. Baliser, simplement. Ou approcher la question, si l'on préfère. Se demander par quels biais, sous quels angles, avec quels instruments commencer à explorer cette réalité multiple, fuyante, qui traverse en diagonale tant de secteurs. Formuler les principales questions, entamer des voies d'accès, cerner un phénomène qui se dérobe, entrecroiser pour cela des compétences diverses — telle est l'expérience de ce livre.

Il convient donc de prendre son titre à la lettre. *Comment penser l'argent ?* Nous ne le savons pas, et tentons de trouver des chemins. Maladroitement ? Peut-être. Sans toujours aboutir ? Sûrement. En frayant malgré tout quelques pistes qui vaillent ? Il convient de l'espérer. Ce n'est pas à nous d'en juger.

Mais il fallait souligner que ce Forum est une expérience. Il l'était déjà les années précédentes. Il est en effet peu d'exemples, ou même aucun, d'une manifestation coorganisée par un quotidien national, une université régionale et une municipalité. Expérimental, le Forum Le Monde Le Mans l'est surtout en décloisonnant les disciplines, en pariant sur l'intelligence et la clarté, en permettant à un vaste public de dialoguer avec de grands chercheurs français et étrangers.

Toutefois, les deux premières années, cette aventure s'est

déroulée sur des terrains déjà largement reconnus. Qu'il s'agisse des nouvelles relations entre philosophie et sciences, ou de l'actualité des études grecques et latines, il existait suffisamment de recherches, de publications et d'auteurs pour que l'expérience portât plutôt sur la forme que sur le fond. Les deux premiers Forums pouvaient dessiner un état des lieux partiel de questions déjà bien définies et diversement explorées. Ils avaient à mettre en lumière, et à confronter, des analyses déjà existantes. Cette fois, l'expérience porte sur le contenu. Il ne s'agit donc pas de combler une lacune, par un travail venant s'insérer exactement dans un blanc délimité de la carte des savoirs. Il s'agit plutôt, si l'on ose dire, d'ouvrir une lacune, en faisant prendre conscience que l'argent est peut-être, pour la pensée, encore une terre inconnue.

Un livre à faire

Transposer en un volume les parcours qui se dessinent, les rythmes qui se succèdent, les propos qui s'échangent au cours de ces journées est un exercice singulier. Le matériau est divers : certains auteurs rédigent leur texte avant de le prononcer, d'autres après, d'autres encore relisent et rectifient la transcription de leurs improvisations enregistrées. La liberté qui règne au Forum exige de ne pas uniformiser ces décalages de style.

Elle exige aussi de conserver trace des débats entre les participants. Les reproduire entièrement étant impossible, ne sont retenues que les questions et remarques offrant l'occasion d'un approfondissement, d'une précision ou d'un nouvel éclairage. Leur formulation, sous une forme souvent condensée, s'efforce de n'en jamais trahir l'esprit, quand bien même la lettre se trouve autrement dessinée.

Les brèves introductions précédant chaque chapitre sont plus commodes, bien qu'elles soient très succinctes, qu'un long texte énumérant pour commencer tout le contenu du volume. Si l'on se souvient de ces préfaces panoramiques en cours de route, une dérangeante impression de déjà-lu vous saisit. Et si l'on ne se les rappelle plus guère dès le chapitre deux, à quoi peuvent-elles servir ?

Les séances du Forum ayant été chacune centrée sur un thème, et suivie d'un débat d'ensemble, ce découpage a été respecté. L'ordre des chapitres a donc sa logique, offrant au lecteur un parcours possible, qui n'est pas dépourvu de cohérence. Mais il est d'autres parcours, des regroupements différents, des ordres et des désordres qui composeront des livres dissemblables. Au lecteur de les inventer. Rien ni personne n'interdit de commencer par la fin, suivre le milieu et terminer par le commencement. Un livre à faire, c'est aussi la tâche, et le privilège, du lecteur. Sans doute est-ce plus ou moins vrai pour tout volume, mais sans conteste pour celui-ci, où tant de trajectoires s'entrecroisent que chacun y inventera son labyrinthe, et sa course au trésor.

1. Affaires d'imaginaires

L'argent est une fiction. La formule peut étonner, dans la mesure où elle prête à malentendus. Précisons donc. Il ne saurait s'agir de déclarer inexistantes les réalités financières, de nier le poids des intérêts, de tenir pour nulles les inégalités de revenus et de fortunes. Cela n'aurait guère de sens, ou bien relèverait d'une sorte de refus — radical, angélique, et délirant — des sociétés où nous vivons, et de ce que chacun peut y constater à chaque heure.

Que l'argent soit fiction rappelle simplement qu'il est le résultat d'une invention humaine, le produit d'une convention, au même titre que le langage. Nulle part dans la nature n'existe une substance ayant pour qualité intrinsèque d'étalonner les valeurs et de permettre les échanges. Aucun prix n'est inscrit dans aucune pierre ni aucun métal. Si on les juge précieux, s'ils peuvent servir à l'achat d'autres biens, cet ordre des valeurs monétaires est de part en part instauré par une décision sociale, quand bien même celle-ci n'aurait jamais été délibérée ni consciemment mise en œuvre. Ces évidences, depuis longtemps triviales, doivent nous conduire vers d'autres pistes.

Car si en son fond l'argent est fiction, il faut considérer qu'il a partie liée avec l'imaginaire. En ce cas, l'exploration des contes peut nous en apprendre autant que l'examen des comptes. Entamer nos parcours par ce biais paraît donc légitime. Nous cherchons d'abord à entrevoir comment l'argent est rêvé, transformé en mythe collectif, inscrit dans les fantasmes individuels. Nous tentons d'approcher les illusions qu'il engendre, les attitudes culturelles qu'il suscite, la manière dont elles évoluent. Évidemment, il y faudrait une bibliothèque. Quelques éclairages ne sont toutefois pas vains.

L'âge d'or du roman est aussi celui des maîtres de forges, des capitaines d'industrie et des banquiers inventeurs de la Bourse. N'est-ce vraiment qu'une simple coïncidence ? Maurice Ménard, qui fréquente Balzac de longue date, explique comment dans La Comédie humaine, *aussi bien que dans* Les Rougon-Macquart *de Zola, l'argent est à la fois enfoui et présent, tour à tour sujet explicite ou clé cachée des intrigues, ressort interne des personnages ou élément central de leurs relations, terreau de la vie sociale et source de mythes. Ce que le roman nous apprend de l'argent ne relève pas simplement du tableau de mœurs ou du témoignage psychologique. Il nous enseigne, de façon plus subtile, que la présence de l'argent est sans doute d'autant plus forte qu'elle est moins visible. Par les temps qui courent, voilà qui est à méditer. Dans un monde qui croit se griser des symboles de la fortune et des signes de la réussite, Maurice Ménard suggère que la fascination du roman pour les mythes de l'argent n'est pas un conditionnement de plus, mais une forme de thérapeutique.*

La psychanalyse en est une autre. L'argent tient, dans la cure, un rôle important. La place que lui accorde la théorie freudienne est toutefois moins simple qu'on ne le croit. Alain de Mijolla rappelle que la psychanalyse parle d'économie, d'investissement, de transfert — termes évoquant aussi bien la finance que le psychisme. Mais Freud note également que l'argent « n'est pas l'objet d'un désir infantile ». Rassemblant avec netteté les principaux apports de la psychanalyse à une réflexion sur l'argent, Alain de Mijolla s'interroge sur la manière dont l'argent nous représente, et sur les liens unissant nos comportements sociaux et économiques à notre intimité la plus archaïque.

Ces connexions entre argent et imaginaire ne concernent pas seulement les individus. Elles soudent également les représentations collectives. On le voit clairement quand se rencontrent des « imaginaires monétaires » différents. Jean-Michel Servet fait découvrir comment les colonisateurs occidentaux ne comprennent pas les monnaies indigènes et leur statut spécifique, tandis que les populations colonisées perçoivent les pièces, billets et transactions des Européens à travers leurs propres catégories. Les erreurs, illusions et bizarreries produites de part et d'autre par cette rencontre entre cultures dissemblables jettent une vive lumière sur une face trop souvent oubliée des réalités monétaires.

D'autres rencontres, avec l'imaginaire politique, avec celui de la littérature, sont évoquées par Erik Orsenna. D'une thèse sur la balance des paiements à l'obtention du prix Goncourt, d'un regard sur la fonction publique à un jugement sur la dette du Sud, l'itinéraire de l'économiste croise celui du romancier et du conseiller d'État. Histoire de nous convaincre que plusieurs formes d'expériences de l'argent, plusieurs strates d'imaginaire et de réflexion se juxtaposent et se chevauchent dans notre présent.

LE ROMAN ET L'ARGENT

Maurice Ménard

Comment la littérature et, plus particulièrement, le roman peuvent-ils contribuer à nous faire penser l'argent ? Un passage de la lettre de Huysmans à Zola, le 26 mars 1891, témoigne de l'intérêt de la question en même temps que de la difficulté d'une réponse. Cette lettre suivait de trois semaines la fin de la publication en feuilleton de *L'Argent* dans *Gil Blas* :

« Ça grouille, et votre champ de bataille du krach final flamboie et tonitrue comme un Sedan. Vous avez fait un tour de force en rendant intéressants les boursiers qui ne le sont guère. Il est vrai que vous les avez grandis et que vous avez fait de Saccard [*alias* Aristide Rougon] un terrible et hideux poète.

« Quant à la théorie même du livre, que l'argent est un fumier nécessaire pour réaliser de grandes choses, elle est évidemment, dans toutes les théories sur ce sujet, la plus aisée et celle évidemment à l'appui de laquelle on pourrait citer des arguments. Et puis d'ailleurs vous la présentez avec une belle ampleur et une large allure.

« Mais sapristi ! plus je songe aux causes et aux résultats de l'argent et moins, malgré toutes les explications plus ou moins plausibles, moins je comprends ! quelle sacrée énigme !

« Votre bouquin qui soulève ces formidables questions donne à réfléchir, et ce n'est pas peu, ça[1] ! »

---

1. Cité par Pierre COGNY, dans sa présentation de *L'Argent, Les Rougon-Macquart*, « L'Intégrale », Le Seuil, Paris, 1970, t. VI, p. 17.

La forme romanesque ne nous propose pas une pensée de l'argent, mais, pour reprendre le mot de Gilles Deleuze à propos de Proust, plus important que la pensée, il y a ce qui donne à penser. Le XIXe siècle, grand siècle du roman et siècle de la bourgeoisie conquérante, donne à l'argent, dans la fiction romanesque, une place prépondérante, à tout le moins chez Balzac et chez Zola. L'argent balzacien et l'argent zolien, plus que tout autre, nous posent question, mais l'argent prend forme dans le roman dès le XVIIIe siècle et la présence de l'argent se lit encore en littérature au XXe siècle. C'est donc la forme littéraire de l'argent que nous interrogerons dans son ensemble autant qu'elle nous interroge.

L'argent se présente dès le XVIe siècle, et particulièrement au théâtre, sous la forme des avares, des usuriers, puis au XVIIe siècle, sous celle des financiers : chacun reconnaît en ses souvenirs Volpone, chez Ben Jonson, ou le Shylock de Shakespeare, l'Harpagon de Molière, quand ce ne sont pas les portraits de La Bruyère. L'argent s'incarne encore de façon plus historiquement immédiate dans le *Turcaret* de Lesage en 1709. Mais l'argent dûment chiffré fait vraiment son entrée en littérature grâce au roman de l'abbé Prévost, *Manon Lescaut* (1731). Le « protecteur » de Manon lui a fait don de deux cents pistoles, mais c'est elle-même qui met à prix ses faveurs : « Il m'a baisé plus d'un million de fois les mains ; il est juste qu'il paie ce plaisir, et ce ne sera point trop que cinq ou six mille francs en proportionnant le prix à ses richesses et à son âge[2]. » Déjà, ici, l'argent et la passion ont partie liée : passion, ruine et mort ne peuvent être dissociées. Il faudra pourtant attendre Balzac pour que l'argent atteigne à une véritable omniprésence romanesque. C'est même à cause de cela que Katherine Mansfield écrivait dans une de ses lettres : « Quand je lis Balzac, j'éprouve toujours une exaspération particulièrement odieuse, parce que, d'après lui, toute l'existence est fondée sur l'argent. »

Pour la première fois, dans l'histoire littéraire, on peut lire

2. Abbé PRÉVOST, *Histoire du chevalier des Grieux et de Manon Lescaut*, Gallimard, « Bibliothèque de la Pléiade », Paris, 1988, p. 1275.

un roman qui s'emploie à démonter les mécanismes de la spéculation : c'est *La Maison Nucingen*, dont le premier titre connu disait explicitement le sujet : *La Haute Banque*. Dans ce court roman, ou nouvelle, de 1837, le personnage central est le banquier Nucingen, le personnage le plus souvent reparaissant de toute *La Comédie humaine*. Qui pourrait nier la modernité de ce personnage à la richesse algébrique, en quelque sorte, dont toute la fortune naît de savoir combiner et exploiter les faillites, les siennes et celles des autres ? Ici, point d'or à caresser comme chez Gobseck ou chez Grandet, mais une stratégie, une politique qui confine à la politique. « Nucingen, écrit Balzac, avait compris ce que nous ne comprenons qu'aujourd'hui : que l'argent n'est une puissance que quand il est en quantités disproportionnées[3]. » Autre nouvelle, même jeu démasqué : *Un homme d'affaires*, écrit dans la matinée du 3 janvier 1844. Ce texte, dédié significativement à « Monsieur le baron James Rothschild, consul général d'Autriche à Paris, banquier », conte les exploits de deux « carotteurs », terme qui, dans l'argot de la Bourse, désignait de petits usuriers spécialisés dans le rachat à bas prix de créances que leur cédaient d'autres usuriers. Ainsi, Cérizet et Claparon, « ces deux drôles, s'abouchèrent avec les Barbet, les Chaboisseau, les Samanon et autres usuriers, auxquels ils achetèrent des créances désespérées[4] ». Cette nouvelle, qui tout d'abord devait s'intituler *Les Roueries d'un créancier*, mettait en scène les effets de boule de neige qu'entraînait une créance passant de main en main.

Zola ne devait pas exploiter de façon moins technique ni moins systématique le matériau romanesque de l'argent dans trois de ses romans : en 1871, *La Fortune des Rougon* et *La Curée*, qui sont les deux premiers romans des *Rougon-Macquart* ; en 1891, *L'Argent*, roman antépénultième de la série. A l'orée, au cœur, à la fin, l'argent est partout, et les mécanismes propres aux destins romanesques suivent les mêmes courbes et les mêmes rythmes que les affaires et la banque. Les trois frères Rougon auront des destinées bien

3. BALZAC, *La Maison Nucingen, La Comédie humaine*, 1977, t. VI, p. 369.
4. *Un homme d'affaires, ibid.*, t. VII, p. 782.

dissemblables selon leur aptitude à se saisir des hasards que leur offre l'histoire, mère des fortunes, des pouvoirs et des destins.

Félicien Marceau avait tort lorsqu'il concluait qu'il n'y a, dans *La Comédie humaine*, pas plus de cinq personnages pour qui l'argent est le drame essentiel : Grandet, Birotteau, Nucingen, Gobseck et Cérizet[5]. Comme l'écrit Balzac, dans une phrase que cite Félicien Marceau lui-même, « il faut toujours, quand on habite Paris, être acculé au pied des additions[6] ». L'argent peut être décelé partout, dans les *Scènes de la vie parisienne*, et aussi dans les *Scènes de la vie de province*. Pas seulement dans les personnages ou les romans en quelque sorte spécialisés dans l'argent. Il en va de même chez Zola : l'argent est présent à l'origine ou à la fin des *Rougon-Macquart*, et encore dans *Le Ventre de Paris* ou *Au bonheur des dames*, dans le fond du Voreux *(Germinal)* ou bien dans *L'Assommoir*.

La première vertu romanesque de l'argent est d'être présent-caché dans l'archéologie ou à l'arrière-plan des histoires contées. Nous l'oublions, même quand il est la seule clé des faits dont nous suivons le déroulement. Mais il nous suffit de *relire* pour que sa réalité fondatrice réapparaisse. Nous pouvons généralement retrouver, lovée dans les brefs résumés du passé que le roman balzacien propose en son début comme en passant, la mention des enrichissements plus ou moins illicites, des spéculations plus ou moins sordides qui sont à la source de vies sinistres ou brillantes, heureuses ou tragiques[7].

Deux exemples suffiront à éclairer cette présence saisissante bien que (ou parce que ?) cachée de l'argent des origines. Celui du père Goriot, « Christ de la paternité » pendant l'action du roman, mais ancien vermicellier, ancien spéculateur (« assez entreprenant pour avoir acheté le fonds de son maître, que le hasard rendit victime du premier soulèvement

5. Félicien MARCEAU, *Balzac et son monde*, Gallimard, Paris, 1955, p. 443.
6. BALZAC, *Les Employés, op. cit.*, p. 902.
7. Cf. Maurice MÉNARD, « La fortune romanesque des profiteurs de la Révolution, dans *La Comédie humaine* », *L'Année balzacienne 1990*, p. 359-374.

de 1789[8] »), ancien opportuniste (« sa fortune n'étant connue qu'au moment où il n'y avait plus de danger à être riche[9] »). L'exemple d'*Une double famille* confirme cette présence insolite, mais fondatrice de l'argent, à la source d'histoires où on ne s'imaginerait pas le trouver. Il faut connecter les aventures humiliantes du procureur Granville, abandonné par Caroline Crochard, *alias* de Bellefeuille, avec la *faute* d'un riche mariage sans amour : il avait épousé la riche, bigote et laide Mlle Bontems. Relisons la lettre où le père conseillait à son fils de faire ce mariage fructueux : « Le père Bontems a été un bonnet rouge foncé qui possédait force biens nationaux achetés à vil prix. Mais d'abord il n'a eu que des prés de moines qui ne reviendront jamais ; puis, si tu as dérogé en te faisant avocat, je ne vois pas pourquoi nous reculerions devant une autre concession aux idées actuelles[10]. » Source oubliée, il appartient au lecteur du roman de ressusciter l'argent originel. Pas de bonne lecture des romans qui composent *Les Rougon-Macquart* sans celle du premier d'entre eux : *La Fortune des Rougon*. Le roman nous incite à lire l'argent comme le censuré, le refoulé fondamental : toujours enfoui, toujours présent.

Deuxième titre à retenir notre attention : l'argent romanesque fait corps avec le dynamisme, l'élan, le mouvement de la création. La force, l'énergétique des grands romans de Balzac ou de Zola doivent infiniment à la thématique de l'argent, qui révèle ainsi sa vocation à l'épique. Le roman, l'argent, immenses machines qui se communiquent mutuellement leur infernale mobilité, entraînés l'un et l'autre, l'un par l'autre, dans l'irrépressible courant du temps, infiltrant leurs réseaux dans la totalité de l'espace social, sur toute la hauteur de la pyramide, toute la largeur du prisme, de l'échiquier sur lesquels Balzac répartit ses personnages. Coïncidence du temps et de l'argent ? Lisons : « Comme le temps la Banque dévore ses enfants[11]. » Coïncidence de l'argent et de l'espace social ? Lisons encore : « En haut, la maison

8. Balzac, *Le Père Goriot, op. cit.*, t. III, p. 123.
9. *Ibid.*
10. Id., *Une double famille, op. cit.*, t. II, p. 49.
11. Id., *La Maison Nucingen, op. cit.*, t. VI, p. 340.

Nucingen, les Keller, les du Tillet, les Mongenod ; un peu plus bas, les Samanon, les Chaboisseau, les Barbet ; puis, enfin, après le Mont-de-Piété, ce roi de l'usure qui tend ses lacets au coin des rues pour étrangler toutes les misères et n'en pas manquer une, un Cérizet[12]. » La dialectique balzacienne de l'individu et du type convient admirablement à la mise en scène de l'argent, et vice versa. Sous toutes ses formes, les plus pittoresques, les plus caractéristiques, l'argent est toujours là. De surcroît la mobilité se joint ici à l'ubiquité. Nerf de la guerre, l'argent devient le nerf de la phrase. Parlant des carotteurs, la phrase s'anime et se gonfle : « Comme fonds de roulement, ils comptaient cette espèce d'argot que donne la connaissance de Paris, la hardiesse que donne la misère, la ruse que donne l'habitude des affaires, la science que donne la mémoire des fortunes parisiennes, de leur origine, des parentés, des accointances et des valeurs intrinsèques de chacun[13]. » A cet exemple de phrase en extension lyrico-épique, on se doit d'ajouter celui de la sacralisation litanique dont bénéficie « la sainte, la vénérée, la solide, l'aimable, la gracieuse, la belle, la noble, la jeune, la toute-puissante pièce de cent sous[14] ».

Mais cette sacralisation est bien souvent parodique. Le romanesque, qui vit de l'argent, qui reçoit de lui en tant d'occasions son souffle, sa verve et son mouvement sublime, met en œuvre, dans le même mouvement, sa détronisation et, dans son gonflement même, le dégonfle. Les pages de l'ouverture endiablée de *La Fille aux yeux d'or* donnent corps à cette double portée, à cet endroit et à cet envers. Le tempo accéléré se maintient sans faiblir tout au long des vingt pages consacrées au « mouvement parisien », qu'il s'agisse du « mouvement exorbitant des prolétaires » ou du « mouvement ascensionnel de l'argent », quand ce n'est pas « la tournoyante volute de l'or ». Mais la « physionomie » de cette ville de Paris qui est « une reine », qui est « la tête du globe », est, en même temps, celle d'« un cerveau qui crève

12. Balzac, *Les Petits Bourgeois, op. cit.*, t. VIII, p. 120.
13. Id., *Un homme d'affaires, op. cit.*, t. VII, p. 782.
14. Id., *La Cousine Bette, op. cit.*, t. VII, p. 325.

de génie ». La décrépitude et la mort y sont déjà visibles : « Cette vie creuse, cette attente continuelle d'un plaisir qui n'arrive jamais, cet ennui permanent, cette inanité d'esprit, de cœur et de cervelle, cette lassitude du grand raout parisien se reproduisent sur les traits, et confectionnent ces visages de carton, ces rides prématurées, cette physionomie des riches où grimace l'impuissance, où se reflète l'or et dont l'intelligence a fui[15]. »

Zola a recréé ce même souffle épique, qui exalte une grandeur doublée de néant. Dans *La Curée*, on peut entendre comme l'écho de « l'or et du plaisir » de *La Fille aux yeux d'or*, qui devient ici « la note de l'or et de la chair ». Qui a mieux su décrire, de la même plume, sacralisation et désacralisation que ce roman de « l'inceste grandi dans le terreau des millions » ? Zola sait, comme Balzac avant lui, écrire le veau d'or moderne, en l'occurrence la Caisse du crédit viticole, d'une encre qui soit à la fois lyrique et critique : en ce « temple grave et digne de l'argent », « rien ne frappait le public d'une émotion plus religieuse que la Caisse, où conduisait un corridor d'une nudité sacrée, et où l'on apercevait le coffre-fort, le dieu accroupi, scellé au mur, trapu et dormant, avec ses trois serrures, ses flancs épais, son air de brute divine[16] ».

Ce qui peut surprendre, mais que l'on peut sans doute expliquer, ce sont les destinées inverses que les deux œuvres respectives de Balzac et de Zola ont connues dans la postérité. On a plaqué pour une part sur les deux œuvres ce qu'on croyait savoir des opinions de leurs auteurs : on assiste à deux idéologisations contraires de l'argent balzacien et de l'argent zolien. Il est entendu que l'idéal de Balzac, représenté par tant de personnages, c'est la richesse et le pouvoir. Zola, chantre du peuple, ne peut qu'être hostile à l'argent ! Or, les héros « positifs » de *La Comédie humaine* ne sont pas des gens d'argent : ni le juge Popinot, vraie Providence du quartier Saint-Marcel, ni les notaires Chesnel ou Mathias, si intègres, ni le médecin Bianchon, ni Joseph Bridau, modèle de

---

15. BALZAC, *La Fille aux yeux d'or, op. cit*, t. V, p. 1051.
16. ZOLA, *La Curée, op. cit.*, t. I, p. 284.

l'artiste désintéressé, ni d'Arthez, qui a connu la gloire dans la misère. Il en va de même pour les spirituels, Véronique Graslin, uniquement préoccupée de son rachat, Félicité des Touches qui, entrée dans l'ordre de Saint-François de Sales, consacre sa fortune à dégager les terres de Calyste Du Guénic. Et les deux personnages principaux de *L'Envers de l'histoire contemporaine*, Mme de La Chanterie et M. Alain, se vouent entièrement à la bienfaisance. Un même désintéressement se rencontre chez Zola avec le docteur Pascal, seul des trois frères Rougon à demeurer totalement insensible à l'argent. Un degré de plus est atteint dans *L'Argent*, chez Sigismond, le frère de Busch, qui voue l'argent aux gémonies : « C'est abominable l'argent, le pauvre monde qui souffre[17]. » Mais le point de vue qu'exprime ce même roman en plusieurs rencontres est loin de constituer une condamnation et c'est même ce que Huysmans avait retenu du roman dans la lettre que nous citions au début de notre texte. Le propos, en fait, doit être mis au compte de Saccard et il est repris par Mme Caroline, avec une certaine insistance :

« Elle se rappelait ses théories d'autrefois ; la nécessité du jeu dans les grandes entreprises, où toute rémunération juste est impossible, la spéculation regardée comme l'excès humain, l'engrais nécessaire, le fumier sur lequel pousse le progrès. »

Et plus loin : « Il avait raison : l'argent, jusqu'à ce jour, était le fumier dans lequel poussait l'humanité de demain ; l'argent, empoisonneur et destructeur, devenait le ferment de toute végétation sociale, le terreau nécessaire aux grands travaux qui facilitaient l'existence.

« Pourquoi donc faire porter à l'argent la peine des saletés et des crimes dont il est la cause[18] ? »

Le lecteur pressé ou occasionnel de Balzac n'aura jamais rencontré ou pas du tout retenu l'envers de l'argent, son revers de néant. Et de Zola sera demeurée inscrite dans la mémoire la seule partie accusatrice de son discours sur l'argent. L'« archilecteur » de l'un et de l'autre prendra cons-

17. Zola, *L'Argent, op. cit.*, p. 210.
18. *Ibid.*, p. 210, 213.

cience que, chez l'un et chez l'autre, l'argent est le lieu privilégié de l'ambivalence, du pour et du contre. Il favorise le dialogisme romanesque et celui-ci nous fait penser l'argent comme l'objet désigné de nos fascinations et de nos répulsions.

Les psychanalystes diront que cette double face caractérise bien toutes nos pulsions. Et ce troisième registre offre ici un champ d'exploration particulièrement riche. Car le roman révèle l'argent comme l'équivalent universel, le monstre suscitant le fantasme à part égale avec le sexe, l'un et l'autre y ayant généralement partie liée, se disant l'un par l'autre.

Cet aspect avait vivement frappé Maupassant lecteur de *Manon Lescaut*. Dans une préface au roman, il citait ce passage significatif de l'effacement de toute frontière entre l'argent et le plaisir de l'amour : « Jamais fille n'eut moins d'attachement qu'elle pour l'argent, mais elle ne pouvait être tranquille un moment, avec la crainte d'en manquer. C'était des plaisirs et des passe-temps qu'il lui fallait. Elle n'eût jamais voulu toucher un sou, si l'on pouvait se divertir sans qu'il en coûte. Elle ne s'informait pas même quel était le fonds de nos richesses [...] Mais c'était une chose si nécessaire pour elle, d'être ainsi occupée par le plaisir, qu'il n'y avait pas le moindre fond à faire sans cela sur son humeur et sur ses inclinations[19]. »

Maupassant commente en disant que, pour Manon, « l'argent et l'amour n'étaient qu'une seule et même chose[20] ».

L'argent, pour Manon, était présent, mais caché derrière l'amour, fondu en quelque sorte avec lui mais latent, implicite. Chez Balzac, l'argent se déclare. Nucingen le banquier, gros bourdon amoureux, fonde sur sa richesse son espoir de posséder Esther et il le clame en toute autosatisfaction : « *Gomme on a réson t'afoir paugoud t'archant*[21] *!* » Crevel

19. Abbé Prévost, *Histoire du chevalier des Grieux et de Manon Lescaut, op. cit.*, p. 1265.
20. Id., *Histoire de Manon Lescaut et du chevalier des Grieux*, préface de Guy de Maupassant, 1885, p. XVII.
21. Balzac, *La Cousine Bette, op. cit.*, t. VII, p. 332.

mesure à l'étalon-or son amour pour Valérie Marneffe : « Je ne t'aime pas, Valérie, dit Crevel, je t'aime comme un million[22] ! »

Comme l'amour, l'argent rêvé est un argent fou, qui tient du miracle. La fortune n'est jamais si apte à satisfaire nos fantasmes que lorsqu'elle surgit imprévue, tombée du ciel. Pluie d'or de Danaé ou ruissellement des jack-pots, même don des dieux. Comme certains l'ont dit, immoral est l'argent qu'on gagne en dormant. Celui-là seul, pourtant, comble nos rêves, nous apparaît comme réellement féerique. Le roman nous apprend cela aussi. Zola prête à Aristide Rougon (le futur financier Saccard) ce rêve d'une fortune quasi magique : « Lui se voyait dix fois millionnaire ; il avait des tonneaux d'or du soir au lendemain[23]. » Balzac comble Rastignac d'une richesse considérable, d'autant plus précieuse qu'inopinée et incompréhensible : « Il n'y comprit rien, mais il avait gagné quatre cent mille francs[24]. » Nucingen, sorcier, avait tout orchestré.

Ce fantasme nous saisit avec toute la puissance d'une pulsion de vie tirant sa force de la pulsion de mort qui lui est associée. La fable de *La Peau de chagrin* nous l'enseigne. Le roman zolien nous le confirme. Pour Saccard, dans *L'Argent*, « jouir n'est peut-être que se dévorer[25] » et encore, lorsque Pierre Rougon a brusquement une vision rouge et or, flamboyante et destructrice : « Il crut voir un instant, comme au milieu d'un éclair, l'avenir des Rougon-Macquart, une meute d'appétits lâchés et assouvis, dans un flamboiement d'or et de sang[26]. »

Le roman ne contribue donc jamais autant à nous faire penser l'argent que dans les instants où, confinant au mythe, l'argent déploie la multiplicité de ses facettes : dans le dérou-

---

22. BALZAC, *Splendeurs et misères des courtisanes, op. cit.*, t. VI, p. 610.
23. ZOLA, *La Fortune des Rougon, op. cit.*, p. 105. Cf. également *La Curée*, p. 293 : « ... le coffre-fort vidé chaque soir jusqu'au dernier sou, se remplissant pendant la nuit on ne savait comment ».
24. BALZAC, *La Maison Nucingen, op. cit.*, p. 388.
25. ZOLA, *L'Argent, op. cit.*, p. 206. Et aussi, *ibid.* : « ... si ma passion me tue, c'est aussi ma passion qui me fait vivre ».
26. ID., *La Fortune des Rougon, op. cit.*, p. 217.

lement du temps, dans le dynamisme de l'action et de la phrase, dans la polyvalence de l'imaginaire.

Il serait certes facile de citer les nombreux exemples, offerts par le roman, de condamnation franche et sans retour de l'argent et en particulier de l'argent mal acquis. Face aux débordements de Manon et de des Grieux, Tiberge s'indigne : « Il est impossible, me dit-il, que les richesses qui servent à l'entretien de vos désordres vous soient venues par des voies légitimes. Vous les avez acquises injustement, elles vous seront ravies de même. La plus terrible punition de Dieu serait de vous en laisser jouir tranquillement[27]. »

Mais cette condamnation de « l'argent sale » peut-elle nous aider à penser l'argent ? Pas plus, sans doute, que l'exaltation par Victor Hugo de « l'argent honnête » qui s'exprime dans ces paroles de Jean Valjean : « Ce qui m'a fait de la peine, monsieur Pontmercy, c'est que vous n'ayez pas voulu toucher à cet argent [...] C'est de l'argent honnête. Vous pouvez être riches tranquillement[28]. »

Dans tous les passages de mise à l'index ou de promotion univoques, le romanesque s'étiole, du moins celui dont Cervantès nous propose le modèle, à juste titre mis en valeur par Kundera.

Dans tous les cas où l'argent peut se trouver mis en question, pour que cette condamnation recouvre une incitation à la pensée, nous fasse progresser sur ce difficile chemin, il faut que la contestation passe par les voies de l'indirect et du négatif. Au premier rang de ces héros en quelque sorte négatifs de l'argent, il faudrait placer les parasites truculents qu'offre régulièrement la littérature occidentale depuis le XVIe siècle. Falstaff, celui des *Joyeuses Commères de Windsor* et d'ailleurs, le neveu de Rameau, le Fourchon des *Paysans* : héros pauvres et qui ne sont même pas de bons pauvres, héros du mauvais esprit, qui mettent en question l'argent dont ils sont tout autant épris que généralement

---

27. Abbé PRÉVOST, *Histoire du chevalier des Grieux et de Manon Lescaut, op. cit.*, p. 1267.
28. Victor HUGO, *Les Misérables, in Œuvres complètes*, Club français du livre, 1969, t. XI, p. 994-995.

démunis. Il faut sans doute l'argent pour que naisse, en dehors de lui et contre lui, cette image de pauvres heureux, metteurs en question et pourtant conservateurs de l'ordre établi. Ces héros de la contradiction nous font penser l'argent comme une précieuse et dérisoire source de jouissance. Symbolisme ménippéen qui échappe à la platitude du discours moralisateur, aplatisseur de pensée.

Intéressante également aurait pu être la contribution de la fable stendhalienne ou de la flaubertienne. Ni *Le Rouge et le Noir*, ni *La Chartreuse de Parme* ne sont des romans de l'argent. Mais, alors que Julien Sorel est mort et que Mme de Rénal va mourir trois jours après, Mathilde de La Mole survit, et la grotte sauvage où elle avait enterré de ses propres mains la tête de Julien fut, par ses soins, « ornée de marbres sculptés à grands frais en Italie ». A la fin de *La Chartreuse*, Sandrino, Clélia, Fabrice, la Sanseverina, tous les héros chers au cœur de Beyle et des beylistes sont morts. Mosca survit, « immensément riche ». Cette fin de chaque roman donne son plein sens à l'ensemble grâce au symbolisme discret, à peine perceptible alors qu'essentiel, de l'argent. Mince détail projetant une lueur éclatante en un faisceau rétrospectif. Quant à *Madame Bovary*, faut-il rappeler que ce roman des amours manquées est aussi un roman de la créance, un roman de l'argent, celui-ci n'étant pas condamné par le discours, mais montré, condamné par les faits ? Et, sans les héritages, que seraient Frédéric Moreau, Bouvard et Pécuchet ?

Au XXe siècle, les plus grands romans de l'argent sont ceux où il se cache derrière les choses. Femme transformée en chose dans l'épisode Ferral-Valérie dans *La Condition humaine* : derrière l'érotisme de l'humiliation et de la contrainte, il faut percevoir le filigrane de l'argent. Dans la même ligne, *Les Choses* de Georges Perec peut être considéré comme la meilleure expression du temps de la consommation, de la réification. L'argent n'est plus sujet ni spectacle, objet de discours ou de démonstration, que dans le roman « populaire » genre *Billet vert* ou dans les spots télévisés chargés de faire vendre. Diabolisation ou célébration, le discours reste pareillement unidimensionnel. Nous sommes entourés d'images qui nous inondent d'or : filles en or, chocolats riches d'or, poissons qui sont l'or du capitaine, voitures à la garantie d'or ou rayons d'or de grands magasins... Mais déjà les *golden boys* et les *yuppies* sont passés de mode et nous fermons le son pendant les publicités de notre télévision. Il est permis d'espérer que l'on revienne à la fonction critique du roman, au miroir en forme de zoom qu'il nous tend pour que nous y plongions, et pour nous y soustraire : envoûtés par l'argent grâce au roman, mais, grâce au roman, guéris.

LE FRANC SYMBOLIQUE

Alain de Mijolla

Parmi tous les types de réalité que l'on peut prendre en compte simultanément pour prétendre traiter de l'argent et des façons de le « penser », je me suis efforcé de m'en tenir à la seule réalité psychique, telle que les notions freudiennes nous ont appris à l'envisager. Autrement dit, de me demander si les théories psychanalytiques permettent de « penser l'argent aujourd'hui » d'une façon un peu différente, et comment ? J'ajouterai, à la précision temporelle qui nous a été indiquée, une limitation spatiale : « dans notre culture occidentale », car je n'ai aucune expérience des modes de pensée autres, orientaux ou extrême-orientaux, par exemple.

« L'argent ne fait pas le bonheur », prétend la sagesse populaire, et l'on sait l'ajout du « mais il y contribue ». Sans le désigner précisément, Freud a un jour commenté ce dicton en écrivant à son ami Wilhelm Fliess : « Le bonheur est la réalisation d'un désir préhistorique infantile. C'est la raison pour laquelle la richesse y contribue si peu. L'argent n'a pas fait l'objet d'un désir infantile. » [Freud S., 1950a, 16 janvier 1898*.] C'est aussi, sans doute, la raison pour laquelle on ne trouve qu'un nombre restreint d'écrits psychanalytiques qui lui soient consacrés, découverte que j'ai faite en préparant cette brève intervention et qui me conduit aujourd'hui à vous parler moins en tant que porte-parole de « la Psycha-

* Voir la bibliographie en fin de chapitre pour les références entre crochets.

nalyse », avec un « P » majuscule, qu'en mon nom propre[1]. Pas seulement d'ailleurs parce qu'il existe désormais un trop grand nombre d'écoles qui se réclament de leur appartenance à la psychanalyse pour que je puisse espérer connaître toutes leurs théories et leur faire justice en vous en rendant un compte fidèle, mais aussi parce qu'un psychanalyste ne peut aborder un tel thème que d'un point de vue subjectif, qu'il le veuille ou non.

Un mot d'histoire, cependant, avant d'envisager « l'aujourd'hui », ne fût-ce qu'en raison des deux références temporelles qui sont les nôtres lorsque nous nous trouvons en position d'interpréter un phénomène pour tenter d'en reconstruire les significations inconscientes : le passé et l'actuel, ces deux « jambes du rêve » que Freud avait décrites à sa patiente Dora.

En ce qui concerne le passé de l'individu comme le passé de la psychanalyse, c'est en 1908 que, complétant les remarques sur l'érotisme de la zone anale qu'il avait exprimées dans les *Trois Essais sur la théorie sexuelle*, Freud a fait un lien dont le peu d'ambiguïté de la pose du « penseur » sous la photographie duquel nous sommes rassemblés aujourd'hui montre qu'il est désormais classique : « En vérité, partout où a régné ou bien persiste le mode de pensée archaïque, dans les civilisations anciennes, dans le mythe, les contes, les superstitions, dans la pensée inconsciente, dans le rêve et dans la névrose, l'argent est mis en relation intime avec l'excrément. » [Freud S., 1908a.]

Dans les années 1914-1918, Freud va compléter sa description en articulant cette première interprétation avec celle du

1. Depuis que cette intervention a été prononcée, un livre particulièrement important pour qui s'intéresse à l'abord psychanalytique de la notion d'argent a été publié. Son auteur, Serge Viderman, est mort quelques semaines avant la parution de cet ouvrage qui vient ainsi clore l'œuvre d'un collègue et ami que je place parmi les plus fins psychanalystes de sa génération. J'ignorais le thème de cet ultime travail et ce n'est pas sans émotion que j'ai reçu ce témoignage posthume au moment même où R.-P. Droit demandait aux participants du Forum de lui faire parvenir leur texte définitif. Je n'ai pas voulu le consulter avant l'envoi d'un propos auquel je ne voulais rien changer, mais il est hors de doute qu'il ramène à ses modestes proportions ma brève intervention. Je ne peux donc, en guise de références bibliographiques multiples, que conseiller son étude à tous ceux que le thème de notre réunion intéresse : Serge VIDERMAN, *De l'argent en psychanalyse et au-delà*, coll. « Le fil rouge », PUF, Paris, 1992.

« cadeau ». La défécation apparaît comme un moment intense de la relation qui unit l'enfant à ses objets primordiaux, avec ses deux versants contradictoires : d'amour, par l'obéissance aux prescriptions parentales concernant l'éducation sphinctérienne, de haine, par opposition, refus et jouissance personnelle dans une rétention qui inquiète ou exaspère l'entourage. Il écrit : « Il est vraisemblable que ce n'est pas *or-argent* mais *cadeau* qui est la première signification à laquelle conduise l'intérêt pour l'excrément. L'enfant ne connaît pas d'autre argent que celui qu'on lui donne, il ne connaît ni l'argent gagné, ni l'argent personnel, hérité. L'excrément étant son premier cadeau, il transfère aisément son intérêt de cette matière à cette matière nouvelle qui dans la vie se présente à lui comme le cadeau le plus important. » [Freud S., 1917c.]

Nous ne ferons que citer la suite associative qui mène à l'équivalence : cadeau-enfant-pénis, tous unis dans le « concept inconscient » du « petit », c'est-à-dire ce qui est séparable du corps [Freud S., 1918b], pour insister, avec les autres psychanalystes contemporains de Freud, sur l'interprétation en termes d'analité des fantasmes qui ont trait plus spécifiquement à l'argent. Selon Sandor Ferenczi, l'un des plus inventifs d'entre eux : « En partant du plaisir que donne le contenu intestinal, on aboutit à la joie que procure l'argent ; mais d'après ce qui a été dit, cet argent n'est rien d'autre en somme que de l'excrément désodorisé, desséché et rendu brillant ; *pecunia non olet* : l'argent n'a pas d'odeur. Parallèlement aux progrès qu'accomplit l'intellect dans le sens de la logique, l'intérêt symbolique pour l'argent chez l'adulte ne se réduit plus aux objets ayant des propriétés physiques analogues à celles des pièces de monnaie, mais s'étend à toutes sortes de choses qui signifient d'une manière ou d'une autre une possession (papier-monnaie, actions, livret de caisse d'épargne, etc.). Mais l'argent peut bien prendre toutes les formes qu'il voudra, la joie de le posséder a sa source la plus profonde et la plus féconde dans la coprophilie. Toute sociologie et toute économie politique qui examinent les faits sans parti pris devront tenir compte de cet élément irrationnel. Les problèmes sociaux ne pourront être résolus que par la découverte de la véritable psychologie de l'être humain ; à elles seules, les spéculations sur les conditions économiques ne mèneront jamais au but. » [Ferenczi S., 1914.]

Ces lignes furent écrites en 1914 et nous serions sans doute moins affirmatifs aujourd'hui, encore que la lente infiltration des notions psychanalytiques dans tous les domaines de la culture, même s'il s'agit de les récuser, marque désormais bien des discours sociologiques et économiques, parfois à leur insu. Comme ces derniers avaient d'ailleurs déterminé en son temps de création une terminologie psychanalytique où l'on trouve, par exemple, une référence essentielle à la prise en considération métapsychologique d'un « point de vue économique », règne de la notion de quantité dans le dynamisme des processus psychiques, ou à « l'investissement », terme à la fois militaire et financier, en allemand comme en français.

Depuis les premiers psychanalystes, les interprétations symboliques de l'argent et l'assignation de leurs racines dans tel ou tel stade de l'évolution libidinale de l'enfant se sont multipliées. Je ne ferai que citer, par exemple, l'avidité d'origine orale qu'impliquerait la soif de possession infinie, les associations urinaires que suscite l'image de l'argent « liquide », la connotation phallique qui caractérise son exhibition tapageuse ou l'agressivité d'origine anale qui accompagne la plupart des opérations financières, sans oublier ce que suggèrent les images : « argent propre, sale », devant être « blanchi », etc. Je verserai au dossier des équivalences et interprétations proposées la référence au mythe freudien du père de la horde primitive, qui est l'unique possesseur des richesses, ou le corps maternel considéré comme prototype de toute propriété perdue, toujours à reconquérir. Je rappellerai de même que c'est essentiellement à l'occasion de descriptions de type « caractérologique » que le thème de l'argent s'est vu le plus facilement abordé : l'avare, pour qui l'argent est une possession à accumuler ; le prodigue, qui ne peut jouir de ce qu'il possède qu'en se dépouillant, etc.

Car il apparaît que la notion de l'argent a suscité une multiplicité d'associations d'idées toutes plus ingénieuses et plus « vraies » les unes que les autres, polysémie qui témoigne d'ailleurs de l'importance dans la réalité psychique de l'homme des résonances inconscientes de tout ce qu'elle évoque. Toujours dans l'après-coup, d'ailleurs, puisque, nous l'avons vu, l'argent n'est pas l'objet d'un désir infantile.

Son impact ne se manifeste, en fait, qu'au décours du complexe d'Œdipe, dans ce que l'on nomme avec plus ou moins de bonheur la phase de latence, même s'il avait auparavant attiré l'attention de l'enfant comme « trésor » possible, objet de collection d'autant plus désirable qu'il semblait représenter un domaine réservé aux membres adultes de la famille, centre de discussions aussi fréquentes qu'affectivement colorées. Pour être précis, je dirai que l'argent, en tant que matériel, est plus ou moins précocement l'objet de manipulations ludiques, voire obsessionnelles, mais que le « sens de l'argent » ne se manifeste que tardivement. Cette apparition va de pair avec celle de la prédominance du sentiment de tendresse dans des rapports affectifs primitivement plus houleux, et avec la mise en place de cette instance surmoïque qui se veut en chacun de nous le représentant d'une loi sans laquelle nulle vie ne serait possible.

Le rattachement de l'argent aux avatars des deux pulsions principales, l'érotique ou la destructrice, ne se fait donc que dans un après-coup qui lui permet d'endosser la multiplicité des significations possibles que nous avons évoquées. Le sens de l'argent chemine du même pas que la capacité d'abstraction — car plus que l'acquisition du langage, c'est son évolution vers le langage abstrait qui lui est contemporain —, comme une mise à distance d'émois pulsionnels autrement peu maîtrisables, comme une sorte de tiers qui sert de médiateur dans des relations affectives de dépendance dont l'évolution œdipienne a poussé à l'extrême les conséquences fantasmatiques et montré les limites.

L'acquisition du sens de l'argent est contemporaine des processus d'autonomisation et de désexualisation parmi lesquels on range aussi ce que l'on nomme « sublimation ». Ce « petit », détachable, accumulable, échangeable, apparaît comme un substitut tardif prêt à tous les usages, ainsi d'ailleurs que peuvent l'être l'alcool ou la drogue, avec cette différence essentielle qu'il se voit assigner une place à l'extérieur du sujet, hors de son corps propre. Place en tiers, avons-nous dit, qui, jointe à sa polysémie, lui permet de jouer un rôle symbolique tout à fait primordial dans quelques-uns des grands procès de l'existence humaine.

En raison du court temps qui m'est imparti, je ne saurais les envisager tous, et je ne ferai qu'en évoquer certains, comme autant d'appels à la discussion.

Celui de l'héritage, d'abord. Aucun être humain ne naît sans hériter de ses géniteurs quelques possessions dont les matérielles, énumérées sur un éventuel testament, ne constituent qu'une représentation dans la réalité extérieure. Outre notre patrimoine génétique, nous héritons en effet d'une tradition, d'une histoire généalogique et d'un passé fantasmatique dont nous aurons, notre vie durant, comme les enfants du laboureur de La Fontaine, à retourner indéfiniment le terrain et que nous transmettrons à notre tour en ligne directe ou indirecte. Les représentations familiales de l'argent font partie de ces supports identificatoires par lesquels le sujet parvient peu à peu à se constituer, et nul, en ce domaine comme dans les autres, n'échappe à son destin ni aux inégalités que le hasard de sa naissance lui ménage. Actif ou passif, réussite, épargne ou escroqueries, aucun de nous n'est indemne des sagas claironnées ou des cadavres enfouis sous des liasses de billets dans les placards inconscients de nos géniteurs. J'ai suffisamment insisté sur ce patrimoine dans un autre contexte [Mijolla A. de, 1981] pour ne pas y insister davantage aujourd'hui.

Autre thème que nous ne pourrons qu'effleurer, celui de la dette. Nous nous trouvons en effet dès l'origine et au niveau de notre vie elle-même en position de débiteurs, ce que Shakespeare avait déjà bien indiqué : « *Thou owest God a death* », « Tu dois une mort à Dieu. »

Débiteurs de notre vie, nous devons à la nature (comme Freud l'avait écrit par erreur, tant lui répugnait l'idée d'invoquer un dieu dans cette histoire humaine...) une mort, la nôtre, et l'on comprendra mieux comment l'argent peut en venir à caractériser l'une des tentatives symboliques qu'effectue l'homme pour rembourser avant qu'il ne soit trop tard une dette si contraignante. Car toutes les activités monétaires, des plus simples — acheter du pain pour vivre — aux montages financiers les plus sophistiqués, peuvent être considérées comme autant d'équivalents, à l'échelle socio-culturelle de ceux qui y sont contraints, de cette victoire sur la mort qu'espère emporter celui qui l'acquittera à temps, fût-ce au risque d'un infarctus. S'il faut « gagner sa vie » dans la dure réalité, n'est-il pas permis, dans le même souffle, d'espérer en des bénéfices suffisamment démesurés pour acheter son immortalité ? A Méphistophélès ont succédé les marchands de cercueils surgelés, mais le marché des candidats faustiens reste toujours bien actif...

Cette « dette de vie », avec les conflits qui l'accompagnent, car on hérite également du passif des générations précédentes, nous l'avons dit, est en tout cas l'une de celles que nous rencontrons le plus souvent lors des cures psychanalytiques. Elle entraîne amour, reconnaissance ou, fort souvent, rancœur et haine à l'encontre des parents plus ou moins complices dans leur position d'usuriers, ou de leurs substituts. Elle me paraît, retournée en son contraire, à l'origine de la position revendicatrice bien connue où le « Je n'ai pas demandé à naître... » prélude à la répétitive exigence d'un dû que ne sauront jamais compenser les générosités du milieu familial le plus naïvement oblatif dans sa mauvaise conscience ou, dans un autre registre, les interprétations réitérées d'un psychanalyste pris en otage, voire les subventions d'un État-Providence voué à être déclaré insuffisant, quoi qu'il fasse.

Toute négociation réclame un intermédiaire, un tiers. Et c'est ici que l'argent intervient, au-delà de ses significations génétiquement désignées comme « anales », « orales », « phalliques » ou tout ce que l'on voudra. Il intervient comme le tiers indispensable, suffisamment figuré (que l'on songe aux profils royaux des monnaies ou aux grands hommes des billets de banque) pour ne pas trop cacher son origine parentale, mais en même temps suffisamment abstrait, par ce qui, en lui, dépend du nombre, pour pouvoir tenir le rôle d'une sorte de « joker » polyvalent.

La valeur symbolique de l'argent, on le voit, se situe dans un domaine où la notion classique d'échange peut faire place à un procès plus égoïste, plus narcissique, comme on dit dans notre jargon.

Et cela, me semble-t-il, par l'intermédiaire de la quantité ou, plus précisément, des compléments que sont le multiple et l'un. Le code de l'argent, par son abstraction, unifie toutes les choses et tous les gens sous un dénominateur commun où d'aucuns pourront voir Dieu, le Diable ou le Cosmos, mais où je suggérerai qu'il s'agit surtout d'une image en miroir du sujet lui-même, dans son idéalité. L'argent, pour chacun de nous, c'est avant tout une représentation de nous-même, même si nous mettons en avant l'aspect de protection parentale qu'il représente aussi, avec la nécessité de n'en être pas dépourvu pour parvenir précisément à exister en tant que nous-même. C'est quelque chose de l'ordre de lui-même que l'avare protège des autres en l'enfermant dans un coffre-fort sans lui laisser voir le jour. C'est sa personnalité que le prodigue jette à tous vents et c'est « en bon père de famille » que l'homme avisé gère son petit pécule, son enfant, l'enfant qu'il fut ou aurait voulu être... Dis-moi comment tu penses et agis l'argent, je te dirai qui tu es.

Sans doute est-ce que je parle ici d'un point de vue très restrictif. L'argent a sa place dans le déroulement d'une cure psychanalytique, nombre de moqueries en témoignent, et le mot bien connu de La Bruyère s'actualiserait sans peine : « Tant que les hommes pourront mourir et qu'ils aimeront à vivre, le médecin sera raillé et bien payé. »

Il tient, en effet, dans le discours, les rêves et les comportements des patients, comme du psychanalyste, un rôle de « matériel » à interpréter tout au long de la cure, semblable en ceci à tout autre matériel, et occupe une place spécifique importante dans les aléas du transfert et du contre-transfert (ce mot même de « transfert », en français tout au moins, a des résonances bien monétaires). Il n'est jamais anodin que le patient oublie de payer des séances, se trompe dans ses comptes, attende de son analyste que celui-ci lui « rende la monnaie », quand il ne fourre pas, « de la main à la main », un tas de coupures crasseuses et froissées, ou dépose en ayant l'air de regarder ailleurs, sur un coin de meuble, quelque enveloppe contenant des billets neufs, voire fraîchement repassés. Chacun de ces comportements vis-à-vis de l'argent-matière et de l'obligation du paiement a son histoire dans l'histoire du sujet ainsi que dans l'histoire de son parcours psychanalytique, et c'est l'affaire de l'analyse que d'en retrouver les chaînes associatives conscientes et les représentations inconscientes.

Mais le « sens de l'argent » dans la cure, pour reprendre notre distinction, est un peu différent. L'obligation du paiement a été précocement mise en évidence par Freud dès 1913, dans un des rares articles qu'il ait laissés concernant la « technique de l'analyse ». Ce travail se nomme « Le début du traitement » :

« Au début d'une cure analytique, on se trouve en présence de deux questions importantes : celle du temps et celle de l'argent. En ce qui regarde le temps, j'estime qu'il convient absolument de fixer une heure déterminée. Chacun de mes malades se voit attribuer une heure disponible de ma journée de travail ; cette heure lui appartient et est portée à son compte même s'il n'en fait pas usage. [...]

« L'analyste ne conteste pas que l'argent doive, avant tout, être considéré comme un moyen de vivre et d'acquérir de la puissance, mais il prétend qu'en même temps d'importants facteurs sexuels jouent leur rôle dans l'appréciation de l'argent et c'est pourquoi il s'attend à voir les gens civilisés traiter de la même façon les questions d'argent et les faits sexuels, avec la même duplicité, la même pruderie et la même hypocrisie. C'est pourquoi le médecin décide de prime abord de ne pas abonder dans ce sens, mais de traiter devant le patient des questions d'argent avec autant de franchise naturelle qu'il en exige lui-même de son patient en ce qui touche la sexualité. En parlant volontairement de ses honoraires, en évaluant le prix du temps qu'il consacre à son malade, le praticien montre à ce dernier qu'il renonce à toute fausse honte[2]. [...]

« A mon avis, il est plus digne et plus conforme à la

2. On peut suggérer ici que la plus grande liberté avec laquelle nous parlons dans le monde contemporain de la relation d'argent — et donc nous permettons de la penser — trouve dans ces considérations freudiennes une part de son origine culturelle.

morale de reconnaître ses propres exigences, ses véritables besoins, que de se poser, comme le font encore les médecins, en philanthropes désintéressés, alors que leur situation ne le leur permet pas et qu'ils gémissent tout bas ou se plaignent tout haut du manque de considération et de la ladrerie des patients. En indiquant le montant de ses honoraires, l'analyste a le droit d'affirmer que son dur travail ne lui permet jamais de gagner autant que d'autres médecins spécialistes. [...]

« Un traitement gratuit provoque une énorme augmentation des résistances et, chez les jeunes femmes, par exemple, on se trouve en présence des tentations que suscite en elles le transfert ; chez les jeunes hommes, on observe une révolte contre l'obligation de la reconnaissance, révolte issue du complexe paternel et qui constitue l'un des plus sérieux obstacles au traitement. L'absence de l'influence corrective du paiement présente de graves désavantages ; l'ensemble des relations échappe au monde réel ; privé d'un bon motif, le patient n'a plus la même volonté de terminer le traitement. » [Freud S., 1913.]

La gratuité du traitement psychanalytique n'a cessé de susciter, au sein des communautés de psychanalystes, discussions et commentaires dont je ne puis ici rendre compte. Diverses solutions ont été proposées pour tenter de concilier l'inconciliable. D'un côté, la justice veut que l'on fournisse une aide financière aux pauvres pour qu'ils puissent bénéficier d'une analyse, et c'est la création de « centres de traitement », dès l'époque de Freud, l'obligation — durant un temps, à Vienne — de traiter gratuitement au moins un de ses patients, ou les prises en charge par des organismes comme la Sécurité sociale. De l'autre côté, c'est le rappel du caractère unique de la relation psychanalytique, relation d'apparence duelle, mais dont le fonctionnement n'est assuré que parce qu'un tiers, exclu dans la réalité matérielle du cadre de la séance, n'en est que plus présent fantasmatiquement et permet, de part et d'autre, une circulation des représentations, d'incessants échanges de rôles et la reviviscence de scènes infantiles jusqu'alors oubliées.

Si ce tiers prend la forme d'un fonctionnaire contrôleur

qui vient dans la réalité s'immiscer pour demander des comptes sur le traitement en cours, en juger la progression ou les résultats, interrompre son aide ou l'assortir de conditions, un travail psychanalytique au sens strict n'est plus possible.

Comme devient pratiquement impossible le traitement totalement gratuit dont Freud a bien indiqué les graves inconvénients. Le paiement est un facteur de distanciation indispensable dans la relation si proche qui unit analyste et analysant. L'argent reprend ici le rôle tenu lors de la période de latence d'une réalité extérieure garante d'une autonomie que l'on retrouve à la fin de chaque séance, quel qu'ait été l'assujettissement fantasmatique auquel on se soit laissé régresser durant le temps qui la précédait.

Je dirai que l'argent vient faire obstacle à l'excès de suggestion qui demeure toujours le risque de toute relation transférentielle. Les patients ne viennent pas chercher chez le psychanalyste quelque chose de l'ordre d'un avoir (même s'ils peuvent le trouver « de surcroît »), mais de l'ordre de l'être. C'est dans ce même ordre que se situe l'argent, représentant d'eux-mêmes, qu'ils donnent à leur analyste pour prix de cette nouvelle acquisition. C'est la façon la plus stricte de « payer de sa personne », et l'on comprend que l'on est ici fort loin des légendes malveillantes qui suggèrent qu'il faut payer son analyse pour souffrir, que plus ça coûte, plus ça marche, et autres billlevesées.

Je le répète, car cela me paraît encore plus évident dans la relation psychanalytique, l'argent est avant tout l'un de nos représentants les plus significatifs. D'autant plus concret, d'ailleurs, qu'il se cache sous la forme d'un symbole apparemment universel, objet de médiation sociale.

Cet excès de subjectivation peut surprendre, alors même que l'on a beaucoup insisté sur l'objectivation des valeurs qu'il permet, sur l'unification des qualités que représente leur transformation en quantités, sur le degré de plus en plus haut d'abstraction auquel nous mène cette évolution, et je renverrai sur ces questions à la lecture de *La Philosophie de l'argent*, de Georg Simmel, comme aux commentaires divers qui en ont été donnés depuis 1900, en faisant une place particulière à ceux que Serge Moscovici a intégrés dans son livre,

La Machine à fabriquer des dieux. Il me semble toutefois que l'on pourrait compléter ces passionnantes interrogations par la question suivante : la multiplication à l'infini des chiffres comme l'accroissement sans limites des quantités ne renvoient-ils pas en fait à l'unité, c'est-à-dire, pour le psychanalyste que je ne peux cesser d'être en ces domaines, au fantasme narcissique du sujet tel qu'après tant d'autres je l'ai il y a quelques années formulé : « Je suis Tout. Je suis unique » ? [Mijolla A. de, 1984.]

Harpagon ne craint pas seulement la perte de sa cassette comme « trésor » extérieur à lui-même. Si ses cris sont si déchirants et nous bouleversent, malgré la farce qui les enchâsse, c'est que nous percevons bien que son argent le représente lui, comme le ferait une poupée de cire, et qu'il se sent démembré, dépossédé de lui-même, d'un représentant narcissique sans commune mesure avec quelque jeu excrémentiel que ce soit. Il faudrait n'être jamais entré dans les salles de jeu d'un casino et n'avoir jamais observé les visages et les attitudes de ceux qui s'acharnent, parfois sans même y toucher personnellement, sur des cartes ou des jetons pour continuer d'ignorer ce qui est, c'est le cas de le dire, « en jeu ». Le destin est défié, certes, donc la figure parentale qui s'y cache, mais l'argent qui est censé le vaincre (ou, masochisme aidant, y être détruit), c'est le sujet lui-même.

Aucune somme d'argent, aussi démesurée soit-elle, ne peut valoir pour Shylock la livre de chair qui appartient moins au corps d'Antonio qu'à l'image qu'il se fait de lui-même. Ceux qui ne lisent dans ce procès pathétique que la cruauté d'un âpre usurier juif en méconnaissent le véritable enjeu. Seul quelque chose de l'ordre de l'Un, d'un équivalent symbolique du sujet lui-même, comme un chèque destiné à payer sa dette de naissance — avec tout ce que cela représentait pour lui, en son temps, que d'être né juif —, aurait eu le pouvoir d'apaiser sa revendication.

C'est ce quelque chose qu'un législateur avisé — et, ignorant encore totalement la genèse de cette création, je remercie à l'avance qui m'en apprendra les détails — a réalisé en créant la notion de « franc symbolique » censé réparer le narcissisme endommagé du sujet. Mais, c'est là la suprême intelligence, en laissant le processus sur le terrain du *symbole*. C'est-à-dire en maintenant la nécessaire méconnaissance qui protège la présence, en chair et en os, du sujet lui-même dans la blessure, le litige et la réparation. On sait d'ailleurs qu'à partir du moment où l'on quitte le terrain du symbolique pour mettre en scène le sujet lui-même, comme dans l'appréciation d'un taux d'infirmité ou dans le calcul du *praetium doloris*, on entre dans le cycle d'une revendication infinie.

Tout poison crée son contrepoison et, dans un monde que l'écroulement des utopies égalitaires ou communistes semble pour certains vouer à l'enfer d'un assujettissement au dieu Moloch que serait l'argent, l'existence même d'une telle négociation symbolique me paraît porteuse d'espoir. Que le franc, par le biais de la notion de l'Un, de l'unique, puisse tenir lieu de la personne elle-même et, dans sa rondeur, en garantir l'intégrité idéale retrouvée, voici un acquis de la civilisation dont on ne saurait méconnaître l'importance. Ce qui ne se payait que par effusion de sang et mort d'homme — et la vendetta corse n'est pas une pratique abolie — devient l'objet d'une cérémonie laïque reposant sur des équivalences définies par contrat entre les hommes d'une même civilisation.

Une telle évolution ne se montre-t-elle pas quelque peu rassurante dans un monde que l'on peut prévoir comme envahi désormais par des guerres financières sans merci ? Celles-ci, quelle que soit leur cruauté, peuvent paraître en effet moins abominables que celles où l'homme seul, avec son corps souffrant et sans le moindre représentant-bouclier, est le pion des grandes parties où s'affrontent à travers le monde les fantasmes de toute-puissance.

Ainsi que Freud l'avait écrit à Albert Einstein en 1932, dans *Warum Krieg*, il ne faut pas croire que l'antagonisme des deux pulsions de vie et de mort trouvera quelque jour un terme, ni que s'évanouiront jamais la violence, l'agressivité et le désir de faire disparaître cet autre qui menace mes possessions, mon capital, ma vie. Tout ce que l'on peut espérer, et ce à quoi c'est le rôle de notre génération comme des générations futures de travailler, c'est en codifier les manifestations et favoriser les substitutions de plus en plus désincarnées. L'argent semble, dans cette optique, un terrain particulièrement propice à de tels déplacements, à de telles précautions contractuelles. Mais, là encore, il ne faut pas se bercer d'illusions. C'est bien parce qu'il a cette dimension de représentant du sujet, avec ses pulsions contradictoires, ses conflits internes où s'interpénètrent et s'opposent les processus conscients et inconscients, que l'argent, comble de l'abstraction, jeu de chiffres où devrait parvenir à régner la seule logique, demeure le lieu des comportements les plus irrationnels, tant au niveau individuel qu'à celui de la foule. Mais c'est aussi parce que son apparition est tardive dans l'évolution libidinale de l'homme qu'il constitue un barrage toujours fragile et prêt à se rompre sous l'aspiration à la régression.

Mais c'est encore et surtout parce qu'il a une histoire en nous qu'il peut être parlé, une réunion comme la nôtre aujourd'hui en témoigne d'ailleurs. Celui qui a jonglé avec des milliards sur son ordinateur, ou faxé des ordres sibyllins et destructeurs d'empires à travers le monde, n'échappe pas aux possibles retrouvailles de cette histoire en lui : il suffit qu'il sorte de son bureau, qu'il veuille acheter un journal, qu'il cherche dans sa poche de la monnaie, que le vendeur lui renvoie en miroir un remerciement... Tout peut faire resurgir, comme dans *Citizen Kane* d'Orson Welles, quelque *Rosebud* intime. L'histoire de chaque homme, fût-il un implacable financier, est irrépressible et ses remontées incontrôlables, même si l'on tente, comme Howard Hugues, sans doute, de colmater toutes les brèches par où elle pourrait rejaillir.

Je mise sur l'aspect humain de la représentation de soi qu'implique l'argent, donc sur l'irrationnel des processus inconscients qui s'y attachent, pour mettre de la vie, de l'Éros, dans ce que tant de Cassandre nous prédisent d'un univers gouverné par Sa Majesté le Fric et voué à des batailles financières inhumainement abstraites. J'y crois d'ailleurs davantage que dans les vertus de quelque nouvelle idéologie censée nous préserver à jamais des ambiguïtés pourtant inliquidables de l'argent, qu'elles prennent un masque religieux ou s'appuient sur quelque supplémentaire théorie en « isme ».

Mais, ici, je m'écarte du rôle qui est le mien, et Max Weber vient fournir une conclusion qui me ramènera à une position plus modeste, celle du psychanalyste que je vous prie d'excuser d'avoir quittée parfois : « Il est vrai que le destin de l'humanité ne peut qu'épouvanter celui qui en contemple une période. Mais il est bon de garder pour soi ses petits commentaires personnels, comme on le fait à la vue de la mer ou de la haute montagne, à moins qu'on ne se sente la vocation et le don de les exprimer sous forme d'œuvre d'art ou de prophétie. Dans la plupart des autres cas, la prolixité des discours "intuitifs" masque seulement le fait que l'on est incapable de prendre ses distances par rapport à l'objet, incapacité qui mérite d'être jugée de la même façon que lorsque ce manque de perspective s'applique aux hommes. » [Weber M., 1947.]

Bibliographie

FERENCZI S. (1914), « Ontogenèse de l'intérêt pour l'argent », *in Œuvres complètes*, tome II, trad. franç. J. Dupont et coll., Payot, Paris, 1970, p. 149-172.

FREUD Sigmund (1908b), « Caractère et érotisme anal », *in Névrose, psychose et perversion*, trad. franç. J. Laplanche et coll., PUF, Paris, 1973, p. 143-148. — (1913c), « Le début du traitement », *in La Technique psychanalytique*, trad. franç. A. Berman, PUF, Paris, 1970, p. 80-104. — (1917c), « Sur les transformations des pulsions, particulièrement dans l'érotisme anal », trad. franç. D. Berger, *in La Vie sexuelle*, PUF, Paris, 1969, p. 106-112. — (1918b [1914]), « A partir de l'histoire d'une névrose infantile », *in Œuvres complètes, Psychanalyse*, XIII, nouv. trad. franç. dir. par J. Laplanche, PUF, Paris, 1988, p. 1-118. — (1950a), *La Naissance de la psychanalyse, Lettres à Fliess, Notes et plans (1887-1902)*, trad. franç. A. Berman, PUF, Paris, 1956.

MIJOLLA A. de (1981), *Les Visiteurs du moi, fantasmes d'identification*, Les Belles Lettres, Paris, 1986, 2e éd. — « Identifier-être identifié-s'identifier », *Revue française de psychanalyse*, XLVIII, 2, mars-avril 1984, p. 491-508.

WEBER Max (1947), *L'Éthique protestante et l'esprit du capitalisme*, trad. franç. J. Chavy, Plon, Paris, 1964.

OCCIDENTALISATION DU MONDE ET RENCONTRE DES IMAGINAIRES MONÉTAIRES : UNE DOUBLE ILLUSION

Jean-Michel Servet

On raconte que, durant la campagne d'Égypte, les soldats de Napoléon Bonaparte se virent proposer de régler leurs achats avec les boutons de leurs uniformes. De nombreuses populations locales avaient en effet coutume de percer les pièces de monnaie et de les coudre sur leurs vêtements. Ces boutons passaient pour monnaie des occupants européens. L'Égypte connaissait l'usage de pièces de monnaie, en cette fin du XVIIIe siècle, depuis plus de deux millénaires : souverains lagides de la période hellénistique, puis occupants et souverains ultérieurs en avaient été des diffuseurs successifs. Aucun partenaire, ni l'Occidental ni l'Oriental, de cette étrange transaction n'ignorait la pratique numismatique ; les visages, personnages ou animaux représentés sur les pièces françaises rebutaient peut-être les populations musulmanes habituées à des pièces à motifs géométriques ? D'où la préférence pour les boutons que la position sur les vêtements pouvaient faire passer pour des pièces. L'étranger est généralement compris par référence à soi. Les moyens de paiement n'échappent pas à cette règle. Toutefois, Égypte et Europe occidentale de la fin du XVIIIe siècle, outre une histoire un temps partagée et des contacts très anciens, possédaient certains points culturels communs, des structures politiques et économiques notamment, qui pouvaient être mis en parallèle.

Ainsi, lorsque les Britanniques, Allemands, Flamands, Espagnols, Français, Portugais ou Russes colonisèrent les sociétés qui, pour le plus grand nombre, constituent ce que l'on appelle aujourd'hui le tiers monde, ils ne rencontrèrent pas ou n'affrontèrent pas partout des sociétés dites « sans monnaie ». Cela est évident non seulement pour les civilisations d'Afrique du Nord ou du Proche-Orient, lointaines héritières des traditions monétaires antiques, ou de l'Inde et de l'Extrême-Orient, dont les traditions numismatiques sont peut-être plus anciennes que celles de la Grèce ou de l'Asie Mineure, mais aussi de sociétés comme les empires maya-aztèques ou soudanais où tissus et cacao dans le premier cas, coquillages-cauris dans le second étaient des moyens de règlement reconnus. Quelle que soit la variété des traditions de paiement, des usages concomitants de plusieurs moyens de règlement et de l'articulation des fonctions de compte et de paiement, au-delà de cet exotisme des formes et des usages, ces monnaies avaient un point commun avec celles des colonisateurs, celui d'être des instruments de sociétés à État. Leur rôle fiscal, en particulier, a permis une sorte de dialogue propice à la colonisation, et les Européens surent utiliser avec habilité à leur avantage certaines institutions et structures locales : ils acceptèrent dans un premier temps généralement de percevoir les impôts et de régler certaines de leurs dépenses avec les monnaies « indigènes ». Les pièces et les billets se substituèrent ensuite graduellement à celles-ci. Dans un certain nombre de cas, la loi accéléra ce processus en interdisant l'usage des anciennes monnaies dans les relations à l'État[1], et les populations médusées virent les Européens détruire publiquement des richesses que quelques mois, quelques semaines, voire quelques jours auparavant ils avaient durement exigées d'eux comme impôt. Cette mesure ne fut prise que quand le pouvoir colonial se sentit suffisamment assis, et voulut définitivement éliminer certaines forces politiques locales hostiles à son hégémonie. Alors que ces mon-

1. Voir l'exemple de la *franc-monétarisation* de l'Ouest africain étudiée par M.B. Akpaca, *Banques, commerce extérieur et monnaie, supports d'indépendance économique : l'exemple béninois*, thèse université Lumière Lyon-2, 1991, p. 103-131 ; par O.F. Kabore, *Le Système de paiement du Burkina : une analyse des pratiques monétaires*, thèse de troisième cycle, université Lumière Lyon-2, p. 34-59 ; et par Christian Peyre, *Impôt et monnaie en Afrique noire*, mémoire de DEA « Monnaie, finance, banque », université Lumière Lyon-2, 1990, 180 p.

naies anciennes disparaissaient dans les relations à l'État et de la plupart des relations marchandes, certains de leurs usages traditionnels se sont souvent longtemps perpétués notamment dans les alliances matrimoniales, les compensations pour meurtre ou les paiements rituels à des fétiches.

La situation a été de prime abord tout autre quand les premiers voyageurs ou explorateurs, puis la conquête et l'occupation coloniale ont mis en contact les Européens avec des cultures radicalement différentes, avec ces communautés dites sans classes ni État, qui auraient ignoré la monnaie et pratiqué le troc.

Avant d'analyser les interprétations auxquelles ont donné lieu nos propres moyens de paiement dans ces sociétés, nous nous proposons brièvement de caractériser les pratiques locales de paiement ; ce faisant, nous donnerons *la vision des vaincus*, c'est-à-dire le cadre mental à travers lequel les colonisés ont compris leurs colonisateurs, mais nous révélerons aussi l'ethnocentrisme des Occidentaux eux-mêmes. Il manquait aux partenaires de la rencontre un savoir commun ; mais chacun l'ignorait et croyait que l'autre interprétait identiquement l'acte de réciprocité. L'illusion était des deux côtés[2]. Illusion et méprise des colonisateurs lorsqu'ils rencontraient des « monnaies primitives » auxquelles ils attribuaient des fonctions et une nature analogues à nos propres supports monétaires. Illusion et méprise des colonisés, qui prenaient nos pièces et billets pour des réalités semblables à leurs propres instruments « monétaires ». Cette double illusion naît de l'identification d'une pratique ou d'un objet étranger à des pratiques ou des objets connus[3], en l'occurrence un instrument du marché pour les uns et un moyen d'échange social pour les autres, et de l'attribution d'un rôle déterminé par la catégorie à laquelle cet objet, ou cette pratique, est supposé appartenir. Avec l'accroissement de la fréquence et de l'intensité des relations, la différence a progressivement été reconnue ; un savoir partagé a permis

2. Daniel DE COPPET, « Premier troc, double illusion », *L'Homme*, janvier-juin 1973, p. 10-22 ; J.-M. SERVET, « Pièces, billets et monnaies primitives », *Économies et société*, série F, n° 30, 1986, p. 7-18.

3. Cl. LÉVI-STRAUSS, *La Pensée sauvage*, Plon, Paris, 1962, II, 397 p.

d'ordonner les rapports[4]. Toutefois, aujourd'hui encore, au-delà de la modernisation subie et du mimétisme volontaire, subsistent, voire se développent, dans le tiers monde, des pratiques financières (telles les tontines)[5] pouvant passer pour irrationnelles au regard des institutions occidentales et qui répondent à des normes sociales et mentales héritées et transformées pour répondre aux contraintes de notre temps.

Les pratiques monétaires « sauvages »

Il convient d'expliquer ici deux phénomènes *a priori* antithétiques décrits par les voyageurs : la pratique de trocs et l'existence de « monnaies primitives ».

Il est courant de lire, dans les textes du XIXe siècle, que les peuples colonisés ou en voie de l'être ne connaissaient qu'un commerce restreint et, cause ou conséquence, que celui-ci n'impliquait pas d'usage monétaire. Ces populations auraient été les vestiges vivants de ce stade antémonétaire que serait la phase supposée première du troc.

En fait, les pratiques d'échange de ces populations dites « primitives » sont infiniment plus complexes que les Occidentaux ne l'imaginaient. Depuis des temps immémoriaux, des produits traversaient les continents. Des produits du sud de l'Australie parvenaient sur les côtes septentrionales de la Nouvelle-Guinée. Les communautés dites primitives n'échangeaient pas un hypothétique surplus, mais produisaient en vue de l'échange certaines marchandises qui devenaient le moyen de paiement privilégié des marchandises produites par d'autres groupes (qu'il s'agisse de capes d'écorce, de barres de sel, de haches en pierre, etc.). De plus, dans ces cultures réputées sans classes ni État, certaines communautés — le phénomène a été relevé aussi bien en Amazonie que dans le Pacifique occidental — se sont spécialisées dans la fonction d'intermédiaire commercial. Il convient enfin de souligner

4. La mise en place d'unités de compte pour les relations entre tribus côtières et marchands européens peut l'illustrer.

5. Michel LELART (éd.), *La Tontine. Pratiques informelles d'épargne et de crédit dans les pays en voie de développement*, John Libbey, Paris, 1990.

que ces pratiques commerciales « primitives » doivent être comprises comme une relation sociale, c'est-à-dire comme un rapport entre des groupes et des individus qui se font ou non la guerre, qui entretiennent ou non des relations matrimoniales, qui ont ou non des cultes et des mythes communs, qui mangent ou non ensemble, etc., d'où un protocole des échanges, des rites, des paroles, des gestes convenus, produits souvent d'une longue histoire ; en particulier, le prix des produits échangés est généralement une variable seconde de la transaction par rapport à l'ensemble des obligations réciproques.

Les Occidentaux ignoraient le plus souvent cette diplomatie des échanges, dont les raisons leur échappaient. D'où un certain nombre de refus d'échanger, et un certain nombre d'actes, réciproques ou non, interprétés par l'une ou l'autre des parties comme vol, violence, etc. L'installation de comptoirs permanents, la contrainte aux relations, l'introduction de produits nouveaux (par exemple, les haches métalliques) désorganisèrent fondamentalement les réseaux anciens d'échanges et les firent, pour le plus grand nombre, disparaître, tout comme les moyens de paiement coutumiers reconnus dans ces relations bilatérales. Ainsi se développa, entre colonisés et colonisateurs, une économie de *troque*, puis de *traite*[6].

Parallèlement aux relations antécoloniales de commerce dont les voyageurs occidentaux ont sous-estimé l'importance et n'ont pas compris les raisons, circulaient d'étranges biens précieux : colliers ou bracelets de coquillages, de perles, de dents, de pierres, de métaux natifs, rouleaux de plumes, disques de pierre polie, etc., produits de l'artisanat local ou importés. Pourquoi ces objets ont-ils été désignés par les Occidentaux comme « monnaies primitives » ? Ces objets, dont chaque série présentait une assez forte uniformité, ne possédaient au premier abord aucune utilité propre (pour l'alimentation, la parure, la production ou la guerre), si ce n'est d'être transmis entre les individus et les groupes, et ils paraissaient ainsi fonder leur valeur d'usage sur leur valeur

6. H. Brunschwig, « La troque et la traite », *Cahiers d'études africaines*, Paris, 1962, n° 7, p. 339-346.

d'échange. D'où l'appellation de monnaie. Il est certain que la monnaie étant considérée comme un attribut des formes supérieures de civilisation, la reconnaissance de monnaies locales pouvait être aussi une forme de réhabilitation par certains de sauvages colonisés ou en voie de l'être. Toutefois, les voyageurs et marchands occidentaux ont particulièrement insisté sur le fait que ces étranges monnaies n'étaient généralement pas des intermédiaires dans les relations commerciales. Pour les Européens du XIXe et du XXe siècle, qui rencontrèrent ces sociétés, ces biens étaient en effet très éloignés de l'idéal-type monnaie caractérisé par sa dimension marchande et par l'universalité de l'usage d'un moyen de paiement unique.

A quoi servaient donc ces biens si précieux aux populations locales et dont la détention pouvait faire l'objet de compétitions fort âpres entre les individus et les groupes ?

Ces biens, que nous préférons désigner comme *paléomonnaies*[7] plutôt que comme monnaie primitive, sont des moyens d'échange social : ils servent à régler des naissances, des mariages, et des deuils, à compenser des injures physiques ou morales, ou la transgression d'interdits, à engager un conflit ou à y mettre un terme et à conclure une alliance. Une vision très partielle du phénomène pouvait laisser penser que ces richesses indigènes servaient à « acheter » une femme pour se marier. Ce qui sépare paléomonnaies et monnaies modernes ne peut pas être réduit à un ensemble de conventions d'usage différentes. L'inventaire des biens et services auxquels tel ou tel type de monnaie donne accès est une première démarche permettant d'appréhender superficiellement une différence. Mais la compréhension de celle-ci nécessite aussi la prise en compte de la représentation mentale différente du fait monétaire. Les paléomonnaies ne sont pas des instruments rudimentaires d'acquisition de marchandises telles que produits de consommation, moyens de travail ou de défense ou forces de travail. Elles sont beaucoup plus que

---

7. J.-M. SERVET, *Genèse des formes et pratiques monétaires*, thèse de doctorat d'État, université Lyon-2, 1990, 495 p. ; et « La naissance des pratiques monétaires ; des paléomonnaies aux monnaies frappées », *in Encyclopédie Quillet-Actuel 92* (à paraître 1992).

cela car, outre le fait qu'elles sont des moyens d'accès à des rôles et à d'autres biens (sans en être généralement à proprement parler des contreparties), elles sont des éléments vivants : elles sont paroles données et reçues et mémoire de la relation entretenue ou nouée entre les individus et les groupes. Elles fonctionnent comme des instruments immédiats de contrôle et de régulation sociale. Aussi, le plus souvent, il n'existe pas une série unique de paléomonnaies avec subdivisions et multiples ; au sein de chaque communauté et dans ses relations extérieures, circulent des séries ordonnées particulières de paléomonnaies et de biens à fonctions paléomonétaires généralement non substituables et plus ou moins hiérarchisées. Chaque type de biens correspond à un type d'obligations et de situations particulières. Ce cloisonnement des usages, les capacités différenciées des groupes d'âge, sexes, clans, castes et individus, d'accès aux paléomonnaies peuvent assurer une perpétuation des rapports de domination et de dépendance.

Quel rapport existe-t-il entre ces biens précieux et nos propres monnaies, en dehors de l'analogie circulatoire ? D'une part, il est possible de montrer que des objets analogues à ceux que les voyageurs ont appelés « monnaies primitives » ont existé, en remplissant des fonctions identiques, dans les sociétés occidentales anciennes, que les pièces ou des lingots ont pu y remplir les mêmes rôles et que, par conséquent, les biens de ce type peuvent être qualifiés d'antécédents logiques et historiques de nos propres monnaies. D'autre part, si l'on saisit conceptuellement le phénomène monétaire comme un mode de normalisation de la société (en particulier, en définissant les pratiques monétaires non seulement dans la dimension paiement, mais aussi dans celle de compte, et en reconnaissant qu'y compris dans les sociétés occidentales le fait monétaire ne peut être réduit au seul marché), force est d'admettre les paléomonnaies comme participant pleinement au phénomène monétaire en général. C'est d'ailleurs à partir de cette structure paléomonétaire que les « indigènes » ont compris l'usage que les Européens faisaient du numéraire. Ainsi les paléomonnaies « sauvages » étaient-elles interprétées comme « monnaies primitives » par les voyageurs occidentaux, alors que les pièces et billets devenaient paléomonnaies aux yeux et entre les mains des colonisés, et, comme nous allons le voir, ces instruments de paiement se trouvaient subvertis par les consciences et les usages « indigènes ».

Des pièces et billets devenus « monnaies primitives » et des paléomonnaies devenues « monnaies »

Les Mélanésiens, Amérindiens, Africains, etc. virent les colonisateurs utiliser entre eux des morceaux de matières, souvent jusqu'alors inconnues (métal d'abord, puis papier). Or, la rareté des paléomonnaies est généralement produite et instituée socialement soit par un travail artisanal important, soit par une origine exotique à laquelle peuvent participer des êtres plus ou moins mythiques. Un parallèle pourrait être d'ailleurs ici établi avec les mythes et contes relatifs aux métaux précieux et au statut des forgerons dans les anciennes sociétés européennes. Cette matière métal (ou papier) pouvait donc aisément être pensée comme une substance de caractère magique qui était imprégnée de la force des nouveaux venus. Les utiliser pouvait permettre de participer à leurs vertus. Ils peuvent alors fonctionner comme des instruments de cultes et de magies ; on les passe de main en main pour s'imprégner de leurs vertus, on les brûle ; on les plonge dans l'eau avec des invocations secrètes, etc. ; on accuse certaines pièces d'être la cause de douleurs et de maladies ou, au contraire, d'être un médicament permettant de repousser certains esprits et maladies. Dans le sud du Nigéria, au début du XXe siècle, seules les pièces représentant un souverain réputé vivant étaient acceptées par les populations locales[8]. En 1945, aux Nouvelles-Hébrides, la dépréciation de la livre britannique a pu être attribuée à la maladie du roi représenté sur les pièces[9]. Comme les paléomonnaies, les pièces et billets ont pu être pensés comme des éléments vivants.

8. W.I. Ofonagoro, « From Traditional to British Currency in Southern Nigeria : Analysis of a Currency Revolution 1880-1948 », *The Journal of Economics History*, New York, 1979, vol. 39, n° 3, p. 623-654.
9. P. Worsley, *Elle sonnera la trompette*, Payot, Paris, 1977, p. 174.

Les pièces peuvent aussi perdre très largement leur caractère monétaire en devenant parures féminines comme certains thalers Marie-Thérèse en Afrique orientale[10].

Le deuxième trait caractéristique des moyens de paiement occidentaux que l'on doit retenir et qui a pu permettre leur assimilation à des paléomonnaies est que ces instruments monétaires existent en séries standardisées et hiérarchisées.

Enfin, pièces et billets circulent en sens inverse de biens et d'activités inégalement estimés. D'un point de vue purement formel et pour qui ne saisit qu'un moment de la chaîne des relations, il n'existe pas de différences entre une opération de dons-contre-dons et une opération d'achat-vente. Le sens de nos transactions échappaient aux colonisés ou, plutôt, ils leur donnaient des interprétations qui eurent fort surpris les acteurs de ces simili-rites. Les descriptions des cultes du Cargo en Mélanésie[11] apportent maints exemples de ces représentations, comme interprétations et comme mises en scène de nos pratiques monétaires.

Ainsi, ceux qui ignoraient tout, ou presque, des coutumes et de la logique de nos paiements pouvaient penser que les pièces et billets étaient les paléomonnaies des *visages pâles*, autrement dit de ceux dont les premiers contacts firent des dieux, des ancêtres, des envoyés des dieux ou simplement d'autres hommes venus de pays lointains, au-delà des monts et des mers.

Cette première identification des moyens de paiement occidentaux à des paléomonnaies a des conséquences très importantes.

Dans leurs relations extérieures, les communautés les incorporèrent au travers des modes de possession et de circulation propres à chacune des sociétés et du cloisonnement habituel des biens. Reçus directement des Européens lorsqu'on devenait leur dépendant (salarié) ou lorsqu'on leur cédait des produits locaux auxquels on ne prêtait jusque-là parfois aucune attention (tels que liane pour le caoutchouc) ou des végétaux

10. Marcel-Maurice FISCHEL, *Le Thaler de Marie-Thérèse. Étude de sociologie et d'histoire économique*, thèse pour le doctorat ès lettres, Marchal, Dijon, 1912, XXI, 210 p.
11. P. WORSLEY, *op. cit.*

dont les nouveaux maîtres introduisaient la culture, ces instruments se révélaient les moyens les plus efficaces d'acquisition des produits européens (vêtements, mobiliers, aliments, outils métalliques, etc.), produits qui, eux-mêmes, entraient dans des classifications particulières. Aujourd'hui encore, l'argent obtenu par la commercialisation de certaines récoltes ou par la migration est souvent affecté à une série limitée de dépenses, le reste de l'économie locale pouvant être réglé « en nature ». On doit aussi s'interroger sur le vécu et la compréhension de l'*impôt*, du *salariat* ou de la *commercialisation* de productions locales. Autant de mœurs pouvant impliquer pièces ou billets et qui ne reçoivent pas spontanément la raison que nous leur donnons ; les colonisés pensaient cette nouveauté à travers les normes de leurs propres expériences. En Afrique, par exemple, dans les sociétés sans État antécolonial, des populations qui avaient accepté de verser l'impôt une première fois ne comprirent pas pourquoi il convenait de réitérer chaque année une opération assimilée soit à un cadeau de bienvenue, soit au tribut acquitté par un vaincu pour faire la paix[12]. Au Sénégal, les Diola de Basse-Casamance refusaient l'échange riz contre monnaie, c'est-à-dire de mettre en rapport direct le riz, élément central de leur culture, avec les pièces et billets, éléments d'une civilisation étrangère ; ils échangeaient volume pour volume le riz contre de l'arachide (plante américaine dont la culture avait été africanisée) à des commerçants mandingues, et ils vendaient ensuite les arachides pour payer l'impôt[13]. En Afrique centrale, la répercussion sur le prix local d'achat des matières premières (tel le caoutchouc) de la baisse de leur cours sur le marché mondial a été assimilée à un vol dissimulé par des populations pour lesquelles un prix était une relation sociale et non la confrontation d'offres et de demandes[14].

Plus ou moins rapidement, l'utilisation des pièces dépassa

12. Christian PEYRE, *Impôt et monnaie en Afrique noire, op. cit.*, p. 71-72.

13. J.-M. SERVET, « Monnaie-riz et échanges à volume égal des Diola de Basse-Casamance (Sénégal) », *Cahier Monnaie et financement*, université Lyon-2, 1978, n° 7, p. 1-27.

14. W.G.L. RANDLES, « Échanges de marchandises et échanges de dieux, un chassé-croisé culturel entre Européens et Bantu », *Annales ESC*, 30e année, n° 4, juillet-août 1975, p. 635-653, p. 641-642.

les seules relations indigènes-colonisateurs, la force des nouveaux venus pouvant favoriser une diffusion interne. Ainsi les pièces purent-elles remplacer d'anciennes paléomonnaies ou d'anciens biens à fonctions paléomonétaires comme moyens d'échange social permettant de tenir son rang dans le groupe (compensation matrimoniale, mortuaire, transfert agonistique lors de fêtes, etc.). Aux îles Carolines, entre 1952 et 1957, les *chefs* développèrent des cultes de collecte des pièces et billets contre lesquels ils remettaient des parts de sociétés par actions (Truck Trading Company, Mortlock Trading Company, etc.) ; les fonds ainsi récoltés servaient à acheter divers produits manufacturés parmi lesquels des moteurs de bateaux et des machines à coudre[15], révélant ainsi la duplicité de l'apparence d'une tradition religieuse et d'une intégration bien réelle au marché mondial. Parfois, cette substitution n'est pas totale : chez les Pedi du Sekhukhuneland, en Afrique australe, pièces et billets composent les dots alors que celles-ci sont impérativement appréciées en têtes de bétail.

La paléomonétarisation des pièces et billets et leur intégration dans des séries plus ou moins hiérarchisées de biens précieux peuvent produire des effets inattendus. Au détroit de Vitiaz (Pacifique occidental), la livre a été traitée à l'instar des autres paléomonnaies, comme un bien infrangible : tous les prix ont alors consisté en un multiple entier de la livre[16]. Dans d'autres cas, la hiérarchie locale des catégories diverses dans lesquelles entrent les différents pièces et billets éloigne leur estimation relative de celle du marché international des changes (inversion du rapport cuivre/argent notamment, le rouge étant pensé comme plus puissant que le blanc) ou modifie la proportion entre les unités d'une même nation (par exemple, une livre sterling n'a pas d'abord été reconnue pour vingt shillings, mais pour quinze seulement). S'il existe des sphères très cloisonnées d'échange et si les différents types de pièces et de billets entrent dans des catégories différentes,

15. F.J. Mahony, « The Innovation of a Saving System in Truck », *American Anthropologist*, Washington DC, 1960, vol. 62, n° 3, p. 465-482.

16. G.T. Harding, *Voyagers of the Vitiaz Strait, a Study of New Guinea Trade System*, University of Washington Press, Londres/Seattle, 1967, p. 57.

le change entre les différents instruments monétaires devient impossible, ou si ces sphères sont hiérarchisées, la conversion d'une unité en sous-multiples suppose une chaîne de conversions.

Que sont devenues alors les anciennes paléomonnaies ?

La diffusion des espèces occidentales ne fut pas immédiate. Loin des métropoles, les colons manquaient généralement de numéraire et en vinrent même à utiliser des ersatz tels que les cartes à jouer en Amérique du Nord à la fin du XVIIe et au XVIIIe siècle, ou se servaient de produits de traite (peaux, fourrures, épices, etc.) comme monnaies. Les colonisateurs acceptèrent donc souvent en règlement des articles manufacturés ou, en règlement des impôts, des paléomonnaies traditionnelles qu'ils redistribuaient ensuite comme salaires ou prix de produits locaux. Les colonisateurs ne se contentèrent pas, pour favoriser l'essor de leurs transactions, d'utiliser les paléomonnaies existantes. Ils en fabriquèrent industriellement des imitations : ainsi, en Afrique, on retrouve les *manilles*[17], paléomonnaies métalliques fabriquées en Europe ; en Nouvelle-Calédonie, les missionnaires jouèrent un grand rôle dans la diffusion d'imitations-coquillages cédées au mètre dans les boutiques. Les colonisateurs importèrent massivement des cauris de l'océan Indien en Afrique de l'Ouest, provoquant localement une inflation de coquillages et une dépréciation importante de leur valeur[18]. Les contrefaçons n'eurent souvent qu'un succès éphémère, sans doute là aussi en raison d'une diffusion trop importante et d'une vulgarisation hors des canaux légitimant les hiérarchies et statuts traditionnels de ces sociétés.

Les colonisés prirent en effet conscience au rythme des contacts avec les hommes blancs que ceux-ci n'utilisaient généralement pas entre eux les paléomonnaies traditionnelles

17. J. Rivallain, *Étude comparée des phénomènes pré-monétaires en protohistoire européenne et en ethnoarchéologie africaine*, thèse université Paris-I, 1988.
18. A.F. Iroko, *Les Cauris en Afrique occidentale du Xe au XXe siècle*, thèse Paris-I, 1987, 2 tomes, 980 p.

et qu'ils ne leur accordaient qu'une très faible estime en dehors des lieux d'indigènes. Le numéraire occidental semblait donc les véritables biens précieux à l'origine de la puissance des colonisateurs. Toutefois, indépendamment de problèmes de quantité de monnaies européennes disponibles, celles-ci n'évincèrent pas systématiquement les anciennes paléomonnaies en les réduisant à un rôle de monnaie d'appoint dans les achats induits par la décomposition des relations communautaires. Lorsque les dominants ne se trouvent pas à même de contrôler les sources nouvelles de revenus, les relations de dépendance pourraient s'amoindrir ou disparaître ; l'argent, là aussi, peut rendre libres les cadets qui s'expatrient dans les plantations ou sur les chantiers. Les pièces et billets sont alors hermétiquement exclus des obligations sociales pensées comme essentielles à la reproduction du groupe (notamment dans la composition des biens dotaux). Les techniques nouvelles de production (en particulier l'usage du métal) change parfois radicalement les conditions de production de ces paléomonnaies et leur forme : ainsi dans l'île de Yap, dans le Pacifique, les paléomonnaies disques de pierre de quelques centimètres sont progressivement devenues de lourdes meules de pierre mesurant plusieurs dizaines de centimètres[19]. La détention des paléomonnaies vénérables et indispensables pour tenir son rang dans la communauté permet aux dominants traditionnels d'accaparer une partie plus ou moins importante des gains salariés des dominés[20] et de les transformer en produits importés tels qu'alcool, vêtements, parapluie, etc. Les mêmes raisons expliquent les fonctions résiduelles des monnaies traditionnelles dans les anciennes sociétés à État où l'on retrouve leur usage dans certains cultes et rites matrimoniaux ou de passage alors que les fonctions étatiques et marchandes de la monnaie sont accomplies par les espèces nouvelles. La dis-

---

19. Cora Lee C. GILLILLAND, *The Stone Money of Yap. A Numismatic Survey*, Smithsonian Institution Press, Washington DC, 1975, VII, 75 p.

20. A. GRAVES, « Truck and Gifs : Melanesian Immigrants and the Trade Box », *Past and Present*, n° 101, nov. 1883, p. 87-124, p. 103-106 ; J. LIEP, « Ranked Exchange in Rossel Island », *in Exchange, Production and Social Reproduction in Oceania*, Research Seminar, Inst. for Ethnology, University of Copenhague, 1976.

parition des paléomonnaies dépend alors du rythme de la décomposition ou de la modernisation des anciens rapports de domination[21].

Nous avons ici esquissé les effets de la rencontre de cultures qui pensent l'argent de façon radicalement différente. Ainsi, dans une sorte d'accélération de l'histoire, des paléomonnaies ont pu devenir monnaies, et celles-ci, renouant avec leurs lointaines origines, ont pu devenir paléomonnaies. Toutefois, chaque culture ne voyait qu'une fraction de l'autre ; elle rationalisait des pratiques étrangères et butait parfois sur des comportements qui lui paraissaient intraduisibles. Ainsi, Touiavii, un chef de Tiaéra dans le Sud-Pacifique, emmené en Allemagne au début du XXe siècle, a-t-il rapporté dans les discours qu'il fit à son retour aux membres de sa tribu certains sujets d'étonnement. Touiavii déclare : « Beaucoup de Blancs amassent l'argent gagné pour eux par d'autres, le déposent dans un endroit bien surveillé, en amènent toujours plus jusqu'à ce qu'un jour ils n'aient plus besoin de faire travailler d'autres pour eux, l'argent travaillant à leur place. » Et il ajoute : « Je ne suis jamais parvenu à savoir comment cela pouvait être possible sans magie noire, tout se passe pourtant bien ainsi, l'argent se multiplie comme les feuilles d'un arbre et l'homme s'enrichit même quand il dort[22]. »

---

21. Voir l'exemple de l'évolution de l'usage de certaines paléomonnaies en Afrique équatoriale par Jane I. GUYER, « Indigenous Currencies and the History of Marriage Payments, A Case Study from Cameroon », *Cahiers d'études africaines*, 104-XXVI-4, 1986, p. 577-610.

22. *Le Papalagui. Les discours de Touiavii, chef de tribu de Tiaéra dans les mers du Sud*, recueillis par E. SCHEURMANN, Aubier-Flammarion, Paris, 1981, 125 p.

VOYAGES DE L'ARGENT

Erik Orsenna

Je ne pensais pas entretenir autant de liens avec l'argent... Je voudrais donc esquisser quatre points très différents. Le premier, c'est un « best-seller », 323 exemplaires : ma thèse, *Espace national et déséquilibre monétaire* (800 pages sur le poste 383 de la balance des paiements). Ensuite, l'expérience qui m'est arrivée, assez inouïe, du Goncourt, et il faut bien le dire, inattendue. Troisièmement, le service public. Enfin, le tiers monde.

D'abord, la thèse. J'étais, à l'époque de mes études d'économie, au PSU. Plein d'espérance, je me disais qu'un jour la gauche finirait bien par gagner, ce qu'elle a fait, comme vous le savez peut-être. Je me disais : « Si la gauche gagne, il y aura sans doute quelques mouvements spéculatifs. Il faudra donc qu'il y ait des gens de gauche connaissant les moyens d'empêcher ces mouvements spéculatifs. Travaillons donc sur la balance des paiements. »

J'avais compris à peu près la balance des paiements. Mais surtout je n'avais pas compris un point essentiel de la société française : je n'avais pas fait l'ENA. Et même si j'avais fait l'ENA, je n'étais pas inspecteur des finances. Or, que la gauche ou la droite gagne, ne s'occupent vraiment de la monnaie que les inspecteurs des finances. Donc, quand la gauche a gagné, on m'a fait comprendre très clairement que je n'aurais pas à m'occuper du tout des luttes antispéculatives.

On m'a dit : « Tu t'occuperas du cacao. » Je me suis donc occupé des matières premières et notamment du cacao, avec délice d'ailleurs. Je venais de prendre possession de mon bureau, près de Jean-Pierre Cot, ministre de la Coopération. Le téléphone sonne. Notre représentant à Bruxelles m'appelle : « Monsieur le Conseiller, nous avons une crise avec le cacao ! Nous avons dépassé les dotations. Que faut-il faire ? » J'avais enseigné. Maintenant, je devais agir. Trac et joie.

Deuxième expérience, quelques années après : le Goncourt. Une heure après l'annonce, on me porte un télégramme qui commence par un « Bravo ! » et ensuite par cinq lignes de merci. Vous l'avez deviné, ce télégramme était de Monsieur Charasse. C'était : « Bravo pour le prix », et cinq lignes de remerciements pour les impôts que j'allais lui donner. Ce qui se passe quand vous recevez un prix est intéressant. D'abord, l'ordre de grandeur, que gagne-t-on avec un Goncourt ? En termes de salaire, c'est gigantesque : aucun salarié ne peut jamais gagner ça. En termes de patrimoine, cela représente « seulement » entre 120 et 150 mètres carrés dans Paris.

A la foire du livre de Toulon, Paul-Lou Sulitzer vient vers moi et me dit : « Mon vieux, c'est bien ! » Imaginez-vous ce que vous ressentez quand Sulitzer arrive, vient vers vous et vous dit : « C'est bien. » Il me prend par le bras, il écarte les importuns et dit : « Le plus dur commence : tu vas devoir gérer ! » Ce fut un des moments les plus joyeux du Goncourt.

L'expérience du cinéma, liée à celle du Goncourt, est assez différente : vous rencontrez quelqu'un à déjeuner. Je ne sais pas pourquoi, mais un projet ne peut arriver qu'à déjeuner. Ce quelqu'un était Régis Wargnier et le projet *Indochine* et l'argent proposé très supérieur à ce que vous gagnez avec les livres.

En composant une scène du film, on doit penser au budget, à moins d'être irresponsable, et au délai, puisque c'est une industrie. La littérature est tout à fait autre. La littérature, c'est au contraire prendre du temps, attendre, accompagner le temps. Dans l'écriture elle-même, écriture de livre, écriture de film, existent donc plusieurs rythmes, des rapports au temps et à l'argent différents et des passages de l'un à l'autre, parfois acrobatiques.

Troisièmement, le service public : le Conseil d'État. Vous avez 30-35 ans, vous gagnez 20 000 francs par mois environ. Actuellement, je suis conseiller auprès de Monsieur Dumas. Tout compris, avec les primes — je vous dis tout : je gagne 24 000 francs. Je suis conseiller du ministre, chargé de toutes les relations avec l'Europe du Sud et l'ensemble du Maghreb. Tous les deux-trois mois, me vient une proposition du privé : 60 000 à 80 000 francs. Que faire ? Certains restent, d'autres partent. La plupart s'en vont. Aux États-Unis, le parcours est différent. Beaucoup travaillent d'abord pour l'État, puis ils partent faire un peu d'argent et après ils reviennent. Il y a une sorte d'alternance. La rémunération est une des questions actuelles de la fonction publique. Elle n'est pas résolue.

Quatrièmement, le tiers monde. Il y a exactement dix ans, presque jour pour jour, j'étais à Cancun. Cancun, je rappelle pour ceux qui n'étaient pas nés il y a dix ans, fut une sorte de grand meeting de vingt-deux chefs d'État, avec des discours qui n'ont abouti à rien, du genre « *New Deal* planétaire : on va donner de l'argent à tout le monde, etc. ». Il y avait culpabilité, tiers-mondisme et, je dirais, une sorte de tiers-mondialisme. Dix ans après, m'occupant directement de ces affaires-là, je m'aperçois qu'on ne dit plus « culpabilité », mais « efficacité » ; on ne dit plus « mondialisme », mais « régionalisme ».

J'énumérerai seulement trois points. D'abord, la dette : actuellement, le Sud verse plus au Nord qu'il n'en reçoit.

Deuxièmement, la conception du développement. Tout le monde sait que l'aide est nécessaire, mais ce n'est pas sur l'argent dit public que l'on bâtit un développement. Le seul développement est lié à l'investissement et dépend des entrepreneurs. Qu'est-ce que l'investissement ? De la confiance. Et la confiance ? C'est la croyance dans le temps et l'investissement des nationaux. Quand aucun national n'investit dans son pays, quand les chefs d'État, notamment africains, placent en Suisse de l'argent prélevé sur leurs pays, on peut se demander à quoi sert l'aide.

Troisièmement : les limites de l'économie de marché. Que demande le Nord, dans l'ombre mais avec le plus d'insistance ? De la drogue. Le jour même où les États-Unis refusaient de soutenir les cours du café, faisant perdre un milliard de dollars à la Colombie, ils lui proposaient de soutenir sa lutte contre la drogue, appui maximal : 200 millions de dollars. N'oubliez pas que, désormais, toutes les parties de la planète sont liées.

Voici quelques-uns des circuits actuels de l'argent, leur interdépendance et ma contribution au catalogue des incohérences de la société moderne.

Débat

Un auditeur. — Baudelaire a dit que l'amour est de la prostitution. Je voudrais demander à M. Ménard, à propos notamment des personnages de prostituées dans les romans de Balzac, si celui-ci aurait été d'accord avec une telle affirmation. Et j'aimerais demander d'autre part à M. de Mijolla comment la psychanalyse, qui nous instruit sur les rapports entre l'argent et le sexe, considère-t-elle la prostitution.

Maurice Ménard. — Les prostituées, chez Balzac, sont effectivement très nombreuses, et la question que vous soulevez est très vaste. La principale figure qui peut servir d'exemple pour vous répondre, c'est Esther van Gobseck, la prostituée sublimée de *Splendeurs et misères des courtisanes.* Comme vous le savez, c'est pour donner à Lucien de Rubempré l'argent dont il a besoin pour se marier qu'Esther, par amour pour Lucien, accepte de coucher avec le banquier Nucingen qui la paie un million. Mais, après s'être donnée, elle a choisi de disparaître. Et elle se tue. Mais elle se tue en robe blanche.

On a dit de cette robe blanche qu'elle tourne en dérision le mariage. Je ne crois pas qu'il s'agisse de cela. Car Balzac précise bien, au début du roman, qu'elle a mis une robe blanche pour son baptême. En se sacrifiant, elle récuse sa condition de prostituée. Dans un amour qui est un don total, elle rachète et sublime ce qu'elle était. Je ne pense donc pas que Balzac dirait que tout amour est prostitution, mais que la prostituée peut donner l'image de l'amour absolu.

Alain de Mijolla. — Du point de vue de la psychanalyse, je ne peux rien vous dire de la prostitution elle-même, qui n'est pas de son ressort. Mais le fantasme de prostitution, c'est-à-dire le fantasme d'offrir son corps à un inconnu moyennant une compensation, sous forme d'argent la plupart du temps, est tout à fait présent, sans doute chez tout être humain, à un moment quelconque de son existence. Car ce fantasme est un de ceux qui permettent de régler dans l'imaginaire les difficultés du rapport à l'autre, aussi bien en ce qui concerne le désir amoureux que le plaisir sexuel.

Ce fantasme, la psychanalyse l'a beaucoup étudié. Freud en a parlé très tôt, d'abord pour l'avoir remarqué chez beaucoup de ses patientes, pour qui les prostituées des bas-quartiers de Vienne, honnies et méprisées en un sens, étaient en un autre sens un modèle de solution du rapport à l'autre. On rencontre d'autre part très fréquemment chez les patients le fantasme que l'analyste est une prostituée, que l'argent qu'ils donnent crée entre eux et l'analyste un rapport du même type qu'entre client et prostituée. Il s'agit probablement d'une manière de soulager la culpabilité éprouvée face à ce trop-plein de souffrance et de douleur qu'ils viennent « décharger ». Ce ne sont là que des indications très sommaires, évidemment.

Un auditeur. — A côté de la présence de l'argent et de la fascination qu'il exerce sur les personnages dans les romans de Balzac, il y a aussi, dans la littérature du XIXe siècle, un refus de l'argent, d'abord fondé sur la nostalgie de l'Ancien Régime, comme chez Chateaubriand, ou chez Fromentin dans *Dominique*, par exemple. Or, ce refus de l'argent se trouve de nouveau exalté à la fin du siècle par la IIIe République et les fondateurs de l'école publique. Peut-on expliquer ce curieux itinéraire ?

Maurice Ménard. — Vous avez tout à fait raison de souligner ce contrepoint au roman balzacien. *Le Petit Chose, Le Roman d'un jeune homme pauvre*, et même peut-être *Le Grand Meaulnes*, dont on n'a pas assez remarqué que le narrateur est fils d'instituteur et devient instituteur à son tour, sont des romans qui ont connu un constant succès sous la IIIe République, temps de l'école laïque, qui est une école du désintéressement. Cette forme de religiosité laïque va de pair avec une religion de la raison pure et du vertuisme rousseauisant : le pauvre honnête s'approche de la sainteté.

Cela dit, je ne ferai que deux brèves remarques. D'une part, il me semble que les personnages de ces romans ne deviennent pas des mythes aussi fascinants que les personnages liés à l'argent. Ils se contentent, si je puis dire, d'un rôle de contrepoids. D'autre part, je ne crois pas pouvoir véritablement répondre à votre question. Nous constatons ce changement de mentalités, mais nous ne sommes pas en mesure, me semble-t-il, d'en rendre raison au pied levé.

Un auditeur. — Je voudrais demander à M. de Mijolla ce que pense la psychanalyse de ceux qui font vœu de pauvreté.

Alain de Mijolla. — Je vais vous expliquer pourquoi, à mon tour, je ne peux pas vous répondre. La psychanalyse n'est pas faite pour aborder des problèmes trop généraux, mais pour comprendre, quand elle y parvient, la situation précise d'une personne donnée. Sans considérer aucun cas précis, je pourrais vous dire tout et n'importe quoi : celui qui a fait vœu de pauvreté est un grand déprimé, ou bien un grand masochiste, ou bien un grand idéaliste... Ce sera de la roupie de sansonnet psychanalytique, comme on en entend, à mon avis, un peu trop souvent.

La situation ne sera pas la même si j'ai avec moi quelqu'un qui essaie d'analyser pourquoi et comment il en est venu à adopter ce comportement. A ce moment-là, peut-être arriverons-nous à voir quel fantasme ou quelle série de fantasmes l'ont amené à prendre une décision vitale de ce type. Comme toute conduite humaine, celle-ci a une histoire dans le sujet, et c'est cette histoire que la psychanalyse doit essayer de reconstruire et de comprendre, pour un individu, et non en général. C'est sans doute une réponse qui ne vous satisfera pas vraiment, mais c'est la seule que je puisse faire.

Roland Brunet, professeur de philosophie. — Ne pensez-vous pas — ma question s'adresse à tous — que les diverses dénominations dont nous usons dans nos sociétés pour désigner les rémunérations et les paiements méritent qu'on y réfléchisse ? On verse en effet, aux médecins, aux avocats, ou aux psychanalystes, des « honoraires », aux professeurs, des « traitements », aux employés, des « salaires », aux domestiques, des « gages », etc. Dans cette diversité de termes, ne voit-on pas persister de vieilles distinctions d'attitudes envers le travail et envers l'argent ?

Jean-Michel Servet. — Il faudrait d'abord souligner que cette diversité que nous connaissons a peu d'équivalents en dehors de nos sociétés. J'ai travaillé cette question de la diversité des dénominations des relations d'argent entre individus avec des linguistes spécialisés de l'Ouest africain. Par rapport à nos catégories, le vocabulaire désignant les différents modes de paiement paraît dans ces sociétés extrêmement restreint. Même le mot que l'on utilise pour dire « payer » n'a pas nécessairement une connotation marchande : c'est ce que l'on donne, ce que l'on transmet matériellement à un moment donné. Ce que l'on donne à un fétiche au cours d'un rituel et ce que l'on verse comme salaire à un ouvrier peuvent se trouver désignés par le même terme. De même que le terme taux d'intérêt ou intérêt est traduit par une expression générale comme « ce que l'on donne [ou reçoit] en plus » ou par celle de perte ou de bénéfice. Les sociétés occidentales ont non seulement un vocabulaire marchand spécifique, mais un vocabulaire très riche pour décrire les rapports sociaux où l'argent intervient ; mais l'on peut se demander si cette diversité ne cherche pas à réaffirmer les différences de statuts, différences mises en péril par l'usage de moyens de paiement communs. Aujourd'hui, le terme unique salaire est de plus en plus employé alors que celui de travail s'est généralisé.

Dr Henry Lelièvre. — Quand on parle d'« honoraires », il me semble que cela relève de la culpabilité vis-à-vis de l'argent que ressentent certaines catégories sociales. C'est comme si, au lieu de toucher de l'argent normalement, en échange d'un travail, il fallait qu'un alibi soit mis en place. Pensez-vous que cette interprétation soit valable ?

Roland Brunet. — Je crois que vous avez tout à fait raison. J'irais même un peu plus loin. Sans doute faut-il chercher la source de notre vocabulaire dans la distinction que faisaient les sociétés de l'Antiquité grecque et romaine entre les arts libéraux et les arts mécaniques : seuls les hommes libres sont dignes des arts libéraux, et ils n'ont pas à être souillés par le travail, qui est réservé aux esclaves, ni par de l'argent. Comme une telle attitude est évidemment irréelle, et impraticable, et que leur travail est effectivement payé, alors on les « honore », au lieu de les rémunérer.

Michel Morino, animateur du Cercle Condorcet de Paris. — Je voudrais m'adresser à M. Orsenna, qui a souligné la distance de plus en plus grande entre le simple citoyen et les centres de décisions économiques et financières. Peut-on imaginer que le citoyen pourrait avoir un jour un moyen de peser sur les choix des grandes institutions internationales, comme le Fonds monétaire international, la Banque mondiale ou le GATT ? Ou bien faut-il considérer que la gestion de l'argent et de l'économie est définitivement hors de portée des citoyens, voire de leur représentation nationale ?

Erik Orsenna. — Je vous remercie de cette toute petite question, qui va me permettre de résoudre en deux phrases des problèmes mondiaux !... Il est clair qu'il y a une mondialisation de l'économie à laquelle nul ne peut plus échapper. Dès qu'un pays ou un ensemble économique s'acharnent à vouloir demeurer différents, ils échouent économiquement. Je n'en prendrai que deux exemples. En 1983, après deux ans d'expérience socialiste, la question s'est posée en France de savoir si l'on allait sortir du serpent monétaire européen. Ce n'était pas possible, et le fait de devoir y demeurer a évidemment toutes sortes de conséquences : on ne peut choisir ni son taux d'épargne, ni son taux de fiscalité de l'épargne, ni son taux d'investissement... Tous ces éléments sont liés, et forment une sorte de règle du jeu économique qui s'est généralisée. L'autre exemple est fourni par les pays, comme l'Albanie il n'y a pas encore si longtemps, ou comme Cuba, qui décident de rester en dehors de la règle du jeu mondial, avec ce slogan étonnant : « Le socialisme ou la mort. » Il s'agit là d'une expérience pathétique, presque touchante, si elle ne mettait pas par ailleurs tant de gens en prison. Mais il est évident que ces tentatives d'autonomie sont vouées à disparaître, d'autant plus que l'Union soviétique n'existe plus. En matière d'économie comme de sécurité, le fait qu'il n'existe plus qu'un seul pôle au lieu de deux conduit inévitablement à l'unification des mécanismes.

Cette généralisation peut conduire à une sorte d'étouffement dans l'homogène. Pour y échapper, il nous faut redéfinir au plus vite des contre-pouvoirs, et délimiter à nouveaux frais ce qui relève effectivement du domaine politique et ce qui n'en relève pas. Car on critique aujourd'hui les politiques à propos de domaines où ils n'ont plus de prise, et on ne développe pas d'action politique dans les domaines qui le demandent.

Un auditeur. — La question de la disparité des salaires et des justifications de cette disparité est sans doute un des domaines où devrait se développer une action politique, et d'abord une réflexion cohérente. Au nom de quoi quelqu'un peut-il dire à une infirmière, s'il travaille dans un cabinet ministériel : « Votre temps ne vaut pas plus que le quart du mien » ? ou bien, s'il travaille dans la gestion d'une grande entreprise : « Votre temps ne vaut pas plus que le dixième du mien » ? Et au nom de quoi un jeune diplômé va-t-il opter pour le service public, s'il peut gagner deux ou trois fois plus dans le secteur privé ?

Erik Orsenna. — Il n'y a aucune réponse rationnelle possible à la question posée sous cette forme, et personne ne pourra dire « au nom de quoi » l'éventail des salaires se trouve ainsi réparti. Vous soulevez malgré tout une question extrêmement importante, mais il faudrait la formuler différemment. Le problème est double.

D'un côté, la situation des infirmières, et d'autres professions, relève d'une logique du service public, dans la mesure où les infirmières qui travaillent dans des établissements privés gagnent sensiblement la même chose qu'à l'Assistance publique. Si l'on veut que les infirmières soient mieux rémunérées, on doit donc se poser deux questions : sommes-nous prêts à payer plus, sous forme d'impôts ou de cotisations sociales ? Sommes-nous disposés à répartir différemment les recettes fiscales ? Il faudra bien en venir réellement à ces questions, car il n'y a pas moyen d'y échapper, si l'on ne veut pas faire une médecine à deux vitesses. J'ai vu récemment au Brésil un type qui avait un infarctus. Appelés en urgence, les gens de l'ambulance ont vérifié s'il avait sa carte de santé. Le type n'en avait pas. Ils sont repartis. Si ce n'est pas ce que nous souhaitons, il va bien falloir en tirer les conséquences.

D'un autre côté, il y a le cas de fonctionnaires de l'État qui, du fait de leurs diplômes ou de leurs compétences, se trouvent dans des secteurs d'emploi où il existe une concurrence avec les entreprises privées, et des rapports de 1 à 2, ou de 1 à 3, entre les salaires. Étant donné la situation des infirmières, cette situation peut paraître scandaleuse, mais elle existe, et elle pose d'autres problèmes. La plupart de mes collègues finissent par s'en aller, en se disant « c'est quand même trop bête de rester ici ». Si l'on veut que la gestion de l'État soit correctement assurée, il faut trouver des moyens de remédier à cette fuite des compétences vers le privé. Le problème se pose d'ailleurs dans tous les pays industrialisés. En Italie, comme dans la fonction publique de bien d'autres pays, la plupart des hauts fonctionnaires ont deux métiers, et complètent leurs revenus en travaillant à côté. Dans la haute fonction publique américaine, on voit plutôt revenir des gens qui ont fait fortune dans le privé.

Je pense qu'il y a là deux types de problèmes à résoudre, mais il faut commencer par les distinguer.

2. Contributions des philosophes

Il est rare que les philosophes se préoccupent d'argent. Pourquoi ? Rien ne permet de croire qu'ils fassent montre, dans leurs attitudes pratiques, de plus de sagesse ou de folie que n'importe qui en ce domaine. Mais, dans leurs analyses théoriques, ils partagent un curieux mutisme. En se taisant, la philosophie donne l'impression d'avoir cultivé, envers cet aspect majeur des relations humaines, une forme de désintérêt difficilement explicable.

Son silence n'est certes pas total. On pourrait imaginer une anthologie. Elle réunirait notamment quelques passages de Platon, d'Aristote, de saint Thomas d'Aquin, certaines pages de Spinoza ou de Kant, des fragments dispersés de Hegel, de Schopenhauer ou de Nietzsche. Même complétée par d'autres noms, même augmentée de simples allusions, cette anthologie n'occuperait probablement qu'un assez mince volume.

Il y a donc une disproportion flagrante entre la place tenue par l'argent dans la vie des individus et des sociétés et celle qu'il occupe dans les œuvres philosophiques. Sans doute fera-t-on remarquer que rien ne nécessite une correspondance régulière entre les réalités de la vie sociale et les objets de la vie intellectuelle. Mais il est difficilement pensable que les deux se trouvent totalement disjoints. Pour preuve, s'il en était besoin, la part considérable de la tradition philosophique qui s'emploie à réfléchir sur le pouvoir, l'État, le droit, la justice, la morale, etc.

Cette négligence envers l'argent au sein de la réflexion philosophique a quelque chose d'énigmatique. Il faudrait pouvoir l'interroger, en circonscrire les formes, en élaborer le sens et les conséquences. Tel n'est pas l'objet de ce chapitre. Il s'emploie, au contraire, à montrer que certaines voies d'approche existent, et que des philosophes à présent s'y sont engagés, principalement dans les sillages de Marx et de Simmel. Dissemblables à plus d'un titre, ces deux penseurs ont en commun de s'être résolument efforcés de comprendre le monde moderne et son évolution.

D'entrée de jeu, Michel Henry rappelle que Marx, auquel il a consacré un ouvrage important, est le plus radical des critiques du marxisme. La doctrine dont se réclamèrent les États communistes et la pensée philosophique de Marx s'opposent, selon lui, point par point. Celle-ci conserve, pour qui est soucieux d'élaborer une analyse philosophique de la genèse de l'argent, une portée considérable. Marx refuse en effet de considérer l'argent comme une réalité autonome, ne procédant que d'elle-même et susceptible de se développer par ses propres moyens. Pour se conserver ou se multiplier, l'argent ne saurait être coupé de la source de son existence, le travail vivant. De cette lecture de Marx, Michel Henry tire une conclusion qui pourra surprendre : dans un monde où les machines produisent de plus en plus, et les humains de moins en moins, se profile le déclin de l'argent. Cohérente par rapport à ses prémisses, cette conséquence semble étonnante au regard de l'évolution des marchés financiers au cours du dernier quart de siècle.

« L'analyse de l'argent par Georg Simmel s'oppose terme à terme à celle de Marx », souligne Jean-Louis Vieillard-Baron. Seul auteur à s'être attelé à une Philosophie de l'argent *(1907), Simmel se refuse à condamner ou à vilipender l'argent, où il ne voit qu'un moyen et non un diable, un vecteur essentiel de la modernité et non un archaïsme corrupteur. Sans reprendre tous les aspects de cette œuvre touffue, Jean-Louis Vieillard-Baron, auteur notamment de travaux consacrés à Hegel et à Bergson, et traducteur de la* Philosophie de la modernité *de Georg Simmel, situe les principaux fils directeurs de l'analyse de l'argent chez Simmel dans l'ensemble de son œuvre et dans son rapport à notre époque. Il précise également en quoi la dimension de l'argent comme « universel social » relève d'une analyse proprement philosophique, qui n'est pas réductible à des considérations sociologiques. Contrairement à ce que peut laisser croire un*

regard hâtif sur les textes de la tradition, il précise que « l'argent n'est pas un problème superficiel aux yeux du philosophe ».

Parmi les nouvelles formes de recherches philosophiques qui se sont développées récemment autour des questions soulevées par l'argent, un bon nombre ont vu le jour aux États-Unis, on ne s'en étonnera pas. Nous avons demandé à deux philosophes dont les travaux incarnent ces tendances récentes de venir exposer certaines de leurs analyses au cours de ce Forum. Leurs interventions, malgré bien des différences, ont en commun de se situer au carrefour de données empruntées à l'économie, à l'esthétique et à la théologie. Il se peut qu'un tel entrecroisement paraisse d'abord déroutant au lecteur accoutumé à de plus nettes séparations entre les disciplines.

Mark C. Taylor, en prenant pour exemple certaines œuvres américaines contemporaines, notamment celle d'Andy Warhol, souligne les mutations qui ont affecté ensemble l'art, la marchandise et l'argent, et plus profondément la totalité de l'organisation du système des signes dans une société où image et réalité tendent désormais à devenir indiscernables. Là encore, il ne s'agit pas de considérer isolément le statut de l'argent et les traits de son évolution actuelle, mais de replacer ces mutations, en particulier celles liées à l'informatique et à la monnaie électronique, dans un mouvement historique et culturel dont ces phénomènes ne constituent qu'un élément, à rapprocher d'autres. Cette interrogation n'est pas dépourvue d'une dimension politique, dans la mesure où elle finit par se demander quelle forme de résistance peut s'organiser dans cette généralisation du spectacle.

Marc Shell aborde lui aussi la question de l'argent par le biais de ses interférences avec l'art. Mais son propos est centré sur la proximité, troublante et généralement inaperçue, entre les représentations religieuses et les représentations monétaires. Entre le Christ et l'argent, qui ont en commun d'être à la fois de nature idéale et réelle, il fait voir d'étranges correspondances qui se retrouvent à travers les siècles dans les relations ambiguës des images de l'hostie et des piè-

ces de monnaie. De Byzance à l'époque contemporaine, il nous convie à une promenade iconographique qui est aussi une méditation sur l'argent et le sacré, moins innocente qu'on ne pourrait croire.

D'autres chapitres arpenteront des territoires en apparence plus familiers, ceux de l'histoire, de l'économie financière, du droit et de l'éthique. Mais on ne pourra dire qu'à ces échanges les philosophes n'aient pas apporté leur contribution, cette part que chacun donne pour une dépense commune.

PENSER PHILOSOPHIQUEMENT L'ARGENT

Michel Henry

Pourquoi faut-il penser philosophiquement l'argent ? L'argent n'est-il pas une réalité économique, l'affaire des économistes par conséquent — de cette science qu'ils élaborent et qui, comme toute science de nos jours, a fait d'immenses progrès, au point que seuls des spécialistes peuvent parler de ce qui constitue son domaine propre ?

Penser philosophiquement l'argent n'est possible et nécessaire qu'à une condition, à vrai dire : à la condition que l'argent ne soit ni d'abord ni essentiellement une réalité économique, mais qu'il soit engendré à l'intérieur d'une genèse prenant sa source dans une réalité d'un autre ordre, hétérogène à l'économie et antérieure à elle. C'est parce qu'il y a une genèse transcendantale (c'est-à-dire créatrice) de l'argent que la compréhension de *ce qu'est l'argent* renvoie à cette genèse, implique la question en retour à la source non économique d'où procède l'argent.

Que l'argent procède d'une genèse hors de laquelle il n'a aucune existence, c'est ce que suffit à établir un simple constat, à savoir que, dans la nature où sont appelés à vivre les hommes, il y a des pierres, de la terre, de l'eau, des végétaux, mais pas d'argent — pas plus qu'il n'y a en elle de cercles ou de triangles. Et de même que cercles et triangles ont été produits par l'esprit dans un acte proto-fondateur qui les a créés originellement, dans une naissance transcendantale, comme disent les phénoménologues, de même l'argent lui aussi est issu d'une telle naissance, même si l'acte proto-fondateur qui l'a produit et qui, à vrai dire, ne cesse de le produire à chaque instant, diffère totalement de l'acte intellectuel d'idéation qui a donné naissance à la géométrie.

Pour esquisser cette genèse de l'argent, je ferai appel à un philosophe, puisque aussi bien il est le seul à l'avoir aperçue : je veux parler de Marx. Semblable référence peut sembler singulière aujourd'hui, au moment où les régimes qui se sont construits sur les principes de la théorie marxiste s'écroulent de tous côtés, laissant apparaître leur complète faillite. J'écarterai cette objection en disant que la pensée de Marx n'a aucun rapport avec le marxisme, si ce n'est celui de le contredire terme à terme et d'en constituer ainsi avant l'heure la critique la plus radicale qui sera jamais prononcée contre lui.

A partir de quelle réalité et par quelle réalité l'argent est-il engendré, c'est-à-dire à la fois créé dans son être d'argent et constamment produit et reproduit comme tel ? A partir de la vie, non pas la vie biologique des molécules, des neurones, etc., mais de cette vie qui est la nôtre, dont le propre est de s'éprouver soi-même, de se sentir, d'agir, de souffrir et de jouir. Cette vie, selon Marx, présente cinq caractères : elle est subjective, elle est individuelle, elle est essentiellement activité, parce qu'elle est essentiellement besoin, parce que le besoin souffrant se change en l'action destinée à le satisfaire. Cette vie enfin est adossée à l'univers qu'elle ne cesse de transformer pour le rendre adéquat à son désir.

Cette transformation incessante de l'univers par la praxis subjective des individus vivants, qui est le fondement de l'histoire et de la société, Marx l'appelle le procès réel de production des valeurs d'usage, procès qui n'est en lui-même rien d'économique. Or, plus ce procès se développe, plus se multiplient et se diversifient les valeurs d'usage qu'il produit, et plus l'échange de ces valeurs d'usage s'impose comme un problème incontournable. Comment échanger entre eux des objets totalement différents et selon quelle proportion ? Cet échange des valeurs d'usage est en réalité celui des travaux qui les ont produits. Déterminer la proportion selon laquelle telle valeur d'usage pourra être échangée — sa valeur d'échange —, c'est mesurer le travail réel qui l'a produite.

Or, cette solution élégante de l'économie classique apparaît à Marx philosophe comme une aporie. Car, pour lui, l'activité productive, le travail, étant subjective en un sens radical, c'est-à-dire invisible, elle se dérobe à toute détermination objective, qualitative ou quantitative ; il n'est pas possible de la mesurer. Cette difficulté sera portée à son comble dans la *Critique du programme du parti ouvrier allemand*, avec la mise en question du principe communiste, qui se veut un principe de justice et d'égalité, qui donne à chacun selon son travail. Mais ce travail étant subjectif, invisible, inquantifiable, variable d'un individu à l'autre selon sa force et ses capacités personnelles, il s'ensuit que, pour une même tâche, l'effort et la peine d'un individu seront infiniment supérieurs à ceux d'un autre. Donner un même salaire ou un même bien social à des activités individuelles foncièrement différentes, c'est l'injustice même. Considérer tous les hommes comme des travailleurs, comme le fait le communisme (et aussi le capitalisme), c'est porter à l'absolu la différence de leurs talents et de leurs dons, c'est l'inégalité même. « Ce droit égal, dit Marx de façon lapidaire, est un droit inégal pour un travail inégal[1]. »

L'acte proto-fondateur de l'économie vise à rendre possible l'échange en dépit de la différence radicale des subjectivités et donc des travaux réels. Pour surmonter cet abîme des subjectivités, il procède à une substitution décisive — la substitution au travail subjectif vivant, individuel, invisible, de quelque chose d'objectif qui sera tenu pour l'équivalent de ce travail et, en tant qu'objectif, sera susceptible d'être appréhendé objectivement. Cet équivalent du travail réel enfoui dans la nuit de sa subjectivité abyssale, ce sera ce même travail, mais « opposé à lui-même[2] », c'est-à-dire posé devant son regard, venu dans la lumière, représenté. Dans cette représentation comme position hors de soi du travail, celui-ci devient en effet une entité visible, qu'on peut nommer (en disant : « le travail »), qualifier (comme travail « pénible »), travail objectif situé dans le temps du monde

1. MARX, *Œuvres*, La Pléiade, Paris, 1963, I, p. 1420.
2. *Ibid.*, p. 574.

et des horloges et dont on peut ainsi compter la durée (par exemple, huit heures). Dans cette représentation, dans cette position hors de soi dans le monde, le travail cependant s'est vidé de sa substance phénoménologique subjective qui faisait sa réalité vivante, irréductiblement singulière — il est devenu irréel, général, social, abstrait, idéal, qualifié, quantifié. C'est le travail dont parlent les économistes.

Or, c'est ce travail objectivement qualifiable et quantifiable qui, projeté sur le produit du travail réel (de la valeur d'usage), crée sa valeur d'échange. La valeur d'échange est donc la représentation dans le produit du travail dont celui-ci résulte. Il y a identité entre la valeur d'échange et le travail représenté : l'une et l'autre ont un même statut, une même substance, une même réalité. Cette substance, c'est la négation de toute substance, c'est l'insubstantiel ; cette réalité, c'est la négation de tout ce qui, aux yeux de Marx, constitue la réalité, à savoir la réalité de l'univers et, plus profondément, celle de la subjectivité qui en tant que praxis tient cet univers dans ses mains et l'arrache à chaque instant au néant.

Le statut identique de la valeur d'échange et du travail représenté, c'est-à-dire du travail des économistes, c'est cependant le statut de la réalité économique en général, car toutes les déterminations économiques ne sont que les déclinaisons de ce travail et de cette valeur. La « réalité économique » est donc une irréalité de principe, une entité générale, une idéalité, une abstraction, ou, comme le dit encore Marx dans un sens non hégélien, une aliénation. Abstraction ou aliénation, parce que, dans cette venue hors de soi dans l'extériorité, la subjectivité vivante du travail originel réel a perdu toutes les propriétés qu'elle tient de sa subjectivité : souffrance, peine, intensité de l'effort — bref, tout ce qui est vivant et fait la vie a été mis hors jeu. Dire comme les marxistes ou comme les économistes en général que l'économie constitue le fond de la réalité et ainsi des sociétés, c'est, du point de vue de Marx, l'affirmation la plus absurde qui se puisse concevoir. L'économie n'est pas la réalité, mais son double irréel et, comme tel, fantastique.

La valeur d'échange est la représentation du travail dans

le produit, lequel une fois investi par cette représentation devient une marchandise. Mais la représentation du travail, au lieu de s'investir dans le produit/marchandise, peut être aperçue en elle-même dans sa forme pure, c'est-à-dire séparée du corps matériel de la marchandise. Cette représentation pure du travail, c'est l'argent. *L'argent est ainsi la forme pure de la valeur d'échange.* Mais que la représentation du travail s'incarne dans la marchandise ou qu'elle paraisse à l'état pur dans l'argent, dans tous les cas cette représentation est double, c'est la représentation d'une représentation[3], c'est la représentation du travail social, abstrait, général des économistes, lequel est lui-même une représentation du travail vivant. Dans l'économie, la vie, l'activité vivante qui seule est efficace, est devenue l'objet-travail, lequel est représenté à l'état pur dans l'objet-argent. Telle est la genèse transcendantale de l'argent.

De sa genèse l'argent tient la nature qui est la sienne, l'ensemble de ses caractères et ainsi la fonction qu'il remplit dans la sphère économique. Sa nature : c'est une objectivité idéale, à savoir la représentation du travail. Mais la valeur d'échange est elle-même la représentation du travail, et le travail lui-même, le travail abstrait des économistes, est la représentation du travail vivant. Cela veut dire, comme l'a montré la genèse transcendantale de l'argent, que argent, valeur d'échange, travail sont substantiellement homogènes. Théoriquement, la genèse de l'argent est identiquement celle de la réalité économique en général. Pratiquement, l'homogénéité substantielle de l'argent, de la valeur d'échange et du travail explique qu'ils puissent s'échanger continuellement l'un contre l'autre, la métamorphose principiellement possible des déterminations économiques les unes dans les autres. Considérons l'échange le plus simple : 40 francs de thé s'échangent contre 40 francs, lesquels s'échangent contre 40 francs de café. Dans cet échange, c'est la même quantité de travail abstrait qui apparaît sous trois formes successives :

3. « L'argent, c'est le temps de travail sous forme d'objet universel ou l'objectivation du temps de travail général. » *Fondements de la critique de l'économie politique*, trad. A. Dangeville, Anthropos, Paris, 1967, I, p. 106.

telle quantité de thé, puis sous sa forme pure d'argent, puis sous la forme de telle quantité de café. C'est l'abstraction de l'argent, son indifférence au corps matériel de la marchandise, qui lui permet d'apparaître aussi bien sous la forme de thé que de café, ou sous sa forme pure d'argent ; c'est cette abstraction du travail qui permet la circulation des marchandises, leur échange, qui est l'échangeabilité même.

Ici apparaît, comme première conséquence de la nature de l'argent, la contradiction de l'économie marchande. L'abstraction de l'argent lui permet de s'incarner dans le corps de toutes les marchandises sous la forme de leur valeur et ainsi de rendre possible leur échange. Mais cette même abstraction de l'argent lui permet de se retirer du corps de la marchandise et d'apparaître en face d'elle sous sa forme pure d'argent précisément. C'est ce qui se produit d'ailleurs lors de chaque vente. L'argent se tient alors en face de la marchandise comme un tiers, comme une réalité extérieure à la marchandise et que celle-ci doit affronter. L'échangeabilité de la marchandise, qui lui était intérieure en tant que sa valeur, lui devient extérieure en tant que l'argent : l'échange, la vente de la marchandise est devenue contingente par rapport à elle. La crise se révèle inhérente à l'économie marchande comme sa possibilité même. Cette possibilité permanente de la crise s'actualise dans le capitalisme pour autant que celui-ci ne vise plus à produire des marchandises, mais de l'argent, et que la production des marchandises n'est qu'un moyen de se procurer de l'argent par leur vente. Il faut donc vendre tout de suite, mais cet impératif se heurte à la contingence de la vente, c'est-à-dire à l'extériorité de l'argent par rapport à la marchandise, qui exprime elle-même l'extériorité de la valeur d'échange par rapport à la valeur d'usage, qui exprime elle-même l'extériorité du travail social par rapport au travail vivant, leur dédoublement, qui n'est autre que la genèse transcendantale de l'argent et de l'économie en général.

L'abstraction de l'argent, le fait qu'il puisse se détacher du corps matériel de la marchandise, exister pour soi, semble lui ouvrir une existence autonome. Dans cette sphère d'existence autonome, l'argent aurait ses lois propres, son devenir propre et ainsi une efficacité propre. L'univers où l'argent vaut pour lui-même serait celui où il agit par lui-même. Cette sphère est celle du capital, qui est fait d'argent, qui est de la valeur d'échange — plus précisément de la valeur qui se valorise, de l'argent qui attend de se transformer en davantage d'argent. Ainsi le capital rapporte un intérêt, un profit, une rente, il y a des taux d'intérêt, de profit, etc.

Cette autonomie de l'argent est une apparence, une illusion, que dénonce justement son abstraction, c'est-à-dire le fait que, idéalité pure, irréalité pure, l'argent ne subsiste que fondé sur une réalité d'un autre ordre qui le crée constamment et sans laquelle il disparaît. Cette non-autonomie de l'argent, Marx l'a pensée sous une triple forme : son incapacité à s'accroître par lui-même, c'est-à-dire l'impossibilité du capital — sinon comme produit de l'exploitation de l'homme —, son incapacité à se conserver par lui-même, cette conservation impliquant la maintenance des valeurs d'usage dans lesquelles le capital est investi et ainsi l'intervention constante du travail vivant, son incapacité enfin à exister tout simplement, en tant qu'argent, cette existence n'étant précisément que la représentation de ce travail vivant. La réalité hors de laquelle la réalité économique n'a pas de réalité, c'est donc la vie. C'est pourquoi toutes les analyses de Marx obéissent à une visée unique : établir que, lorsque l'argent ou le capital semble faire quelque chose, ce n'est jamais lui en réalité qui le fait. Il faut chaque fois convertir l'argent en la force de la vie, acheter du travail, c'est-à-dire, pour Marx, quelqu'un. Loin d'être autonome, le capital est constamment investi. Pour comprendre son histoire, ses aléas, il faut se placer « hors du marché », « quitter cette sphère bruyante où tout se passe à la surface et au regard de tous », descendre « dans le laboratoire secret de la production », au cœur de la subjectivité qui déploie son effort pour produire des valeurs d'usage et ainsi de la valeur d'échange, qui n'est que la représentation par principe inadéquate de cet effort. Ou, comme dit encore Marx, il faut « voir non seulement comment le capital produit mais comment il est produit[4] ».

4. MARX, *Œuvres*, *op. cit.*, I, p. 725.

Aujourd'hui, ces analyses — à savoir la rétro-référence de l'argent à la vie — sont-ellcs dépassées ? Si l'on regarde à l'Est, on trouve, dans l'effondrement des régimes communistes, une confirmation saisissante de la thèse de Marx, à savoir que, quand les individus ne font rien, plus rien ne se fait. Et ce n'est certes pas la société qui va les remplacer, société qui, aux yeux de Marx, n'existe pas. Si l'on regarde à l'Ouest ? A l'Ouest, on voit ce qui progressivement remplace les individus : la technique au sens moderne, galiléen. Le travail vivant se trouve progressivement exclu du procès réel de production des valeurs d'usage au profit de dispositifs objectifs. Si donc le travail vivant seul crée la valeur, l'argent, celui-ci tend à disparaître en même temps que ce travail. Ce qui de tous côtés se présente aujourd'hui comme la solution bienheureuse — le marché —, c'est là ce qui devient précisément impossible. Comment fonder une production tendanciellement croissante de valeurs d'usage sur une valeur d'échange en voie de disparition ? J'aurais dû intituler ce bref entretien : le déclin de l'argent.

Quoi qu'il en soit du destin de l'argent, il est encore là, avec son mystère. Penser philosophiquement l'argent, ce n'est pas prétendre résoudre ce mystère, c'est au contraire le reconnaître, car il renvoie à la vie. Dans les *Manuscrits de 1844,* le « jeune Marx » citait Shakespeare disant de l'or qu'il est la « putain commune à toute l'humanité[5] ». Mais sur la pièce la plus usée, sur le billet le plus crasseux paraît encore, jamais tout à fait effacée, une figure d'homme.

---

5. *Manuscrits de 1844*, trad. E. Bottigelli, Éditions sociales, Paris, 1968, p. 120.

L'ARGENT OU L'ÉCHANGE UNIVERSEL SELON GEORG SIMMEL

Jean-Louis Vieillard-Baron

Georg Simmel est un philosophe allemand qui a vécu de 1858 à 1918 ; il était ami de Bergson et de Rodin, et a beaucoup souffert de la guerre de 1914. C'était une personnalité berlinoise fort connue, et détestée des universitaires classiques de l'époque ; il n'a jamais pu devenir professeur titulaire d'une chaire de philosophie à l'université de Berlin, et c'est seulement à cinquante-cinq ans qu'il obtint la chaire peu convoitée de l'université de Strasbourg, qui, en 1914, était allemande depuis 1871. Que lui reprochait-on ? Surtout de réfléchir librement. C'est-à-dire de penser, au lieu de travailler, d'avoir beaucoup d'esprit critique, au lieu d'amasser une érudition sans fin. Il est vrai que sa muse, en allemand, ne parlait ni grec ni latin. Il s'intéressait profondément à la modernité.

On peut donc comprendre pourquoi il écrivit une volumineuse *Philosophie de l'argent*, récemment traduite en français. Le titre est provocateur. L'intellectuel n'est-il pas au-dessus des problèmes d'argent ? Si l'argent ne sert qu'à satisfaire des désirs, l'intellectuel n'est-il pas l'homme dont les idées sont, ou prétendent être, totalement indépendantes des désirs ? Parler philosophiquement de l'argent, n'est-ce pas rentrer dans ce qui n'est pas digne de devenir universel ? N'est-ce pas rompre avec la jouissance narcissique dans le monde des idées, qui permet d'éviter les rapports dégradants avec la réalité de l'expérience quotidienne ? C'est une curieuse originalité d'avoir voulu écrire ainsi une « philosophie » de l'argent ; aucun philosophe ne l'avait jamais fait, ni ne le fit ensuite.

L'intellectuel de gauche n'aime pas parler d'argent ; on peut l'observer dans la difficulté qu'ont eue les syndicats de l'enseignement supérieur à mettre en priorité des priorités des revendications salariales. Les problèmes de salaire semblaient dignes des syndicats d'instituteurs, alors que les syndicats universitaires s'intéressaient beaucoup plus aux « alcôves du pouvoir », au plaisir d'arpenter les couloirs ministériels pour recueillir les fameux « bruits de couloir », et éventuellement influencer telle ou telle décision. Ainsi, le « pouvoir » est une aspiration noble, alors que l'« argent » est une aspiration honteuse. Ce phénomène tend à disparaître, car l'intellectuel de gauche est aujourd'hui une denrée qui ne vaut plus très cher sur le marché ; mais sa rareté lui fera peut-être reprendre de la valeur.

Le sujet de l'argent était un sujet tabou dans la bourgeoisie du XIXe siècle ; il était tout à fait inconvenant d'évoquer le prix des choses, encore moins les revenus. Sur ce point, l'accord semble avoir eu des raisons éthiques profondes, dont Marx est un excellent témoin. Je citerai seulement un court passage des pages consacrées à l'argent dans les *Manuscrits de 1844*, où toute la critique vertuiste de l'argent trouve à s'exprimer de la façon la plus intellectuelle, la plus bourgeoise et la plus moralisante qui soit :

« L'argent est la perversion généralisée des individualités qu'il change en leur contraire, en leur attribuant des qualités qui ne sont pas le moins du monde les leurs.

« Il apparaît alors comme la puissance corruptrice de l'individu, des liens sociaux, etc., qui passent pour être essentiels. Il transforme la fidélité en infidélité, l'amour en haine, la haine en amour, la vertu en vice, le vice en vertu, le valet en maître, le maître en valet, la bêtise en intelligence, l'intelligence en bêtise.

« Notion existante et agissante de la valeur, l'argent confond et échange toute chose ; il en est la confusion et la conversion générales. Il est le monde à l'envers, la confusion et la conversion de toutes les qualités naturelles et humaines[1]. »

1. K. Marx, *Œuvres, Économie*, II, éd. Rubel, La Pléiade, Paris, p. 117-118.

Ce que montre Marx, c'est l'attitude exemplaire d'un intellectuel du XIXe siècle au sujet de l'argent corrupteur ; en tant qu'instrument d'échange, il crée la confusion des rôles et la perversion des valeurs, la perversion la plus haute étant celle de l'intelligence en bêtise — ce qui est bien évident pour un intellectuel qui met les idées au sommet de sa hiérarchie de valeurs.

L'analyse de l'argent par Georg Simmel s'oppose terme à terme à celle de Marx. D'abord, l'argent est la réalité la plus neutre qui soit ; c'est un instrument totalement indépendant de ce qu'il sert à évaluer. L'échange permet d'instaurer une certaine estimation objective de la réalité. Là où il n'y a pas d'échange, l'évaluation des choses reste purement subjective. Le vol et le don sont des formes d'appropriation et de cession antérieures à l'échange ; ils n'expriment que des impulsions subjectives. Je convoite une belle moto, je la vole ; j'aime une femme, je lui donne un bijou. Il n'y a pas d'échange ; car l'échange suppose l'estimation objective, la réflexion, la reconnaissance mutuelle et la retenue de la convoitise immédiate. Formellement, la procédure de l'échange est relativement juste. Et seul l'échange qui passe par l'argent peut apporter une satisfaction relativement égale aux deux partenaires : celui qui achète obtient ce dont il a le besoin précis ; et celui qui vend reçoit de l'argent, c'est-à-dire ce dont tout le monde a besoin. Le primitivisme nostalgique, le besoin désabusé d'exotisme de certains de nos contemporains est à la base de beaucoup d'études sur le troc, c'est-à-dire sur l'échange sans argent. Lévi-Strauss a utilement rappelé que, si l'on pouvait rêver sur le village bororo ou africain, sur les formes mélanésiennes du troc, etc., il ne fallait jamais oublier que ces sociétés étaient en pleine décadence. L'argent témoigne au contraire de la modernité.

On a reproché à Simmel de s'être trop intéressé à la société moderne, à la grande ville comme New York, et d'avoir négligé les vraies valeurs. Mais quand on le lit, on voit surtout à l'œuvre chez lui un souci d'analyse poussé au maximum, et un refus de tout jugement de valeur hâtif. C'est pourquoi il a pu faire une « philosophie de l'argent », tout en s'intéressant à l'art le plus idéaliste, à la mystique et à la métaphysique.

L'argent est un « simple moyen », dit Simmel. C'est pourquoi les critiques romantiques et effarées de l'argent reposent sur la confusion entre l'argent lui-même, et le désir de posséder, la cupidité, qui est un vice susceptible de se manifester aussi bien dans une économie monétaire que dans une économie non monétaire ; l'argent et la propriété ne s'identifient pas.

A partir de là, deux types d'observations sont possibles :
— l'argent est le symbole de la tendance moderne à réduire les déterminations qualitatives à des déterminations quantitatives ;
— l'argent est l'un des facteurs de la tendance moderne à rendre les comportements humains plus objectifs et plus intellectuels.

La pensée de Simmel sur l'argent me paraît à la fois lucide et prophétique, en ce sens qu'il anticipe sur bien des faits sociaux qui ne se sont révélés que depuis une ou deux décennies.

Revenons sur le premier point : l'argent est le symbole de la tendance moderne à accentuer le facteur quantitatif. Simmel ne se place pas dans une position polémique à l'égard de ce problème ; il ne cherche pas à montrer, en métaphysicien, comment la qualité est le fondement de la quantité, et comment, selon la thèse de Bergson, « c'est grâce à la qualité de la quantité que nous pouvons concevoir une quantité sans qualité ».

La réduction de la qualité à un ensemble de facteurs quantifiables est visible, même dans les sciences historiques, qui s'attachent aux petits faits sociaux plutôt qu'aux actions individuelles des héros ; et même quand on admet l'originalité dominante de certains individus, on cherche à l'expliquer par des facteurs collectifs. Cette tendance démocratique s'installe même dans l'intériorité de l'âme, lorsqu'on dit que ce qui compte n'est pas l'exploit d'un instant, mais le quotidien. La pensée moderne essaie systématiquement de comprendre le spécifique, l'individuel, le qualitatif par un assemblage variable d'éléments quantifiables. En ce sens, Nietzsche n'est pas un auteur moderne : pour lui, seule la qualité de l'humanité fait sens ; la valeur d'une époque se mesure exclusivement à l'homme supérieur qui y vit. Cet aristocratisme rejette l'importance de la diffusion plus ou moins large des états et valeurs souhaités.

Deux remarques peuvent être faites à propos de cette progression constante de l'évaluation quantitative par l'argent. Elle peut donner à l'historien l'*illusion* que l'évolution du cours du blé au XIIe siècle est plus importante que la pensée de saint Bernard ; c'est oublier que la vie humaine est dans l'alternance, très bien marquée par Simmel en d'autres essais, entre le quotidien — qu'il n'y a pas lieu de dévaloriser systématiquement — et l'aventure, où la créativité individuelle et qualitative prend une autre dimension. En second lieu, la tendance moderne va être d'*ériger l'argent en valeur centrale et absolue*, alors qu'il n'est qu'un moyen. Simmel a vu, bien mieux que la plupart de ses successeurs, que la modernité où nous vivons privilégie avant tout la maniabilité individuelle des moyens. Rien n'est plus maniable que l'argent, au profit de l'individu ; tous les progrès techniques sensationnels vont dans le même sens ; ce qui s'impose est ce qui suit l'individu dans tous ses déplacements et lui rend un service multiple. Mais le nombre des objets achetables augmentant, les choses finissent par se réduire à leur prix ; et les hommes ressentent la valeur qualitative des choses en fonction de leur prix.

Quels que soient les effets négatifs de l'importance croissante de l'argent dans notre vie, Simmel les note et en analyse les raisons, mais il libère radicalement l'analyse de l'argent du simple problème de la jouissance. Son étude resitue l'argent dans l'évolution de la vie sociale, mais elle tient compte du fait que l'homme actuel n'est pas seulement un « agent économique », mais qu'il est, psychologiquement et intellectuellement, « entré en économie ».

Venons-en maintenant au second point : « L'objectivité dans le comportement réciproque des êtres humains trouve dans les intérêts purement monétaires et économiques son expression la plus intégrale. [...] L'argent place ainsi certaines activités et relations humaines en dehors de la subjectivité de l'homme, tout comme la vie psychique, dans la mesure où elle est purement intellectuelle, quitte la subjectivité personnelle pour entrer dans la sphère de l'objectivité que maintenant elle reflète. [...] »

Mais une contre-instance s'oppose immédiatement à l'objectivité de la corrélation intellectualité/économie monétaire : « A côté de cette objectivité impersonnelle propre à l'intelligence en fonction de ses contenus, il existe justement une relation extrêmement étroite entre cette intelligence, d'une part, et, d'autre part, l'individualité et tout le principe de l'individualisme ; de son côté, l'argent a beau transformer les processus impulsifs et subjectifs en normes supra-personnelles et objectives, il n'en est pas moins le lieu d'implantation de l'individualisme et de l'égoïsme économiques. »

Ce n'est pas l'un des moindres mérites de Simmel que d'avoir montré que l'élévation générale de la culture, le progrès général du niveau des connaissances « *ne produit aucun nivellement général, mais tout le contraire* ». En effet, l'argent est apparemment un étalon objectif de toutes les marchandises évaluables. Mais c'est la culture individuelle qui permet de l'utiliser à plus ou moins bon escient. En admettant que la compétence ne soit pas reconnue socialement, ni rémunérée à son « juste prix », la supériorité de l'homme cultivé sur celui qui ne l'est pas se maintiendra. Car on peut partager l'argent, on ne peut pas partager la culture, sinon sous une forme extrêmement superficielle. On peut donner à tous une instruction identique — du moins idéalement, selon la thèse républicaine héritée de Jules Ferry —, on ne peut pas faire que tous s'approprient cette culture de la même façon. Ce n'est que par une activité individuelle que les contenus culturels, offerts largement à tous, deviennent le bien propre de quelqu'un et manifestent ce que peut être vraiment un homme cultivé.

Considéré comme facteur culturel, l'argent témoigne du dédoublement moderne de la culture : la culture objective est l'ensemble des productions de l'esprit en tous domaines ; les progrès de la connaissance scientifique font qu'elle échappe à l'individu et qu'elle se spécialise — ainsi la connaissance des procédés monétaires, en tant que savoir spécialisé, même si c'est un savoir aléatoire — ; et la culture subjective, c'est-à-dire l'ensemble des savoirs qu'un individu possède, connaissances scolaires, mais aussi savoirs sociaux ou autres. Or, la modernité se caractérise par la distance de plus en plus grande entre une énorme culture objective et les possibilités nécessairement limitées de la culture qu'un homme peut acquérir. L'utilisation de l'argent par l'individu sera donc de plus en plus différenciée, et de plus en plus difficile.

La tâche d'une *philosophie de l'argent* telle que Simmel en a donné un bel exemple me semble être celle d'une philosophie de l'esprit objectif. Hegel appelait esprit objectif toute l'œuvre des hommes pour créer des institutions ; on a cru, un temps, que la sociologie ou l'ethnologie pouvaient étudier le comportement social de l'homme et nous renseigner empiriquement sur la réalité humaine au lieu de spéculer sur elle. Or, il me semble que la sociologie est devenue « l'idéologie de notre époque », en ce sens que tout le monde pose les problèmes essentiels de l'homme sous l'angle social. Mais cette fonction idéologique de la sociologie doit elle-même être interrogée. La philosophie n'est nullement indifférente à l'essence du lien social ; mais elle ne peut accepter mollement un privilège spontané du « social ». La tentation d'une pensée facile est de réduire tous les problèmes à leur dimension sociale, en ignorant les différents niveaux de réalité où l'homme est engagé. Une philosophie de l'esprit objectif montre que les institutions humaines ne sont pas autosuffisantes : l'argent n'est pas un élément à part ; il fait partie de la vie humaine, et désigne un *universel social*, de la même façon que les mathématiques désignent un *universel intellectuel*. Or, la modalité humaine d'appropriation de ces universels est une démarche pleinement individuelle. Et c'est là que Simmel nous met toujours en face de l'interaction continuelle de l'individuel et du social. Bergson disait que la société est dans l'individu tout autant que l'individu dans la société. La philosophie est toujours réflexion de l'individu sur lui-même, même si elle vise à la pure universalité. Elle ne se réfugiera pas dans les pures idées ; la compréhension de l'universel social qu'est l'argent pose le problème des valeurs auxquelles l'utilisation de l'argent peut ou non être soumise.

L'argent n'est pas un problème superficiel aux yeux du philosophe, pas plus que l'expérience quotidienne de l'homme. La dévalorisation du quotidien n'est pas plus profonde que la réduction de l'homme à un être qui, comme les fourmis, ne serait que social. La dimension de l'échange que l'argent manifeste et développe se retrouve aussi au niveau psychologique de l'esprit subjectif. Sans échange, l'homme est condamné, quel que soit le point de vue auquel on se place. Mais l'argent dépersonnalise notre rapport aux choses ; faut-il s'en plaindre ? Il me semble au contraire qu'un grand élargissement des perspectives humaines peut en résulter. Notre pensée actuelle n'accepte plus de substances immuables du côté des objets ; c'est la liberté individuelle qui peut en profiter, les seules constantes véritables étant du côté des personnes et des valeurs transcendantes.

J'ai étudié la mystique d'assez près pour ne pas y voir une attitude marginale ou bizarre. L'expérience poétique, artistique en général, comme l'expérience métaphysique ont quelque parenté avec l'expérience mystique ; ce sont des dépassements de l'homme par lui-même, en tant qu'il cherche sa propre image sous le regard de l'Absolu. Mais ces expériences n'ont de sens qu'en tension avec une expérience humaine quotidienne ; analyser l'expérience quotidienne n'est pas une tâche indigne du philosophe ; elle exprime au contraire, d'une façon parfois laborieuse et sans éclat, comment l'attitude de l'homme à l'égard de l'argent peut refléter les mouvements les plus profonds de l'évolution des idées et de l'évolution de l'âme. Le pire danger est celui de la confusion des niveaux de réalité : car la mystique de l'argent est aussi dangereuse et néfaste que peuvent l'être les intellectuels au pouvoir. A vrai dire, les deux seuls philosophes récents qui me semblent avoir apporté quelque lumière sur la distinction et l'articulation de ces niveaux, de telle façon que nous puissions comprendre comment l'homme est cet animal étrange, capable de l'expérience mystique la plus pure, et capable en même temps d'exprimer sa liberté dans le rapport qu'il a avec l'argent, sont Hegel et Bergson. Ils ont su éviter la sophistication formelle dans laquelle les mouvements philosophiques contemporains sont souvent tombés, et garder la visée essentielle d'une philosophie qui pense le tout de l'homme.

LE COURS DU COURS

Mark C. Taylor

La modernité court après le courant. « Faire du nouveau », c'est faire que quelque chose « ait cours ». Si avoir cours, c'est être du moment — à la mode, dernier cri, en vogue, opportun —, en revanche, ne pas avoir cours, c'est être démodé, désuet, passé. La modernité exclut toute permanence ; ce qui a cours est en perpétuel changement, en perpétuel flux. Pour que la modernité continue d'avoir cours, la nouveauté doit être sans cesse renouvelée. Ainsi la répétition réside-t-elle au cœur de cette nouveauté qui est constitutive de la modernité. Et pourtant la répétition est ambivalente, car non seulement elle constitue l'essentiel de la modernité, mais elle le subvertit et le disloque.

Le « courant », c'est aussi, bien sûr, l'argent. « L'argent, s'exclame Andy Warhol, c'est *l'essentiel* pour moi ! » Depuis la Seconde Guerre mondiale, l'art américain se caractérise par un certain « matérialisme ». Il y a des nombreuses raisons à cette mutation : l'apparition du système des galeries d'art à New York pour la promotion et la vente d'œuvres d'art, la rapide expansion des entreprises publicitaires et médiatiques, et l'accumulation de revenus supplémentaires que les classes moyennes et les classes supérieures ont eu à leur disposition pour acheter de l'art contribuent à ce qu'on appelle communément la « marchandisation de l'œuvre d'art ». Une telle marchandisation prend deux formes apparemment opposées. D'une part, l'art devient le dépôt d'un profit en excédent. Le capital accumulé est investi dans des œuvres d'art dont on espère que la valeur va s'accroître. N'étant plus source de valeur spirituelle, *l'œuvre d'art** devient une marchandise dont la valeur est établie par les forces du marché. Assez souvent, cette stratégie d'investissement aboutit au retrait de l'œuvre d'art de la circulation. Comme une véritable monnaie, l'œuvre d'art est déposée en sûreté dans un coffre bancaire. D'autre part et inversement, la marchandisation de l'œuvre d'art mène non plus à son retrait du cours de la vie contemporaine, mais à un déversement excessif de signes « artistiques » dans le champ culturel. Des évolutions étroitement reliées dans les domaines de la publicité et des médias conduisent à une « esthétisation » de la culture dans son ensemble. Warhol le fait observer par avance, en renversant avec une ironie amère les aspirations du modernisme. « L'art des affaires, prétend-il, est l'étape qui suit l'art. Être doué en affaires est la plus fascinante forme d'art[1]. »

Comme l'art devient un commerce, le commerce devient un art. Ces deux évolutions sont inextricablement liées. *La marchandisation de l'œuvre d'art réfléchit et prolonge l'esthétisation de la marchandise.* L'esthétisation de la marchandise implique une transformation longue et compliquée de l'argent qui n'a pas encore atteint son ultime développement. Les changements associés à cette transformation soulèvent explicitement des problèmes relatifs à l'économie du rachat qui existent de manière implicite dans toutes formes d'échange : que signifie racheter ? Le rachat est-il possible ? Qu'est-ce qui rachète ? Qui rachète ? Sur les traces de l'abstraction, peut-on racheter des apparences ? Les apparences rachètent-elles ?

L'économie de l'art et l'économie de la religion se rencontrent de manière imprévue autour de cette question de rédemption posée par le problème de ce qui a cours. Dans son essai « classique », *Le Peintre de la vie moderne*, Baudelaire écrit : « La modernité est le transitoire, le fugitif, le contingent, la moitié de l'art, dont l'autre moitié est l'éter-

---

* *Note de l'éditeur* : Les mots ou expressions suivis d'un astérisque sont en français dans le texte américain d'origine.

1. Cité par Benjamin H.D. Buchloch dans Gary Garrels (ed.), « The Andy Warhol line », *The Work of Andy Warhol*, Bay Press, Seattle, 1989, p. 55.

nel et l'immuable. » Tandis que les grands modernes recherchent « l'éternel et l'immuable » sous forme abstraite, ceux que l'on appelle les post-modernes abandonnent l'idéal pour « le transitoire, le fugitif et le contingent ».

Cependant, ce passage du transcendant à l'immanent *n'est pas* un simple éloignement du religieux vers le séculier. Au contraire, le retour du refoulé figuratif, qui défigure la pureté de l'œuvre d'art abstraite, coïncide avec la mort du Dieu transcendant, qui réapparaît radicalement incarné dans des processus naturels et, ce qui est plus important, culturels. L'omniprésence de Dieu ici et maintenant renverse, mais ne subvertit pas l'économie du modernisme. La sensualité et le matérialisme, qui semblent marquer la fin de la modernité et le début de la post-modernité, donnent lieu en fin de compte à un idéalisme immanent de l'image.

C'est aujourd'hui un cliché que d'affirmer que l'argent est « dieu ». Il se cache cependant plus de vérité dans cette observation qu'on ne le pense habituellement. A travers l'histoire s'établit entre l'argent et la religion une relation étonnamment étroite. On a en effet toutes les raisons de penser que l'origine de l'argent est associée aux rites religieux[2]. Le mot d'argent « monétaire » est dérivé de l'épithète utilisée pour caractériser la sœur et l'épouse de Jupiter : Juno Moneta. D'autres indices étymologiques suggèrent un lien entre argent et sacrifice rituel. L'association de l'argent avec des animaux sacrificiels, surtout le bétail et les taureaux, est particulièrement évocatrice. On le sait bien, le taureau est communément utilisé dans les anciens sacrifices rituels. A Rome, le culte de Mithra, qui pendant un temps menaça

2. Dans mon analyse à suivre de la relation entre l'argent et la religion, je me suis inspiré des ouvrages suivants : William H. DESMONDE, *Magic, Myth, and Money : The Origin of Money in Religious Ritual*, The Free Press, New York, 1962 ; Paul EINZIG, *Primitive Money : In Its Ethnological, Historical, and Economic Aspects*, Eyre and Spottiswoode, Londres, 1948 ; Pierre KLOSSOWSKI, *La Monnaie vivante*, Éric Losenfeld, Paris, n.d. ; *Museum des Geldes : Über die seltsamme Natur des Geldes in Kunst, Wissenschaft und Leben*, Städtische Kunstalle, Düsseldorf, n.d. ; Dennis W. RICHARDSON, *Electric Money : Evolution of an Electronic Funds-Transfer System*, MIT Press, Cambridge, 1970 ; Laurence WESCHLER, *Shapinsky's Karma, Boggs' Bills, and Other True-Life Tales*, North Point Press, San Francisco, 1988 ; et Jacques LE GOFF, *Your Money of your Life : Economy and Religion in the Middle Ages*, Zone Books, New York, 1988.

sérieusement le christianisme naissant, était fondé sur le sacrifice du taureau, et, en Grèce, le dieu Dionysos était traditionnellement représenté sous les traits d'un taureau. Dans bon nombre de ses formes, la religion implique une économie du sacrifice dans laquelle la relation entre le croyant et son dieu est établie par l'objet d'échange qui les unit.

A l'intérieur de cette économie sacrificielle, le courant circule dans deux directions : de l'adorateur au dieu et du dieu à l'adorateur. Les pratiques rituelles établissent un système d'échange dans lequel les adeptes offrent des sacrifices afin de s'assurer la protection et les bienfaits des dieux. Durant les premiers temps de l'histoire religieuse, ces offrandes tendent à être des sacrifices, humains ou animaux. Au cours du temps, toutefois, des substitutions ont lieu. Ce sont d'abord de petites figurines d'animaux sacrificiels, faites généralement de métaux précieux, et plus tard des pièces frappées à l'effigie des animaux qui sont offertes aux dieux. Comme les rites se formalisent, les prêtres et autres chefs religieux et politiques décident des termes de l'échange. A l'intérieur de ce schéma, une offrande établie « achète » certains bienfaits[3].

L'analyse la plus poussée des dimensions socio-religieuses de l'argent à l'époque moderne est, bien sûr, conduite par Marx. Bien que Marx ne l'admette jamais explicitement, son analyse de l'argent est en effet une reformulation de l'interprétation hégélienne de l'Absolu, qui médiatise les opposés en établissant l'unité des différences. Pour Marx, l'équivalent universel est l'« unité des différences » qui constitue la base de l'échange. En tant que tiers médiateur qui assure l'unité des différences, l'argent est « la forme métamorphosée de toutes les marchandises ». Par une magie tenant presque de l'alchimie, différentes choses sont en effet transformées en or, lequel établit « l'égalisation de l'hétéro-

3. Alors qu'il est évident que la relation économique continue d'informer les pratiques religieuses, on admet moins souvent qu'il y a cette relation étroite entre des offrandes pécuniaires et le sacrifice rituel. La rencontre de l'économie et du sacrifice peut être constatée de façon plus évidente dans les théories économiques de l'expiation. Le compte rendu d'Anselm sur le salut en termes de paiement d'une rançon est l'exemple classique de cet échange symbolique. Consulter : Eugene FAIRWEATHER (ed.), *Why God Became Man, A Scholastic Miscellany*, Westminster Press, Philadelphie, 1966, p. 100-183.

gène ». La logique de l'échange selon Marx se transpose par la logique hégélienne de la spéculation. L'*espèce* de ce syllogisme est l'argent, et l'argent sous forme de pièces constitue « les espèces ». Les « Espèces », à leur tour, peuvent également désigner « n'importe lequel des éléments consacrés de l'Eucharistie ». A l'intérieur des dispositifs du logos, le processus de transsubstantiation s'étend du pain et du corps, aussi bien que du vin et du sang, au papier et à l'or. Ainsi comprise, l'économie spéculative, qui sous-tend aussi bien l'idéalisme de Hegel que le matérialisme de Marx, est essentiellement sacrificielle.

Marx reconnaît l'idéalisme inaugural de son analyse de la monnaie. Il reconnaît que l'argent, « comme moyen de diffusion monétaire, devient pièce de monnaie, un simple instant fugitif, simple *symbole* des valeurs qu'il permet d'échanger ». « Après que l'argent est réellement posé comme marchandise, la marchandise sera posée idéalement comme argent. » D'après Marx, un tel idéalisme est dangereux. Il y a « une tendance de la diffusion monétaire à convertir les pièces en une simple apparence de ce qu'elles déclarent être ». Ce changement introduit un processus de séparation entre pièce et valeur, ou, en d'autres termes, image et chose, ou signifiant et signifié. Le processus retracé par Marx peut être décrit comme la *dématérialisation du support de l'échange.* Comme la monnaie évolue, le véhicule de l'échange passe de la chose elle-même (par exemple, un taureau), à de l'or, des pièces d'or, à des pièces d'argent et de cuivre, au papier. Cette dématérialisation, ou idéalisation, est une esthétisation par laquelle la chose devient un symbole ou une image. Quand des métaphores ou des métonymies deviennent monnaie d'échange, la réalité elle-même devient esthétique.

L'esthétisation de la marchandise qui a eu lieu depuis l'époque de Marx fut un lent et long processus. Peut-être le facteur distinctif le plus important dans la reconnaissance généralisée du caractère imaginaire de la monnaie a-t-il été l'éclipse de l'étalon-or. Vers 1973, l'esthétisation de la marchandise s'était étendue bien au-delà de ce que Marx aurait pu imaginer. Non seulement on ne pouvait plus racheter la monnaie, mais l'argent était devenu encore plus immatériel que du simple papier. Avec l'apparition des cartes de crédit plastifiées vers la fin des années cinquante et au début des années soixante[4], et l'introduction des ordinateurs dans le réseau financier, l'argent devient électronique. En d'autres termes, la monnaie évolue de l'électrum, qui est, ainsi que le souligne Marc Shell, « la substance matérielle des lingots à partir desquels on fabriquait des pièces[5] », à l'électricité ! La monnaie électronique est pure image, rien qu'un jeu de chiffres fugitifs sur un écran vidéo. Le courant qui régit cette économie est la circulation fluctuante de l'électricité. L'étincelle électrique est une trace de ce courant impétueux que le premier philosophe du flux, Héraclite, identifiait à l'essence des choses.

Quand l'argent devient électronique, l'équivalent universel se transforme en circulation de courant électrique. Ce qui disparaît dans cette monnaie qui flotte librement c'est le signifié transcendantal qui témoigne d'une valeur. Dans la mesure où l'on fonctionne dans le système économique d'une manière analogue à celle dont Dieu fonctionne dans le système religieux, la fin de l'étalon-or est l'équivalent économique de la mort de Dieu. Sans support assuré, la valeur devient relative, en perpétuel changement et mutation. Au lieu d'être une réalité indépendante ayant une valeur intrinsèque, le « réel » — Dieu, le taureau sacré, la chose elle-

---

4. Alors que l'expérimentation dans les banques des cartes de crédit a commencé au début des années cinquante, leur usage n'était pas très répandu jusqu'au milieu des années soixante. Les opérations bancaires par compte courant ont été lancées par la Banque nationale Franklin de New York en 1952. La carte de crédit, sous sa forme actuelle, est apparue pour la première fois quand est sortie la Bank Americard en Californie, en 1959. Pour un résumé de l'évolution de l'industrie de la carte de crédit, consulter : Dennis RICHARDSON, *Electric Money*, chapitre 6.

5. Marc SHELL, *Money, Language and Thought : Literary and Philosophical Economies from the Medieval to the Modern Era*, University of California Press, Berkeley, 1982, p. 1. Shell s'intéresse essentiellement aux relations entre argent et littérature. Néanmoins, certaines de ses vues font la lumière sur les arts visuels. D'autres études sur la littérature présentant un intérêt dans cette optique regroupent : Walter BENN MICHAELS, *The Gold Standard and the Logic of Naturalism : American Literature at the Turn of the Century*, University of California Press, Berkeley, 1987 ; et Gayatri CHAKRAVORTY SPIVAK, « Speculation and Reading Marx : after Reading Derrida », *in* Derek ATTRIDGE, Geoff BENNINGTON et Robert YOUNG (ed.), *Poststructuralism and the Question of History*, Cambridge University Press, New York, 1987, p. 30-62.

même, l'or — est un signifiant... une image... une figure. Dans la mesure où le réel est figural, le figural est, en un sens, réel. Mais en quel sens des figures peuvent-elles être réelles ? En l'absence de références aussi sûres que l'or, comment peut-on racheter des apparences ?

Le capitalisme post-industriel a produit ce que l'on peut décrire, dans des termes empruntés à Baudrillard, comme une société du similacre, qui est à la fois reflétée et poursuivie par une évolution majeure dans les arts. Afin d'esquisser le courant changeant de ce qui a cours, je vais m'attacher aux œuvres de Rauschenberg, Jasper Johns et Andy Warhol. J'espère que l'œuvre d'art éclairera l'art de la finance.

Johns rejette le programme de l'expressionnisme abstrait. Il n'a aucun désir d'exprimer ; il ne veut rien dire. L'œuvre de Johns est, entre autres, une interrogation soutenue sur le problème de la représentation. L'art abstrait ou non objectif, il est important de le signaler, n'est pas nécessairement non figuratif. Pour bon nombre de modernistes, l'abstraction semble re-présenter l'absolu ou le divin, aussi bien qu'elle exprime les sentiments et les expériences les plus profonds de chacun. Et pourtant, la représentation échoue immanquablement, car elle efface précisément ce qu'elle tente d'enregistrer. La *re-présentation est dé-présentation.* La représentation n'est donc pas la réalisation de la présence, mais sa négation. Pour échapper à l'économie de la représentation, l'abstraction n'est pas suffisante ; aussi est-il nécessaire de refigurer le figuratif. Tendant vers cette fin, Johns passe du sujet de l'expressionnisme abstrait à l'objet préfiguré par Duchamp et ses *ready-mades.* Les objets dont part Johns sont entièrement conventionnels et extrêmement banals : des ampoules électriques, des lampes de poche, des boîtes de bière, des pinceaux. Mais contrairement à ses prédécesseurs, Johns ne s'approprie pas simplement des *objets trouvés**. Au contraire, il les reproduit dans du métal sculpté, du papier mâché et même, dans certains cas, dans du bronze. Le résultat est un objet qui vibre d'ambiguïté. Les objets insaisissables, flexibles, que Johns utilise sont culturels au lieu d'être naturels. Partant toujours d'objets fabriqués, son art demeure impertinemment artificiel.

En tant que « refabricant » d'objets artificiels, Johns est un peintre du *signe*. Ses objets sont des signes — littéralement et figurativement signes. Non pas n'importe quels signes, mais les signes les plus communs, quotidiens, banals, que l'on puisse imaginer. Lors de son premier *one-man show*, Johns exposa des toiles qui portaient ce qui allait devenir sa signature en images : le drapeau américain, des cibles, des nombres et des lettres. Ces images créées mettent en forme une critique de l'expressionnisme abstrait. La stratégie de Johns n'implique pas un rejet définitif de ses précurseurs, mais comprend une subtile subversion de leur œuvre. Il utilise les techniques picturales de l'abstraction pour mettre en question la peinture non objective. Le signe-image, de façon caractéristique, emplit tout l'espace de l'œuvre. Quand l'image se trouve mise en avant de cette manière, elle devient absolument neutre. Une telle neutralité traduit une absence d'intention et d'expression. Il ne serait pas faux de décrire les figures de Johns comme non abstraites et non expressionnistes. Si l'on traduit la pensée de Leo Steinberg en termes de sémiotique, on peut prétendre que la neutralité dominante du signe « sous-entend notre absence ».

L'absence du sujet est la présence de l'objet en tant que tel. L'objet ne renvoie à rien au-delà de lui-même, car l'image devient la chose. Comme la chose elle-même devient un signe, le signifiant transcendantal disparaît. Ce processus est prolongé dans l'art de Warhol. Le monde que Warhol représente est le monde du prétendu capitalisme post-industriel. L'esthétisation de la marchandise et la marchandisation de *l'œuvre d'art** se rejoignent dans l'« utopie réalisée » de l'industrie de la culture célébrée dans l'art de Warhol. « Faire de l'argent, s'exclame Warhol, c'est de l'art ! » Warhol fait de l'argent — des tas d'argent, des billets de banque. Des billets tout frais dont on dirait qu'ils sortent tout juste des machines à imprimer dont la « magie » inquiète tant Marx. Warhol nous présente un bref résumé de sa carrière artistique : « J'ai commencé comme artiste commercial et je voulais finir comme un artiste du commerce. » Il est convaincu que l'art de la finance rachète le cours de la modernité. Prêchant un nouvel évangile esthétique, il déclare : « L'argent est tout pour moi » (AW, 136).

Warhol prolonge et radicalise la critique de l'art abstrait ou non objectif entamée par Johns. Dans les années cinquante et soixante, la culture américaine devenait rapidement une culture d'images et de signes. La production industrielle était très vite remplacée par la production de l'image. L'explosion des médias disséminait des signes à un point auparavant inimaginable. Pour ceux qui avaient des yeux pour voir, il était évident que les images en circulation et les signifiants flottants étaient devenus la monnaie de l'échange socioculturel. Warhol s'aperçut de tout cela très tôt et distinctement. En réponse à l'esthétisation de la culture, il crée un art dont le but est, comme dit Roland Barthes, de « mettre en scène le signifiant ». Pour Warhol, comme pour Johns, le signifiant ne renvoie pas au-delà de lui-même à un terrain solide en dehors de la structure de signification. Au contraire, les signes sont dévalorisés et extrêmement superficiels ; la « réalité » n'est que de surface. « Si vous voulez tout savoir d'Andy Warhol, admet-il, ne regardez que la surface de mes tableaux et de mes films et ma propre surface, et me voilà. Il n'y a rien derrière. » La surface de l'œuvre qui met en scène le signifiant incarne également la mort du signifié transcendantal. Dans le pop art, souligne Roland Barthes, « on a tenté d'abolir le signifié, et par là même le signe ; mais le signifiant subsiste, persiste, même s'il ne réfère apparemment à rien[6] ».

La réflexion de Warhol fait du signifiant un absolu. Plus explicitement que n'importe lequel de ses prédécesseurs, il affirme que le signe est toujours signe d'un signe. Quand Warhol regarde dans le miroir, il ne voit rien... rien qu'une image. Dans la culture du simulacre, *il n'y a que l'image, d'un bout à l'autre.* Paradoxalement, cette prolifération de signes et d'images est iconoclaste. Suivant la voie tracée par Johns, ou en lui fournissant au contraire un modèle — dans la culture du simulacre, les questions d'originalité et de paternité donnent lieu à controverse —, Warhol utilise la techni-

6. Roland BARTHES, That Old Thing, Art..., *Post-pop Art éd.,* Paul Taylor (Cambridge MA 1989).

que de la sérigraphie pour représenter un monde simulé. Les images sont des représentations d'images qu'il puise dans des journaux, des magazines, dans la publicité, le cinéma et la télévision. Cependant, Warhol pousse la méthode sérigraphique à des extrêmes que Johns n'avait jamais imaginés. Warhol a déclaré un jour : « Je pense que quelqu'un pourrait réaliser tous mes tableaux à ma place. » Comme pour vérifier ses propres dires, il fonde les Entreprises Andy Warhol et crée la Factory pour reproduire des œuvres d'art. Transformant les constatations de Benjamin en prescriptions, Warhol cherche à produire des œuvres d'art à l'âge de la reproduction mécanique en utilisant des techniques qui miment les procédés de la reproduction industrielle. Plus qu'à un génie solitaire, l'artiste de la Factory ressemble à un superviseur qui surveille les ouvriers à la chaîne d'assemblage, ou à un producteur de cinéma qui remplace des séquences de film par d'autres. A l'intérieur de cette économie de production, non seulement l'art devient mécanique, mais l'artiste lui-même devient une machine, réalisant ainsi le rêve que Warhol exprime en proclamant : « Je veux être une machine. » Comme le démontrent des œuvres comme les infâmes boîtes de soupe Campbell et les caisses de Brillo, les produits qui déboulent de la chaîne d'assemblage ressemblent à des objets de série, à des clichés photographiques, des images de cinéma ou des écrans de télévision. Dans cette éruption vertigineuse d'images, l'identité de l'artiste n'est plus visible.

De toutes les images reproduites dans ses œuvres, ce sont les images cinématographiques et télévisuelles qui séduisent le plus Warhol. Obsédé par les stars et les célébrités du cinéma, il met et remet en scène des stars. Pour Warhol, la télévision ne représente pas le réel, elle est le réel même. La vie, en d'autres termes, est un événement médiatique. En fin de compte, sujet et objet se rejoignent, de même que Warhol devient ce qu'il représente : une célébrité. Comme il est toujours entouré d'une atmosphère électrique, tout devient spectacle. Dans la « société du spectacle » de Debord, le « combat pour la reconnaissance » du philosophe de la spéculation se réalise dans la déclaration confiante de la star :

« Je suis reconnu, donc je suis. » Dans un geste qui met tout en scène, Warhol tapisse la Factory de feuilles argentées. Quand les écrans de soie se transforment en écrans d'argent qui vous englobent, la vie devient une série superficielle d'images dansantes émanant d'un courant qui passe. Le courant de ce royaume est électronique.

Le spectacle électronique de Warhol est en effet une réalisation perverse des rêves utopiques de la modernité dans lesquels l'art et la vie ne font plus qu'un. Le pop art découvre la rédemption en rachetant les apparences. Puisque les signes ne signifient rien, le jeu des apparences n'est pas la manifestation d'une essence éternelle, mais la seule « réalité » que nous puissions jamais connaître ou éprouver. En l'absence de transcendance, il n'y a pas d'au-delà au nom duquel on puisse nier, ou rejeter, ou résister à ce qui est. Contrairement à l'opinion répandue, le pop art est idéaliste — il est l'*idéalisme de l'image*. Puisqu'il n'y a rien en dehors de l'image, l'image est (le) « réel ». A l'intérieur de cette économie spéculaire, le « réel » est idéal et l'idéal est « réel ». Pour ceux qui évoluent dans l'utopie du simulacre, ou le simulacre de l'utopie, il n'y a rien à espérer et *rien* à craindre. La rédemption est à portée de la main. « Le pop art, déclare Warhol, c'est aimer les choses. » Acceptation... non-jugement... immédiateté... l'essentiel... éphémère... indifférence.... Andy Warhol est l'incarnation du dandy baudelairien qui n'est rien — sinon à la mode... *au courant**... Le courant : une lumière mouvante qui voyage toujours plus vite... des clichés qui renvoient l'un à l'autre, pour l'éternité... rien en son centre, ni à son sommet, ni au-delà.

Une sorte d'obscurité hante cette poursuite incessante du courant. Warhol n'est pas tout à fait aveugle à l'obscurité. En fait, il est aussi obsédé par la mort et par la catastrophe que par l'éclat des étoiles : des suicides, des crânes, des accidents d'avion, des accidents d'ambulance, des accidents de voiture, des hôpitaux, des cérémonies funéraires, et, bien sûr, la suprême catastrophe de la guerre, la bombe — *la bombe atomique*. Bien qu'il se batte pour en réprimer le sentiment, Warhol semble s'apercevoir de la vacuité du spectacle qu'il vit. Dès 1960, il peint *TV $ 199 dollars*, qui est la reproduction d'une publicité dans un journal. L'écran de télévision, comme le miroir qui effraie Warhol, est vide.

Dans les années qui suivent sa tentative de mettre fin à ses jours, Warhol essaie d'emplir cette vacuité et de soigner sa blessure à l'aide de plus en plus de signes, Mais cela revient toujours à peu près au même. Comme son art devient moins intéressant, il se voue encore plus au culte de la célébrité. Il a un jour déclaré : « Hollywood est tout ce à quoi je voulais faire ressembler ma vie. » L'esthétisation de la culture s'achève sur les plateaux de cinéma de Hollywood et dans les parcs d'attractions portant les noms de Disneyland et aujourd'hui, je suis navré d'avoir à le dire, Euro-Disney, Dans les années quatre-vingt, Warhol consacre la plupart de son temps à son magazine *Interview*, dont les vedettes sont Nancy et Ronald Reagan.

En 1985, un quart de siècle après qu'il a peint l'écran de télévision vide, Warhol — ou l'un de ses substituts — exécute une autre œuvre qui peut être soit un écran de télévision soit une image cinématographique. Cette fois, il y a une image à l'écran. L'image est, bien sûr, une publicité. On voit dans la partie supérieure de l'écran quatre cadres projetés en vert comme des négatifs. Sous cette bande de film, le grand « positif » nous montre l'image d'un homme et des mots qui déclarent une révolution : « Le nouveau col révolutionnaire des chemises Van Heusen Century ne se fripe pas.... jamais ! » L'annonceur est Ronald Reagan ; le titre de l'œuvre : *Van Heusen (Ronald Reagan).* Quatorze ans plus tôt, à l'apogée de la guerre du Vietnam, Warhol disait lors d'une conversation avec Paul Morrissey :

« Je ne sais pas grand-chose de Reagan. On le critique pour avoir mis fin aux révoltes estudiantines, mais moi cela me semble bien... Au lieu de traîner à prendre de la drogue et à ne pas savoir quoi faire d'eux-mêmes, les jeunes hippies américains devraient aller dans un pays, le coloniser et y créer une nouvelle civilisation... l'américaniser, l'européaniser, l'irlandiser ! L'américaniser serait sans doute la meilleure chose à faire : l'Amérique est la civilisation la plus avancée au monde pour ce qui est des progrès techniques et tout cela... J'apprécie ce que dit John Wayne et à chaque fois qu'il dit quelque chose je suis d'accord à cent pour cent avec lui[7]. »

Il serait facile de mettre une telle déclaration sur le compte de l'ironie mordante de Warhol. Mais les choses ne sont pas aussi simples. Vers la fin de sa vie, il devient évident que le ralliement de Warhol à Reagan est loin d'être accidentel. Pour Ronnie, comme pour Andy, la vie *est* à la télévision et au cinéma. Bien que Warhol désavoue tout intérêt politique, son art est connoté politiquement. Son héros, Ronald Reagan, n'a pas inventé la politique du simulacre, mais il en demeure le représentant le plus marquant.

Quand le courant a cours, nous perdons la capacité de résister. Nous dérivons au fil de ce courant, car il n'y a plus rien d'autre à faire. Mais, comme le soupçonne Warhol, cette attitude est désastreuse. Comme le réseau électronique dans lequel nous sommes pris se resserre de plus en plus, le monde lui-même devient de plus en plus fragile. Pour éviter — ou au moins retarder — la catastrophe, nous devons élaborer des stratégies de résistance qui sont inconnues de la société du spectacle. Bien qu'une telle résistance soit un pari qui pourrait sembler des moins courants, l'avenir de toute économie pourrait bien en dépendre.

Traduit de l'anglais (États-Unis)
par Agnès Botz et Roger-Pol Droit.

---

7. Cité par Benjamin H.D. BUCHLOCH, « The Andy Warhol Line », *op. cit.*, p. 60.

L'ART EN TANT QU'ARGENT EN TANT QU'ART

Marc Shell

Dans la théorie de la représentation visuelle, l'argent peut fournir un exemple pertinent. Comme la peinture et la sculpture, l'argent est d'ordre visuel ; il représente autre chose, peut-être ; et on lui attribue de la valeur. Ces faits sont implicitement ou explicitement reconnus par de nombreux artistes et théoriciens de l'art. Au-delà de cette association de l'art à l'argent ou de l'argent à l'art se profile l'aspect religieux de l'économie de l'art en Occident. L'art, que son sujet soit ou non de nature religieuse ou économique, se nimbe souvent d'une patine ou d'une aura spécifiquement monétaire.

Il semble raisonnable d'émettre l'hypothèse selon laquelle les philosophes chrétiens sont relativement à l'aise avec l'art visuel, mais mal à l'aise avec l'argent : ils bannissent les transactions monétaires des temples en les associant à la parole du diable[1]. (Il est intéressant de noter, par contraste, que la philosophie de la Grèce antique fut fondée par Platon en opposition avec l'argent et l'art reliés[2].)

En quoi l'argent est-il dérangeant pour la chrétienté ?

Une réponse possible est que la chrétienté, contrairement au prétendu « paganisme », a un Dieu universel, comme le judaïsme ; et que la chrétienté, contrairement au judaïsme, a un Dieu incarné, comme le paganisme. L'argent serait un

1. Cf. *Über das Geldwesen*, de Moses Hess. Il existe, bien sûr, des contre-exemples, même à l'intérieur du large spectre de la culture judéo-chrétienne, telles les églises chaulées du Genève de Calvin.
2. Voir mon « Ring of Gyges », dans *The Economy of Literature*.

sujet particulièrement délicat pour la chrétienté, d'abord parce qu'il est un équivalent universel et, ensuite, parce qu'il exprime, comme Jésus en tant que Dieu, la manifestation d'une chose idéale et réelle. L'argent est une manifestation d'autorité et de substance, de l'esprit et de la matière, de l'âme et du corps, ou — pour employer les termes dont je me servirai pour cet exposé — l'argent est l'expression de l'inscription et de l'inscrit. Cet état crée un rapprochement dérangeant entre le Christ et l'argent, qui est perçu comme un principe architectonique concurrent. Lorsque les penseurs chrétiens affirment que les juifs idolâtrent vicieusement l'argent en tant qu'image gravée, ce que de bons chrétiens ne font pas, ils projettent, en fait, sur une autre religion ce qu'ils craignent de tenir pour vrai dans la leur[3]. Le poète Arthur Hugh Clough, au christianisme ambigu, a imaginé la raillerie suivante : « No graven images may be Worshipped — except the currency » (« Aucune image gravée ne peut être/Adorée — si ce n'est la monnaie »)[4].

Pour comprendre le fétichisme de l'argent et les regards différents que posent les théologiens et les philosophes de nos jours sur l'argent, il faut comprendre aussi que le prétendu « esprit du marché », c'est-à-dire l'esprit monétaire, est un modèle spirituel qui n'est pas seulement contemporain, mais se rencontre à d'autres époques et, notamment, à des époques apparemment plus religieuses. C'est le cas, par exemple, de la controverse iconoclaste des VIIIe et IXe siècles à Byzance. Autrefois objet de fétichisme, l'argent en tant qu'art en tant qu'argent inspire toujours la confiance.

Ces mots du prophète Isaïe furent fort discutés : « A qui vas-tu comparer Dieu, ou avec quelle ressemblance vas-tu Le comparer ? L'image gravée (l'idole), c'est un ouvrier qui l'a fondue et l'orfèvre l'a recouverte d'or, et a coulé ses chaînes d'argent[5]. » Par ces mots mêmes, adressés au pape Léon, iconolâtre (ou serviteur d'icônes)[6], John Hylilas faisait allusion au commandement tel qu'il fut lu sur les tablettes livrées

3. MENDELSSOHN, *Jerusalem*, p. 82.
4. MINTON, *John Law*, p. 81n. Clough vivait au XIXe siècle.
5. ISAÏE 40, 18-9.
6. MARTIN, *Iconoclastic Controversy*, p. 164-165.

par Moïse après la destruction du Veau d'or : « Tu n'adoreras aucune idole[7]. »

L'image gravée — le mot français ne rend pas exactement le contenu du mot hébreu — ne peut que trop facilement être confondue avec la pièce gravée, la pièce de monnaie. Une pièce de monnaie est la combinaison d'une gravure politiquement ou esthétiquement signifiante et d'un objet gravé économiquement précieux, d'une inscription et d'une chose inscrite. Dans la mesure où la pièce de monnaie constitue de l'argent, c'est le dessin ou l'inscription intellectuelle qui en suggère la valeur. Mais l'esprit et la matière, l'idéal et le réel, l'inscription et l'inscrit sont inextricablement liés. Dans *Sur l'épigraphe*, le philosophe G.E. Lessing écrit : « La véritable inscription ne doit pas être considérée séparément de ce sur quoi elle est ou pourrait être convenablement inscrite[8]. »

De ce point de vue, les pièces de monnaie en tant qu'épigraphes sont des objets à la fois économiquement précieux et visuellement esthétiques. « Le matériau [...] sur lequel apparaît la gravure des pièces de monnaie est, contrairement au papier de Gutenberg (ou à la toile du peintre), un matériau spécialement précieux. L'impression picturale ou verbale faite dans ce matériau le change qualitativement (sur le plan esthétique) en faisant d'une pièce de métal informe (bien que précieuse) un lingot sculpté et, ce qui est encore plus significatif, transforme (d'un point de vue économique) ce qui n'était qu'un matériau en une pièce de monnaie. [...] Les gravures parfois belles sur les lingots en font toujours des pièces utiles. *Dulce et utile*. Cette transformation crée la distinction entre la frappe et la monnaie et les autres types de sculpture (même ceux qui façonnent d'autres métaux également précieux) et différencie de manière spécifique les dessins et les inscriptions monétaires des autres[9]. » Les pièces de monnaie, qui ont été historiquement un des premiers éléments parmi les publications et reproductions à être produites

---

7. Exode 20, 4.
8. LESSING, *Zerstreute Anmerkungen über das Epigramm* (1771) ; cf. Hudson, *Epigram in the English Renaissance*, p. 9-10.
9. SHELL, « The Language of Character », dans *Economy of Literature*, p. 62, 65.

sur une large échelle, furent des icônes ayant une valeur à la fois spirituelle et matérielle, esthétiquc ou politique et économique.

Le sculpteur contemporain David Smith écrit que « l'association de l'art avec l'idole gravée et dorée [...] fait de l'art un tabou[10] ». Bien que tendancieuse, cette façon de dire les choses sert au moins à expliquer pourquoi les controverses iconoclastes des VIIIe et IXe siècles à Byzance étaient centrées sur le fait de savoir si les pièces de monnaie en général — c'est-à-dire si toutes les pièces sans tenir compte de leur « type » particulier — étaient des images iconiques ou idolâtriques. Une icône est, après tout, semblable à une pièce de monnaie dont la revendication de l'inscription concernant les qualités matérielles de l'objet inscrit (poids et pureté de la matière) est « vraie », ou se rapporte à ses qualités actuelles. (La définition traditionnelle de la vérité comme *adequatio res et intellectus* — l'adéquation unifiante de l'objet et de sa conception intellectuelle — est, comme Heidegger le suggère bon gré mal gré dans son essai *De l'essence de la vérité*, en ce sens numismatique. Dans *L'Etre et le temps*, Heidegger suggère, il me semble à tort, que cette définition de la vérité, qu'il n'aime pas, était essentiellement juive[11].)

Une icône est, comme une pièce de monnaie, un exemple de la valeur intellectuelle investie ou gravée dans un objet matériel. L'effondrement de cette adéquation affecte aussi bien l'iconologie que la numismatique. Certains théoriciens affirment que cet effondrement s'est produit lorsque la pre-

10. Dans ROSE (ed.), *Readings*, p. 245. L'affirmation de Smith date de 1953 : « A Symposium on Art and Religion » (*Art Digest*, 15 décembre).

11. Heidegger, affirmant ne pas aimer cette définition qui caractérise la vérité en termes de simple « bon sens », projette sur le judaïsme les problèmes relatifs à la vision chrétienne de la vérité qu'il désire éliminer de sa propre croyance ; c'est ainsi qu'il insinue dans *Being and Time* (SZ 214) que Thomas d'Aquin emprunta l'idée et la phrase *adequatio res et intellectus* au Juif Isaac Israëli (c855-955 AD). Dans sa jeunesse, Heidegger vécut en tant que catholique dans un milieu d'une tradition antisémite virulente ; il entra comme novice chez les jésuites en 1909, devint plus tard un *Konvikt* en théologie à Fribourg-en-Brisgau, et étudia avec Heinrich Finke. Sa première œuvre publiée — *A l'occasion de l'inauguration d'un monument à Kreenheinstetten, le 15 août 1910* — fit l'éloge d'Abraham a Santa Clara qui était sournoisement antisémite. Voir ma discussion de la numismatique de la vérité de Heidegger et de son essai, *Vom Wesen der Wahrheit*, dans mon « What is Truth ? ». Pour Thomas d'Aquin, voir ses *Quaestiones disputatae de veritate*, quest. 1, art. 1.

mière gravure numismatique a revendiqué, en vertu d'une quelconque autorité politique ou religieuse, un statut non justifié par les qualités physiques du lingot gravé. Un de ces théoriciens soutient que la première pièce de monnaie gravée avec le chiffre « 2 » a été la première œuvre d'art conceptuel : elle a fiduciairement dissocié le symbole et l'objet[12].

Pour les chrétiens, certains termes religieux tels que « homme-Dieu » *(Gottmensch, godman)* et des objets tels que l'hostie ou autres gages de la communion compliquent considérablement le problème. Ils suggèrent, en effet, une théorie de la représentation de l'esprit et de la matière — ou de l'esprit uni à la matière — qui semble parfois friser (ce qu'on appelle) l'idolâtrie[13]. Moïse Mendelssohn, évoquant une vieille analogie entre les pièces de monnaie et les mots ou les lettres, soutient dans son *Jérusalem* que « quelque chose d'aussi inoffensif qu'un simple type d'écriture peut facilement, entre les mains de certains hommes, dégénérer en idolâtrie[14] ».

La guerre civile qui sévissait à Byzance autour de l'iconoclasme était notamment due au problème, à la fois numismatique et esthétique, de la représentation du Dieu spirituel

---

12. Cf. ANDRÄE, « Mögliche Zusammenhänge zwischen der Entwicklung des Geldwesens und der Erkenntnissen der Konzeptkunst », p. 76.

13. Les penseurs chrétiens étaient conscients d'une violation ambiguë du quatrième commandement de la doctrine chrétienne concernant le Christ en tant que Dieu. *De idolatria*, de Tertullien, fut, après tout, influencé par *Avodah Zarah* (dans le Talmud) ; cf. WEITZMANN, *Icon*, p. 7.

14. MENDELSSOHN, *Jerusalem*, p. 84. Alors que les iconolâtres défendent le recours à l'imagerie religieuse comme nécessaire à ceux qui ne peuvent lire (voir DIDRON, *Christian Iconography*, p. 4-6), Mendelssohn suggère que « le besoin de symboles écrits [...] fut la première cause d'idolâtrie » (MENDELSSOHN, *op. cit.*, p. 83). Dans ce contexte, une pièce de monnaie, qui est à la fois argent et denrée, entraîne une confusion comparable dans la relation entre l'esprit et la matière à celle engendrée par le mot écrit chez les peuples illettrés. « Die Münze war zugleich Waare, die ihren Werth als Münze verkennen und unrichtig angeben konnte. » Puisqu'une pièce de monnaie apparaît à la fois comme un *res* et un *intellectus*, tout comme un mot peut paraître à la fois hiéroglyphique et alphabétique à une personne illettrée, « la personne non informée [...] peut facilement méconnaître ou ne pas reconnaître leur valeur comme [simple] unité monétaire. Il est évident que des inscriptions sur des pièces de monnaie [...] ne causent pas les mêmes malentendus que des contours d'images. Car ces contours sont composés de parties disjointes et hétérogènes ; ils représentent [pour les gens illettrés d'un système d'échange monétaire donné] des images informes et dépourvues de signification qui n'ont pas de prototypes dans la nature » et c'est pourquoi, soutient Mendelssohn, « ils [les contours d'images] engendrent la superstition en même temps que la matière de nombreuses légendes et fables ».

dans la chair, ou de l'Incarnation[15]. (Saint Jean de Damas aimait à souligner la manière dont le Nouveau Testament désigne le Christ : comme « l'impression frappée *[kharactêr]* de l'être de Dieu » ; et pour de nombreux Pères de l'Église iconolâtres, *kharactêr*, le mot grec, devint le mot clé des doctrines trinitaires voulant montrer que l'image et la chose imagée sont identiques[16].) De ce fait, la guerre civile trouvait son origine dans la tension entre l'image de l'empereur romain, qui revendiquait le statut (la condition) d'homme-dieu sur une pièce iconique, et l'image du Jésus chrétien, qui revendique de même, comme nous le verrons, le statut d'homme-Dieu lorsque, dans le Nouveau Testament, il interprète l'empreinte d'une pièce iconique romaine comme signifiant que ceux qui le suivent doivent rendre à Dieu ce qui est à Dieu. (L'essai de Muscalus, « The Use of Christ on Paper Money », suggère l'existence du même problème dans le pays pseudo-sécularisé que sont les États-Unis.)

Lors de la controverse iconoclaste de Byzance, le lingot gravé — *redende Zeichen*, ou *type parlant* — était le principal exemple, et apparemment non théologique (c'est-à-dire, moderne), de la combinaison *d'intellectus* et de *res*. Plusieurs histoires d'iconoclasie, où des pièces de monnaie sont attaquées comme étant des icônes, illustrent ce fait. Une de ces histoires raconte qu'à l'iconoclaste Steven « l'empereur fit la démonstration de ce que sa suspicion des images

15. Les batailles les plus sanglantes de la guerre eurent lieu de 726 à 853. A.D. FREEDBERG, dans *Power of Images*, p. 402-403, résume ainsi le problème iconologique : « Si Dieu est divin, non matériel et non circonscriptible, comment est-il possible — en effet, comment pourrait-ce être légitime — de le représenter sous une forme matérielle et circonscrite ? Cet argument est utilisé par tous ceux qui sont hostiles aux images ; mais le contre-argument dépend du fait que le Christ, l'image de son Père, fut incarné comme homme. Il ne s'agit pas seulement de la manière dont il faut qu'il soit saisi, mais c'est aussi la seule façon d'en appréhender la divinité dans sa présence charnelle, visible et matérielle. Ceci justifie non seulement des images du Christ [...] mais aussi toutes les images du signifié absent et inconnaissable. » De même que le Dieu non matériel est un homme matériel, l'icône matérielle est le Dieu non matériel. « L'image [de l'empereur], écrit Athanase d'Alexandrie, peut bien signifier : "Moi et l'empereur, nous sommes un." "Je suis en lui et il est en moi." [...] Qui donc adore l'image adore aussi en elle l'empereur. Car l'image est la forme de ce dernier et l'idée. » (Athanase, *Oratio III contra Arianos* 5, dans PG 94, 1405 ; cité par FREEDBERG, *Power of Images*, p. 392 ; cf. LADNER, « Concept of the Image », p. 8).

16. John OF DAMASCUS, *Orations on the Holy Icons* III.26, PG 94 : 1345, cite Hebrews 1.3 ; PELIKAN, *Imago Dei*, p. 176 ; cf. p. 39.

était juste en jetant par terre une pièce à son effigie et en l'écrasant[17] ».

Une autre histoire parle de l'enfant-Christ comme s'il était une monnaie dans la matrice, ou dans la bourse somatique, de la mère Marie. L'empereur iconoclaste Constantin V est décrit alors qu'il convoque le conseil sur le culte de l'image en l'année 753 de notre ère : « Prenant dans sa main une bourse remplie d'argent et la montrant à tous, il demanda : ''Que vaut-elle ?'' Ils répondirent qu'elle était d'une grande valeur. Il vida alors la bourse de son or et demanda : ''Que vaut-elle à présent ?'' Ils répondirent : ''Rien.'' ''Donc, dit-il, Marie (car il refusait de l'appeler *theotokos*), alors qu'elle portait en elle le Christ, devait être honorée, mais après sa délivrance elle ne différait plus en aucune façon des autres femmes[18]. »

Selon l'analogie traditionnelle, « l'utérus est un récipient bien scellé, similaire à un porte-monnaie *(Seckel)*[19] ». La Vierge Marie, telle une Danaïde récipiente d'une semence d'or — peut-être, comme dans certaines descriptions, reçoit-elle Dieu par l'oreille sous la forme des lettres chrysographiques (littéralement, « mots d'or ») de l'ange Gabriel *(planche 1)* —, n'est pas de la même substance que le dieu *(theos)* qu'elle porte en elle alors que l'argent est de la même substance que l'intérêt *(tokos)* qu'il engendre. La personne du divin Fils, bien qu'il témoigne d'une ressemblance *(homoiótés)* avec la Mère, n'est pas de la même substance *(homousios)*. (C'est le point de vue des Pères de l'Église.)

Saint Jean de Damas, dans sa *Défense des images saintes* (aux environs de 730), défend les images iconiques sur la base d'une Incarnation qui les rend simultanément visibles et invisibles, ou matérielles et non matérielles, comme le Christ[20]. Dans la chrétienté iconolâtre, « l'idole ou icône sentait, entendait et parlait. Le culte ouvrait la bouche [...] et les

17. *Vit. Steph.* 1145Aff ; cité dans MARTIN, *Iconoclastic Controversy*, p. 58.

18. *Vitae Nicetae*, dans *Acta Sanct.* Ap. I, app. 23, écrit 820/830 ; dans MARTIN, *op. cit.*, p. 62.

19. *Auslegung und Beschreibung der Anathomy*, « Von der Mutter » ; cf. LAQUEUR, *Making Sex*, p. 63.

20. WEITZMANN, *Icon*, p. 8.

oreilles de la statue-idole[21] ». Selon Jean, « les images parlent[22] ».

Non seulement les icônes représentent l'investissement des valeurs spirituelles en un matériau de valeur tel que l'or, comme c'est le cas pour l'incorporation physique du Saint-Esprit sur terre, mais en tant qu'*imagines cliptea*, elles ressemblent souvent également à des pièces de monnaie. Elles apparaissent sous la forme d'écussons ronds — formes symboliques utilisées pour rendre le « transfert » ou la « translation » de l'âme vers le ciel[23].

Une des miniatures iconoclastes de cette tradition montre un clipeus en position de tir, veillé par un homme entouré d'un halo en forme de pièce *(planche 2)* ; une autre, un homme tenant un tourteau avec l'inscription : « Vois l'homme qui ne plaça pas sa force en Dieu, mais mit sa foi en l'abondance de ses richesses » *(planche 3)*. Ces deux miniatures illustrent le malaise engendré par toute idée autre que celle du Christ *qua* Dieu comme intermédiaire translatif, de l'esprit et de la matière.

Voici maintenant quelques exemples, d'époques plus tardives, de l'iconologie numismatique et esthétique dont je viens de discuter. Je commence avec l'hostie eucharistique dont, selon le conseil de Latran en 1215, la matière farineuse se transforme littéralement dans la gorge en l'esprit de Dieu.

Hosties eucharistiques

Bernard Laum, dans *Heiliges Geld*, affirme que l'argent est lié de manière inextricable aux rituels de nourriture-

21. Blackman, *Journal of Egyptian Archaeology*.
22. Didron, *Christian Iconography*, p. 3 ; citant *Adversus Constantinum Cabalinum Oratio*, 10, 619.
23. Weitzmann, *Icon*, p. 9. Voir le tourteau dans le psautier du IXe siècle du Musée d'Histoire de Moscou (cod. gr. 129, folio 67R). Weitzmann, *Icon* ; Gauthier, *Highway*, p. 202, définit *imago clipeata* comme « une représentation à mi-corps de la figure humaine dans un champ circulaire ressemblant au bouclier rond des Romains, ou *clipeus* ; utilisé surtout pour la décoration funéraire, où il symbolisait le portrait du défunt voué à la vie éternelle et à la gloire ». Cf. Grabar, *Islamic Art*.

communion. « La première forme d'argent, dit Laum, fut la nourriture partagée. Pendant des siècles, celle-ci a précédé l'évolution de la frappe de la monnaie. La frappe [...] avait la même signification que le Graal — celle d'une relique sacrée symbolisant un repas saint entre membres d'un compagnonnage loyal[24]. » Quoi qu'il en soit, la personne de l'homme-Dieu chrétien iconique a parfois été désignée comme le Dieu-hostie. La valeur spirituelle de l'Esprit saint est investie ou imprimée dans une hostie qui permet aux hommes de manger l'Esprit charnu dans la patène de l'eucharistie.

L'hostie fut expressément fabriquée comme une pièce de monnaie : elle était pressée entre des fers à hosties et frappée d'insignes semblables à ceux des pièces. Ce procédé de fabrication incite certains penseurs, comme Nicholas de Cusa dans l'Allemagne du XVe siècle, à observer comment le fait que l'hostie eucharistique représente symboliquement — ou qu'elle *est* véritablement — le corps de Jésus apporte à l'hostie un caractère numismatiquement iconique. Bien plus tôt, l'empereur romain Constantin avait défendu son point de vue de la manière suivante : le Christ a laissé un mémorial perpétuel de l'incarnation. Il commanda à ses disciples de donner un type *(tupon)* de son corps, afin que, par l'administration du prêtre, nous puissions le recevoir réellement et véritablement comme son corps, et bien que nous puissions désirer en faire l'image *(eikona)* de son corps, ce que nous détenons en réalité est la figure *(morphosis)* de son corps[25].

Le fait que l'hostie eucharistique fût conceptuellement numismatique dérangeait beaucoup de penseurs chrétiens qui, dans la tradition platonique, craignaient que l'argent, en tant que principe architectonique, rivalisât avec Dieu. Ainsi aiguillonnés, les penseurs chrétiens établirent la même relation entre l'hostie et la pièce que celle entre Dieu et le diable. C'est ainsi qu'ils projetèrent la compatibilité de Dieu et de la pièce

24. Voir LAUM, *Heiliges Geld*. Cité par DESMONDE, *Magic, Myth, and Money*, p. 21-22.
25. MARTIN, « Numismatique », p. 126-127.

vers l'extérieur, en dehors de la chrétienté, bannissant pour ainsi dire l'agent de change du temple de l'esprit. (Le démon de l'argent est donc un sujet significatif dans l'art chrétien ; *planche 4.*)

Dans ce domaine, une certaine forme d'antisémitisme bien défini contribua quelquefois à définir la chrétienté. La *Profanation de l'hostie*, de Paolo Uccello, en fournit un exemple *(planche 5).* Ce tableau illustre l'histoire d'un boutiquier juif qui obtient une hostie volée d'une chrétienne. La scène montre la femme à l'intérieur de la boutique, offrant l'hostie au Juif dont les deux mains sont posées sur deux tas de pièces, la main gauche de la femme étant posée sur un troisième tas. L'hostie blanche se détache sur un livre noir posé sur une étagère. D'après l'histoire, le Juif tente sans succès de détruire l'hostie par le feu. Mais lui et sa famille sont arrêtés et brûlés vifs.

Les symboles de la communion

L'hostie eucharistique ressemble non seulement à une pièce de monnaie, mais aussi au *méreau*, le symbole de la communion. Certains symboles de communion, datant du début du Moyen Age, sont encore distribués à certains chrétiens — soit comme billets d'entrée aux cérémonies eucharistiques, soit comme preuve d'assistance à ces cérémonies. Un jeton de communion de 1613 présente à l'endroit du *méreau* le calice et l'hostie *(planche 6).* Un autre jeton porte cette inscription : « Admirer plutôt que questionner est la vraie sagesse. » *(Planche 7.)* Examiner, ce serait douter du Christ qui avait dit : « Ceci est mon corps, ceci est le calice de mon sang. » Le fait de questionner (ou d'éprouver) serait comme de lancer un défi à l'aura du Christ, littéralement, sa « patina[26] ».

26. Le terme *patina* dérive du latin classique *patina*, signifiant « un plat ou un récipient large et peu profond ». En latin médiéval, le mot se référa au plat utilisé pour l'Eucharistie (cf. le terme anglais *paten*). L'autre signification du mot anglais *patina*, qui se réfère à l'incrustation ou au film se formant à la surface du bronze ou du marbre et causés par oxydation, dérive du terme français *patine* du XVIIIe siècle, et fut souvent utilisé pour désigner des pièces anciennes. C'est ainsi que Butler (*N & Q*, p. 364) fait mention d'« un virtuose, évaluant une pièce à dix fois sa valeur intrinsèque à cause de son noircissement par la patine du temps. »

Le « jeton eucharistique » est distribué au moment où le célébrant dit « Ceci est mon corps », ou « Ceci est mon sang[27] ». Sur certains *méreaux* des premiers temps, on peut lire des inscriptions comme « Je suis le pain de la vie » — comme s'il y avait confusion entre le jeton et le pain[28]. Ces *méreaux* sont à comparer avec le dessin humoristique de Thomas Nast de 1876, « Milk Tickets for Babies, in Place of Milk », où on peut lire sur des billets : « Ceci est du lait par l'acte de l'artiste », et : « C'est une vache par l'acte de l'artiste. » (Voir *planche 8*.) On peut également songer au tableau de Magritte, *Ceci n'est pas une pipe (planche 9)* ou au *Tzanck Cheque* de Duchamp *(planche 10)* ; les deux tableaux suggèrent une tension similaire entre l'autorité de l'artiste et celle de la banque privée ou politique, sinon de « la nature elle-même ».

Les pièces de monnaie et les *méreaux* aussi bien que les hosties eucharistiques impliquent donc l'idéologie de l'esprit et de la matière : les *méreaux* représentent la transformation apparente de l'intellect divin en matière alors que les pièces sont apparemment des inscriptions intellectuelles liées aux objets matériels.

Aurum et aura

Depuis les temps les plus reculés, des œuvres d'art dans la tradition chrétienne ont représenté les têtes ou les corps des saints entourés d'auras, d'auréoles, de nimbes, de couronnes ou de halos. En dehors d'un remodelage des images dites païennes, en quoi consiste cette aura ?

Tout comme les mots *auréole* ou *couronne* signifient « halo », les mots *aurum* ou *corona* signifient également « pièce », généralement celles de Byzance et d'Espagne[29].

27. Voir *Bulletin of American Numismatic and Archaeological Societies* (1887).

28. WOODSIDE, *Communion Tokens*, p. 6. Il est intéressant de noter qu'en anglais le terme *offertory* se réfère à la fois à l'Eucharistie (il signifie alors « le voile utilisé pour recouvrir la rondelle de pain ») et à l'argent (signifiant alors « la collection de pièces par l'église »).

29. Cf. le jeu de mots sur *corono*. Sur *corona*, voir KRUCKE, *Nimbus*, p. 103. Dans certains contextes historiques, l'*aureus* représente numismatiquement le poids d'une drachme et demie.

Dans ce contexte philologique, la ressemblance entre certaines pièces et des nimbes constatée plus haut *(planches 2-3)* prend tout son sens. Qui plus est, des halos apparaissant sur des pièces attirent souvent l'attention en tant qu'objets numismatiques. Les pièces de Michel III, empereur de l'Empire romain d'Orient au IXᵉ siècle, par exemple, ont tout à fait l'air *d'imagines cliptea*.

Dans l'art chrétien, *l'auréole* iconique est souvent confrontée à *l'aurum* numismatique. Tout se passe comme si *l'auréole* était divine et *l'aurum* diabolique, l'une Dieu et l'autre Mammon. Par exemple, dans une œuvre du XVᵉ siècle, le halo de Jésus se compare et s'oppose à la fois aux pièces de Judas *(planche 11)*. Dans ce même tableau, les motifs de la mandorle de Jésus sont les mêmes que ceux gravés sur les trente deniers d'argent[30]. Une miniature des environs de l'an mille dépeint Jésus chassant les agents de change juifs du temple. Ici aussi, Jésus porte un halo alors que les agents de change juifs laissent tomber leurs pièces[31] *(planche 12)* : il n'est pas question de domestiquer les juifs, mais de les exorciser.

On pourrait écrire une histoire de la peinture chrétienne montrant comment, à travers les siècles, le halo doré s'efface progressivement, jusqu'à son élimination du tableau, pour devenir le cadre doré. Au sujet de la feuille dorée, Friedlander écrit qu'« éjectée de la surface du tableau [à l'époque moderne, et] exilée pour ainsi dire dans l'antichambre, [...] [à présent elle] enferme et encadre le fragment de la nature et sépare l'art, né d'une conception spirituelle, de notre réalité[32] ». Dans un autre contexte, il serait encore possible de discuter de la signification des controverses sur l'écriture à l'encre d'or, la chrysographie[33].

---

30. VEIT, *Liebe Gold*, planche 131.
31. BLUMENKRANZ, *Juif médiéval*, p. 18.
32. FRIEDLANDER, *On Art and Connoisseurship*, p. 52.
33. Voir mon « Beyond Chrysography », dans *Money, Language, and Thought*.

« Conseil fiscal[34] »

Pour analyser la relation dans l'idéologie chrétienne entre l'inscription spirituelle et la chose matérielle inscrite, aucun passage de la tradition judéo-chrétienne ne semble plus significatif que celui du Nouveau Testament où Jésus dit à ses interlocuteurs de rendre à César ce qui est à César[35].

Selon Matthieu, qui fut, à un moment donné, receveur d'impôts, les scribes et les Pharisiens demandèrent à Jésus s'il était légal, selon la loi divine, de payer des impôts à l'Empire romain. Jésus répondit : « Montrez-moi l'argent pour l'impôt. » Alors que certaines denrées (telles que le blé) pouvaient servir à payer les impôts, Jésus demande spécifiquement à voir une pièce de monnaie. Une pièce, qui est à la fois un objet intellectuel et matériel, offre à l'homme-Dieu Jésus l'occasion politique de questionner la relation entre l'autorité divine et l'autorité humaine et donc de poser la question de savoir qui est Dieu. Les chrétiens répondirent que le Christ était Dieu ; les Romains dirent que c'était César.

Il est probable que la pièce romaine présentée à Jésus par les Pharisiens était un denier *(denarius)* d'argent de Tiberius Caesar portant les mots « Grand Prêtre » d'un côté et « Tiberius Caesar Augustus, fils du divin Augustus », de l'autre *(planche 13)*[36]. Jésus, s'appuyant sur l'inscription disant que César était divin ainsi que sur la prétendue ressemblance de la pièce avec Dieu, se présente comme le rival de la divinité de Tibérius. Jésus leur dit : « De qui est cette image et cette inscription ? » Ils répondirent : « De César. » Il leur dit alors : « Rendez à César ce qui est à César, et à Dieu ce qui est à Dieu. »

L'histoire de Matthieu semble vouloir dire que certaines choses doivent être rendues à César comme à une autorité politique et que d'autres doivent être rendues au Dieu chrétien comme à une autorité religieuse ; ou que toutes choses

---

34. « Tax advice » est une traduction anglaise du titre d'une des sections de *Einbahrstrasse*, de Walter BENJAMIN.

35. Matth. 22, 17-21. Cf. Luc 20, 21-25 et Marc 12, 14-17.

36. PONTIF. MAXIM ; CAESAR. DIVI. AUG. F. AUGUSTUS. Au sujet de la description de la pièce en question, voir SNOWDEN, *Coins of the Bible*.

doivent être rendues au Dieu chrétien (puisque en fait rien n'appartient réellement à César) ; ou que toutes choses doivent être rendues à César (puisque en fait rien de matériel, c'est-à-dire rien des objets qui pourraient servir dans une tradition non monétaire à payer les impôts, n'appartient au Dieu chrétien). L'iconolâtre Jean de Jérusalem soutenait que « "rendre à César ce qui est à César" signifiait rendre à César l'icône de César sur la pièce, et que "rendre à Dieu ce qui est à Dieu" signifiait rendre à Dieu l'icône de Dieu dans l'Église[37] ». La réponse apparemment indirecte de Jésus lui permettait de donner des conseils au sujet du paiement des impôts, sans offenser aucun des partis nationalistes en présence par une approbation ouverte, ni le parti impérialiste par une désapprobation ouverte.

Le Christ est donc l'homme-Dieu par qui les chrétiens cherchent à la fois à définir succinctement le conflit entre les domaines religieux et séculier et à y mettre fin. Le Christ est l'ingénieuse « parole faite chair », tout comme la ressemblance (ou l'inscription intellectuelle) gravée dans le lingot est « faite chair » par le lingot matériel qu'elle transforme en denier et avec lequel elle se fait l'unité de corps et d'esprit.

La réponse de Jésus à ses interlocuteurs souligne donc la tension cruciale qui existe entre Rome et la chrétienté, ou entre le Dieu religieux et le Mammon séculier, tension qui contribue à définir l'idéologie chrétienne.

La compétiton entre les hommes-dieux romains et chrétiens est liée à la relation numismatique entre *l'intellectus* politique et le *res* divin. Ce lien explique partiellement pourquoi le débat sur les icônes s'envenima surtout au moment où des pièces émises par les nouveaux empereurs chrétiens montrèrent, pour la première fois, l'image impériale/pontificale entourée par les mêmes auras « divines » que celles qui avaient entouré les images des anciens Césars païens. Le débat prit un caractère militant lorsque, pendant le règne de

---

37. JOHN OF JERUSALEM, *Against Constantine V* 5, PG 95, 321 ; cité par PELIKAN, *Imago Dei*, p. 39. THOMAS D'AQUIN, dans son *Tractatus de regimine principum*, termine son interprétation du conseil fiscal de Jésus avec les mots « quasi ipsum nummisma sit causa ut in pluribus tributa solvendi » (*Opera omnia* 27, 367 ff.).

l'empereur Justinien II, au VIIe siècle, la « ressemblance » du Christ lui-même apparut sur les pièces de monnaie *(planche 14)*[38].

Sur la première monnaie frappée à l'effigie du Christ, le *solidus* d'or, le Christ remplaçait César de manière *absolue* comme l'homme-dieu numismatique[39]. (On songe à *La Monnaie de l'absolu* de Malraux.) Jésus était à présent le Verbe fait chair dans le Christ, de la même manière que l'inscription numismatique se matérialisait dans la monnaie. Lorsque, au début du Xe siècle, des représentations iconiques de la Vierge Marie firent régulièrement leur apparition sur les pièces, il y eut « des difficultés avec l'iconoclasme, dont l'histoire semble liée à la frappe de la monnaie de l'époque[40] ». Alors que les chrétiens rendaient au « grand prêtre », au « pontife », ce qui lui appartenait, l'inscription du Christ dans l'or massif devint l'essence même de la controverse iconoclaste concernant la sémiologie de la monnaie et de l'art en général.

Conclusion

A l'époque actuelle, alors que nous n'échangeons plus des pièces d'électrum, la numismatique d'art s'intéresse davantage à la monnaie de papier et d'électricité qu'au métal ; elle joue un rôle actif dans le débat économique et philosophique concernant l'idéal et le réel, débat qui est spécialement attentif aux problèmes de représentation et d'imitation. (Voir *Une ombre n'est pas une substance* de Nast ; *planche 15*.) L'élément (à peu près) religieux s'exprime encore dans beaucoup d'œuvres, dont, par exemple, le trompe-l'œil de Dubreil, *Cross of Gold (planche 16)*. Une étude épigraphique spécifiquement chrétienne jointe à une tendance croissante vers la création de monnaies et d'œuvres d'art non

38. KRUCKE, *Nimbus*, p. 8, 13.

39. Au sujet de la valeur « absolue » du *solidus* (sa pureté métallique et son poids correspondaient aux revendications suscitées par ses inscriptions), voir LOPEZ, « Dollar of the Middle Ages ».

40. *Encyl. Cath.*, « Numismatique », p. 570-572. Les papes commencèrent à frapper la monnaie au VIIIe siècle ; cependant, aucune pièce papale ne fut émise entre 1049 et 1362.

matérielles nous informent de la relation entre l'inscription et la chose inscrite — entre l'ombre et la substance. Et donc, ainsi que j'aimerais en parler une autre fois, cette étude nous informe également de la représentation et des valeurs esthétiques à l'âge de l'électricité.

Bibliographie

ANDRÄE Clemens-August, « Mögliche Zusammenhänge zwischen der Entwicklung des Geldwesens und der Erkenntnissen der Konzeptkunst », *in* HARTEN Jürgen et KURNITZKY Horst, *Museum des Geldes : Über die seltsame Natur des Geldes in Kunst, Wissenschaft, und Leben*, 2 vol., Stadtische Kunsthalle Düsseldorf und Kunstverein für Rheinlande und Westfalen, Düsseldorf, 1978, vol. 1.

L'Assiette au beurre, n° 8, 11 octobre 1902, illustrations d'Emmanuel Barcet.

ATHANASIUS OF ALEXANDRIA, *Oratio III contra Arianos*, PG 94.

Auslegung und Bescreibung der Anathomy oder warhafften abcontersetung eines inwendigen corpers des Manns und Weibs, Strasbourg, 1539.

Babylonian Talmud, éd. I, Epstein, Londres, 1935-1948.

BENJAMIN Walther, *Einbahnstrasse,* Berlin, 1928.

BLACKMAN Am., *Journal of Egyptian Archaeology*, volume 10 (1924), volume 11 (1925), volume 12 (1926), volume 21 (1935), volume 27 (1941).

BLUMENKRANZ Bernhard, *Le Juif médiéval au miroir de l'art chrétien*, Paris, 1966.

Bulletin of American Numismatic and Archaeological Societies, Boston, 12.1, juillet 1887.

BUTLER James Davie, *Notes and Queries*, 7e séries, vol. 5 (1888).

Catholic Encyclopaedia, 16 vol., New York, 1967.

DIDRON M., *Christian Iconography : or, the History of Christian Art in the Middle Ages*, trad. E.J. Millington, Londres, 1851.

DUCHAMP Marcel, *The Complete Works of Marcel Duchamp*, éd. Arturo Schwarz, New York, 1969.

FREEDBERG David, *The Power of Images: Studies in the History and Theory of Response*, Chicago, 1989.
FRIEDLÄNDER Max. J., *On Art and Connoisseurship*, trad. et intr. Tancred Borenius, Boston, 1960.
GAUTIER Marie-Madeleine, *Highways of the Faith: Relics and Reliquaries from Jerusalem to Compostela*, trad. J.A. Underwood, Secaucus, N.J., 1986.
GRABAR Oleg, *The Formation of Islamic Art*, New Haven, 1973.
HEIDEGGER Martin, « On the Occasion of the Inauguration of a Monument at Kreenheinstetten, August, 15, 1910 », *Allgemeine Rundschau*. — *Sein und Zeit*, Halle, 1929. — *Vom Wesen der Wahrheit*, Francfort, 1967.
HESS Moses, *Philosophischen und sozialistischen Schriften: 1837-1850*, éd. Auguste Cornu et Wolfgang Monke, Berlin, 1961.
HUDSON H.R., *The Epigram in the English Renaissance,* Princeton, 1947.
JOHN OF DAMASCUS, *Orationes tres adversus eos qui sacras imagines abjiciunt*, PG 94, 1227-1598. — *De imaginibus orationes*, PG 94, 1-3, 1231-1420.
JOHN OF JERASULEM, *Against Constantine V*, PG 95.
KRUCKE Adolf, *Der Nimbus Und Verwandte Attribute in der Frühchristlichen Kunst*, Strasbourg, 1905.
LADNER G.B., « The Concept of the Image in Greek Fathers and the Byzantine Iconoclastic Controversy », *Dumbarton Oaks Papers* 7, 1953, 3-33.
LAQUEUR Thomas, *Making Sex: Body and Gender from the Greeks to Freud*, Cambridge, Mass., 1990.
LAUM Bernard, *Heiliges Geld*, Tübingen, 1924.
LESSING G.E., *Zerstreute Anmerkungen über das Epigram, in Gesammelte Werke*, Berlin, 1968.
LOPEZ R.S., « The Dollar of the Middle Ages », *Journal of Economic History* 11, 1951, 209-234.
MALRAUX André, *La Monnaie de l'absolu*, 3 vol., Genève, 1947-1950.
MARTIN Edward James, *A History of the Iconoclastic Controversy*, New York, 1930.
MENDELSOHN Moses, *Jerusalem and Other Jewish Writings*, trad. Alfred Jospe, New York, 1969.

MINTON John, *John Law: The Father of Paper Money*, New York, 1975.

MUSCALUS John A., « The Extensive use of Christ on Paper Money Circulated in the United States », Bridgeport, Penn., 1968.

PELIKAN Jaroslav, *Imago Dei : The Byzantine Apologia for Icons*, The A.W. Mellon Lectures Series in the Fine Arts, 1987, Bollingen Series (XXXV 36), Princeton, 1990.

SHELL Marc, *Money, Language and Thought : Literary and Philosophical Economies from the Medieval to the Modern Era*, Berkeley et Los Angeles, 1982. — *The Economy of Literature*, Baltimore, 1978. — « "What is Truth ?" : Lessing's Numismatics and Heidegger's Alchemy », *MLN [Modern Language Notes]*, 92.3, avril, 1977, 549-570.

SNOWDEN James Ross, *The Coins of the Bible and Its Money Terms*, Philadelphie, 1864.

TERTULLIAN, *De idolatria*, PL 1, 661-696.

THOMAS D'AQUIN, *Tractatus de regimine principum, in Opera omnia*, éd. St. E. Frette et P. Mare, 34 vol., Paris, 1871-1880.

VEIT Ludwig, *Das Liebe Geld : Zwei Jahrtausende Geld- und münzgeschichte*, Munich, 1969.

Vitae Nicetae, in Acta Sanctorum, 67 vol., Bruxelles, 1863.

WEITZMANN Kurt, *The Icon : Holy Images - Sixth to Fourteenth Century*, New York, 1978.

WELLS David A., *Robinson Crusoe's Money ; or the Remarkable Financial Fortunes and Misfortunes of a Remote Island Community*, illus. Thomas Nast, New York, 1876 ; New York, 1931.

WOODSIDE William W., *Communion Tokens - A Bibliography*, « Pamphlet. Signed at the Carnegie Museum in Pittsburgh in December 1958 ».

Planche 1. — Martini SIMONE (1284-1344), *Annunciazione e due santi*, Galerie des Offices, Florence.

Planche 2. — Manuscrit enluminé, Xe siècle, Cosmas der Bibl. Vat. (Merodach).

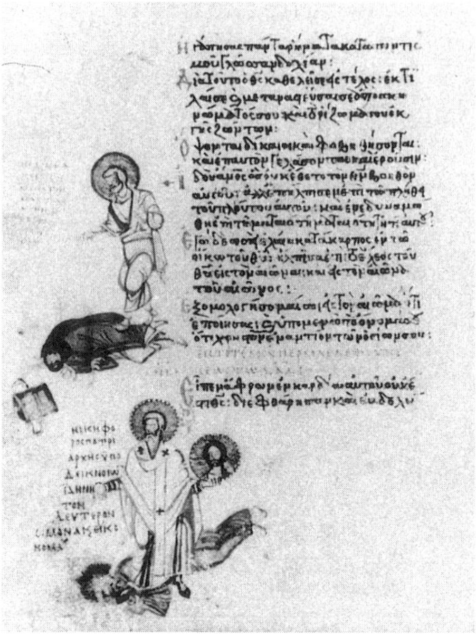

Planche 3. — Manuscrit enluminé, psautier Chludov, Fol. 67 r., IXe siècle, Musée historique d'État, Moscou. Photo : D. Wright, Courtauld Institute.

Planche 4. — Dessin, *Le Démon de l'argent*, France, 1680, BN.

Planche 5. — Paolo UCCELLO, *La Profanation de l'hostie*, 1467-1468, Galerie nationale des Marches, Urbino.

Planche 6. — Jeton de communion, *Bulletin des études numismatiques et archéologiques américaines*, 1887.

Planche 7. — Jeton de communion, *Bulletin des études numismatiques et archéologiques américaines*, 1887.

Planche 8. — Thomas NAST, *Milk Tickets for Babies, in Place of Milk*, 1876. Extrait de WELLS, *Robinson Crusoe's Money*.

Planche 9. — René MAGRITTE, *Ceci n'est pas une pipe*, 1926. Collection privée. Photo, avec l'aimable autorisation de Draeger, maître imprimeur.

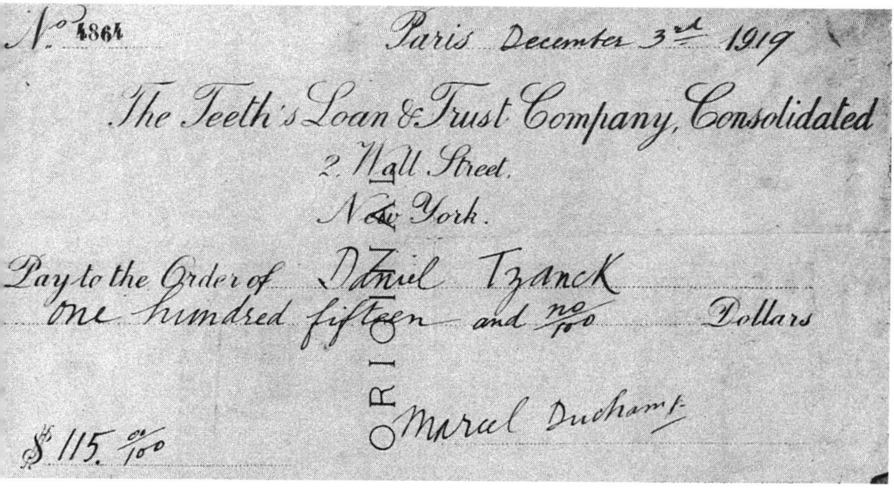

Planche 10. — Marcel DUCHAMP, *Tzanck Chèque*, 1919, *Œuvres complètes,* 262/3.

Planche 11. — Miniature. Détail aus eineim Tafelgemälde mit der « Gregoriusmesse » : *Der Leidende Christus erscheint dem heiligen Gregorius bei der Messfeir*, Nuremberg, seconde moitié du XVe siècle.

Planche 12. — Miniature, *Jésus chasse les marchands du temple*, environ an 1000.

Planche 13. — Denier, de l'époque de Tibère (14-37 après J.-C.), Société américaine de numismatique.

Planche 14. — Solidus d'or, frappé sous le règne de Justinien II (669-711 après J.-C.), Société américaine de numismatique.

Planche 15. — Thomas NAST, *A Shadow is not a Substance*, 1876.
Extrait de WELLS, *Robinson Crusoe's Money*.

Planche 16. — Victor DUBREUIL, *The Cross of Gold*, env. 1896.
Huile sur toile. 14 x 12 inches.

Débat

Un auditeur. — Jean-Louis Vieillard-Baron a insisté sur le lien profond qu'entretient la pensée de Simmel avec la modernité. Je voudrais lui demander si la pertinence des analyses de Simmel demeure la même pour ce qu'on dénomme la post-modernité, si toutefois il accepte la distinction entre modernité et post-modernité.

Jean-Louis Vieillard-Baron. — Pour vous répondre, il faudrait que je parvienne à savoir ce que désigne exactement le terme de « post-moderne ». Or, je ne suis pas encore parvenu à saisir en quoi cette notion apporte quelque chose d'enrichissant pour les analyses qui nous préoccupent. Si l'on décide d'appeler « post-moderne », par convention, l'époque où nous sommes, alors je serais, comme vous-même, et comme nous tous, post-moderne. Ceux qui sont nés après la Seconde Guerre mondiale, ont été élevés durant les « trente glorieuses » et connaissent aujourd'hui la crise seraient plus particulièrement post-modernes...

Est-ce pour autant un concept ? Je ne le crois pas. Seule, à mes yeux, la modernité est un concept. C'est évidemment un concept relatif, qui ne renvoie à aucune valeur substantielle absolue. On est toujours moderne par rapport à quelque chose. En ce sens, Platon est moderne par rapport aux présocratiques. La seule modernité est celle à laquelle on appartient. Et les caractères de la modernité sont toujours ceux que Baudelaire lui attribuait : l'éphémère, la précarité, etc. Ils n'ont pas subi de modification radicale.

Dans l'architecture contemporaine, ce terme de post-modernité a pris une valeur d'emblème, mais il ne me paraît pas contenir d'éléments qui permettent d'enrichir notablement nos analyses de la situation actuelle, c'est-à-dire de notre modernité. Je vous répondrai donc que c'est justement parce que cette distinction entre modernité et post-modernité est à mes yeux sans pertinence que demeure la relation de la pensée de Simmel à notre présent.

Mark C. Taylor. — Seulement quelques phrases, pour dire qu'à mes yeux, au contraire, c'est autour de cette question de la relation entre post-modernité et modernité que se sont menés aux États-Unis, ces dernières années, les travaux les plus intéressants et les plus importants. Née dans le domaine de l'architecture, la notion de post-modernité s'est étendue et à fini par jouer en Amérique un rôle critique capital dans le domaine de la peinture ou de la photographie aussi bien que dans celui de la discussion philosophique, à partir notamment de l'appropriation des travaux de plusieurs théoriciens français, notamment ceux de Derrida, et, d'une manière différente, ceux de Baudrillard et de Foucault.

Si je tiens à signaler ce point, c'est que la réflexion sur la post-modernité s'est développée à partir d'une critique de la modernité qui interroge et met en cause les couples de concepts sur lesquels, précisément, se fondent des analyses comme celles développées aujourd'hui ici même par Michel Henry et Jean-Louis Vieillard-Baron. Par exemple, l'opposition entre objectivité et subjectivité, entre un moyen d'échange et ce que ce moyen d'échange représente, ou entre surface et profondeur. La mise en question de ces oppositions, et l'émergence, par là même, d'une pensée différente de celle de la modernité sont au cœur des débats américains d'aujourd'hui.

Roger-Pol Droit. — Sans entrer ici dans une discussion qui pourrait se poursuivre des heures, je tiens à souligner au passage combien la divergence entre les réponses de Jean-Louis Vieillard-Baron et de Mark C. Taylor est révélatrice des différences de jugement, sur cette question de la post-modernité, en France et États-Unis.

Un auditeur. — La lecture de Marx que propose Michel Henry entre en contradiction avec tout ce que le marxisme nous a appris de Marx. La place accordée à la politique et à l'action politique est, en particulier, tout à fait différente. Je souhaite donc lui demander comment s'explique cet écart, et même cet antagonisme, entre Marx et le marxisme.

Michel Henry. — C'est là une vaste, et double, question. En ce qui concerne l'opposition de Marx et du marxisme, elle s'explique historiquement, comme je l'ai montré en 1976, par le fait que les fondateurs du marxisme ignoraient les écrits fondamentaux de Marx. Ses textes les plus philosophiques, comme la *Critique de* l'*État hégélien*, les *Grundrisse*, et *L'Idéologie allemande*, ne sont en effet retrouvés dans les archives du Parti social-démocrate allemand qu'entre 1927 et 1933, à une époque où le marxisme s'était depuis longtemps constitué comme doctrine d'État. Marx n'avait pas renoncé à publier *L'Idéologie allemande* parce qu'il estimait que ce texte était devenu faux, comme l'ont cru les structuralistes, mais parce que les éditeurs l'avaient refusé, le jugeant à la fois trop difficile et trop polémique. La doctrine marxiste s'est donc constituée dans l'ignorance philosophique de Marx, en se fondant principalement sur le texte, bref et navrant, publié par Engels après la mort de Marx, *Ludwig Feuerbach et la fin de la philosophie classique allemande.*

Je ne prendrai qu'un exemple de l'opposition radicale entre le contenu de la pensée de Marx et le marxisme. Une des thèses principales du marxisme est que seules comptent la société ou la classe, et non pas l'individu. Or, dans la *Gazette rhénane*, dès 1843 ou 1844, Marx attaque les positions des « nouveaux socialistes » qui affirment que si tel individu est méchant, c'est que la société est mauvaise. Il se moque ouvertement de cette conception selon laquelle l'environnement socioculturel serait la cause, et le comportement individuel, la conséquence. De même, dans sa critique de Proudhon, Marx réfute par avance toutes les thèses sociologiques en attaquant très fortement l'idée que la société suivrait des lois différentes de l'individu. Pour Marx, les lois de fonctionnement de la société ne peuvent pas être radicalement différentes de celles de la vie de l'individu. Si toute société produit et consomme, c'est parce que l'individu vivant se comporte ainsi.

L'autre versant de votre question touche à la politique. Le marxisme a, vis-à-vis de l'action politique, une attitude double et contradictoire. D'une part, la politique se trouve dévalorisée, car elle appartient seulement à la « superstructure », alors que seul compte vraiment le soubassement économique. Cette première attitude, qui se trouve déjà chez Marx, entre en contradiction chez les marxistes avec une valorisation de la vie politique et de l'action politique sous la direction du parti, qui sont présentées à des hommes perdus comme le moyen moderne de donner un sens à leur vie, et de se dépasser eux-mêmes au sein d'une nouvelle religion.

Cette contradiction n'existe pas chez Marx. Dans la *Critique de l'État hégélien*, son premier grand texte, il tente de montrer que l'État est l'effet et non la cause, le produit et non l'élément producteur de l'organisation sociale. Marx ne demande pas la solution à une action ni à un régime politiques, mais à une modification économique et infra-économique de la société, qui permettra, grâce à une société de surabondance, à chacun d'être lui-même. Il est clair que l'opposition de Marx et du marxisme touche jusqu'aux points les plus fondamentaux de la théorie et de la pratique.

Un auditeur. — M. Michel Henry, peut-on faire un lien entre ce que vous avez nommé le « déclin de l'argent », en tant que moyen d'échange du travail vivant, dans l'économie et la société modernes et, par ailleurs, l'extension du mode de pensée scientifique depuis l'âge classique ?

Michel Henry. — Oui, et il existe même, à mes yeux, un lien tout à fait étroit. A partir de Galilée et de Descartes se développe, en effet, un type de savoir extrêmement nouveau, qui tend à remplacer les modes de savoirs traditionnels de l'humanité. La culture traditionnelle constituait l'ensemble des réponses que s'apportait à elle-même, à travers de grandes œuvres, la vie souffrante, angoissée, ayant faim ou froid, ayant peur de la mort et pleurant ses morts, etc. Le nouveau savoir et son objectivité vont exclure cette vie pathétique du domaine de la science et donner naissance à un monde nouveau.

Lorsqu'on suit l'analyse que donne Marx du monde économique, on s'aperçoit qu'il y a un parallèle tout à fait saisissant entre ce qu'il constate et la démarche scientifique moderne symbolisée par Galilée, laissant de côté les passions, désirs et émotions au profit des seules données calculables de la réalité physique. Marx constate en effet, sans valoriser ce phénomène, tout au contraire, que les éléments objectifs du procès de production se développent de façon fantastique, alors que la part du travail vivant diminue, donc la part de l'argent qui représente ce travail vivant.

Sur les deux versants, il s'agit donc bien d'un même monde, où les dispositifs objectifs ont seuls droit de cité et où la subjectivité humaine a été mise entre parenthèses.

Une auditrice. — Vous prétendez restituer la pensée de Marx, mais vous la transposez dans un langage phénoménologique qui lui est étranger. Comment justifiez-vous cette transposition, qui pourrait être considérée comme une trahison ?

Michel Henry. — Vous me demandez donc à quel titre je m'autorise à faire parler à Marx un langage qui n'est pas historiquement le sien. Je vous avouerai que cela ne me paraît pas un grave problème. Je pense, en effet, que le langage n'a pas une grande importance, et que seule compte la réalité à laquelle il se réfère. Tous les grands philosophes ont d'ailleurs bien compris que, lorsqu'ils en viennent à leur intuition essentielle, le langage adéquat leur fait défaut.

La violence, d'ailleurs toute relative, introduite par ma façon de rendre compte de l'intuition de Marx en usant d'un autre langage que lui n'a rien, à mes yeux, d'une falsification. Marx dit en effet explicitement que les individus vivants sont la base de la société et de l'histoire. Il dit que ces individus sont subjectifs, absolument singuliers, et différents les uns des autres. Et il emploie de telles expressions dans ses analyses économiques, aussi bien qu'ailleurs. Il me semble donc, bien que vos craintes demeurent légitimes, qu'on se trouve autorisé à effectuer le genre de transposition que je pratique.

Martin Gorin (EHESS, laboratoire de psychologie sociale). — J'aimerais savoir pourquoi Jean-Louis Vieillard-Baron n'a pas mentionné le thème du sacrifice chez Simmel, qui constitue l'un des principaux fils directeurs de son analyse. Au-delà de Simmel, je souhaiterais savoir comment les intervenants envisagent la notion de sacrifice dans leur analyse de l'argent.

Jean-Louis Vieillard-Baron. — On peut sans doute tenter de présenter la pensée de Simmel en suivant dans son texte ce fil directeur du sacrifice. Si je ne l'ai pas fait, et si je n'ai même pas utilisé le terme, c'est que la notion de sacrifice introduit une problématique extraordinairement féconde, mais qui tend à partir dans de multiples directions et devient vite difficile à maîtriser. On peut évidemment soutenir, par exemple, que tout échange est sacrificiel. Mais il s'agit d'un sacrifice symbolique, dont il va falloir déterminer la nature et les limites si l'on veut éviter de projeter et d'étendre abusivement la notion. La pensée de Simmel était animée par un effort de rigueur qui la fait participer plutôt à ce qu'annonce la société moderne qu'à ce qu'elle retient du passé, j'ai préféré évoquer ce qu'elle peut avoir pour nous de désacralisant.

Mark C. Taylor. — En faisant référence à la notion de sacrifice, je tente d'approcher la relation compliquée entre ce qu'on peut appeler, en de multiples sens, le réel, et l'image, ainsi que l'imaginaire. Il y a, me semble-t-il, une relation historique entre l'émergence de la monnaie et de l'image et le sacrifice réel. De même, il existe aujourd'hui une certaine forme de sacrifice du réel, si l'on peut dire, au profit du simulacre. C'est par ce biais, je pense, que peut se comprendre la relation du philosophique, du culturel et du théologique. L'idée de la « mort de Dieu », que ce soit chez Hegel ou chez Nietzsche, peut en effet servir à comprendre cette forme de développement culturel dans laquelle disparaît toute idée d'une référence extérieure sur laquelle serait fondé le système de signes.

Il me semble donc, pour vous répondre aussi brièvement que possible, que le sacrifice, ou la « mort de Dieu », peut nous aider à approcher le phénomène qui vide le réel de sa substance au profit du culturel, lequel culturel se réduit à une image. Le sacrifice ultime, en un sens, c'est le réel qui devient une image et l'image qui devient réalité. Cette idée d'un effondrement de l'opposition entre le réel et l'image me semble être au cœur de la culture contemporaine. Elle demande encore à être pensée.

Mais, déjà, en ce qui concerne l'argent, il apparaît qu'il est en train de devenir une image et que son existence, même dans le domaine économique, se réduit désormais à des reflets électroniques. A mes yeux, il y a bien là une économie du sacrifice, qui est une économie spéculative. Et ce dernier terme, en anglais comme en français, se dit en plusieurs sens.

Marc Shell. — Je suis très sensible à votre question, car une bonne partie de mon travail, et même de celui que j'ai présenté ici, peut s'entendre comme une critique plus ou moins directe de la pensée de Simmel sur ce point. Tandis que Simmel met l'accent sur la distinction entre les sphères religieuse et profane, ou bien divine et humaine, mon propos, à l'inverse, est de mettre en lumière leur similitude, voire leur identité absolue.

Dans une perspective anthropologique plus large, il me semble qu'il faudrait se demander si la pertinence de la notion de sacrifice pour l'approche de la question de l'argent ne vaut que dans une culture chrétienne ou bien si le sacrifice trouve aussi à s'exprimer, et de quelle manière, dans d'autres cultures. Mais il va de soi que cette comparaison des différentes façons dont le langage du sacrifice peut trouver à s'exprimer exigerait beaucoup de temps. Et nous devons sacrifier à présent ces considérations au profit de la brièveté.

TABLE RONDE
L'ARGENT PUBLIC

Christophe Guettier, Géraud Guibert, Bernard Maris, Vinh Nguyen Quoc

Roger-Pol Droit. — Premier thème de réflexion : quels rapports entre argent et démocratie ? Second thème : doit-on opposer secteur public et secteur privé ?

Bernard Maris. — Argent et démocratie, service public et marché sont des couples qui s'entendent plutôt bien. La démocratie et l'argent font bon ménage, au bon sens du terme et, aujourd'hui, il n'y a pas vraiment d'opposition entre le public et le privé, comme on veut trop souvent le laisser croire.

La démocratie et l'argent, d'abord. De nombreux penseurs « réactionnaires » ont essayé de faire croire qu'il existe une relation malsaine entre les deux, la démocratie impliquerait la vénalité et la corruption. Vous connaissez le tristement célèbre slogan à propos des représentants du peuple : « Députés, tous pourris. »

Tocqueville, par exemple, établit une équation entre démocratie et argent, que l'on retrouve plus près de nous également chez Pareto. Les élites et l'argent, dans la démocratie, possèdent en effet une qualité éminente : ils circulent. La démocratie est le seul système où il y a à la fois circulation de l'argent et circulation des élites. Selon Tocqueville, dans la démocratie, naît la passion de l'argent, car chacun, à tout moment, a la passion de s'enrichir et a la possibilité de s'enrichir effectivement. Contrairement à l'artistocratie, où l'on a seulement le goût du pouvoir, puisque la fortune est déjà possédée quand on accède au pouvoir, il est clair que les représentants du peuple, dans une démocratie, vont avoir fâcheusement tendance à profiter de leur passage au pouvoir pour constituer leur fortune. Tocqueville prédisait l'apparition de sociétés très instables — c'est la qualité des sociétés démocratiques — où les fortunes changeront de mains, se feront et se déferont.

Je voudrais critiquer cette thèse qui, à mon avis, est fausse. En effet, dans un système démocratique, on ne verra jamais légitimée la fortune acquise par un représentant du peuple. Au contraire, dans l'Ancien Régime, faire fortune en participant au pouvoir politique était légitime. Que l'on songe, par exemple, à la fortune colossale acquise par Sully, à la fortune de Richelieu, à celle de Colbert, à la rafle énorme de Loménie de Brienne lorsqu'il quitte le pouvoir à la veille de la Révolution. L'enrichissement au pouvoir avait, dans l'Ancien Régime, une légitimité qu'il a perdue dans la démocratie.

Et pourquoi ? Très curieusement, on trouve la réponse chez Tocqueville lui-même, qui affirme : « La démocratie, c'est un phénomène providentiel. Vouloir lutter contre la démocratie, c'est vouloir — ce sont ses propres termes — lutter contre Dieu lui-même. » Il voyait donc le phénomène démocratique comme un mouvement inéluctable, presque fatal vers l'égalité. Or, à partir du moment où, dans une démocratie, il y a une véritable égalité ou une égalité des chances, il est clair que la question de l'enrichissement et de la corruption disparaît d'elle-même.

La question que j'aurais envie de poser n'est donc pas : « Pourquoi la démocratie est-elle corrompue ? », mais plutôt : « Pourquoi la démocratie est-elle si peu corrompue ? » Dans un pays comme la France, qui est devenu très égalitaire, contrairement à une idée reçue, la démocratie est en fin de compte relativement peu corrompue. Un des critères du mauvais fonctionnement d'une société démocratique, c'est l'existence de la corruption. Songez aux pays de l'Est qui commencent leur tradition démocratique, et où la vraie question aujourd'hui est l'existence de la mafia, d'un système de quotas, d'interdictions, de marché noir, c'est-à-dire de fonctionnement non démocratique. Songez à cette phrase d'Octavio Paz disant que le critère du sous-développement, c'est l'existence de la corruption.

Second point, le couple privé-public. Je crois que leur opposition a perdu sa pertinence. Car, dans un pays comme la France, la sphère publique et la sphère privée ont crû de conserve. En 1914, l'État en France captait environ 10 % du produit national. En 1983, le jour où M. Mitterrand déclare à la télévision qu'il faut cesser d'alourdir les prélèvements obligatoires en France, il capte environ 50 % du produit national. La fausse comparaison consisterait à dire que la sphère publique est cinq fois plus étendue en 1983 qu'en 1914. Je pense que c'est complètement faux, car la sphère privée a crû en même temps que la sphère publique. Le système de la société française de 1914, qui était une société paysanne repliée sur elle-même, avec un vaste domaine qui échappait complètement aux lois du marché, est devenu, au contraire, un système qui s'est complètement mercantilisé jusqu'à aujourd'hui. De sorte que l'existence d'un fort secteur public n'est pas la preuve de l'inexistence d'un marché qui serait brimé ou d'une société privée qui serait amoindrie.

Ensuite, le public et le privé font bon ménage parce que le public aujourd'hui se privatise et parce que le privé se publicise, si vous me permettez le terme. Ce phénomène va également dans le sens de cette égalité qu'avait pressentie Tocqueville. Je suis convaincu que, dans nos sociétés, on fera de moins en moins la distinction de la forme juridique des entreprises dans le secteur public. Ce qui veut dire que le secteur public adoptera de plus en plus des critères du privé. Songez à cette phrase de Michel Rocard : « Il faut que les usagers du secteur public cessent d'être des usagers et deviennent des clients. » Indiscutablement, les critères du marché sont en train de s'emparer du secteur public.

Mais, *a contrario*, il faut bien comprendre que, d'une certaine manière, le privé se publicise. Je donnerai deux exemples. Il est indiscutable qu'aujourd'hui tout ce qui concerne les technologies de pointe, la recherche et le développement, tout ce qui est en amont de l'industrie, quel que soit le pays — songez aux États-Unis, où la recherche est tirée par le financement public —, tout ce type de dépenses est l'affaire du secteur public.

Par ailleurs, le grand domaine d'avenir dans lequel on devrait très vite s'apercevoir que le secteur privé va avoir affaire au collectif ou au public, c'est évidemment l'écologie, où la prise de décision ne peut être que collective.

Christophe Guettier. — La démocratie présentée comme une valeur n'a pas de « prix ». Elle est hors commerce. En revanche, la démocratie en tant que formule de gouvernement entretient d'étroites relations avec l'argent, puisque la compétition électorale, inhérente à la théorie du gouvernement démocratique, nécessite, entre autres, toute une logistique qui, elle, se développe dans le cadre du marché des choses, c'est-à-dire dans un processus d'achat et de vente avec l'intermédiation de l'argent.

Ces relations sont toutefois très contrastées. Tantôt, la démocratie rejette l'argent comme instrument de sélection de l'élite au pouvoir. Sous cet aspect, la lutte pour la démocratie se confond avec la lutte en faveur du suffrage universel et de l'abolition du suffrage censitaire. Tantôt, la démocratie recourt à ce même argent comme instrument d'émancipation. Ainsi, par exemple, en corrélation avec la proclamation du suffrage universel, l'indemnité parlementaire a été instituée en 1848, en France, afin que des citoyens appartenant aux classes les moins favorisées de la nation soient susceptibles d'être élus.

Or, plus la souveraineté devient effectivement populaire, plus s'intensifie la vie politique du pays. Et pour conquérir un électorat de plus en plus important et hétérogène, les formations politiques doivent utiliser des technologies de plus en plus modernes (mailings ; messages téléphonés...) qui, loin de sécréter des économies, constituent des dépenses supplémentaires s'ajoutant aux formes de campagne électorale plus classiques. Le coût de ces campagnes s'en ressent. Ainsi, par exemple, coût officiel de la campagne présidentielle en 1988 : F. Mitterrand : 99 millions de francs ; J. Chirac : 95 millions de francs. A ce compte, sont exclues toutes les candidatures individuelles de personnes sans fortune ou sans parti.

Aussi, il est clair que la démocratie a un prix. Et ce prix est élevé. Ce qui remet d'ailleurs en cause le mythe de la gratuité des services assurant le fonctionnement de la société politique. Elle aussi doit emprunter les circuits de l'argent. Et les chiffres avancés interpellent. Car, pendant longtemps, on a « immatérialisé » ce prix de la démocratie en le rattachant au débat démocratique, à la diffusion des idées et au choix des citoyens. Désormais, il s'agit de savoir si la démocratie vaut n'importe quel prix, alors qu'elle risque de plus en plus de perdre son âme dans le secret des financements obscurs.

Il y a, d'un côté, l'argent qui libère. Mais il y a aussi, d'un autre côté, l'argent qui corrompt. Jusqu'à quel point l'argent libère-t-il ? A partir de quand risque-t-il de corrompre ? Et quelle part d'encadrement juridique convient-il de consacrer à ce type de problème ? Autant de questions à résoudre si l'on veut donner aux institutions démocratiques le crédit nécessaire qui garantisse effectivement l'obéissance civile.

Pour l'heure, et dans le cadre de ce bref exposé, on se contentera de faire ici trois remarques sur le couple argent et démocratie :

— *a priori*, la démocratie ne pense pas l'argent ;

— lorsque la démocratie pense l'argent, l'approche est partiale et partielle ;

— la situation s'explique par l'existence de contradictions fondamentales.

Ce sont des scandales financiers à répétition, éclaboussant la classe politique, qui entraînent un effort de réglementation, c'est-à-dire d'encadrement juridique. Ce qui explique pourquoi la question des rapports de l'argent et de la démocratie est initialement abordée dans le seul cadre de la répression pénale de la corruption.

Exemples : *Corrupt Practices Prevention Act*, en Grande-Bretagne, 1854 ; en France, loi du 31 mars 1914 ; aux États-Unis, *Federal Corrupt Practices Act*, 1925...

En revanche, il n'y a pas d'approche globale de ce problème dans le cadre d'une démocratie naissante ou même en voie d'approfondissement. Cela participe sans doute d'une certaine vision angélique de la démocratie, à savoir : le peuple étant souverain et donc parfait, la question du vice corrupteur est évacuée d'entrée de jeu. Autrement dit, le principe selon lequel on ne pense pas à mal en démocratie est érigé en véritable postulat de départ.

En conséquence, on tente de contrôler les dérapages après coup. De là, une approche pathologique et non pas physiologique des rapports entre l'argent et la démocratie. On ne dit pas ce qui devrait être normal. On statue seulement sur l'anormal.

On peut relever deux causes profondes de cet état de fait. Tout d'abord, il est clair qu'en démocratie la classe politique ne veut pas intervenir *a priori*.

Il est topique ici de constater que la France n'a toujours pas su se doter d'un statut des élus (statut en cours d'élaboration actuellement, mais après dix années d'hésitation !). Certes, on comprend qu'au cours du XIXe siècle les démocraties occidentales n'aient pas abordé la question, dans la mesure où le consensus national était encore fragile — comme l'illustrent, notamment, la guerre de Sécession aux États-Unis, ou encore l'instabilité des régimes en France pendant cette période. Depuis, les principes démocratiques ont fini par s'enraciner durablement et faire naître une véritable tradition (cf. la tradition républicaine en France depuis la IIIe République). Or, malgré cette confirmation de l'idéal démocratique, le développement de l'État de droit s'est comme arrêté à la porte de la classe politique. En fait, toute forme étant une limite, toute réglementation crée des contraintes. Or, le pouvoir politique a, par nature, horreur de s'enfermer dans un réseau de règles coercitives (cf. la difficulté, en France, pour assujettir les gouvernants au respect d'une Constitution). En conséquence, étant juge et partie, la classe politique ne pense pas *a priori* la relation argent et démocratie. Pour ne pas se lier, elle n'édicte aucune réglementation préventive. De la sorte, c'est le « système de la débrouille » qui règne en maître.

Ensuite, sur un plan plus historique, il a été posé comme

principe que l'État ne devait pas intervenir *a priori* pour réglementer les rapports argent et démocratie. Effectivement, dès l'origine, cette intervention de l'État a été considérée comme illégitime. Situation qui s'explique par le fait que le modèle démocratique est d'abord d'inspiration libérale. L'État — c'est-à-dire la puissance publique — n'a pas à intervenir dans le domaine des libertés publiques, si ce n'est (cf. article 5 de la *Déclaration de droits de l'homme et du citoyen* du 26 août 1789) pour interdire les actions nuisibles à la société. En conséquence, cet État minimal (ici, le législateur) n'est pas autorisé à édicter un quelconque statut général des partis politiques puisque, à la base de ces partis, il y a la liberté d'association et la liberté d'expression. Voilà autant de raisons qui expliquent pourquoi le problème du financement de la vie politique est, pour l'essentiel, ignoré du droit positif — à l'exception des aspects « pathologiques » soulignés plus haut. D'autant plus que le peuple étant souverain en démocratie, l'argent reçu des militants est, par nature, « propre », légitime.

Là encore, le problème est évacué d'entrée de jeu : *la démocratie ne pense pas* a priori *l'argent*. Et lorsqu'elle vient à penser l'argent, il est clair qu'alors le traitement est insuffisant — précisément parce que l'approche est partiale et partielle.

La liberté, qui, hier, interdisait l'intervention de l'État, ne justifie-t-elle pas une telle intervention dès lors que le coût d'une campagne électorale écarte tel ou tel candidat ? La compétition est-elle encore libre, dans ces conditions ?

Il est curieux de constater que, bien que le caractère constitutionnel des fonctions assumées par les partis politiques ait été reconnu par la plupart des Constitutions démocratiques du XXe siècle, le traitement des rapports argent-démocratie est resté inachevé.

C'est un point faible des démocraties pluralistes. Aussi, les dépenses de fonctionnement des appareils politiques et des campagnes électorales augmentent de façon exponentielle, la situation devient de moins en moins maîtrisable. Les cas de fraude se multiplient pour trouver massivement de l'argent.

Face à cet état de fait, l'approche du problème est cependant restée *partiale* et *partielle.*

D'abord, la réglementation concerne souvent plutôt les autres que soi-même. Effectivement, les partis au gouvernement ne chercheront guère à établir une stricte égalité et surtout ne feront rien pour faire disparaître un certain nombre de privilèges.

Par exemple, les fonds secrets, dont une partie bénéficie au parti au pouvoir (ils sont rattachés aux services du Premier ministre, services généraux). En 1990, ils s'élevaient à 45,6 millions de francs ; de plus, les municipalités fournissent une aide indirecte au parti politique dominant (personnels, locaux, équipements, moyens de transport...). Tout cela reste dans l'ombre.

Par ailleurs, aucune réglementation n'est vraiment neutre. En effet, en ce qui concerne, par exemple, le financement public, la sélection des bénéficiaires par référence à des critères comme le nombre de suffrages obtenus ou le nombre de sièges gagnés, tout cela procède parfois d'une volonté d'empêcher le développement de formations concurrentes, tout en privilégiant une reproduction indéfinie du système de partis existant. Avec un risque de sclérose, à terme.

De même, le choix des différentes techniques de financement de la vie politique n'est pas neutre comme l'atteste, en Allemagne, l'attitude du législateur qui tente de reproduire dans la réglementation sur les partis politiques le modèle d'organisation de la société — composée d'institutions puissantes et très structurées (syndicats, Églises, associations...). Ce qui explique que les groupements politiques soient ainsi favorisés au détriment des candidats indépendants — avec le risque de priver la démocratie de toute la richesse des diversités individuelles.

Mais au-delà de ce manque d'objectivité, inhérent au caractère irréductiblement politique du phénomène, on constate aussi qu'aucune réglementation, à l'heure actuelle, n'envisage de façon exhaustive la question des rapports argent et démocratie. L'approche reste toujours partielle.

Œuvre partielle, car la plupart du temps réalisée « à chaud », sans le recul nécessaire pour appréhender sereinement la situation. Au fond, il s'agit pratiquement toujours d'accomplir une démarche expiatoire. La classe politique cherche alors à se déculpabiliser dans le cadre d'une thérapie de groupe.

La réglementation issue de cette tentative pour moraliser la vie politique est, dans l'ensemble, très fournie. Mais, si l'on compare d'un pays à l'autre les réglementations ainsi obtenues, on constate qu'il n'existe pas, en fait, de recette unique. Les formules de financement sont très variées, et les degrés de sujétion sont plus ou moins grands.

Et, en tout cas, l'expérience prouve qu'aucune des solutions retenues ne constitue à elle seule une recette idéale. Ainsi, par exemple, il est clair que la réglementation n'est qu'un faible rempart contre la vénalité de certains élus. De même, la transparence recherchée pour favoriser la crédibilité des partis et de la classe politique dans l'opinion publique est peu atteinte en raison, sans doute, de la grande discrétion sur la publicité du patrimoine des élus. Enfin, l'institution d'un financement public n'est conçue que comme un adjuvant pour libérer des sujétions néfastes. Mais il ne s'agit jamais de le substituer complètement au financement privé. Et même réglementées, ces deux sources de financement (public et privé) laissent toujours subsister certains circuits clandestins — comme l'atteste, entre autres, le mécanisme des fausses factures.

D'où un effet boomerang de cette réglementation publique censée assainir les rapports argent-démocratie : en effet, à terme, se développe un sentiment d'impopularité qui sert d'appui au discrédit pesant sur les institutions de la démocratie représentative (Parlement, partis politiques, administrations...).

Dans ces conditions, se pose la question de savoir si la démocratie est alors capable de résoudre le problème une bonne fois pour toutes. En fait, rien n'est moins sûr, car la démocratie fonctionne à partir de certaines *contradictions fondamentales*.

On peut en relever au moins deux. Tout d'abord, parce qu'elle vise à la fois à assurer l'égalité des chances tout en préservant une certaine liberté d'action, la réglementation ne parvient jamais à empêcher les dérives qui alimentent régulièrement la chronique politique. La démocratie est prise ici au piège des principes qui lui servent de fondements. Ils peuvent tout permettre et le contraire de tout. L'adoption de voies moyennes conduit inéluctablement à des solutions de compromis en demi-teinte : les astreintes sont timides et toujours contournables. Par exemple, le plafonnement des dépenses et des ressources illustre ce phénomène. Il s'impose si l'on ne veut pas rompre l'égalité entre les forces politiques en compétition. Mais il convient de le rendre compatible avec la liberté d'action des partis et l'indépendance de leur fonctionnement interne. Ce qui pose le problème du contrôle des comptes et des sanctions applicables (sanctions pécuniaires, électorales, pénales).

Ensuite, on relève que les progrès de la démocratie eux-mêmes ont des effets pervers. Ainsi, par exemple, les avancées de la démocratie locale aboutissent à donner plus de pouvoirs et donc de liberté aux élus locaux. Mais ces derniers, pour valoriser leurs actions, ont besoin de plus en plus d'argent. Pour trouver cet argent, ils sont parfois conduits à accomplir des détournements de pouvoir. Les interventions dans le domaine de l'urbanisme commercial sont bien connues. Mais il s'agit là d'un moyen parmi d'autres pour alimenter les caisses d'un parti.

Problème insoluble, en quelque sorte. On passe ainsi de la vis sans fin au vice infini.

Il est vrai que la démocratie est toujours une œuvre inachevée. En ce qui concerne ses rapports avec l'argent, on peut considérer que l'action d'encadrement juridique qui a été entreprise, loin d'être définitive, est vouée à se parfaire progressivement. Mais les failles que nous avons pu relever ne sont peut-être que la partie d'un tout. Et, de ce fait, le problème à régler est bien plus important qu'il n'y paraît.

Ainsi, par exemple, on peut se demander si le recours à la corruption — loin de se limiter d'ailleurs au milieu politique — n'est pas de plus en plus considéré dans la société comme un élément « normal » d'une négociation visant à enlever un marché. Que l'on songe, ici, à la procédure de création d'un hypermarché, dans le cadre de laquelle on évalue, en moyenne, à 10 % de l'investissement global les diverses commissions et autres avantages occultes qu'il est de bonne guerre de concéder...

Sans doute peut-on considérer que les phénomènes de l'économie de marché ont fait l'objet d'une insuffisante théorisation. Mais il y a aussi tout le problème de l'éthique des acteurs eux-mêmes. Certes, tout serait plus simple dans une démocratie de type socialiste où prévaut le système du parti unique. Le rôle dirigeant qui lui est attribué dans l'État justifie sa prise en charge intégrale par ce dernier. Mais voilà, le modèle s'effondre...

Tout reste donc à inventer, ou à réinventer.

Vinh Nguyen Quoc. — Le droit, et plus spécialement le droit public, suggère plusieurs pistes de réflexion à celui qui s'interroge sur la gestion de l'argent des services publics. On se pose généralement les questions suivantes, que l'actualité rappelle de temps à autre à l'opinion publique et à la classe politique : le service public doit-il être rentable ? Doit-il gagner de l'argent ? Ses comptes doivent-ils être équilibrés ? Quel est le sens des mots ici employés ? Les réponses sont le plus souvent l'expression de choix politiques et, c'en est la preuve, varient selon l'époque et la contrée, selon que l'on en parle à la maison ou au ministère, au gouvernement ou à la CEE. Car l'enjeu se déplace rapidement de la sphère financière vers celle du pouvoir et de l'exercice de la souveraineté.

Mais demeure une question fondamentale, en ce sens qu'elle se situe en amont des interrogations que je viens de citer : le service public doit-il être gratuit ou payant ? Pour y répondre, la science juridique a tantôt recours aux principes du droit public et tantôt se contente de solutions pragmatiques, qu'elle croit mieux adaptées aux circonstances de fait. Mythes et réalités se côtoient et interfèrent.

Certes, nul ne conteste que le service public coûte de l'argent, puisqu'il met en œuvre des moyens qu'il faut payer. Mais il s'agit de savoir si ce coût doit être supporté par l'utilisateur ou par le contribuable. Si la seconde réponse prévaut, l'usager peut avoir l'illusion de la gratuité. Et cette impression acquiert un début de véracité dès lors que l'usager ne se confond pas avec le contribuable, ce qui est fréquent : ainsi tout contribuable n'appelle pas la police à son secours aussi souvent qu'il paie l'impôt ; toute personne secourue par la police n'est pas nécessairement assujettie à l'impôt ; il n'y a aucune corrélation entre le coût de la protection policière d'un citoyen et le montant de l'impôt qu'il a versé.

Les partisans de la « gratuité » ainsi entendue des services publics ne manquent pas d'arguments.

1) Un principe classique de notre droit public est celui d'égalité des usagers d'un service public. Dans sa définition épurée, telle que systématisée au début de ce siècle par l'école de Bordeaux du service public[1], il suppose, entre autres implications, que le service public soit ouvert à tous. De là à prescrire la gratuité pour l'utilisateur, il n'y a qu'un pas. On le franchit allégrement si l'objet du service public concerne directement la vie humaine (protections et sauvetages, santé...) ou l'exercice des libertés jugées fondamentales (sauvegarde de la propriété, accès à la culture, à l'information, à l'enseignement...).

2) L'idéologie des maîtres bordelais y pousse d'autant mieux qu'on peut aujourd'hui invoquer à son appui des textes aussi chargés de symboles et de mythes que la *Déclaration des droits de l'homme* de 1789 et le *Préambule* de la Constitution de 1946. Depuis 1971, en effet, la jurisprudence du Conseil constitutionnel les a restaurés au sommet de notre ordre juridique national, sur le même pied que la Constitution de 1958 proprement dite[2]. Ainsi, l'article 13 de la *Déclaration* de 1789 dispose : « Pour l'entretien de la force publique, et pour les dépenses d'administration, une contribution commune est indispensable : elle doit être également répartie entre tous les citoyens, en raison de leurs facultés. »

1. Duguit, *Traité de droit constitutionnel*, 1re éd. 1911, réimpression, Cujas, 1974 ; Bonnard, *Précis de droit administratif*, 4e éd., LGDJ, 1943 ; Rolland, *Précis de droit administratif*, 10e éd., Dalloz, 1951.
2. Favoreu et Philip, *Les Grandes Décisions du Conseil constitutionnel*, 6e éd., Sirey, 1991.

On ne saurait mieux exprimer l'idée d'un financement des services publics par le contribuable. Le *Préambule* de la Constitution de 1946[3] garantit notamment à tous la protection de la santé, l'égal accès à la culture et à l'enseignement en précisant que l'organisation de l'enseignement gratuit à tous les degrés est un devoir de l'État.

3) Enfin, divers textes législatifs ou réglementaires (certains résultant d'engagements internationaux de la France) énoncent la gratuité de tel ou tel service public. Il est vrai que cette gratuité est parcimonieuse, en tout cas entendue restrictivement : accès aux documents administratifs (mais la copie du document est payante), accès à la justice (mais gare à celui qui perd son procès), sauvetage de la vie humaine en mer (mais soyez bien assurés pour faire face aux frais de remorquage au port de votre esquif ou de votre planche à voile), lutte contre l'incendie (mais uniquement s'il y a le feu : sa prévention est à la charge de celui qui y pense).

Cette liste — coupablement ironique et certainement incomplète — montre que le droit positif peut s'écarter des principes généraux et constitutionnels qui le fondent, ou du moins les aménager et y prévoir des exceptions, pour mieux « coller » à la réalité.

1) C'est ainsi que la jurisprudence du Conseil constitutionnel et celle du Conseil d'État ont admis que, dans certaines limites, le principe d'égalité soit nuancé de façon à traiter différemment des catégories d'usagers eux-mêmes placés dans des situations objectivement différentes[4]. Dès lors, la gratuité, ou le tarif modique, peut être réservée aux personnes présumées de condition modeste, les autres ayant les moyens de payer plus cher. Il est, par exemple, fréquent que le tarif des colonies de vacances soit modulé en fonction du revenu imposable des familles. Ce type d'aménagement peut choquer si le clivage entre catégories d'usagers, bien qu'objectif, est contesté par référence à un modèle politique, économique ou social. Car les individus d'une catégorie don-

---

3. C'était la Constitution de la IVe République. Son *Préambule* lui a survécu.
4. Conseil d'État, section, 10 mai 1974 ; Denoyez et Chorques, *L'Actualité juridique. Droit administratif*, 1974, 298 ; Conseil constitutionnel, 12 juillet 1979, *ibid.*, 1979, n° 9, 46.

née ont droit, en son sein, à la stricte égalité. Par exemple, si les groupes bénéficient de tarifs réduits à la SNCF, ils peuvent y prétendre même s'ils sont composés de participants au congrès des assujettis à l'impôt de solidarité sur la fortune !

2) L'idée des révolutionnaires de 1789 de demander aux contribuables de financer les services publics avait pour principal objet de fonder l'impôt direct ou, du moins, la généralité du prélèvement fiscal (ce que les fiscalistes appellent l'universalité de l'impôt). Dès lors, le financement au moins partiel par l'usager n'est pas formellement écarté : il est juridiquement possible de lui demander de payer un prix, quitte à s'adresser au contribuable pour compenser les insuffisances de tarification justifiées par des considérations sociales ou économiques. Le passager du métro parisien achète son ticket ou sa carte orange à un prix volontairement fixé en dessous du prix de revient, tant l'habitat parisien est éclaté. La différence est financée par un prélèvement sur les employeurs de la région parisienne et par une subvention de l'État (c'est-à-dire par les contribuables de la France entière).

Le financement par l'impôt indirect n'est pas non plus exclu, alors que ce type d'impôt est interprété comme un prix par nombre d'usagers. On a vu que l'enseignement organisé par l'État doit être gratuit. En 1972, le Conseil d'État a jugé (implicitement, il est vrai) que les droits d'inscription dans les universités ne dérogent pas au principe, car il s'agit de taxes et non de prix[5]. Mais qui paie cet impôt indirect, sinon l'étudiant ? Certes, son produit est loin de couvrir le coût de l'enseignement supérieur et les étudiants boursiers sont exonérés : la collectivité des contribuables est donc aussi sollicitée.

3) Historiquement, le recours aux contribuables (impliquant *de facto* la gratuité totale ou partielle pour l'usager) fut conçu pour les services publics qualifiés aujourd'hui de traditionnels, dits aussi services publics de souveraineté (police, défense nationale, justice...). La diversification de

5. Conseil d'État, assemblée, 28 janvier 1972, faculté des lettres et sciences humaines de Paris, *La Semaine juridique*, 1973, II, 17.296.

l'objet des services publics au cours du XXe siècle a modifié la donne originelle, en orientant ces services vers des objets plus économiques et plus sophistiqués que la satisfaction des demandes vitales. Pourquoi, dès lors, ne pas faire payer par l'usager les services publics marchands, c'est-à-dire ceux qui sont utiles à la production de richesses commercialisables ?

C'est pourquoi les juristes distinguent les services publics administratifs et les services publics industriels et commerciaux. Les premiers correspondent aux activités classiques de la puissance publique, alors que les seconds répondent à des besoins que la collectivité a pris en charge alors qu'ils pourraient, en théorie, demeurer, comme dans certains pays étrangers, du domaine de l'initiative privée : transports, énergie, audiovisuel, télécommunications... Rien ne s'oppose à ce que leurs prestations soient tarifées comme celles d'une entreprise privée. Ils peuvent d'ailleurs faire l'objet de concessions à des opérateurs professionnels qui sont censés tirer leur rémunération des prix payés par la clientèle. Cette soumission à l'économie de marché est stricte à l'échelon municipal, puisqu'il est fait interdiction de principe aux communes de subventionner leurs services publics industriels et commerciaux, quel qu'en soit le mode de gestion[6]. La généralisation d'une telle abstention financière aux autres personnes publiques et à l'État est aujourd'hui en marche. Le droit communautaire européen y veille, qui se révèle réservé à l'endroit des aides publiques aux activités économiques, fussent-elles dotées du label de service public.

Au-delà des conséquences pratiques engendrées dans l'un ou l'autre cas, le service public gratuit ou payant implique une évaluation. Elle est une exigence constitutionnelle évidente s'il y a gratuité et que le contribuable est sollicité : les gouvernants doivent rendre compte au peuple de l'utilisation des impôts. Elle l'est de façon plus diffuse si le service est payant, car la première sanction de la mauvaise gestion est

6. Code des communes, article L. 322-5. Ce texte a été assoupli en 1988 : son principe est aujourd'hui assorti de quelques aménagements destinés notamment à éviter des hausses excessives de tarifs.

alors économique ; mais, par ses conséquences monétaires, elle peut devenir politique puisque le « trou » devra être comblé par de l'argent public.

Reste à définir les critères d'évaluation. Doivent-ils être exclusivement quantifiés en argent ? Sont-ils seulement comptables ? Autant d'interrogations auxquelles le droit propose des débuts de réponse, que le débat me donnera sans doute l'occasion d'esquisser.

Géraud Guibert. — Je veux vous emmener dans un voyage rapide dans quelques coins de la planète. Ce voyage va nous faire rencontrer un certain nombre de problèmes concrets. D'abord, je vais vous emmener à Kiev, où Pierre Bérégovoy, ministre des Finances, discute avec les autorités ukrainiennes. Celles-ci lui expliquent pourquoi l'Ukraine veut être indépendante. Je peux en parler. Un certain nombre de journalistes participaient à cette réunion : c'est aujourd'hui la *glasnost*, et les journalistes participent même aux réunions entre ministres. Les Ukrainiens expliquaient donc : « Nous voulons l'indépendance parce que, dans les dotations que nous avons de Moscou, nous avons 0,5 % de l'aide que vous nous donnez alors que nous représentons 20 % de la population et de la richesse de ce pays. » Le cœur de leur argumentation était le fait que l'argent public distribué par l'État soviétique n'avait plus à leurs yeux de légitimité et que, d'ailleurs, eux-mêmes ne voulaient payer en retour aucune contribution à Moscou. Ils ajoutaient aussi — pour l'anecdote : « Cet argent public, non seulement nous n'en voulons pas parce que nous n'en avons pas assez, mais aussi parce qu'il sert principalement à des non-Ukrainiens à acheter des produits dans nos supermarchés, alors que nous sommes en pleine pénurie. » On voit bien que la chute du système soviétique est liée à la contestation radicale de l'argent public et de la gestion de l'économie par l'État central.

Il y a là, d'ailleurs, un vrai paradoxe car, dans le système soviétique, l'argent public, fruit de l'étatisation du système de production et de sa centralisation, était omniprésent, mais cet argent public n'était pas utilisé comme un instrument budgétaire ni un outil économique. L'Union soviétique avait des planifications pour les quantités, mais elle n'utilisait pas son budget dans une optique de politique économique. Il n'y avait pas de marché : à partir du moment où l'État distribuait de l'argent, l'offre ne s'ajustait pas à la demande. On voit bien qu'aujourd'hui il y a une double crise : de l'argent public comme fruit du monopole de la propriété étatique des moyens de production, et de l'argent public non utilisable et non utilisé. Au cœur de cette crise se trouve la confusion entre l'État et la nation, entre le budget public et la monnaie. Cette confusion entraîne une très forte défiance envers les institutions publiques, qui entraîne une désagrégation de l'empire.

Le deuxième endroit où je voulais vous emmener, c'est l'Afrique noire. En Afrique noire, on parle évidemment beaucoup d'argent public, mais en un sens un peu différent. On veut, là aussi, de l'aide pour essayer de se développer. La situation en Afrique est paradoxale, car il n'y a plus d'argent privé. Aujourd'hui, l'Afrique rembourse 22 milliards de plus qu'elle n'obtient de crédits. L'argent public des pays occidentaux est aujourd'hui le seul levier du développement, et donc de la démocratie, dans ces pays. Faut-il s'en satisfaire ? A l'évidence, non. Toute la difficulté est d'arriver à obtenir que l'argent public soit utilisé comme un levier pour débloquer de l'argent privé, pour inciter les banques à investir sur place et pour donner ainsi ses chances à la démocratie.

Dans ces pays, l'argent public, c'est aussi les fonctionnaires, la corruption, les exigences du Fonds monétaire international pour diminuer les effectifs et les salaires de la fonction publique. Là encore, si l'on veut la démocratie, il est indispensable que les institutions internationales aient des exigences économiques compatibles avec l'équilibre social du pays. Mais, en même temps, la démocratie est indispensable si l'on veut arriver à une situation de gestion normale et satisfaisante de l'argent public. S'il n'y a pas d'État de droit, non seulement l'argent public qu'ils ont sur place part ailleurs, mais encore notre aide n'est pas efficace et n'arrive pas à contribuer au développement. Donc, l'argent public est indispensable pour la démocratie, mais la démocratie est la condition d'une gestion rigoureuse pour aboutir au développement économique.

Le troisième endroit où je veux vous emmener, ce sont les pays occidentaux industrialisés. L'argent public y est lié aux prélèvements obligatoires. On nous dit, c'est à la mode : « Les prélèvements obligatoires sont une pratique épouvantable. Notre société périt sous les charges. Il faut donc alléger l'économie et réduire ces prélèvements. » Pourquoi, en France, avons-nous des prélèvements obligatoires plus importants qu'à l'étranger ? Ce n'est pas parce que l'intervention de l'État ou des collectivités locales est plus importante. En réalité, c'est parce que nous avons des prestations sociales plus importantes. L'argent est redistribué de façon plus importante. Quels sont les deux grands domaines où les prestations sociales agissent ? C'est le domaine de la santé et celui des retraites. Les vrais choix sont là. Il faut les considérer clairement. Si l'on veut baisser les prélèvements obligatoires, est-on prêt à laisser se développer des assurances privées et donc à ce que la Sécurité sociale ne soit plus obligatoire dans le domaine de la santé ? C'est un vrai débat. Sur les retraites : est-on prêt à substituer, à un système de retraite collectif, un système de retraite individuel ? Le vrai débat n'est pas entre ceux qui veulent beaucoup de prélèvements obligatoires et ceux qui en souhaitent moins, mais entre le choix d'un système de retraite individuel ou collectif.

Je conclurai ce parcours par deux remarques. La première : pour réhabiliter l'argent public, pour lui redonner ses lettres de noblesse, la clé, c'est le service public et la démocratie. Dans ce domaine, un des problèmes majeurs aujourd'hui, dans notre pays, est celui du rapport entre le législateur et l'administration. La complexité des situations, mais aussi un certain nombre de dérives ont fait que nous avons un système de plus en plus géré par les administrations et que le législateur est de moins en moins amené à intervenir. La Ve République s'y prête particulièrement puisque, vous le savez, sa Constitution définit très restrictivement le domaine de la loi ; tout le reste appartient au domaine du règlement. La première interrogation est donc : peut-on continuer à voir les systèmes administratifs prendre le pas sur les systèmes législatifs ? Cela pose de graves problèmes, car la modernisation du système législatif est extraordinairement difficile.

La deuxième remarque est qu'il faut réhabiliter l'intérêt général, mais qu'on ne peut le faire qu'à partir d'une ou de plusieurs idées fortes. Autrefois, chacun avait son idéologie. Aujourd'hui, on voit bien qu'il y a un rapprochement de ces idéologies. Quelles idées fortes peuvent permettre de fonder la démocratie aujourd'hui ? Je laisse le débat ouvert. Mais je pense que l'idée de l'Europe est notre avenir à tous.

Débat

Un auditeur. — Le droit de battre monnaie est l'une des marques de la souveraineté d'un État. La création d'une monnaie européenne par une banque supranationale n'est-il pas le signe d'une perte de souveraineté ?

B. Maris. — Ce droit de battre monnaie est effectivement un privilège régalien et national. Son transfert à une institution supranationale pourrait donc être considéré comme une régression de la démocratie, du moins de la liberté appartenant à une autorité nationale. Je pense qu'il ne faut pas exagérer en ce sens. Dès à présent, bien que la Banque de France possède ce privilège, elle est extrêmement contrainte par la politique monétaire commune. De fait, il n'y a plus guère, déjà aujourd'hui, d'autonomie de la banque nationale.

Vinh Nguyen Quoc. — Je veux simplement remercier l'intervenant, car c'est la première fois dans ces journées, me semble-t-il, qu'on a souligné les relations entre la monnaie et la souveraineté d'un État. On nous a dit que l'argent est un moyen d'accéder au pouvoir, qu'une fois qu'on est au pouvoir, on cherche peut-être à s'enrichir personnellement, mais on n'avait pas jusqu'à présent évoqué l'idée selon laquelle la monnaie, et donc le privilège de battre monnaie, est un attribut de la souveraineté. La question qui vient d'être soulevée est donc moins une question de relation entre la création monétaire et la démocratie en général, que de relation entre la création monétaire et la souveraineté des États membres de la Communauté économique européenne. Les débats à ce sujet sont vifs, comme vous le savez.

Un auditeur. — J'aimerais savoir comment se distinguent, en droit, argent privé et argent public. Où passe la frontière ? Comment est-elle délimitée ?

Vinh Nguyen Quoc. — Dans le droit financier actuel, il n'y a pas de définition directe de l'argent public. Il y a, en revanche, une définition assez précise du régime qu'on applique à certains deniers dont le juriste déduit alors qu'ils sont des deniers publics puisque ces mêmes règles, qui sont manifestement administratives, ne concernent pas l'argent des personnes privées.

Il y a encore une trentaine d'années, on disposait d'une définition directe des deniers publics. Elle était d'ailleurs très ancienne, puisqu'elle était puisée dans un décret impérial de 1861. Elle avait été exploitée à plusieurs reprises par la jurisprudence ; selon son dernier état, qui datait de 1959, les deniers publics sont ceux qui sont utilisés par les services publics administratifs, par opposition aux services publics industriels et commerciaux. Seulement, ce décret impérial de 1861 a été abrogé et remplacé par un décret de 1962 sur la comptabilité publique, qui ne définit plus les deniers publics, mais dit simplement que les comptables publics ont le monopole du maniement de certains deniers. On définit donc à présent les deniers publics par leur régime juridique et non point par leur nature propre, ce qui est une forme de réponse à la question, d'ailleurs assez courante en droit. Par exemple, peut-on saisir par des voies d'exécution, comme on vient saisir la voiture de celui qui ne paie pas les traites à sa société de crédit, les deniers publics lorsque la personne qui les détient ne paie pas ses propres dettes ? La réponse est évidemment négative lorsqu'il s'agit d'une collectivité publique.

G. Guibert. — L'argent public, au sens littéral du terme, est celui qui concerne le peuple tout entier. On voit bien que ce n'est pas simplement l'argent des collectivités publiques, au sens strict. Je ne vous répondrai donc pas en juriste, je ne le suis pas, et la réponse vient d'être donnée. Mais je voudrais souligner que l'État va devoir se préoccuper de plus en plus, pour défendre l'argent public, du contrôle de l'argent qui ne l'est pas.

Un des sujets qui me paraît essentiel, dans les prochaines années, va être la maîtrise d'un certain nombre de flux financiers. Vous connaissez le trou noir de l'économie mondiale, les milliards de dollars qui sont inconnus : l'argent de la drogue, l'argent des ventes d'armes, les pavillons de complaisance, le travail noir. L'intervention publique de l'État pour connaître, interdire, réglementer cet argent devient urgente. Certes, ce n'est pas de l'argent public, mais je pense que cela concernera de plus en plus, dans l'avenir, les pouvoirs publics et les collectivités publiques.

Un auditeur. — M. Christophe Guettier n'a pas fait mention de la législation française récente réglementant le financement des partis politiques. Quelle est son analyse sur ce point ?

Christophe Guettier. — En ce qui concerne les lois et la France, il existe effectivement une série de réglementations récentes, puisque la plupart des lois qui envisagent le problème datent de 1988. Deux lois du 11 mars 1988 envisagent le problème du financement des élections présidentielles et des élections aux assemblées parlementaires. Ces lois se sont révélées très vite incomplètes, insuffisantes. On a essayé d'étendre les modalités prévues par la loi de 1988 par une autre loi de janvier 1990, qui, cette fois-ci, envisage non plus le problème des élections nationales, mais celui des élections locales.

Ces lois ont principalement pour objet de prévoir un financement public des campagnes électorales. L'idée de départ repose sur un constat : le financement essentiellement privé entraîne un certain nombre de fraudes. Pour éviter cela, il suffit de prévoir un financement public qui s'ajoute au financement privé. Dans un premier temps, on a prévu un système de financement public, et puis, pour éviter qu'il y ait des débordements, on a prévu des règles de plafonnement des dépenses électorales et tout un arsenal de sanctions si jamais les dépenses en question, qui sont plafonnées, sont dépassées. Voilà l'objet de la loi.

Il est intéressant de voir comment ces textes vont être appliqués. J'ai eu l'occasion de lire récemment dans *Le Monde* le résultat de sondages réalisés notamment auprès des conseillers en communication publique des régions. Leur problème était : « Comment allons-nous tourner la loi ? » Il est clair qu'il existe énormément de solutions possibles, que le problème est loin d'être résolu. La réglementation est donc insuffisante.

Est-elle meilleure en Europe ? Quand on fait le tour de ce qui se passe dans les autres démocraties occidentales du continent européen, on s'aperçoit que l'on a fait un certain nombre de tentatives, tout particulièrement en Grande-Bretagne. Ce n'est pas étonnant, car parmi les démocraties occidentales, c'est la Grande-Bretagne qui a eu la première un système de partis politiques organisé, dès le début du XIXe siècle. Il y a donc eu une législation. Mais, de façon générale, les problèmes sont vus par le petit côté de la lorgnette : on vise surtout à éviter les dérapages, le discrédit. Il y a un discrédit de la classe politique à l'occasion, notamment, des scandales qui sont découverts par la presse, mais il n'y a pas d'approche globale du problème. La plupart du temps, lorsque l'approche se veut plus globale, on s'aperçoit vite, à l'occasion d'une consultation électorale, qu'il y a mille possibilités de tourner la réglementation. En Allemagne, malgré une loi de 1967, très complète *a priori*, sur le financement des partis politiques, on a vu éclater un certain nombre de scandales.

3. Du métal au papier

Pour écrire une histoire de l'argent, il faudrait les compétences de dizaines de spécialistes, un bon nombre d'années, et quelques milliers de pages. Il ne s'agirait pas seulement de reconstituer la naissance et l'évolution des inventions successives qui ont donné à la vie financière sa finesse et sa complexité. Il faudrait aussi faire voir comment l'apparition de la lettre de change ou des sociétés par actions modifie les institutions économiques et la vie sociale. Il faudrait surtout pouvoir confronter l'histoire des techniques fiduciaires et l'histoire des mentalités, comprendre comment les mécanismes bancaires contrecarrent ou infléchissent les manières d'imaginer l'argent. A la croisée de l'histoire économique et de l'histoire sociale, cette tâche demeure à accomplir. Son caractère démesuré laisse penser qu'elle ne sera peut-être jamais menée à bien.

Est-ce une raison pour renoncer à toute esquisse ? Nous ne le croyons pas. Même partiels, provisoires, et schématiques, les repères que les historiens nous proposent à présent doivent aider à « penser l'argent ». Car celui-ci n'est pas immuable. Sa fonction sociale, ses usages, ses représentations sont sujets à diverses mutations qu'illustrent à leur manière les exemples qui suivent.

C'est ainsi que Jean Andreau souligne les aspects paradoxaux, à nos yeux, de la société romaine à son apogée : bien que fortement monétarisée, elle ne peut échapper ni à la toute-puissance de la monnaie métallique ni au modèle du patrimoine foncier hérité de l'aristocratie. L'existence des capitaux et des hommes d'affaires ne peut suffire à rendre cette société capitaliste. Car elle persiste à penser le gain comme le revenu d'une possession et non comme le profit lié à une activité.

Pierre Chaunu, pour sa part, pratique une de ces « pesées » globales qui lui sont chères, en montrant que seuls trente-cinq milliards d'humains sur quatre-vingt-cinq ont connu quelque chose qui ressemble à de l'argent, et que son apparition est en coïncidence avec celle de l'écriture. Il rappelle également comment la lettre de change a permis de multiplier par deux et demi la valeur des masses de métal importé en Europe depuis les mines américaines par les caravelles portugaises et espagnoles, et comment l'impôt royal fut un facteur essentiel de monétarisation de la France à l'aube des Temps modernes.

Le siècle des Lumières n'est pas seulement celui du perfectionnement des produits financiers grâce à l'essor du calcul des probabilités, à la vogue des intérêts composés et à la domination des rentes viagères. Jean-Marie Thiveaud fait voir comment l'utopie sociale s'entrelace aux calculs du crédit. La paix perpétuelle, la prospérité universelle, le règne progressif du « plus grand bonheur pour le plus grand nombre » sont alors annoncés par une multitude d'auteurs aujourd'hui oubliés. Ils ne furent pas sans influence sur la fondation des grandes institutions financières modernes, en un temps où l'on attendait monts et merveilles de la confiance publique et de sa continutié.

Cette foi a fini par se perdre, comme le montre Marc Uzan. Les crises de l'entre-deux-guerres, avec l'inflation allemande, le krach américain de 1929, et surtout leurs conséquences, la mise en cause de l'étalon-or et la fin de l'hégémonie financière de l'Europe, font toujours partie de l'arrière-plan de notre actualité. Le monde où nous vivons, celui du marché global et de la mondialisation de la vie financière, porte encore en filigrane les traces de ce passé à la fois proche et lointain.

Celui qui n'est pas spécialiste de ces questions apprendra, au fil des pages, une foule de faits qu'il ignore. Mais il sera surtout frappé, de manière globale, par l'intrication étroite des outils financiers et des attitudes mentales, par l'interaction entre l'évolution des institutions de l'argent et celle de ses représentations collectives. Ces voies habituellement peu fréquentées confirment que l'argent n'est ni tout à fait une chose ni complètement une idée, mais le singulier carrefour où elles s'entrelacent.

L'ARGENT À ROME
LES RENTES DE L'ARISTOCRATIE

Jean Andreau

L'argent, dans le monde romain, c'est la *pecunia*, mot dérivé de l'indo-européen *peku*. Le mot le plus proche de *peku*, en latin classique, c'est *pecus (pecoris)*, qui désigne du bétail, et surtout du petit bétail, des moutons. Le sens du mot a-t-il évolué, du bétail à l'argent, parce qu'anciennement, bien avant que n'existe la monnaie frappée, le bétail servait d'équivalent dans les échanges ? Cette vieille interprétation, qui remonte à Varron, a été contestée il y a un quart de siècle par E. Benvéniste. Pour Benvéniste, le premier sens de *peku* a été général et abstrait ; le mot désignait, en indo-européen, toute possession mobilière personnelle[1].

Il a très probablement raison. Deux choses sont sûres en tout cas. A une époque ancienne, les Latins assimilaient le bétail à la notion de richesse personnelle, transmissible ou même cessible par celui qui la possède. Mais par ailleurs, à l'époque qui nous intéresse aujourd'hui, entre le IIIe siècle av. J.-C. et le IIIe siècle apr. J.-C., la *pecunia* n'a plus grand-chose à voir avec le bétail. Le bétail n'est qu'une composante parmi d'autres de la richesse. La *pecunia*, elle, c'est l'argent et la monnaie.

A son propos, je vais faire trois séries de remarques. Je parlerai d'abord de sa réalité matérielle et métallique. Puis,

1. E. BENVENISTE, *Le Vocabulaire des institutions indo-européennes*, Éd. de Minuit, Paris, 1969, t. 2, p. 47-61.

dans la deuxième partie, je dirai quelques mots de la manière dont les Latins se représentaient l'argent en général.

Mais à côté des représentations collectives de l'argent, auxquelles tous participent peu ou prou, chaque milieu social a ses propres conceptions idéologiques et sa propre pratique du gain, de l'enrichissement, de l'activité économique, de l'utilisation économique de l'argent. Ma troisième et dernière partie sera consacrée à de telles conceptions. J'insisterai sur la prédominance de celles de l'aristocratie. Dans la pratique romaine de l'argent, ce qui domine, c'est le rapport au patrimoine aristocratique, à la fois signe social et richesse individuelle et familiale, et c'est la relation entre bien possédé et revenu de ce bien. La prééminence d'une figure qui, en dernière analyse, est celle du rentier, a nécessairement exercé une influence sur le fonctionnement de l'économie romaine.

L'argent, dans la vie quotidienne, c'est avant tout la monnaie métallique, frappée en trois métaux, le bronze, l'argent, l'or. Pour ne pas compliquer inutilement, j'appelle ici bronze ce qui, parfois, est du cuivre ou de l'orichalque ; peu importe. La pièce d'or, ou *aureus*, vaut 25 deniers d'argent. Le denier lui-même vaut 4 sesterces, et le sesterce, quatre as de bronze. Sous l'Empire, chaque pièce a, par rapport aux autres, une valeur officielle et fixe, à laquelle elle doit nécessairement être acceptée. En principe, du moins car, dans certains cas, cette parité n'était plus respectée, ou bien la mauvaise monnaie chassait la bonne, selon la loi connue.

Les espèces étrangères ne circulaient pas à l'intérieur de l'Empire. Dans le monde romain lui-même, il y avait un très grand nombre de monnaies, les unes émises par l'État, d'autres reconnues ou tolérées par lui ; toutes ne bénéficiaient pas partout du cours forcé, et elles ne circulaient pas toutes dans l'ensemble de l'Empire.

Au Moyen Age à partir du XIVe siècle, la monnaie de compte, comme l'écrivait M. Bloch, « est complètement détachée de toute monnaie réelle. Il y a la livre et le sou, d'une part ; ce sont de pures expressions nominales. Il y a, d'autre part, mais sans rapport avec les précédentes, des pièces de monnaie en circulation[2] ». C'était le contraire à Rome. Les monnaies de compte s'y confondaient totalement avec les pièces effectivement émises. La monnaie de compte fut d'abord l'as de bronze. Puis le sesterce lui succéda au IIe siècle av. J.-C. Mais si l'État comptait en sesterces, il n'était pas interdit d'évaluer une somme ou de fixer un prix en deniers ou en *aurei*.

Il y avait de grosses différences de valeur entre les pièces des différents métaux : un *aureus*, sous l'Empire, valait 400 as. C'est pourquoi certains ont soutenu que chacun des trois métaux monnayés était davantage lié à un milieu social précis : l'or à l'aristocratie (sénateurs, chevaliers) ; l'argent, aux marchands et à tous ceux qui disposaient d'une fortune moyenne ; le bronze, aux plèbes pauvres de la ville et de la campagne. Ce n'est probablement pas faux. Dans beaucoup de cas, cependant, celui qui paie ne paraît pas être tenu d'utiliser un métal déterminé.

Mais au début de l'Empire, quoique la solde des militaires soit libellée en as, l'État la paie en deniers d'argent, et Domitien, à la fin du Ier siècle, y ajoute même trois pièces d'or par an.

La valeur officielle des monnaies était-elle égale à leur valeur métallique, compte tenu de l'argent dépensé par l'État pour les émettre ? On admet en général que l'as de bronze, après avoir eu une réelle valeur métallique, au IIIe et peut-être au IIe siècle av. J.-C., ne fut plus qu'une monnaie de billon. Pour l'or et l'argent, la question demeure au contraire controversée. Sture Bolin, dans un livre de 1958, s'est efforcé de montrer que les monnaies d'or et d'argent circulaient à une valeur officielle supérieure de 20 % à 25 % à leur valeur métallique. Mais il n'a guère convaincu les numismates. Certains d'entre eux pensent que, sous l'Empire, les monnaies d'or et d'argent avaient leur pleine valeur métallique ; d'autres, au contraire, n'admettent cela que pour l'or.

Il faut en tout cas remarquer qu'aucun texte latin ne pose clairement le problème de la valeur métallique des monnaies.

---

2. M. BLOCH, *Esquisse d'une théorie monétaire de l'Europe*, A. Colin, Paris, *Cahiers des Annales*, 1954, p. 40.

Beaucoup de textes, à l'inverse, distinguent l'or et l'argent *infectum*, non ouvragé, c'est-à-dire en barres ou en lingots, de celui qui est *factum*, ouvragé, en objets d'orfèvrerie, et de celui qui est *signatum*, monnayé. Quand il évaluait le butin pris à la guerre, l'État séparait soigneusement ces trois formes prises par les métaux précieux. En plus des pièces de monnaie, les particuliers conservaient souvent, à leur domicile, à la banque, dans certains temples ou dans des entrepôts, des lingots, de l'orfèvrerie d'art ou de l'orfèvrerie vendue au poids. Ces objets de valeur faisaient partie des patrimoines de riches, au même titre que les terres ou les immeubles. En cas d'emprunt, on les donnait en gages, et il arrivait qu'on s'en servît pour des paiements.

L'argent à Rome était-il toujours métallique ? Comme on sait, il n'y existait pas de monnaie fiduciaire, monnaie de papier ou papier-monnaie. Mais y connaissait-on des formes de monnaie scripturale ? Oui, en un sens. On pouvait envoyer son créancier chez le banquier professionnel, *argentarius* en latin, « trapézite » dans le monde grec, avec un ordre de paiement. Il existait aussi des chèques, au moins dans certaines régions (Égypte, Palestine) et à certaines époques. On pouvait encore céder des créances. Les commerçants, qui achetaient des marchandises dans un port pour les revendre dans d'autres, trouvaient des moyens d'emprunter dans le premier pour rembourser ailleurs.

Le paiement en métal, qui était l'usage de base, n'était pas toujours commode, vu le poids des monnaies. Le transport matériel d'espèces était dangereux ; il supposait une escorte d'esclaves. On cherchait donc assez souvent des substituts à ces opérations monétaires. Mais les formes de paiement dont je viens de parler n'étaient précisément que des substituts. Il n'y avait pas à Rome de véritable équivalent de la lettre de change, dont va traiter Pierre Chaunu.

Ni les chèques, ni les créances, ni les éventuelles lettres de crédit ne circulaient librement. Le chèque n'était pas endossable. Pour être cédée, la créance devait faire l'objet d'une novation juridique, qui modifiait, selon les cas, le nom du créancier ou celui du débiteur. L'Antiquité n'a connu ni les banques à succursales multiples, ni le *clearing* entre banques de villes différentes, ni même un système de compensation entre banques d'une même place. Le moyen de paiement le plus normal restait le versement d'espèces.

Ces aspects archaïques de la circulation monétaire romaine vont de pair avec un taux de monétarisation relativement fort. Paul Veyne aboutit à ce propos à des conclusions tout à fait éclairantes. Il a lu, explique-t-il, les textes juridiques romains en ayant présente à l'esprit une page de M. Bloch : celle où Bloch disait que les documents médiévaux parlant d'échanges contre monnaie déguisent souvent des trocs en nature, la monnaie n'étant que mesure de la valeur. En pratiquant le *Digeste*, Veyne s'est cependant aperçu que l'idée de Bloch ne valait pas pour le monde romain du Haut-Empire, ou du moins pour l'Italie et les côtes de la Méditerranée. Veyne écrit : « A lire le *Digeste*, il semble impensable qu'un Romain ait pu acheter une maison ou une terre en la payant avec le blé de son grenier — impensable aussi qu'une dot ait consisté en blé [...]. » Et il ajoute : « On a l'impression d'une société complètement monétarisée, et j'ai dû revenir de ma défiance initiale[3]. »

Quant à l'argent, l'Antiquité romaine ne me semble donc, par rapport au Moyen Age et même au tout début des Temps modernes, ni certes moderne ni totalement archaïque. Il représente une situation différente et spécifique, marquée par la toute-puissance de la monnaie métallique, qui elle-même exprime la forte présence administrative et militaire de l'État romain. Mais cette monnaie circule, y compris dans des milieux pauvres, et le crédit est également assez développé.

Dans leurs conceptions morales et leurs idées toutes faites, les Latins aspirent cependant à une société plus archaïque que celle dans laquelle ils vivent ; et leur condamnation porte notamment sur l'argent, qui les a, pensent-ils, plongés dans la décadence. C'est ainsi que, selon Salluste, Rome a grandi parce qu'y régnaient le goût du labeur et l'esprit de justice. Mais sa réussite militaire vint elle-même à bout de ses vertus ancestrales. « Ces hommes qui avaient supporté

3. P. VEYNE, *La Société romaine*, Éd. du Seuil, Paris, 1991, p. 139, note 22.

sans peine fatigues, dangers, situations précaires ou même pénibles, ne trouvèrent dans le repos et les richesses, biens en soi désirables, que fardeaux et misères. La soif de l'or, puis l'ambition s'accrurent ainsi, et ce fut là le principe de toutes les mauvaises actions. La cupidité anéantit la bonne foi, la probité et toutes les autres pratiques honnêtes[4]. »

Les Latins, toutefois, n'ignoraient pas l'utilité de la monnaie, et ne réclamaient pas même l'abolition du prêt à intérêt, qui, sauf à certaines époques précises, est toujours resté légal, même si le taux d'intérêt était limité.

L'auteur des deux lettres de conseils à César, par exemple, se plaint que l'argent et les richesses jouent un trop grand rôle dans la société romaine. Il veut « supprimer ce qui est pour tous les hommes la plus grande cause de leur perte, l'usage et le respect de l'argent *[pecuniae usum atque decus]*[5] ». Mais il ne préconise ni l'interdiction totale du prêt à intérêt ni l'abolition des dettes, pourtant ardemment réclamée par diverses factions, au cours de plusieurs crises financières et politiques — et, en particulier, dans les années 49-47 av. J.-C., par certains partisans de César. Il suggère à César plusieurs mesures précises : certaines d'entre elles visent à réduire un peu le poids de la richesse dans la vie politique (voir la seconde lettre) ; d'autres, à renforcer en justice la répression de l'usure (dans la première lettre).

Ce qui choque le plus les Anciens, c'est ce qui nous paraît le plus « moderne » dans leur société, c'est-à-dire le rôle autonome de l'argent. Que l'argent serve à échanger des valeurs d'usage ne choquait pas Aristote, et les Latins, eux aussi, considéraient cela comme normal. Mais ils n'admettent pas que l'argent soit recherché pour lui-même et s'accroisse par lui-même, indépendamment de cette référence à la valeur d'usage. Plutarque explique à plusieurs reprises que si nous empruntions pour nos besoins immédiats, pour acheter du pain ou du vin, ce serait moins grave que d'emprunter pour jouir du luxe ou pour acheter des domai-

4. SALLUSTE, *Conjuration de Catilina*, 10, 1-4.
5. PSEUDO-SALLUSTE, *Lettres à César*, 1, 7, 3.

nes et des esclaves[6]. Ce qui nous paraît économiquement le plus archaïque et socialement le plus inquiétant, à savoir des emprunts à très court terme de produits de consommation courante, lui semble au contraire excusable, tandis qu'il s'indigne qu'un riche s'endette pour acheter des terres. D'autres auteurs critiquent les intermédiaires de crédit, ceux qui empruntent pour prêter à leur tour, parce qu'ils favorisent une croissance autonome de l'argent, qui finit par donner l'impression qu'il s'engendre lui-même. Tous ou presque, qu'il s'agisse de Cicéron, de Tite-Live ou des auteurs satiriques, critiquent le *quaestus*, l'esprit d'accumulation, le besoin de s'accroître pour s'accroître — en particulier quand ce *quaestus* est le fait de l'aristocratie. L'aristocrate, surtout le sénateur, est l'homme libre par excellence ; d'une certaine manière, c'est l'unique homme libre. S'il pratique le *quaestus*, c'est-à-dire s'il tente par tous les moyens d'accroître son patrimoine, il déchoit de sa dignité et de son rang. Passe encore qu'un humble veuille s'enrichir par le *quaestus* ! Mais pas un sénateur ! C'est ce que Cicéron déclare dans le sixième des *Paradoxes des stoïciens*, en s'adressant fictivement à Crassus (déjà mort lorsqu'il rédige ce traité).

De Plaute à Martial, à Juvénal et même à Tertullien, la littérature latine nous transmet, pendant quatre à cinq siècles, l'image d'une société pourrie par l'argent, où chacun ne songe qu'à en gagner, où l'enrichissement est rapide et s'obtient souvent par les pires moyens, où le parvenu s'intègre sans problème aux milieux les plus élevés. Il en résulte un mépris affirmé de la tradition et des valeurs de la hiérarchie sociale, du moins si nous en croyons nos sources.

Il est sûr que le goût de l'argent et de l'enrichissement était très répandu à Rome. Si nous considérons un à un plusieurs milieux sociaux, pour esquisser brièvement leurs conceptions respectives de l'argent et du gain, comme je vais le faire dans la troisième partie, nous verrons cependant que l'éthique économique aristocratique était beaucoup plus répandue qu'on ne pourrait le supposer à la lecture de telles dénonciations.

---

6. Voir, par exemple, PLUTARQUE, *Moralia*, 830 B à 830 E.

Les paysans, petits propriétaires, petits fermiers, métayers, sont évidemment ceux qui ont le moins accès à l'argent, même s'ils risquent sans cesse de s'endetter, en espèces ou en nature. C'est aussi sur eux que nous possédons le moins d'informations. A part eux, et mis à part les salariés, qui n'étaient pas nombreux, on peut distinguer, me semble-t-il, trois grandes attitudes à l'égard de l'argent et du gain : celle des boutiquiers, artisans, commerçants, ou les deux à la fois ; celle des hommes d'affaires, catégorie intermédiaire socialement supérieure à celle des boutiquiers, et beaucoup plus engagée dans les affaires que les aristocrates et notables ; enfin, celle des aristocrates et notables, qui forment le haut de la pyramide sociale et sont propriétaires de patrimoines.

Les artisans et commerçants, très nombreux, ont des moyens limités, et, si ce sont des affranchis (d'anciens esclaves), assez souvent ils dépendent financièrement de leur ancien maître ; mais certains d'entre eux parviennent à s'enrichir. Ils font partie d'un métier, qui se caractérise par un certain nombre d'opérations précises et d'outils spécifiques. Certains textes, et surtout des inscriptions et représentations funéraires, montrent ce que représentent pour eux le gain et l'argent. Ils ne pensent ni en termes de patrimoine, ni en termes de capital. Pour eux, l'argent est un moyen de vivre, et le résultat de leur travail et de leur compétence. Mais le gain signifie aussi une très hypothétique chance d'enrichissement. Le gain dépend donc du hasard : l'un va vivre difficilement du fruit de son travail ; tel autre, grâce à la déesse Fortune, pourra économiser plusieurs centaines de milliers de sesterces. Dans le *Satiricon* de Pétrone, parmi les invités du dîner de Trimalcion, on en entrevoit qui sont en train de s'enrichir et d'autres qui, au contraire, connaissent la misère.

Plus haut dans l'échelle sociale, on trouve de vrais hommes d'affaires, négociants, prêteurs d'argent, manufacturiers, les seuls qui raisonnent en termes de capital. Ils ont introduit dans l'économie les sommes qu'ils possédaient ; ils les mettent en jeu et en attendent un profit. L'argent va engendrer l'argent. Ce ne sont plus des boutiquiers dont les outils symbolisent le savoir technique. Ce ne sont pas des notables possédant un patrimoine. Mais ils aspirent à en acquérir un ;

c'est ce qui constitue, à nos yeux, la limite de leur logique économique. Leur aventure d'hommes d'affaires est conçue comme temporaire ; si leurs affaires vont bien, eux ou leurs héritiers pourront s'intégrer à l'aristocratie, et adopter le genre de vie des notables. Trimalcion lui-même est à ranger au nombre de ces hommes d'affaires, mais il ne serait pas difficile d'en citer d'autres. Ce n'est pas un hasard si l'on ne rencontre pas à Rome de sociétés financières aussi durables et aussi fortes que celles de l'Italie médiévale ; cette absence s'explique en partie par une forte dépendance culturelle, psychologique et aussi financière de ces hommes d'affaires par rapport à l'aristocratie. Entre l'aristocratie et les boutiquiers, leur place demeure trop fragile.

Les économistes du XVIIIe siècle insistaient volontiers sur le rôle que les « propriétaires » jouaient dans le fonctionnement du système économique. François Quesnay, par exemple considérait que le revenu annuel de la classe des propriétaires s'élevait à 40 % de l'ensemble de la production. Par classe des propriétaires, il entendait « le souverain, les possesseurs de terre » et les fermiers généraux, qui tous vivaient du revenu net de la culture, payé annuellement par les producteurs[7].

Des remarques analogues vaudraient pour la Rome antique, à toutes les époques de son histoire. La société romaine était dominée par les propriétaires de patrimoine, susceptibles de vivre de leurs revenus sans travailler. Il s'agissait de l'aristocratie impériale, six cents sénateurs et leurs proches, quelques milliers de chevaliers et leurs proches ; des notabilités des diverses cités de l'Empire ; et, à l'époque impériale, de l'empereur. La base de leur fortune était un patrimoine immobilier, mais ils possédaient en outre d'autres intérêts très diversifiés, de façon durable ou au contraire occasionnelle. Comme en témoignent, dans les textes littéraires ou juridiques, les allusions fragmentaires à la fortune de tel ou tel et les nombreux passages généraux sur la richesse, ils possédaient des terres, des bestiaux, des résidences de luxe et des

7. F. QUESNAY, *Le Tableau économique des physiocrates*, par exemple, réédité chez Calmann-Lévy, Paris, 1969.

immeubles de rapport, des esclaves de toute espèce, des objets précieux, de l'argent liquide et des créances. Parmi les immeubles qu'ils donnaient en location, il y avait souvent des boutiques, et parfois des entrepôts ou des ateliers. Par le biais des pécules qu'ils confiaient à leurs esclaves et des prêts qu'ils leur accordaient, ils opéraient d'autres prélèvements sur le commerce et la fabrication.

Le rôle économique des notables ne se réduisait pas toujours à celui d'un propriétaire foncier rentier de l'immobilier. Et, par ailleurs, leurs activités économiques variaient à la fois en fonction de leur cupidité et de leur prodigalité. Les Latins opposent souvent le notable *quaestuosus*, toujours soucieux d'en avoir plus, d'accumuler, d'augmenter son patrimoine par le gain (le *quaestus*), à celui qui ne l'est pas. Ils opposaient aussi le notable *sumptuosus*, dépensier, guidé par le goût du luxe et du gaspillage, à celui qui ne l'est pas. Mais de tels distinguos n'empêchent pas que le notable raisonne toujours en termes de patrimoine et de revenus annuels de ce patrimoine. L'argent est soit un élément du patrimoine, soit un revenu tiré de ce patrimoine ; jamais ils ne le pensent comme un véritable capital, au sens moderne du terme.

L'empereur Vespasien, qu'on disait cupide, et dont le patrimoine fut toujours un peu limité, s'abaissa, alors qu'il n'était pas encore monté sur le trône, mais comptait déjà au nombre des sénateurs, à tirer profit d'un commerce d'animaux de trait. On l'appela pour cette raison le muletier. Le plus probable est qu'il ait placé, dans une entreprise commerciale, les capitaux que lui avaient prêtés son frère. Soit il les avait prêtés à son tour, soit il avait signé avec un commerçant un contrat de société en commandite. Notons que, pour obtenir ces capitaux, Vespasien avait donné en gage à son frère toutes ses propriétés foncières[8]. Le gain n'était pas conçu comme le résultat d'une activité créatrice de richesse, mais d'une manière ou d'une autre, comme le revenu d'une possession. Cicéron désigne l'ensemble des affaires privées des notables par les mots *emptio venditio locatio conductio*, c'est-à-dire l'achat, la vente et la location.

---

8. Suétone, *Vie de Vespasien*, 4, 6.

On comprend que le prêt à intérêt, c'est-à-dire la location d'argent, ait été tellement pratiqué, à tous les niveaux sociaux, mais surtout par les notables. Ils cherchaient à composer et à gérer leur patrimoine de manière à s'assurer les revenus les plus élevés ou les plus sûrs. Il y avait, du moins en Italie, un marché des terres relativement actif et sur lequel l'aristocratie impériale, sénateurs et chevaliers, exerçait une forte influence. Le problème était souvent de savoir s'il était plus rentable de placer l'argent en terres ou de le prêter. Si le stock monétaire disponible s'accroissait, le loyer de l'argent s'abaissait ; les revenus de la terre étaient alors davantage recherchés, et le prix des terres s'élevait. C'est ce qui se produisit en 31 av. J.-C., d'après un passage de Suétone. Après avoir vaincu Antoine et Cléopâtre, Octavien, le futur Auguste, transporta à Rome le trésor des rois d'Égypte. Suétone évoque en quelques mots les conséquences que l'arrivée de ce trésor eut sur la vie financière romaine : « Octavien fournit une telle abondance de monnaies que, le taux d'intérêt ayant diminué, la valeur des terres s'accrut de façon considérable[9]. »

Par suite de la nature de leurs patrimoines et de la façon dont ils les gèrent, les Romains, et en particulier Suétone dans ce texte, ont conscience des effets que pouvait avoir une augmentation de la quantité des monnaies en circulation. Mais leur point de vue est plus financier qu'économique, et c'est là une limite à la modernité de leurs conceptions.

L'important, à leurs yeux, est le fonctionnement d'un jeu financier qui porte sur les manières de placer l'argent et sur les profits qu'on peut en retirer. Pour les auteurs antiques, les trois éléments de ce jeu financier sont les suivants :

— l'abondance ou la rareté des espèces pratiquement disponibles, qui sont elles-mêmes fonction de la quantité des monnaies émises par l'État ;

— le taux de l'intérêt, qui s'élève d'autant plus que les espèces sont plus rares et s'abaisse d'autant plus qu'elles sont plus abondantes ;

— le prix des terres, inversement proportionnel au taux de

9. SUÉTONE, *Vie d'Auguste*, 41, 1-2.

l'intérêt. L'évolution du prix des terres ne se confond pas avec celle de la vie agricole. Ce sont, en ce cas, des raisons financières qui expliquent ses variations, parce qu'on peut acheter de la terre et que la terre, comme le prêt à intérêt, constitue un moyen de placer l'argent.

Pour conclure, je reprendrais volontiers deux idées sur lesquelles j'ai déjà insisté : d'une part, le rôle étonnamment central des métaux précieux dans le système financier romain ; d'autre part, la spécificité et la prédominance de la conception que les membres de l'aristocratie se faisaient de l'argent.

Remarquons aussi que l'argent et la monnaie, en tant qu'équivalent général, constituent un bon fil conducteur pour aborder l'articulation des divers milieux sociaux et de leurs points de vue économiques. En effet, c'est en particulier à travers l'argent qu'ils doivent nécessairement se retrouver et s'entendre dans l'activité de tous les jours, et cela aussi bien à l'époque antique qu'à la nôtre.

Bibliographie

Andreau J., *Les Affaires de Monsieur Jucundus*, Éd. École française de Rome, Rome, 1974. — « Les banquiers romains », dans *L'Histoire*, 18, décembre 1979, p. 15-21.

Bolin S., *State and Currency in the Roman Empire to A.D. 300*, Éd. Almqvist et Wiksell, Stockholm, 1958.

D'Arms J.H., *Commerce and Social Standing in Ancient Rome*, Harvard University Press, 1981.

Finley M.I., *L'Économie antique*, trad. franç., Éd. de Minuit, Paris, 1975.

Gabba E., *Del buon uso della ricchezza*, Éd. Angelo Guerini, Milan, 1988.

Veyne P., *La Société romaine*, Éd. du Seuil, Paris, 1991.

LA LETTRE ET LE MÉTAL

Pierre Chaunu

Un *spot* des débuts de la publicité à la TV proclamait : « On a toujours besoin de petits pois chez soi. » C'était vers la fin des « trente glorieuses » chères au regretté Jean Fourastié. Je suggère une variante mieux adaptée aux vaches maigres de notre triste décennie : même dans un colloque aussi savant que celui du *Monde* au Mans, avant les choses sérieuses, on a volontiers recours à l'historien de service. Que Dieu vous garde !

Je fus, il est vrai, bien avant le cinquième centenaire qui s'apprête à prendre le relais de notre Bicentenaire hexagonal, depuis la bonne place de Séville, un œil sur Gênes, un œil sur Anvers, ce qu'on était convenu d'appeler un historien économiste. J'ai même beaucoup compté, avant le « bon vieil ordinateur », avec l'aide d'un stylo Bic et une Olivetti de l'âge de pierre, et de ma femme, des bateaux, des doublons et quelques ballots, il y a bien longtemps de cela et puis, tout compte fait — le compte est bon —, je me suis laissé tenter par autre chose. Donc n'attendez pas de moi beaucoup d'érudition, tout au plus, un regard désabusé, depuis Sirius.

Initialement m'avait été confié le XVIe siècle. Avec sagesse, vous m'avez laissé un vaste champ de Rome aux Lumières, précaution contre ma mauvaise habitude de divaguer et de m'ébrouer.

Quid, donc, de l'*argent* entre ces deux dates, sur une plage plus que millénaire ? Là où l'argent existe..., ce qui exclut, longtemps, au long de ce millénaire retenu, non pas beaucoup de monde, mais plus de la moitié de la planète. Si je prends la carte des 76 espaces ethno-anthropologiques que Fernand Braudel et moi, dans son sillage, avons tiré des travaux de G.H. Hewes, intitulés *Cultures et peuples primitifs vers 1500*, suivant une formulation, peut-être à revoir, avant le désenclavement massif (au début du XVIe siècle), les huit dixièmes de l'espace planétaire ignorent l'usage régulier d'une monnaie — ce sont les humanités, en diachronique, antérieures au néolithique, il en subsiste encore beaucoup ; et une partie des agriculteurs par écobuage, semi-sédentaires, ignorent l'usage courant d'une monnaie — mais ces huit dixièmes en surface ne totalisent, au mieux, qu'un quart des hommes. Les sociétés amérindiennes des plateaux (90 % en nombre d'une Amérique non encore globalement nommée), pas plus qu'elles ne maîtrisent vraiment l'écriture, même sous une forme rudimentaire, ne maîtrisent vraiment la monnaie. La monnaie fera son entrée en Amérique par transfert et acculturation après la pénétration européenne, seulement. Elle modifie les formes prémonétaires ou monétaires rudimentaires, sûrement moins sophistiquées que l'on observe en Chine et aux Indes (proprement dites) avant l'impact acculturateur discret d'une présence... au large des côtes. Nous en avons la preuve dans le bouleversement de la *ratio* au profit de l'or et au détriment de l'argent en Chine. Environ 62 à 63 milliards d'hommes ont vécu avant 1600, 64 milliards avant 1700 ; sur ces 64 milliards de destins cumulés, on peut estimer à un peu plus de 10 milliards (10 à 12) ceux qui ont rencontré, au moins, une fois dans leur vie quelque chose qui ressemble un peu, quelque chose offrant quelque parenté avec ce que nous appelons monnaie. Pardonnez cette remarque idiote. Si je pousse encore plus loin le bouchon, je dirai que, sur 85 milliards d'hommes ayant jusqu'à ce jour vécu, 35 ont approché, rencontré, connu, voire manié quotidiennement une riche gamme de monnaies (métal, papier, scripturaire, électronique), un gros tiers, donc, en raison de la récente croissance du nombre des hommes, mais 50, au moins, l'ont totalement ignorée.

A quoi peut bien servir l'histoire ? Peut-être à proposer quelques ordres de grandeur. Appliquant la remarque à l'œuvre pour moi fascinante de Fernand Braudel, j'avais proposé la « pesée globale ». En voilà une.

Si vous acceptez ce petit jeu, peut-être stupide, vous vérifierez par une approche simplement complémentaire une corrélation évidente. Pour qu'apparaisse le phénomène monétaire, il faut des hommes rassemblés, symboliquement mille sur la place de Jéricho, le premier mille à la fois, il y a dix mille ans, donc que la révolution du néolithique soit engagée, commencée quelque part. Mais cette condition, pour nécessaire, n'est pas suffisante. La monnaie, instrument par excellence, comme le langage, de la communication et de l'échange, s'apparente donc étroitement au langage — l'animal peut... à l'extrême rigueur troquer, il ne passera jamais d'un échange binaire ébauché, à l'échange ternaire complexe qu'est l'échange monétaire.

La monnaie se situe bien au niveau non du cri modulé, signal, expression d'une émotion, d'un appel, mais au niveau d'un *vrai langage*, du langage humain sophistiqué. En un mot, la vraie corrélation à l'échelle d'un planétaire globalisé s'établit totalement non avec le niveau 1 d'un langage même grammatical, sémantique, d'un langage oral, mais au niveau 2, qui est celui du langage prolongé, doté d'une expression écrite.

Monnaie et écriture, écriture et monnaie sont au niveau d'une histoire totale des phénomènes humains en gros concomitantes. La corrélation planétaire langage/monnaie s'établit donc au niveau supérieur de l'apparition de l'écriture. Pas de monnaie sans écriture, sans nul doute. Pas d'écriture, longtemps, sans monnaie, assez vraisemblablement.

Le XVIe siècle, où on me « localise », cinquième centenaire oblige de toute manière, qui va prendre le relais — ouf ! enfin — de notre très hexagonal bicentenaire, m'incite aux preuves américaines : les civilisations complexes, aux hautes performances agricoles, des hauts plateaux amérindiens ne maîtrisent vraiment ni l'écriture (une écriture achevée non pas seulement esquissée, ébauchée), ni une monnaie véritable. Le succès de l'orpaillage et de la cueillette de l'*or natif* par la première vague des « conquistadores » est la conséquence de ce retard relatif.

Vous avez été sages de me désigner le XVIe siècle comme champ de notre réflexion. Parce que, contrairement à ce qui se raconte, le XVIe siècle est bien à l'extrême aval d'un monde, le seul monde essentiel étant celui des pensées, et non à l'extrême amont comme la problématique superficielle des grandes découvertes le faisait jadis accroire.

La vraie grande date, le seul vrai tournant, n'est pas 1492 comme nous allons le célébrer — on ne célèbre que l'accessoire —, mais 1609, neuf ans après la découverte des verriers de Middlebourg, le jour où Galilée tourne la lunette — elle a dix ans — vers le ciel.

« Du fond de l'océan des étoiles nouvelles », traduisez que le désenclavement nous a valu un doublement du volume de l'information accumulée disponible en un siècle, après un doublement en deux mille ans. Mais en 1611, Galilée peut clamer, dans la seule langue universelle, en latin, donc : j'ai eu le privilège de voir, en une seule année, vingt fois plus de choses que tous les hommes, ensemble, qui m'ont précédé en cinq mille cinq cents ans. Le Florentin exagère un peu, je vous l'accorde, il est hâbleur, mais il exagère à peine.

Au seul niveau qui compte, celui du langage, de la connaissance, donc de la masse d'information disponible et de son traitement, seul moteur de l'histoire, les multiplicateurs sensoriels sont plus importants que la caravelle, ils déclenchent l'éclatement de l'espace (« le silence éternel de ces espaces infinis »), et un siècle plus tard, le microscope scrutant, « palpant » les fossiles, ces curieuses arabesques dans la pierre, l'éclatement, plus redoutable encore de la durée effectivement parcourue par l'homme, et plus vorace encore par la nature.

Pour l'essentiel, donc, je me tiens en amont du seul vrai bouleversement, celui de la masse globale et donc du traitement de la connaissance. J'ai le métal, j'ai la lettre assise sur le métal, mais l'essentiel des jeux raffinés de l'écriture monétaire ne peuvent survenir que plus tard, au fil de la mathématisation de la « nature » et, *a fortiori*, de la nature sociale « écrite en langage géométrique », qu'il me soit permis de transposer un peu la formule, au seuil des années 1620, de Galilée et de Descartes.

Dois-je rappeler les grandes lignes d'une histoire parfaitement écrite depuis cinquante ans, et que j'aurais honte de réciter, tant elle est présente à tous les esprits ?

Tout commence, mieux recommence dans l'Italie du XIe siècle. Au rayon des techniques de l'échange, le haut Moyen Age et la basse Antiquité semblent dresser un écran. La lettre de change réalisée entre Athènes et le Pont, en témoignage peu réfutable du *Trapézétique* d'Isocrate, a été perdue au même titre que l'héliocentrisme, et enfouis les calculs d'Ératosthène. Je suis assez réticent, d'ailleurs, devant des assimilations simples de témoignages qui nous viennent de l'antique sur le moderne. On en a eu la preuve, récemment, pour les niveaux de lecture et d'écriture. Il est prudent de ne comparer que ce qui est vraiment comparable.

L'Occident latin du « monde plein », la grande vague d'un peuplement continu, comme jamais auparavant, modifie toutes les données. L'axe essentiel d'échange, après la cassure relative entraînée par la pénétration rapide de l'islam de l'est au sud et à l'ouest, l'axe essentiel d'échange est celui qui continue de lier les deux bassins de la Méditerranée, l'Italie en partie byzantine à l'Empire byzantin réduit, mais premier et plus authentique légataire d'une part d'antique surnageant.

Le XIe siècle italien a mis en place les instruments les plus rudimentaires du capitalisme commercial, à peu de chose près, ceux qui vont annexer l'Amérique et désenclaver les cultures-îles et les civilisations enclavées. A côté de l'immémorial prêt sur gages et du change des monnaies, la commande est attestée à Venise, petit monde sauvé sur sa lagune, par un texte de 976. Les contrats de compagnie conservés sont nombreux dès le XIe siècle. Pour le grand commerce, voici le prêt maritime ou à la grosse aventure qui charge du risque le bailleur de fonds, ce précapitaliste. Le premier contrat de *colleganza* apparaît à Venise en 1072-1073, à Gênes, un peu plus tard, au XIIe siècle, sous le terme de *societas maris*. Ces deux instruments ont porté le poids de la première grande mutation des échanges, celle qui accompagne la montée créatrice du nombre des hommes, du XIIe siècle — le vrai grand siècle — et du début du XIIIe. Ils ont permis le soutien logistique de la croisade, cette lourde machine qui témoigne de la puissance de l'Occident latin et qui contraint à se surpasser.

Cet édifice prend appui sur un petit stock monétaire. Ce stock est alimenté par l'argent et le cuivre de l'Allemagne du Sud-Est, Bohême, Hongrie, Tyrol..., et l'or du Soudan qui traverse le Sahara à dos de dromadaire.

Vittorino Magalhaẽs Godinho a démonté les mécanismes, tenté une pesée, il a marqué clairement le passage autour du XIIIe siècle de ce qu'il appelle « de l'or musulman à l'argent allemand ».

On a pu évaluer ce qui franchit le Sahara par la noria caravanière. Cinquante tonnes par an, moins que le contenu d'une seule caravelle, et pour combler le déficit commercial de l'Afrique noire un solde en esclaves et une centaine de kilos de poudre d'or. L'argent prend le relais, quand le besoin devient pressant.

Prenons un peu plus de recul. Les circuits maritimes dans la Méditerranée, puis le détroit de Gibraltar régulièrement franchi après 1291, entre les mers bordières du Nord et la Méditerranée, à quoi vous ajouterez les grands circuits terrestres dont les compensations se font aux foires de Champagne, domaine par excellence de la lettre de change que le négoce italien qui règne sur terre comme sur mer du XIIe au XIVe siècle a mise au point et maîtrisée, tout cela est archiconnu, toutes ces techniques sont brillantes d'intelligence et, à bien des égards, porteuses d'innovation future.

Ces brillantes techniques, qui limitent les dangereux et coûteux déplacements de métal et qui permettent une multiplication du pouvoir d'échange de la masse monétaire, sont mises au service de deux énormes consommateurs, l'échelon central de l'Église, qui pourvoit en indulgences et en dispenses, et, surtout, l'État territorial de finance qui ne permet plus au prince de vivre de son propre (l'ordinaire), mais le contraint à inventer l'impôt (l'exceptionnel, l'extraordinaire de plus en plus « ordinaire » au sens trivial et *de facto* annuel). Fin XIIIe siècle, début XIVe, donc Philippe le Bel, en France, et l'Angleterre suit sur une échelle plus modeste (le quart des ressources du roi de France).

J'ai pu calculer, jadis, ce qu'a représenté, en tonnes d'argent fin, presque année par année, le poids de l'impôt, à partir de J.J. Clamageran.

On arrive, dans la France riche et nombreuse de la fin du XIIIe siècle, à des chiffres oscillant d'une année sur l'autre de 61,5 à 27,5 tonnes d'argent fin..., à la disposition de l'administration royale pour l'entier royaume. Le XIVe siècle se tient entre 25 et 30 ; la rançon de Jean le Bon, ce séisme, atteint 163 tonnes, Charles VIII et Louis XII sont à 55 et 47 tonnes ; le premier XVIe siècle a dépassé 100 tonnes sous François Ier avec les besoins de l'armée soldée substituée au ban et à l'arrière-ban. On passe, de 1629 à 1650, de 400 à 1 000 tonnes, dans une montée en flèche. La Fronde s'ensuit. Louis XIV et ses successeurs sont condamnés à plus de prudence et la pression fiscale ne cesse de décroître en France, pendant tout le XVIIIe siècle, en contraste avec l'Angleterre beaucoup plus imposée, grâce au système représentatif. A titre de comparaison, je rappelle que l'Amérique a exporté, de 1501 à 1600, environ 25 000 tonnes d'équivalent d'argent fin, soit 250 tonnes en moyenne par an, avec de gros écarts et d'importantes fluctuations. Vous voyez ce que peut représenter, d'entrée de jeu, l'entrée en ligne de l'impôt royal, au début du XIVe siècle. C'est lui qui effectue la pénétration par un monétaire concret, quasi quotidien — en dépit du maintien du troc comptabilisé — de l'entier royaume. La France n'est pas toute la chrétienté latine, mais le royaume pèse démographiquement pour un gros quart. Il donne le ton sur le continent. Le roi coûte cher, mais la paix intérieure et un relatif État de droit n'ont pas de prix. On en a conscience en France et hors de France. Les populations ne trouvent pas que le privilège d'un niveau sans équivalent de sécurité effective quotidienne soit trop payé.

Le constat me paraît clair. Le facteur le plus décisif, ce ne sont ni les foires, ni la *colleganza*, ni même la lettre, en attendant l'escompte dont d'autres vous parleront, mais bien l'impôt royal qui entraîne la monétarisation dans la foulée de la rente seigneuriale. Puisque la rigide prestation en travail et l'acquittement en parts de récolte sont psychologiquement dévalorisés par rapport au monétaire. Ces modestes piécettes qui procurent liberté, sécurité, que chaque tenancier parcellaire se doit d'inventer, chaque année, ont un impact modificateur plus grand que les belles arabesques négociantes. C'est ce modeste argent, en partie billon, plus cuivre que métal blanc, cet argent sué, comme arraché d'un invisible « cerro de Potosí », invisible, sorti de la glèbe et des poings noirs péniblement desserrés, c'est lui qui fait masse et qui pèse plus lourd que l'Amérique et l'Asie coalisées sur nos grandes places négociantes, Anvers, Séville, Lisbonne, Gênes, avant Amsterdam et Londres.

Les besoins du roi de France, annuellement collectés, prélevés du labeur agricole et artisanal diffus complémentaire des champs (jusqu'au XVIIe siècle, ils sont équivalents des besoins additionnés de tous les princes de la chrétienté latine, sauf un moment l'Espagne), sont comme une autre Amérique plus ancienne et plus constante, plus régulière que celle de Zacatecas, du Potosí, voire plus tardivement d'Ouro Preto et des Minas Gerais.

On peut interroger les mots. Le latin lie logiquement ce que nous appelons l'argent au bétail ; l'anglais dit *money* ; l'allemand, *geld* ; l'espagnol, *dinero* ; l'amphibologie entre le métal blanc et le fait monétaire nous est propre. L'Espagne qui a exploité les plus grandes mines de métal blanc (Zacatecas, Potosí...) ne confond pas *dinero* et *plata*. « Poderoso caballero es Don Dinero », s'écrie Quevedo. Ce monopole français connote l'ancienneté, la permanence de la monnaie d'argent de Charlemagne à la thune. Cette confusion connote l'épais royaume paysan, cette pièce de cuivre et d'argent que l'on gratte péniblement pour le collecteur, détesté, mais finalement utile puisque, sans lui, la fleur de lys perdrait son pouvoir protecteur. Les deniers, au nombre de trente, que Judas Iscariote reçut pour trahir le divin Maître étaient d'argent.

Le métal est stérile. Le métal est une richesse, une fausse richesse immobilisée, soustraite, une valeur sacrifiée qui représente les vraies valeurs, celles de production, de consommation, d'échange, qui sont mieux symbolisées, d'une manière plus abstraite, par le papier qui, lui, n'est que signe. Cette pièce d'argent est stérile, mettez-la en terre, le théologien scolastique sait qu'elle ne monte pas en graine. Cet argent, notre argent paysan et royal, notre argent d'État, est également un argent usurier. Vous comprendrez que les mots et l'usage majoritaire ne se prêtent guère, chez nous, en France, au passage de l'usure à l'intérêt.

Toute la distance qui se creuse entre l'Europe de la lettre sur l'usure de Calvin et la pratique catholique de la rente perpétuelle, et de la lettre qui ne se sauve que par le risque, se devine presque dans les mots. Le refus de concevoir un intérêt autre que perpétuel, ou lié au risque, découle d'un blocage psychologique issu d'une expérience séculaire.

Il faut réhabiliter l'argent en le faisant décoller de l'usure paysanne et du carcan d'État. En dépit d'un effort louable (pensons Urba), un long chemin reste à parcourir. Notre argent sent toujours la thésaurisation (l'exemption des œuvres d'art dans l'impôt sur la fortune) et le mausolée du prince (de la pyramide de Khéops *via* Versailles à l'Opéra Bastille et à la Très Grande Bibliothèque).

L'argent n'est pas un monstre, il est du côté, je crois l'avoir montré, de l'échange, donc de la parole, de la parole élaborée (l'écrit), de la souplesse, donc de la création et de la pensée. Les corrélations que je me suis efforcé d'établir le prouvent, me semble-t-il ? L'histoire recense, dans le cycle du carbone et de l'azote, peu d'actes aussi absolument insanes, meurtriers et bêtement récessifs que la mesure bolchevique (léniniste) de l'automne 1918 supprimant la monnaie. Elle a tué plus que la Tcheka et autant que la guerre. L'argent est bien du côté de l'esprit, au sens le plus large et le plus neutre.

Ultime preuve, peut-être, les corrélations que vous aurez vous-même dégagées, les grandes innovations dans les techniques monétaires sont avant ou après l'Amérique désenclavée. L'impôt au XIVe siècle et les grands commerces extérieurs, les « frontières » au sens anglo-américain (à la Frederick Jackson Turner), fonctionnent comme des multiplicateurs, des impérialismes de l'acquis. L'Amérique et la poussée inflationniste du XVIe siècle (multiplication par cinq) sont un fleuve gonflé. Il y a occupation de terrains, mais le XVIe siècle est, du point de vue de la technique bancaire, monétaire, cambiste, peu créatif. L'ingéniosité créatrice s'est placée avant, au Moyen Age italien, ou après (Pays-Bas, Hollande, Angleterre, généralisation de l'escompte). L'Amérique a été découverte et exploitée avec l'étambot (1200), la caravelle (XIVe siècle), les tables de Marteloggio (XIVe siècle) et des lettres (XIIIe-XIVe siècle) et une *colleganza* bien plus ancienne,... et l'art de la boussole formulé par Pierre de Marécourt au XIIIe siècle. Une deuxième vague créatrice vient après. D'autres vous l'expliqueront.

Produit de l'intelligence, de la soif de l'autre, l'argent n'existe pas. Seule la pensée, qui le crée, existe. Et elle ne peut renoncer à créer des formes nouvelles — sans mourir. Ceux qui annoncent la fin de l'histoire se trompent lourdement. L'histoire, avec la vie, continue.

PROMESSES DE L'ARGENT ET RETOUR DE L'AGE D'OR : RÉVOLUTION FINANCIÈRE ET ESPOIRS DES LUMIÈRES

Jean-Marie Thiveaud

« L'âge d'or du genre humain n'est point derrière nous, il est au-devant, il est dans la perfection de l'ordre social : nos pères ne l'ont point vu, nos enfants y arriveront un jour, c'est à nous de leur frayer la route[1]. »

Telle est la conclusion du petit traité *De la réorganisation de la société européenne* que livrent, aux nations réunies au congrès de Vienne, le comte Henri de Saint-Simon et Augustin Thierry, son élève, en octobre 1814.

Cette proclamation, qui sonne l'ère nouvelle de l'industrie et du progrès, résume l'optimisme militant du siècle précédent, lorsque l'Europe des Lumières voulait, au nom de la raison, faire à tout prix rimer finance et espérance, lorsque financiers et savants confiaient le bonheur du monde à l'argent.

La passion de libération d'une humanité enchaînée dans les filets des dieux et du temps, l'exaltation de la raison et de la science, cet optimisme gourmand d'un bonheur universel, ce rêve du paradis sur terre trouvent, toujours — et je dirais même en priorité — comme expérimentalement, une traduction financière.

La « révolution financière », qui transforme l'Angleterre dans la première moitié du XVIIIe siècle, qui traverse bientôt l'ensemble de l'Europe des Lumières, frayant la route aux révolutions politiques et sociales de la dernière décennie, pro-

1. H. DE SAINT-SIMON, *De la réorganisation de la société européenne*, Bruxelles, 1814.

gresse, comme au reste toutes les révolutions, sur les machines aériennes de l'utopie. Dans *La Richesse des nations*, Adam Smith, qui parle assez brièvement des finances, désigne le crédit comme *les ailes d'Icare* de l'économie.

Et, pour reprendre, parmi tant de définitions, celle que donnait, voici une quinzaine d'années, Jean-Marie Domenach, de l'utopie, « la raison dans l'imaginaire », il me semble que la révolution financière des Lumières illustrerait plutôt, au contraire, la puissance de l'imaginaire dans la raison.

Cette révolution financière connaît plusieurs manifestations qui se succèdent et s'entremêlent efficacement : révolution du crédit, révolution des techniques, révolution de la prévoyance, révolution de l'épargne et de l'assurance, que je vais essayer d'évoquer[2].

Toutes nourries de la ferveur des Lumières, ces mutations, idéologiques ou techniques, se fondent, à la fin, au creuset des bouleversements politiques et sociaux, se purifient dans le fourneau des guerres révolutionnaires pour nourrir les nouveaux espoirs du siècle suivant. Mais, comme il convient aussi et toujours dans l'ordre de l'utopie, elles laissent des traces positives et organisent, pour une longue postérité, l'appareil financier qui subsiste encore aujourd'hui. Leur inspiration utopisante donne, très vite dès le XVIIIe siècle, au monde financier, cette tonalité ésotérique dont les bulles ou les sphères contemporaines résonnent encore, au terme d'un cycle plus que bicentenaire.

Vers la fin du XVIIe siècle et au début du XVIIIe siècle, et à

2. Nous avons, dans le cadre de la Mission des travaux historiques de la Caisse des dépôts, engagé des recherches sur ces questions depuis plusieurs années. Cf. notamment : J.-M. THIVEAUD, « Finances et Lumières », *in Marché et techniques financières*, été 1989 ; « Crédit, épargne, confiance à la veille de la Révolution », *in État, finances, crédit et Révolution*, Imprimerie nationale, Paris, 1990 ; « Finances et Révolution », dossier, *in Revue d'économie financière*, n° 9, 1989 ; « Naissance de l'assurance-vie en France », *in Revue d'économie financière*, n° 11, 1990 ; J.-M. THIVEAUD et ZHENG KANG, « Financement des retraites et financement de l'État », *in Prévoyance et protection sociale*, Comité d'histoire de la Sécurité sociale, 1991 ; J.-M. THIVEAUD, « Rêves d'actuaires au siècle des Lumières », *in Revue d'économie financière*, n° 14, 1990 ; « Système de finances, la longue marche d'un concept », *in Revue d'économie financière*, n° 18, 1991. Une grande part des résultats des travaux sont repris dans un ouvrage à paraître en 1992, *Le Peuple-prévoyance. Finances et démocratie dans l'Europe des Lumières.*

quelques exceptions près, les États européens sont contaminés par un phénomène que les économistes libéraux de la fin du XIXe siècle appelleront « l'endettement universel » des nations civilisées.

Cette croissance de la dette publique s'explique essentiellement par les innombrables conflits qui jalonnent le siècle, « guerres en dentelles » qui, par leur ampleur et leur intensité, exigent d'énormes dépenses[3]. Cet endettement généralisé bouleverse l'organisation des finances des États belligérants, la dette accumulée suppose le recours systématique à l'emprunt et, pour conserver la faculté d'emprunter, les États doivent honorer régulièrement le remboursement de leur dette. Paradoxalement, mais de manière très dynamique, ces urgences de la dépense des États se renforcent de la quête philosophique du bonheur de l'humanité et de toutes les ambitions scientifiques avides d'universalité qui agitent, de part en part, l'Europe de ce temps.

L'économie de guerre et le désastre financier des appareils publics qui va croissant inspirent à ceux qui en tirent pourtant les premiers bénéfices, banquiers ou publicistes, le rêve militant de la prospérité universelle et de la paix perpétuelle.

Jamais, peut-être, dans l'histoire des Temps modernes, autant d'acteurs, issus de secteurs d'activités et de pays si différents, ne se sont réunis pour associer efficacement les progrès de la science et ceux de la finance, le perfectionnement moral des sociétés et l'équilibre des systèmes politiques, l'amélioration du sort des pauvres et l'accroissement des richesses publiques et particulières.

Avec l'évolution parallèle des échanges commerciaux et la première poussée industrielle, également indissociables des efforts de guerre, ces appétits de financement des nations bellicistes allument la première révolution du crédit.

Le crédit, qui deviendra, au siècle suivant, l'astre guidant les progrès de l'ère industrielle, commence péniblement son

3. Cf. P.G.M. Dickson, *The Financial Revolution in England: A Study in the Development of Public Credit 1688-1756*, Londres, 1970; Dickson et J. Sperling, « War Finance, 1689-1714 », *in New Cambridge Modern History*, vik. vi., Cambridge, 1970; Paul Kennedy, *The Rise and Fall of the Great Powers. Economic Change and Military Conflict from 1500 to 2000*, Hyman, Londres, 1989.

ascension à l'aube du XVIIIe siècle. Sa courbe longtemps erratique fascine toutes les nations qui, avant ou après Adam Smith, cherchent dans l'accroissement de leurs richesses la clé de l'ordre social établi désormais sur l'économie[4].

En France et en Angleterre, particulièrement, les rentrées fiscales, de par la lenteur de leur collecte et la cherté des intermédiaires, ne peuvent suffire aux besoins ordinaires de l'État, et même en temps de paix. Le recours systématique à l'emprunt est inévitable. Les souverains disposent, depuis le XVIIe siècle, des outils mathématiques, l'arithmétique politique, pour anticiper leurs revenus futurs et calculer des emprunts temporaires capables de se pérenniser. Mais chaque État se trouve devant l'obligation d'élargir la base de son crédit pour mobiliser plus efficacement et économiquement les ressources disponibles. Si le système de l'emprunt souscrit par des traitants (que l'on nommait aussi partisans ou financiers, proches, *similia similibus*, de nos actuels investisseurs institutionnels) est sans doute le premier obstacle que les États doivent surmonter, le recours direct à des souscriptions publiques ne permet pas de réunir des ressources importantes. Il faut que chaque pays dispose d'un organisme de crédit efficace, ce qui implique l'organisation d'un marché financier encadré par des institutions solides, munies de techniques appropriées.

Il faut aussi que chaque État puisse gérer l'amortissement de la dette publique, tant le risque est grand de banqueroutes, partielles ou totales sous le poids d'un endettement dont l'ampleur croissante menace aussi l'ordre social et la sûreté publique. Les manquements répétés à la foi publique traduisent, en France tout spécialement (Chamfort, pour pimenter ses maximes, en dénombre une quinzaine dans le siècle), l'embarras d'un État qui ne possède ni les ressources nécessaires ni les capacités politiques pour élaborer des solutions.

Il faut encore parer à un risque que nos financiers d'aujourd'hui diraient d'ordre systémique[5] : le volume de la

4. La meilleure présentation des différentes conceptions et institutions est encore celle de Paul HARSIN, *Les Doctrines monétaires et financières en France aux XVIIe et XVIIIe siècles*, F. Alcan, Paris, 1928.

5. Cf. M. AGLIETTA, « Le risque systémique », *in Revue d'économie financière*, n° 18, 1991 ; J.-M. THIVEAUD, « Systèmes de finances », *ibid.*

dette publique ne peut s'accroître indéfiniment sans que le détournement d'une masse de capitaux productifs ne soit vite préjudiciable à la vie économique du pays. Or, les techniques courantes de l'amortissement, sur dotation budgétaire, augmentent la charge fiscale.

Le maintien indispensable d'un équilibre entre la dette publique et l'économie nationale suppose donc l'organisation du crédit public, la création d'institutions capables d'engranger des réserves, de servir de dépositaire aux citoyens, de stimuler les échanges et la circulation. Chaque pays s'efforce de répondre, à sa façon, selon sa culture, sa structure politique et économique, à toutes ces questions.

La France et l'Angleterre cherchent, au même moment, des solutions aux mêmes problèmes que suscite leur conflit permanent, et les réponses respectives donnent naissance à des modèles différents, qui vont se développer selon des rythmes contraires, rapide en Angleterre, en France très lent.

Dès sa création, en 1694, la Banque d'Angleterre inaugure brillamment la révolution du crédit. Elle gagne très vite la réputation d'être le plus puissant établissement de crédit de l'histoire du monde. Un emprunt de guerre l'a fait naître et le projet proposé par lord Montague au Parlement est voté presque par accident. L'*Act of tonnage*, qui crée la Banque, autorise un emprunt de 1 500 000 livres auquel se consacrent aussitôt la Banque et le gouvernement. Un capital initial de 1,2 million est constitué avec des financiers de la Cité et il est mis immédiatement à la disposition de l'État, qui sert en retour un intérêt élevé de 8 % aux souscripteurs. Ce premier service rendu à la dette publique est sans doute l'un des motifs du succès de la Banque d'Angleterre dont les résultats sur les marchés sont vite patents. Elle opère, à vive allure, un nivellement des taux d'intérêt sur les marchés où le prix de l'argent passe de 20 % ou 30 % à la fin du XVIIe siècle à 4,5 % ou 5 % dans la première décennie du siècle suivant. Cet effet salutaire sur les taux se reporte immédiatement sur la situation financière de l'État et son endettement. Le gouvernement anglais va ainsi pouvoir emprunter, au cours du siècle, à un taux moyen de 3 %, la Banque assurant pour l'État une opération quasi constante de conversion de la dette publique.

Le rôle direct de la Banque sur l'amortissement est renforcé, en 1716, avec la création du premier *Sinking Fund*, qui donne toutes les apparences d'une gestion directe de la dette publique par le gouvernement. En réalité, le Trésor anglais se borne à une routine de contrôle tandis que la Banque gère et fait tourner les fonds.

La Banque se substitue de la même façon au Trésor dans l'émission des titres des effets publics, gère les emprunts publics et, là encore, remplit une fonction de dépositaire.

Elle est aussi, évidemment, banque centrale et effectue toutes les opérations ordinaires de banque, escompte, lettres de change, émission des billets, etc. Son action est efficace puisqu'une partie des créances de l'État, payées de la main de la Banque, y retournent ensuite, ce circuit fermé permettant, en cas de crise, d'amortir les chocs.

Le modèle anglais, conforme à la structure politique nationale que vient d'instaurer Guillaume d'Orange, est résumé par cette Banque, signe de l'alliance entre l'État et le capital, entre l'Échiquier et les financiers de la Cité. La finance, l'argent deviennent les références symboliques de la nouvelle monarchie parlementaire, ils remplacent tout l'arsenal des signes qu'avait peu à peu perdus l'ancienne royauté de droit divin. Cette institution à maints égards révolutionnaire crée donc un canal entre les capitaux engagés dans la dette publique et les besoins courants de l'économie nationale, établit un équilibre entre les besoins du court terme et les réserves stabilisatrices de long terme, concilie heureusement, et dans une apparente neutralité, les intérêts particuliers et la raison d'État. La Banque d'Angleterre représente une illustration merveilleuse de cette très antique logique de la finance et de l'État, de l'argent et du peuple, jadis concrétisée par le *census* romain[6].

---

6. Nous avons engagé une longue recherche, au sein de la Caisse des dépôts et de l'Association d'économie financière, sur les ressorts de la confiance et de la finance. En attendant les premiers résultats, voir G. DUMÉZIL, *Servius et la Fortune*, Gallimard, Paris, 1942; Ch. MALAMOUD, « Croyance, finance, confiance dans l'Inde ancienne », *in Revue d'économie financière*, numéro hors série; *La Caisse des dépôts et consignations - 175 ans*, novembre 1991, Association d'économie financière et Le Monde Éditions.

Bel exemple d'illusion prestidigitatrice du fameux *self-government*, en matière financière, l'institution a une efficacité redoutable en instaurant un climat de confiance à l'intérieur du pays et en offrant au reste des nations l'image d'un « crédit illimité », cette arme secrète dont nous parlons encore aujourd'hui dans les discussions monétaires européennes[7].

En 1716, cette année même où l'Angleterre établit, entre la Banque et l'Échiquier, son premier *Sinking Fund*, pour amortir sa dette, la France du régent accueille l'Écossais John Law qui va inaugurer les fondements du premier édifice de crédit moderne, le système Law, de triste mémoire mais d'une brillante anticipation, fondateur lui aussi d'un lignage fécond. Dès le début et jusqu'à la fin de la brève et dramatique aventure, le motif principal du système, de la banque générale, reste l'amortissement de cette dette publique envahissante, laissée par le Roi-Soleil déclinant. Cette urgence explique le soutien sans réserve du régent. John Law comprit que l'assainissement des finances publiques était lié à la prospérité économique, et réciproquement. La construction de son système repose donc sur une sorte de « mouvement perpétuel » qui exprime, au travers des flux financiers, l'idée encore imprécise du circuit économique. Ces interactions trop habilement perçues par Law l'entraînent à de vastes élaborations qui dépassent très vite le seul objectif de la gestion de la dette et où se confondent les créances publiques et les actions des sociétés commerciales. Law s'emmêle dans l'ordre des terminaisons, mélangeant les dépôts de court terme et ceux de long terme, négligeant la nécessité d'un traitement différent. Les créances de l'État, de longue durée, souvent perpétuelles, réclament, de la part du dépositaire, une vigilance constante pour prévenir crises et fluctuations. Inversement, comment fonder solidement les finances de l'État sur des actions commerciales, appartenant à l'univers du risque et du court terme ? John Law, malgré ses géniales inventions,

7. Cf. ZHENG KANG, « Le circuit à long terme et le système monétaire », *in La Caisse des dépôts - 175 ans*, *op. cit.* ; J.-M., THIVEAUD, « La gestation séculaire de l'État dépositaire au siècle des Lumières », *ibid.*

malgré ses surprenantes prémonitions, confond les rôles, celui du dépositaire général, à la façon de la Banque d'Angleterre, avec celui du négociant monopolistique, les deniers du roi avec ceux de la multitude des souscripteurs et déposants.

Pourtant, John Law apporte assurément, en matière de finances publiques, des propositions novatrices et qui serviront longtemps, après et malgré la chute dramatique de son aventure. A côté, ou à la place d'un ensemble fiscal écrasant, Law, pour supprimer toutes les formes de taxe, érige une banque, levier du crédit public, un établissement de crédit universel, un système général. Ainsi, fondé sur des circuits financiers qui relient le roi à ses peuples, le système doit devenir le lieu de la solidarité politique et économique, mariant les intérêts particuliers à l'intérêt général. L'État n'est plus seulement dépensier, il organise le crédit et l'économie, par la prise en charge de la banque générale et de la Compagnie des Indes.

La banque, placée sous la garantie de l'État, « est à la vérité, écrit Law, un trésor étably qui sert de dépôt au Roy, à ses peuples, aux Etrangers, mais l'entrée et la sortie de cette caisse publique sont toujours ouvertes sans que le Prince puisse jamais avoir un intérêt réel ny même apparent pour en arrêter la circulation[8] ».

Si la Banque d'Angleterre suscite plus efficacement dans les faits cette révolution du crédit, le système de Law ne participe pas moins à cette action subversive et, peut-être, plus profondément car cette action s'exerce dans le royaume des idées et nourrit la toute-puissance de l'imagination. Le système de Law, malgré et à cause de son échec, marque l'avènement dans la société française du rêve formidable de la richesse pour tous, il interprète, aux yeux du monde ébahi, la magie féerique de cette notion révolutionnaire du crédit. Le crédit comme mirage, « toute une nation s'engage à la recherche d'une Ithaque fantastique », écrit Henri Baudrillard vers 1880[9]. John Law brandit devant le peuple *le rameau d'or tentateur* : le billet de banque, il révèle et partage le

8. John LAW, *Œuvres complètes*, éditées par Paul Harsin, Sirey, Paris, 1934.
9. Henri BAUDRILLARD, *Histoire du luxe*, t. III, Hachette, Paris, 1881.

grand œuvre de toutes les alchimies, il réussit la transmutation du papier en or et réciproquement.

Le crédit devient alors la pratique idéale et universelle de l'utopie, l'Eldorado de la Renaissance est, désormais, à la portée de tous, sur les bords du Mississippi. L'argent a un grand défaut, il faut le gagner ; le crédit permet la richesse aisée. La France est une société de joueurs où l'on confond volontiers, en ces temps, la banque et la loterie, comme en attestent les réflexions du duc de Saint-Simon, le grand-oncle d'Henri. Les princes, les grands, la noblesse voient une issue commode à la misère endémique liée à la fortune des armes, et l'on est prêt à échanger les « actions glorieuses » d'antan contre les actions de la banque de Law.

« La révolution subite qui se fit dans les fortunes fut pareille dans les têtes, écrit un témoin, Duclos, dans ses mémoires de la Régence. Avant ce temps, qu'on peut nommer fabuleux, les particuliers n'espéraient de fortune que du travail et de l'économie [...] Aujourd'hui personne ne met plus de bornes à ses désirs. »

Cet ouvrage sublimement poétique, dédié par John Law à la France, réveille encore les échos d'autres poèmes antiques. Léon Bloy, à la fin du XIXe siècle, évoque cette France des Lumières où l'on célébrait les Bucoliques de Moloch et, en effet, le mythe de l'âge d'or, chanté par Ovide et Virgile, trouve une éphémère réalité dans les rues de Paris. Le règne semble proche de la prospérité et de l'harmonie, beaucoup y ont goûté, à leurs dépens ou à leur profit, et tous ne se cacheront pas derrière une salutaire ou peureuse amnésie.

Car le crédit, cet entreprenant appariteur de l'âge d'or, se pare aussi des vertus égalitaires et le vieux libéral Baudrillard, dans les premières années de la IIIe République, tire, de l'expérience Law, une conclusion définitive : « La portée de ce système n'a pas été seulement sociale, mais socialiste. »

La thèse d'André Delaporte sur l'idée d'égalité au siècle des Lumières trouve, dans le domaine financier, une correspondance stricte et pratiquée aux expressions politiques et littéraires qui y sont recensées[10].

10. André DELAPORTE, *L'Idée égalitaire au XVIIIe siècle*, PUF, Paris, 1988.

Sans doute, l'échec de Law et ses dramatiques conséquences vont hanter, durant des décennies, les mémoires et les consciences des plus timorés. « On a tant vu de gens devenus subitement riches ou pauvres, dit encore Duclos, qu'on croit avoir tout à espérer ou à craindre, et souvent avec raison, par les révolutions fréquentes qu'on voit dans les finances de l'État. » Cette crainte populaire se double d'une méfiance politique bien plus lucide devant les risques majeurs que présente un tel système pour un régime de monarchie absolue et de droit divin et si les mérites magiques du crédit demeurent fixés, plus ou moins confusément, dans les esprits, la France attendra l'écroulement de l'Ancien Régime pour commencer à se doter des instruments qui font, depuis des décennies, la richesse d'autres pays.

Les commentaires, souvent teintés d'envie, ne manquent pas pour souligner la réussite financière de l'ennemi voisin et héréditaire, mais l'on condamne volontiers en même temps la Banque d'Angleterre et la monarchie parlementaire. Symétriquement et à l'inverse, les réformateurs soucieux de donner à la France une constitution politique sont, depuis Montesquieu[11], les mêmes qui prônent les innovations financières, célèbrent les vertus de l'amortissement et cherchent dans les mécanismes du crédit public un remède à l'excès de l'impôt.

Au lendemain de la chute du système, l'État et le monde bancaire prononcent un divorce à la française, à l'opposé de l'alliance objective qui a uni le gouvernement anglais aux capitalistes de la Cité. D'autres nations resteront longtemps dans la fascination des promesses féeriques du crédit, et l'exemple de la Russie est, pour moi, le plus singulier de l'utopie au pouvoir, dans le domaine financier, à tout le moins. La légende veut que Pierre Ier eût offert des carros-

11. Lors de l'appel à l'imagination que lance le régent en 1715, Montesquieu figure, comme Law et bien d'autres, parmi les auteurs de projets. Dans la suite de son œuvre, dans *L'Esprit des lois* et, surtout, dans des fragments écrits autour de 1745-1750, Montesquieu insiste sur la nécessité d'un bon système d'amortissement et associe volontiers les finances publiques au corps législatif, comme en Angleterre. Ce modèle sera repris en France, à la veille de la Révolution, puis institutionnalisé par la Restauration qui place les Caisses d'amortissement et des dépôts et consignations sous la surveillance de l'autorité législative.

ses à John Law pour favoriser sa fuite et le conduire auprès de lui. Le tsar lui aurait même proposé de venir créer dans l'empire une ville entièrement vouée aux finances. Law préféra les tables de jeu de la Sérénissime, mais les gouvernements de la Russie, jusqu'à Catherine II, se passionnèrent pour l'expérience Law, qu'ils continuèrent. Et ils édifièrent, au prix d'innombrables essais-erreurs, un ensemble d'institutions monétaires et financières tout à fait mirifiques qui transportent l'observateur d'aujourd'hui au pays des merveilles, dans un au-delà du miroir qui, avec le recul de deux siècles et devant le spectacle qui nous est offert depuis trois ans, paraît formidablement fondateur[12].

L'échec du système de Law consacre ainsi une sorte de fracture dans l'Europe financière du XVIIIe siècle, isolant la France et ses alliés du commerce de l'argent florissant dans les pays du Nord. Les physiocrates, au milieu du siècle, continuent de mépriser les compagnies financières et les marchands. Leur conception du crédit reste très réservée, et Quesnay, hostile « au trafic des finances par l'entremise des papiers commercialisés », dénonce « les banquiers sans roi ni patrie ».

Le cosmopolitisme des métiers de l'argent, salué par Voltaire et critiqué par Rousseau[13], est un motif fréquent de polémique jusqu'aux années de la Révolution, et les « patriotes » condamnent volontiers le monde des banquiers ignorant des frontières. Lorsque, dans le dernier tiers du XVIIIe siècle, Turgot tentera une nouvelle politique du crédit, il devra s'appuyer sur un Suisse, Panchaud, et sur un Écossais, Clonard, pour créer la Caisse d'escompte. Cette institution, autorisée en 1776, et dont l'on se plaît un peu abusivement à faire l'ancêtre de la Banque de France, n'est pourtant pas investie des missions idéales d'un grand établissement de crédit, comme la Banque d'Angleterre. Après un bref succès, elle s'épuise rapidement dans le commerce délicat qu'elle

---

12. Cf. *Les Continuateurs de J. Law en Russie*, EPHE, Paris, 1973 ; et les travaux de A. TIRAN et de l'équipe de Michel SERVET, à l'université Lyon-II.

13. Les positions de J.-J. ROUSSEAU à l'égard des finances sont radicales, il rêve de sociétés sans argent. Voir, par exemple, les *Considérations sur le gouvernement de la Pologne*, en 1772.

entretient avec l'État. Les appétits du Trésor, les variations monétaires, les cours fluctuants des taux provoquent, dès 1783, des crises successives, invitent à la spéculation et suscitent les vitupérations des cercles politiques et financiers, adversaires du régime. Mirabeau, Clavière ou Brissot s'acharnent contre cette Caisse d'escompte, instigatrice de tous les agiotages.

Le siècle reste, en France, écartelé entre les positions d'un Voltaire : « Le riche est né pour beaucoup dépenser/le pauvre est fait pour beaucoup amasser... », et les conceptions des philosophes économistes résumées par le radicalisme moralisant de Rousseau : « Ceux qui manient l'argent apprennent bientôt à le détourner... » ; et ailleurs : « Rendez l'argent méprisable et s'il se peut inutile. » Les propos incendiaires de Sébastien Mercier, pourtant utopiste notoire, expriment bien, en 1788, l'hostilité d'une fraction de l'opinion : « Les agioteurs n'ont aucune idée patriotique ; étrangers à la nation, ils ne savent que cacher leur argent, et, par des manœuvres souples, faire naître des créations imaginaires[14]. »

Le crédit public, dont les économistes français des Lumières avaient nié l'influence sur la prospérité nationale, devient, dans ces mêmes années, la pierre d'achoppement du régime politique et l'un des arguments essentiels des débuts de la révolution que les financiers éclairés allumeront. « Les banquiers, écrit en 1790, Sénac de Meilhan, intendant avisé, bon économiste et futur émigré, sont citoyens de tous les pays et le régime républicain a plus de convenances pour des hommes dont la fortune est disponible et qui, séparés de la hiérarchie de la société, n'ont d'existence que celle qu'ils tirent de leurs richesses, n'ont d'ambition que celle de les augmenter[15]. »

La seconde manifestation de la grande révolution financière du siècle s'opère dans le champ des techniques.

L'influence des Lumières se traduit très concrètement, vers

14. S. Mercier, *Tableaux de Paris*, réédition, Éd. Complexe, Bruxelles, 1989.
15. G. Sénac de Meilhan, *Des principes et des causes de la Révolution en France*, réédition, Desjonquères, Paris, 1989.

les années 1730-1750, puis, plus encore, dans les trois dernières décennies du XVIIIe siècle, par le rythme croissant des innovations financières. Le double courant de la philosophie et des mathématiques suscite ce que j'ai appelé l'« utopie actuarielle », dont l'efficace ferveur va métamorphoser l'univers des finances et établir les bases des appareils dont nous disposons aujourd'hui. Cette réflexion active et internationale s'applique tout autant aux finances publiques qu'aux circuits du commerce privé dans une sorte de complémentarité ou de mixité qui pourrait éventuellement servir à nos méditations actuelles.

Les progrès considérables des techniques financières que l'on constate aux quatre coins de l'Europe s'expliquent aisément par les nécessités évoquées auparavant, mais ils visent en même temps des buts bien plus larges et élevés, la réforme de l'État et des sociétés. Cette sorte d'ambivalence des finalités peut aujourd'hui nous étonner, mais elle est caractéristique de la période. Ainsi les travaux de Deparcieux sur les tables de mortalité, comme la plupart des premières investigations inaugurales de la science démographique, ont pour premier objectif l'amélioration de tel ou tel produit financier, même si ces travaux ont d'autres évidentes utilités pour l'administration publique ou l'amélioration de la santé. Les progrès du calcul des probabilités sont stimulés par une même volonté de performances financières qu'expérimentent, à leur profit, des savants comme Condorcet.

L'écho immédiat que provoquent ces soucis très concrets dans un débat plus vaste où résonnent ensemble Dieu et l'humanité, le nombre et le temps, contribue à accélérer cette course vers le bien-être universel. Les physiocrates, qui méprisent l'argent, vont paradoxalement offrir à l'utopie financière son meilleur slogan. « Le plus grand bonheur pour le plus grand nombre » devient le but, déjà presque tangible, de la réforme sociale, économique et politique.

Les difficultés que connaissent la plupart des États, endettés jusqu'à la banqueroute, les excès de l'agiotage et de la spéculation dans les milieux financiers, l'anarchie régnant dans le maniement des produits et des taux d'intérêt réclament, au nom de la morale et de l'efficacité, une rationalisation des méthodes et de l'outillage.

Savants, juristes, philosophes, mathématiciens se mobilisent, ou sont mobilisés par les financiers publics et les banquiers privés, pour apporter leur concours à une entreprise internationale de régulation et de moralisation des marchés. Les contributions sont innombrables et proviennent de tous les pays de l'Europe ; les Anglais s'inspirent des Allemands avant de féconder la réflexion des Français et des Hollandais ou des Italiens, les idées se croisent, chacun confie à l'autre théorie ou projet.

Ainsi, à la grande idée de l'égalité, portée notamment sur les ailes chimériques du crédit, s'ajoute, au nom des mathématiques et en termes plus concrets, la revendication d'une équité morale et financière. L'éthique des Lumières exige qu'en matière d'emprunt, entre prêteur et emprunteur, personne ne soit lésé. L'État tout aussitôt se trouve mis en cause qui, dans tous les pays, jongle avec la rente, les conversions et l'impossible amortissement de ses dettes monstrueuses. Et cette patiente et ingrate réflexion sur la dette publique permet aussi, dans la ferveur philosophique des Lumières, de porter un nouveau regard sur l'économie, l'ordre social, les constitutions politiques. Le principe même de la dette est, de toute antiquité, à la racine du droit archaïque, à la naissance du contrat. Dans ces périodes où l'on rêve avec nostalgie des premières sociétés démocratriques, les tribuns et les calculateurs vont invoquer la foi publique, cette confiance qui soude le peuple et que le peuple exige de l'État[16].

Les mathématiciens s'allient aux juristes et aux philosophes pour trouver des remèdes à la dette publique et, en introduisant le principe d'une équité rationnelle dans les pratiques financières, ils édifient une théorie du pacte social, fondée sur les rapports contractuels, sonnants et trébuchants, financièrement efficients, entre les membres d'une même

---

16. Sur la foi publique, cf. Robert LION, « Actualité de la foi publique », *in Revue des sciences morales et politiques*, mai 1991 ; et J.-M. THIVEAUD, « Naissance des caisses d'épargne en France », *in Histoire des caisses d'épargne en Europe*, Éditions de l'épargne, Paris, 1991 ; *175 ans de foi publique*, Caisse des dépôts, Paris, 1991.

société. Ils font alors surgir sur la scène des nations, d'un coup de règle mathématique, un nouvel agent économique : le peuple, le peuple qui devient une unité de mesure statistique, le peuple qui se compte, le peuple qui produit des richesses, le peuple qui a un prix, qui peut maîtriser son destin, affronter l'avenir.

L'Europe nous apparaît bientôt comme un vaste laboratoire d'innovations financières où la sollicitation prosaïque des marchés rencontre le goût des Lumières pour les mathématiques appliquées. Ainsi, surtout au milieu du siècle, les méthodes d'emprunt public servent-elles de point de départ à nombre de recherches qui, de Halley et Deparcieux à Price et Condorcet, sauront transformer non seulement les connaissances scientifiques, mais encore les structures mêmes de la société. Les travaux de Price, de Fatio, Saint-Cyran, Laplace, Condorcet, par exemple, qui renouvellent le domaine des intérêts composés ou celui du calcul des probabilités, sont d'abord motivés par la recherche de martingales magiques capables de féconder le champ ingrat et de plus en plus épineux des rentes viagères.

Toutes ces réflexions scientifiques, appliquées aux métiers de l'argent, participent des grands courants philosophiques du moment, que partagent ensemble les banquiers et les savants. L'un explique l'autre en un temps où les cloisonnements entre les esprits, les disciplines, les modes d'expression n'existaient pas plus que les barrières frontalières. Au fond, la problématique technique des rentes viagères, qui met en jeu les grands nombres, le long terme et l'incertitude de l'accident, n'est jamais que la traduction en termes concrets du grand débat des Lumières sur la libération de l'humanité, les fins ultimes de l'histoire et la libre responsabilité de l'homme devant son destin. L'introduction, opérée par le biais des mathématiques, de la notion du cycle de vie dans les premiers modèles de retraite ou d'assurance trouve son corollaire philosophique et universel dans cette métaphore des âges de l'humanité, chère à Kant, Lessing, Herder et combien d'autres, qui transfigure les perspectives historiques et instaure la notion du progrès que célébrera Condorcet.

Une réflexion internationale s'engage, au cours du siècle,

fondant, à contre-courant des thèses physiocratiques, ce que nous nommerions aujourd'hui une véritable économie financière, mais déjà en marge de l'économie réelle, déjà marquée du sceau de cette fiction qui caractérise, en cette fin du XXe siècle, les bulles et sphères financières.

Les applications se développent énergiquement en Hollande, en Allemagne, en Angleterre, alors qu'en France elles demeurent au sein de quelques clans à l'état d'images-souhaits. Le groupe politique qui associe, dans les années 1780, de nombreux banquiers, comme Panchaud, Delessert, Clavière, par exemple, aux publicistes et savants comme Mirabeau, Brissot, Condorcet ou Talleyrand, sera vite emporté par les événements révolutionnaires. Mais leurs théories et leurs projets institutionnels, appuyés sur la science et les techniques, inspirés par le désir du bien-être démocratique, connaîtront néanmoins leur concrétisation au siècle suivant sous l'action conjuguée et paradoxale des gouvernements de la Restauration et du socialisme romantique, avec les survivants ou les descendants.

Mais cette révolution des techniques s'entremêle très étroitement et efficacement à une autre manifestation de la révolution financière, plus forte encore de toutes les ferveurs de l'utopie, la révolution de la prévoyance[17].

Cette révolution, pour le coup idéalement utopique, reste, pour moi, plus lourde de conséquences que les révolutions politiques auxquelles elle a contribué. Notion révolutionnaire, la prévoyance affecte tout à la fois l'appareil des finances publiques et le monde des banquiers, le rôle de l'État et l'organisation de la société. Elle naît, bien sûr, elle aussi, des révolutions philosophiques et scientifiques du siècle, de Newton à Kant, de Leibniz ou Lessing ou Herder jusqu'à Laplace et Condorcet, mais elle trouve sa traduction pratique d'abord sur le terrain financier. Elle suit strictement le progrès des techniques, plus particulièrement dans le domaine

17. J.-M. Thiveaud, Zheng Kang, P.-A. Fabre, *Deux Cents ans de prévoyance*, CNP, Paris, 1989 ; J.-M. Thiveaud, « La prévoyance de demain dans sa perspective historique », *in Enjeux et défis de la prévoyance*, CNP, Paris, 1991.

mouvant, déjà évoqué, des rentes viagères, entre les charmes des intérêts composés et les incantations des probabilités[18].

Tous les produits, les annuités, les tontines, les rentes perpétuelles ou viagères sont, en effet, assortis d'un intérêt qui devient, au XVIIIe siècle, la préoccupation majeure des acteurs financiers. Et la fascination intellectuelle de l'Europe des Lumières pour l'intérêt composé contribue à la grande métamorphose du temps dans les mentalités : la primauté de l'intérêt composé sur l'intérêt simple marque le passage d'un temps discontinu à un temps continu, inaugure l'organisation d'un temps borné par une terminaison qui exige au moins deux unités temporelles, ouvre la nécessaire projection du gain dans un futur mesurable. L'intérêt composé réclame aussi un système de crédit plus évolué, plus équitable parce que nécessairement fondé sur un juste calcul.

Plusieurs pays prennent, alors, conscience du mérite d'une institution publique dépositaire, comme en dispose déjà l'Angleterre. Le Portugal, la Russie créent des Caisses des dépôts, la France absolutiste laisse les projets dans les cartons jusqu'à la Restauration[19].

Toutes ces considérations techniques ont eu un effet sur le droit et la morale, non seulement parce qu'elles semblent une alternative vertueuse aux vieux excès des pratiques usuraires, mais plus encore parce qu'au travers de la rente viagère elles mettent subversivement en jeu cette unité de compte sacrée : la vie humaine, et contestent les fatalités antiques, avec le calcul des probabilités. L'irruption du cycle de vie dans les représentations temporelles est, sans doute, l'un des faits les plus importants du siècle des Lumières et d'autant plus qu'elle trouve sa traduction concrète dans les réponses qu'elle apporte aux brûlantes questions financières. Les banquiers, qui aiguillonnent et supportent les recherches sur les tables de mortalité, stimulent aussi la quantification du ris-

18. Cette passion collective pour les intérêts, qui s'exprime en termes très techniques, conforte, en lui donnant une plus vaste dimension concrète, l'analyse philosophique et politique donnée, sur un registre certes différent, par A.O. HIRSCHMAN, *The Passions and the Interests...*, Princeton University Press, Princeton, 1977 ; trad, franç., PUF, Paris, 1980.

19. Voir dans *La Caisse des dépôts et consignations - 175 ans*, *op. cit.*, le dossier : « Phylogenèse sommaire d'une espèce institutionnelle, etc. », p. 319-390.

que, le perfectionnement du calcul des probabilités pour améliorer sans cesse le rendement des rentes viagères. De leur côté, les philosophes promettent, preuves mathématiques à la clé, la maîtrise du lendemain aux mains de l'humanité, et les financiers philanthropes inventent les premiers systèmes de retraite pour protéger la vieillesse.

Les États ne sont pas moins concernés par ces spéculations, qui leur laissent entrevoir d'heureuses perspectives pour la gestion de la dette publique. La progression géométrique des intérêts composés fonde l'espoir d'un amortissement arithmétique de cette dette au gigantisme désespérant.

Dans la pratique quotidienne, les modèles et les projets se multiplient et se succèdent, en France, en Allemagne, en Russie, en Angleterre, où l'on construit des combinaisons savantes entre les techniques viagères et la dette publique, entre les intérêts composés et les pensions pour la vieillesse.

Ainsi, l'Europe des Lumières et la France particulièrement cultivent avec enthousiasme cette utopie actuarielle qui promet des lendemains enchanteurs pour l'humanité, par les mérites conjugués de l'amortissement et de la prévoyance, réglant ensemble et/ou parallèlement, d'une part, la restauration du crédit public et, d'une autre part, la sécurité financière du cycle de vie des particuliers.

Le pacte social, né de la règle à calcul et des rendements financiers, permet l'entrée en scène, en face du peuple, pour la conquête du bonheur et de la prospérité, d'un nouveau partenaire, l'État, paré des attributs éternels de la divinité. Tous, savants, publicistes et financiers, se nourrissent des échanges européens et entretiennent une même flamme utopique, une même foi dans le progrès de l'humanité, le bonheur du peuple, le cycle de vie de l'homme guidé par la raison et l'État réformé au nom de sa propre nécessité, tous attendent le retour de l'âge d'or, promis par les intérêts composés et les probabilités[20].

---

20. Cf. Richard PRICE, *An Appeal to the Public, on the Subject of the National Debt*, 2e édition, *with an Appendix Containing Explanatory Observations and Tables; and an Account of Present State of Population in Norfolk*, T. Cadell, Londres, 1772 ; Leonhard EULER, *Éclaircissements sur les établissements publics en faveur tant des veuves que des morts, avec la description d'une nouvelle espèce de*

Le petit livre de Mathon de La Cour, *Le Testament de Fortuné Ricard*, publié en 1784, illustre merveilleusement ce songe des actuaires des Lumières[21]. La forme utopisante choisie par ce notable lyonnais est particulièrement prisée dans ces années prérévolutionnaires pour habiller contestation et projets de réforme. L'utilisation d'une parabole pour soutenir la démonstration dans ces domaines complexes avait déjà contribué à la célébrité européenne du Dr Price, avec sa fameuse image tantalisante du « denier placé à 5 % à intérêts composés, la première année de l'ère chrétienne qui produisait, vers 1780, une somme plus forte que celle qui serait contenue dans cinq cents millions de globes d'or solide, aussi gros que celui de la Terre ».

Vraisemblablement, Mathon puise dans cette métaphore éblouissante le motif de son inspiration pour la défense des intérêts composés et de l'amortissement. Car le premier but de son apologue est d'inciter les gouvernements à mieux gérer leur dette publique, clé du bonheur universel et, comme le proclamera un peu plus tard Mirabeau, « germe de la liberté ».

Avec une maigre somme, qui fructifie durant cinq siècles, il fait faire, chaque cent ans, un pas de plus vers la félicité ; au terme d'un demi-millénaire, il a changé la terre en paradis et il reste des milliards d'un absurde profit.

Ce texte, dont l'originalité amuse les contemporains, n'est pas un délire isolé, il concentre, sous couvert de plaisant badinage, tous ces rêves d'actuaires qui imaginent établir, par

---

tontine aussi favorable au public qu'utile à l'État, calculés sous la direction de M. Léonard Euler, par M. Nicolas Fuss, impr. de l'Académie impériale des sciences, Saint-Pétersbourg, 1776 ; Charles Joseph MATHON DE LA COUR, *Le Testament de Fortuné Richard, maître d'arithmétique à D**. Lu et publié à l'audience du baillage de cette ville, le 19 août 1784*, réimprimé dans le tome I des *Tablettes d'un curieux de Sautereau de Marsy*, 1785 ; Étienne CLAVIÈRE, *Prospectus de l'établissement des assurances sur la vie*, impr. Lair l'aîné, Paris, 1788 ; CONDORCET, *Éléments du calcul des probabilités et son application aux jeux de hasard, à la loterie, et aux jugements des hommes, avec un discours sur les avantages des mathématiques sociales*, publiés dans la collection « Corpus des œuvres de philosophie en langue française », *Sur l'élection et autres textes*, Fayard, Paris, 1986, p. 485-623.

21. J.-M. THIVEAUD, « Rêves d'actuaires au siècle des Lumières », *in Revue d'économie financière*, n° 14, 1990, avec une édition quasi complète du texte de Mathon.

le juste calcul et les mathématiques sociales, abondance et justice sur la terre.

Dans un siècle où le mythe de l'âge d'or sert d'aiguillon au désir de liberté et d'égalité entre les hommes, chacun attend la promesse de fécondité de ces mariages croisés, la science avec la finance, l'État et le peuple (ou la société), sous l'invocation de cette omnipotente divinité, la prévoyance.

Contrairement à une idée généralement reçue, la vieille charité chrétienne constitue un moteur bien moins puissant que la notion moderne d'une implicite économie financière. La prévoyance apparaît comme le champ privilégié pour cette association si prometteuse de la science et de l'argent et, puisqu'elle joue allégrement avec les grands nombres et sur la grande échelle du temps, elle peut, avec l'union du peuple et de l'État, s'autoriser de vastes ambitions et concourir au bien-être de la planète tout entière.

Cette attente des contemporains trouve sa vérification, car la prévoyance, état d'esprit autant qu'arsenal de techniques, féconde, en effet, une solide lignée aux branches multiples dont l'épargne et l'assurance seront les plus fortes et où l'on retrouve la science et la bienfaisance, la fortune de l'État et les intérêts privés.

Le concept économique de l'épargne naît très timidement vers le milieu du XVIIIe siècle. En France, l'*Encyclopédie* de Diderot et d'Alembert consacre, en 1755, une notice à l'épargne[22], rédigée par ce même Faiguet de Villeneuve qui livrera, un peu plus tard, en 1763, l'un des premiers plans d'institution d'épargne pour la retraite, dans son traité *L'Économie politique, projet pour enrichir et perfectionner l'espèce humaine*[23]. Faiguet range parmi les vertus cette « dépendance de l'économie [...] proprement le soin et l'habileté nécessaires pour éviter les dépenses superflues ». Il « prê-

22. Joachim FAIGUET DE VILLENEUVE, l'article « Épargne » dans l'*Encyclopédie* de DIDEROT et de D'ALEMBERT, 1755, tome V. Faiguet de Villeneuve participe à plusieurs reprises à l'élaboration de l'*Encyclopédie* et rédige des articles aussi bien sur la grammaire, la théologie que l'économie, entre 1753 et 1761.

23. FAIGUET DE VILLENEUVE, *L'Économie politique, projet pour enrichir et perfectionner l'espèce humaine*, 1763. La brochure est rééditée en 1766 sous le titre de *L'Ami des pauvres ou l'Économie politique*.

che hautement pour l'épargne publique et particulière [...] ce préservatif contre les vices » et surtout dans ce pays de France car « il n'est pas aujourd'hui de peuple moins amateur ni moins au fait de l'épargne que les Français ; et en conséquence il n'en est guère de plus agité, de plus exposé aux chagrins et aux misères de la vie ». Le ton est donné pour les développements à suivre, le bonheur général repose au secret de l'épargne.

Dans son traité de 1763, Faiguet offre la recette technique : « La sage combinaison des intérêts composés et d'une gestion de sécurité permettra de faire valoir ces épargnes sur le long terme. » Et, selon les conceptions de l'époque, il oriente les placements de cette épargne « de la classe des travailleurs » vers les circuits publics, pour alimenter un fonds de rentes perpétuelles et financer « la jonction des rivières, le dessèchement des marais, l'exploitation des landes, la planctation des chemins, etc. ». Et cet esprit éclairé, trésorier royal à Châlons-sur-Marne, conclut : « Mon art n'est pas au reste d'exciter la soif des richesses mais d'instruire les peuples sur leurs vrais intérêts et de les conduire par la voie de l'épargne vers un bonheur sortable à leur condition et nécessaire au bien général. » Il demande, pour finir, à l'Académie française d'ouvrir un concours doté d'un prix pour une chanson dont il écrit déjà le refrain :

> « Travaillez, épargneux, courageux citoyens,
> c'est de vous enrichir l'infaillible moyen. »

D'autres inventeurs publient d'autres projets, dans la même période, mais il faut ensuite attendre près de quinze ans pour que cette conception d'une épargne populaire devienne une réalité économique et financière et, grâce aux progrès des techniques actuarielles, serve de base à de nouveaux projets pratiques.

En Angleterre, Adam Smith, dans *La Richesse des nations*, exalte, à son tour, en 1776, la double vertu, publique et particulière, de l'épargne, ses fondements naturels, sa place dans le circuit économique. Il juche cette nouvelle vertu sociale sur un piédestal inédit, fait de l'épargnant le bienfaiteur public par excellence.

En France, Turgot, Dupont de Nemours suivent les idées

de Smith et affirment que l'épargne garantit la stabilité du système économique. Plaidant pour l'argent bon marché, ils croient à la force de l'accumulation, à la prééminence du temps sur les taux élevés. Ils soulignent la force de l'épargne dans l'investissement, mais, comme tous les Français contemporains, ils laissent en suspens la question de la collecte tant, par la pesanteur des souvenirs de la Régence, l'idée d'un dépositaire efficace semble encore illusoire.

Malgré la réserve prudente des économistes, la nouvelle théorie de l'épargne produit des effets puissants. Si l'épargne obéit aux lois de la nature, elle est alors, dans le rêve philosophique d'une société naturelle, le levier de la démocratisation, chaque citoyen est un épargnant et participe naturellement à la distribution des richesses. Mais parce que ces épargnes sont nécessairement éparpillées dans les mains des citoyens, seul l'État est capable d'en assurer la collecte, de transformer ces innombrables miettes en une masse financière utile pour tous. La problématique du rendement des placements, de la productivité de ces épargnes accumulées va ainsi servir de fondation au nouvel édifice du crédit, dans la logique induite par la réflexiòn, autour des intérêts composés et des probabilités, sur le parallélisme du rendement des produits viagers pour les banquiers et les rentiers et de l'amortissement de la dette publique pour les financiers de l'État.

Les calculateurs assimilent ainsi l'épargne du peuple à la dette de l'État dans le seul but d'élargir davantage la circulation des richesses. La prévoyance permet alors de réconcilier devant l'histoire le monde douteux des manieurs d'argent, accusés de toutes les spéculations funestes, avec le cénacle vertueux des économistes et physiocrates, puisqu'elle devient le moyen efficace de pratiquer l'utopie généreuse de ces derniers : « Offrir le plus grand bonheur au plus grand nombre », en accumulant le plus grand nombre de petites épargnes sur des placements du plus long terme possible.

Lorsque Catherine II invite le mathématicien suisse Euler à Saint-Pétersbourg pour réformer ou inventer des institutions de bienfaisance, celui-ci, selon les idées du temps, imagine une combinatoire de la prévoyance individuelle et du financement de l'État, et il lui apporte le secours d'une innovation technique, la rente croissante, où l'intérêt croît au gré du cycle de vie du déposant[24].

Dix ans plus tard, en 1785, un Français, Jean de La Rocque, disciple d'Adam Smith et lecteur d'Euler, reprend à son compte cette technique de la rente croissante pour édifier une « caisse d'épargne du peuple[25] ». Son projet, commenté et soutenu par Condorcet, est inscrit par Lavoisier dans les réformes préconisées, en 1788, par l'assemblée provinciale de l'Orléanais ; on le retrouve dans d'autres propositions d'autres assemblées. La Rocque assoit, comme Euler, le développement de sa « caisse du peuple » sur un dépositaire étatique qui organise le lien entre la prévoyance individuelle et l'amortissement de la dette publique. Là encore, l'omnipotente prévoyance concilie les contradictions entre des flux financiers aux progressions temporelles inverses, dépôts à vue et emplois de long terme, unit les intérêts du peuple et ceux de l'État.

Cette institution doit être, selon les vœux de La Rocque, « le gardien du dépôt inviolable de tout ce que le pauvre possède, et l'unique gage de son existence ». « Elle veillera à ce que rien ne soit commis au hasard » et emploiera ses capitaux « dans tous les établissements publics qui présentent des bénéfices sans danger ».

« Ce n'est ni le lieu ni à moi, conclut La Rocque, de commenter le célèbre adage de Frédéric Guillaume. En cette matière, plus qu'en aucune autre, il contient tout ce qu'on

---

24. Pour plus d'informations sur Faiguet, voir notamment J.-M. THIVEAUD, *Crédit, épargne, confiance à la veille de la Révolution*, *op. cit.* ; sur Euler et La Rocque, *La Gestation séculaire de l'État dépositaire*, *op. cit.*

25. Jean DE LA ROCQUE, *Établissement d'une caisse générale des épargnes du peuple, susceptible d'être exécuté dans les principaux gouvernements de l'Europe, accompagné de tables, où l'on compare la vie moyenne des hommes [...] avec celle des rentiers viagers de la Hollande, des tontines de la France et des habitants de la Suède, etc., suivi de deux méthodes pour le calcul des rentes viagères et d'une courte explication de l'usage des annuités dans les opérations du commerce et de la finance en sorte que cet ouvrage, outre son objet principal, est utile encore aux personnes qui acquièrent ou constituent des rentes viagères ; aux débiteurs qui veulent se libérer par des économies insensibles ; aux personnes, enfin, qui acquièrent ou transportent des jouissances de revenu, pour un nombre d'années fixe et déterminé*, Bruxelles, 1786.

peut faire : "Les plus grandes choses, en dernière analyse, ne sont que le résultat d'une multitude de petites." »

Dans le contexte philosophique et politique de ces années prérévolutionnaires, le système proposé par La Rocque est chargé des promesses de l'avènement d'une société nouvelle et d'une démocratisation de la gestion des finances publiques. L'institution dont il rêve joue avec le temps, au rythme du cycle de la vie humaine, pour établir cette nouvelle éthique sociale que fonde la prévoyance. Ainsi, les fonds publics échapperont à la maudite spéculation et l'État libéré s'emploiera à garantir davantage la sécurité et la prospérité des citoyens. Promesse de démocratie encore, cet abaissement du taux d'intérêt qui nuit aux profits immédiats des capitalistes, favorise la paisible accumulation de la prévoyance des classes laborieuses.

En cherchant à maîtriser le processus de capitalisation dans le double but de garantir les ressources de l'État et d'assurer l'accumulation des épargnes des pauvres, La Rocque voit dans le crédit un médiateur idéal entre le peuple et l'État pour préparer ensemble la construction d'une société de paix et d'abondance. Ces propositions de Jean de La Rocque ne sont pas isolés et on les retrouve, dans les mêmes années, chez nombre d'autres promoteurs, qui associent tous, dans leurs projets ou leurs réalisations, la double préoccupation de trouver un terme à l'alourdissement de la dette publique et un point de départ pour le développement d'institutions de prévoyance. Les projets et les tentatives de création de caisses d'épargne fleurissent en Angleterre, en Allemagne, en France, avant la Révolution.

Les techniques de l'assurance se multiplient, elles aussi, au cours du XVIIIe siècle. Après la diffusion des assurances maritimes au siècle précédent, elles s'intéressent aux différents accidents de l'existence, de l'incendie à la survie, dans tous les pays d'Europe. Si l'épargne répond en écho aux vœux de bonheur et d'égalité des hommes des Lumières, l'assurance traduit concrètement le triomphe de la raison et les désirs individuels et collectifs de libération[26]. Comme elle

26. Sur l'assurance au XVIIIe siècle, voir J. BOUCHARY, *op. cit.*, et J. RICHARD, *Histoire de l'assurance*, L'Argus, Paris, 1948 ; J.-M. THIVEAUD, « La première compagnie d'assurance-vie en France », *in Revue d'économie financière*, n° 11, 1989.

intéresse d'abord les cercles plus étroits des banquiers, des industriels, des rentiers, l'assurance connaît un développement plus immédiat et plus solide que les mécanismes d'épargne dont le fonctionnement suppose une intervention de l'État. Les compagnies se multiplient dans l'Europe du Nord dès le premier tiers du siècle pour s'installer dans l'ensemble des pays après 1770 et couvrir différents dommages. Les progrès spectaculaires des mathématiques dans les deux dernières décennies permettent alors l'éclosion très rapide des premières sociétés d'assurances sur la vie qui affichent, sans honte, leurs promesses de profit.

Épargne et assurance procèdent, à cette époque, de la même logique de la prévoyance, avec des techniques, des publics et des partenaires différents, et si Benjamin Delessert, fondateur désigné par l'historiographie corporative, a bien créé, en 1818, la première Caisse d'épargne à Paris, son action n'est pourtant que la reproduction partielle de l'institution, fondée en 1787 par Étienne, son père, au sein de la « Compagnie royale d'assurances sur la vie ». Il ressuscitera, un an plus tard, ladite compagnie, mais l'interdiction de l'assurance-vie en France, entre 1793 et 1819, aura provoqué la scission du modèle initial. Toutefois, dans le plan de Clavière et Delessert père, les fonctions et les publics sont séparés. L'épargne, gérée par un département spécial, s'adresse au peuple des travailleurs et elle se conjugue, comme chez La Rocque, avec un financement de l'État. L'assurance, au contraire, est réservée aux capitalistes, aux entrepreneurs, et l'État y voit son rôle borné aux arbitrages et au contrôle.

Quoique participant à un clan d'affairistes adverse de celui de La Rocque, lié, lui, à l'équipe de Panchaud, des hommes comme Clavière, Delessert, Condorcet et Duvillard expriment les mêmes conceptions dans la mise en œuvre de cette Compagnie royale d'assurances sur la vie. Libérer l'État et assurer le bien-être du peuple sont, pour eux, un même objectif, un même *but également humanitaire et patriotique*. Ces modiques sommes que les classes laborieuses confieraient à une institution de prévoyance, caisse d'épargne ou même compagnie d'assurances, sont autant de dépôts mais qui ne peuvent être traités comme les dépôts bancaires ordinaires, liés uniquement à l'escompte et à l'échange et dont les banques tirent leur profit. Les dépôts de prévoyance restent assimilés à ce que le droit antique classait sous le terme de « dépôt régulier », revêtu du caractère sacré, de l'inviolabilité du serment et du contrat qui protègent toute dette. Mais, dans cette nouvelle perception moderne et puissamment révolutionnaire, ils peuvent et ils doivent fructifier, ils ne sont pas, comme la vieille consignation, immuablement figés par les lois de la confiance, soumis à une restitution à l'identique. Le temps se conjugue à l'argent pour métamorphoser les mentalités et le monde, les dépôts de prévoyance quoique toujours munis de la dimension sacrée, attachée au contrat social qui soude le peuple, franchissent la barrière de l'irrégularité, ils passent dans le champ des dépôts de type bancaire. Mais ils doivent fructifier dans l'intérêt du déposant et non des dépositaires. Or, ils sont dérisoires sinon stériles et ne peuvent courir le risque d'une éventuelle insolvabilité du dépositaire, qui pourrait d'ailleurs être causée par leur propre faiblesse et leur absence de garantie.

Les banquiers, prudents, ne se soucient guère de cette ressource à la rentabilité quasi nulle, mais les économistes et les financiers éclairés savent, avec A. Smith, que la puissance financière de ces petites épargnes tient dans leur grand nombre et la longue terminaison de leur productivité.

Selon les conceptions de l'époque et malgré les apparences paradoxales de la situation du moment, tous s'accordent à reconnaître, sur un plan technique, que seul l'État peut offrir la double garantie d'une absolue sécurité et d'une juste fructification pour ces dépôts populaires. Et l'État sera d'autant plus attaché à la bonne gestion de ces mécanismes de prévoyance que la prévoyance du peuple devient la providence de l'État, en favorisant l'amortissement[27].

Dès lors qu'il est dépositaire de capitaux assortis à sa propre dette, l'État doit, impérativement, s'appliquer au soutien de la circulation et de la production, organiser le crédit

---

27. J.-M. THIVEAUD, « La gestation séculaire de l'État-dépositaire au siècle des Lumières », *in Revue d'économie financière*, *op. cit.*

et l'économie pour ne pas prendre le risque de ne plus pouvoir assumer sa responsabilité devant les citoyens-épargnants.

Par l'obligation de la prévoyance, la sienne et celle des déposants, l'État est condamné à faire le bonheur de la société.

Opérant sur de nouveaux domaines temporels, à l'échelle des mortels, munie des outils mathématiques, le calcul des intérêts composés et celui des probabilités, la prévoyance va utiliser ce concept novateur de l'épargne et cette technique subversive de l'assurance pour accomplir les promesses de la grande utopie financière. Ainsi devient-elle, à juste titre et selon les mots de Mirabeau, au début de la Révolution, *la seconde providence du genre humain.*

La révolution financière des Lumières atteint son apogée, tous les ingrédients des philtres de jouvence ou de la machine infernale qu'attend l'humanité pour se régénérer sont enfin rassemblés : le calcul et la raison, le bonheur et les équations, le peuple et l'État, les riches et les pauvres, les savants et les banquiers, la justice et la prospérité. L'argent purifié par la science, sublimé par le désir d'égalité, consacré comme instrument de liberté est, sans conteste, la clé de l'âge d'or, le ressort du « plus grand bonheur pour le plus grand nombre ».

Le pouvoir de l'utopie s'est positivement exercé car, sans doute, nos systèmes économiques et financiers n'auraient pas connu le même développement si, voici plus de deux cents ans, des esprits généreux et singuliers ne s'étaient obstinés à vouloir faire rimer « finance » avec « espérance ».

Reste à prouver que l'âge d'or est arrivé sur les ailes d'Icare du crédit, que l'argent a fait le bonheur du monde. Un siècle après Saint-Simon, Lénine, à son tour, annonce le prochain retour de l'âge d'or, le paradis gagné sur les ruines du capital. En 1991, l'encyclique *Centesimus annus* admet qu'il faut un peu d'argent pour le bien-être des hommes, mais l'Église renvoie dos à dos les apôtres du travail et ceux du capital.

A l'approche du *millenium*, le monde, en quête de son nouvel ordre, attend toujours le règne de la paix et de l'abondance. « Nos enfants croiront avoir de l'imagination, disait Henri de Saint-Simon, ils n'auront que des réminiscences. »

INSTABILITÉ FINANCIÈRE : L'EXPÉRIENCE DE L'ENTRE-DEUX-GUERRES

Marc Uzan

La période de l'entre-deux-guerres est définie comme unique dans l'histoire de la finance internationale : en effet, elle est témoin de trois expériences monétaires différentes. Des taux de change flottants, entre 1921 et 1926, on passe à des taux de change fixes entre 1927 et 1931, pour aboutir à des taux de change gérés jusqu'à la fin des années trente. Comme toute période de transition, la période de l'entre-deux-guerres est une période riche dans l'histoire de la finance internationale. Les années vingt ont été une décennie de changements rapides dans la structure et la direction des relations financières internationales. L'analyse de cette période transitoire va nous permettre de comprendre pourquoi l'Europe a perdu son pouvoir financier. Avant la Première Guerre mondiale, la Grande-Bretagne était la première puissance économique mondiale. Londres, la capitale de la finance internationale, et la livre sterling servait de référence au système monétaire. En 1913, la croissance américaine était financée par les capitaux en provenance de l'Europe. Nation débitrice avant la Première Guerre mondiale, elle se transforme en créancier du monde après celle-ci.

Ce changement de configuration des balances des paiements a eu un impact immédiat sur les monnaies. En effet, le secrétariat de la Ligue des nations reconnut le dollar comme monnaie internationale. La conséquence de ce changement fut que le commerce international se calcula en dollars et non plus en livres sterling. Ainsi les années vingt correspondirent à une fracture dans les sphères d'influence. La guerre et les révolutions ont affaibli l'ensemble des monnaies européennes. L'Empire austro-hongrois a été démantelé ; le franc français, symbole de stabilité, perd le cinquième de sa valeur sur les marchés financiers et, en 1919, la monnaie allemande n'est plus qu'une monnaie de singe sans aucune valeur ; la livre sterling, symbole de la puissance et de l'hégémonie financière anglaise, véritable clé de voûte du système de l'étalon-or avant la guerre, est revenue en 1919 à un niveau inférieur à celui d'avant guerre.

La crise des années trente va mettre en évidence les liaisons entre le système financier international et l'économie mondiale. L'entre-deux-guerres reste caractérisé par une période d'innovation financière rapide, mal gérée, avec une instabilité financière dominante et une crise financière aux effets macroéconomiques dévastateurs. C'est pour cette raison qu'elle connaît un regain d'intérêt parmi les économistes américains[1].

Dans cette communication, je voudrais décrire tout d'abord les principaux développements des marchés financiers entre les deux guerres et déterminer leurs liens avec la crise macroéconomique des années trente. Nous procéderons en deux étapes. La première consiste à décrire l'équilibre financier international au lendemain de la Première Guerre mondiale. La seconde analysera plus particulièrement les différents aspects de l'instabilité monétaire durant l'entre-deux-guerres.

L'équilibre financier international de la Première Guerre mondiale

La Première Guerre mondiale a mis en marche des forces qui ont défini les relations financières durant la décennie.

Un des premiers effets de la guerre a été de modifier les rapports financiers sur les marchés internationaux. Les États-

1. Cf. les travaux de Barry EICHENGREEN, *The Collapse of the World Financial System*, Oxford University Press, 1991.

Unis sont passés du stade de nation débitrice à celui du créancier. Les estimations confirment que, pour financer la guerre, 60 % des titres américains tenus à l'étranger furent revendus aux investisseurs américains entre 1915-1916 ; entre 1915 et 1919, plus de 12 milliards de dollars de crédit ont été accordés par les États-Unis aux Alliés. Les belligérants européens sortirent de la guerre avec une dette extérieure considérable envers les États-Unis. Vers le milieu des années vingt, la plupart des pays avaient négocié un plan de remboursement de leurs emprunts de guerre. Entre 1926 et 1931, les États-Unis ont reçu presque un milliard de dollars en paiement des intérêts et remboursement du capital.

Les réparations allemandes venaient augmenter cet afflux de capitaux. La liste des réparations établies à Londres en 1921 fut rééchelonnée comme part de l'arrangement du plan Dawes en 1924. Les annuités demandées à l'Allemagne d'après ce plan furent payées ponctuellement jusqu'en 1929. Les Alliés reçurent de l'Allemagne presque 2 milliards pendant les cinq années précédentes.

Ni l'Allemagne ni les Alliés n'étaient en mesure d'accroître les exportations dans la proportion correspondante à ces milliards de dollars de change. S'ils en avaient été capables les autres pays n'auraient probablement pas été prêts à absorber les importations supplémentaires. L'équilibre financier international exigeait que les États-Unis et, dans une moindre mesure, l'Angleterre recyclent cet afflux de capitaux généré par le paiement des réparations et des intérêts. En fait, le problème du recyclage était plus vaste. Les économies française, belge et allemande avaient été ravagées par la guerre. Le crédit étranger était nécessaire pour importer les biens de consommation de première nécessité et pour financer la reconstruction économique. La partition de l'Europe centrale et orientale en une demi-douzaine d'États souverains a morcelé les industries et les systèmes de transports. Les vastes investissements dans l'infrastructure, le matériel et l'équipement alourdissaient la demande de capitaux étrangers. Pour les États-Unis, traditionnellement importateurs de capitaux, la solution logique était de commencer à exporter leurs capitaux vers l'Europe.

Au début, New York a fourni les capitaux sous forme de prêts à court terme, principalement des crédits commerciaux acheminés par Londres. Les années 1919-1920 ont connu les plus fortes exportations américaines de capitaux de l'entre-deux-guerres. Mais, à partir du moment où les gouvernements européens ont demandé des capitaux pour le financement des projets à long terme et non plus seulement celui des importations de biens de consommation, les crédits commerciaux n'ont plus suffi. Les banques commerciales avaient commencé déjà à ouvrir des succursales à l'étranger. Leurs représentants se disputaient avec acharnement les emprunts étrangers. Les banques ouvrirent des filiales qui vendaient des titres étrangers aux États-Unis. Elles se mirent à la portée des investisseurs habitués aux avantages des valeurs étrangères qui résultaient du *Liberty Loan Act* de 1917-1919.

Les prêts étrangers des années vingt n'atteignirent jamais les sommets des années antérieures à la Première Guerre mondiale. De 1902 à 1913, la valeur absolue des soldes des comptes courants des neuf pays industrialisés avaient atteint une moyenne de 4 % du PNB. Entre 1925 et 1928, les mêmes indicateurs n'étaient que de 1,4 %.

Le changement structurel était beaucoup plus prononcé dans la sphère monétairc internationale. Avec la Première Guerre mondiale s'était achevée l'ère de l'étalon-or. Le système monétaitre international fut reconstruit dans la décennie qui suivit. Les États-Unis étaient le seul pays capable de maintenir la convertibilité de l'or à la fin de la guerre. Le dollar devint la monnaie de référence. De l'ensemble des monnaies, il fut la seule à conserver sa valeur d'avant guerre. C'est pourquoi le dollar est devenu un point de référence pour la stabilisation des autres monnaies. C'est un fait d'une importance considérable, qui va prouver le rôle influent de la politique monétaire américaine sur le reste du monde. Les premiers pays qui rétabliront le rattachement de leur monnaie à l'or sont ceux qui avaient souffert de l'hyperinflation comme conséquence de la guerre : l'Autriche, en 1923 ; l'Allemagne, en 1924 ; la Hongrie, en 1925 ; la France, en 1926 et l'Italie, en 1927.

Dès avant 1927, la reconstruction du système de l'étalon-or était complètement achevée. Ce nouvel étalon-or différait beaucoup de son prédécesseur. Les pièces en or qui avaient circulé étaient concentrées dans les réserves des banques centrales. Celles-ci, à peu d'exceptions près, étaient autorisées par la loi à détenir une partie des garanties avalisées en monnaies convertibles plutôt qu'en or.

Les principaux pays détenteurs de réserves de devises, les États-Unis et la Grande-Bretagne, continuèrent à détenir principalement de l'or, tandis que d'autres banques centrales gardèrent une partie de leurs réserves internationales sous forme de créances sur Londres et New York. Même si cet usage avait été dominant avant la Première Guerre mondiale, il n'avait pas été aussi diffus ni aussi officiel. Avant la guerre, trois pays seulement, la Russie, le Japon et l'Inde, avaient détenu la majorité des provisions de change. Maintenant, la plupart des banques centrales conservaient une partie de leurs provisions sous forme de devises. Globalement, la part des devises avait probablement doublé depuis 1913. S'est ajoutée à cela une diversification croissante des monnaies. Avant 1913, la majorité des réserves était exprimée en devises et se trouvait à Londres... Avec la montée du dollar comme monnaie dominante, aucune monnaie européenne ne pouvait représenter la majorité des portefeuilles. Très souvent, les banques centrales détenaient des portefeuilles diversifiés de livres, de dollars, de francs et d'autres monnaies, dont elles variaient la composition en fonction des événements.

Voilà, brièvement résumé, le système monétaire et financier au seuil de la Crise. Les dix années qui suivirent révélèrent ses insuffisances et vont prouver son instabilité chronique. La perte de confiance dans la monnaie et dans les institutions financières va achever cette décomposition.

L'effondrement du système financier et la perte de confiance dans la monnaie

Parmi les causes de l'effondrement du système financier, les historiens de la Grande Crise mettent en avant le krach de Wall Street. Mais pour comprendre les rapports entre le système monétaire et la crise, il est nécessaire de revenir en 1928. C'est à ce moment que la banque centrale américaine préoccupée par la spéculation financière qui avait atteint un niveau excessif, a commencé à relever les taux d'intérêt. Cinq trimestres plus tard, les efforts ont permis de réduire cette spéculation et de redonner au public une confiance dans leurs actifs liquides. Mais ce relèvement des taux va restreindre les prêts à l'économie. Comme le cours de l'argent au jour le jour montait vers des sommets sans précédent, il a paru brusquement plus sûr et plus profitable aux investisseurs américains de patienter et de garder leurs liquidités. Brusquement, le portefeuille des prêts nets décroît : plus de 1 000 millions de dollars en 1927, 7 000 millions en 1928. Cette diminution provoqua, dans les pays européens, des difficultés pour assurer le paiement de leur dette extérieure. Vers la fin de 1928, la récession était évidente en Allemagne, et partout en Amérique latine.

Mais à la suite de ce krach financier, la Réserve fédérale n'hésita pas à mettre en circulation des liquidités supplémentaires. Pour empêcher la vente des actifs boursiers et l'insolvabilité des maisons de titres, la banque centrale injecta des crédits dans les derniers mois de 1929. Les possessions de titres américains des banques fédérales doublèrent en octobre et novembre 1929. Pour la population, le krach financier inaugura une nouvelle ère d'incertitude. Les ménages, inquiets, reportèrent leurs achats de biens de consommation. Ce fut la chute des dépenses pour les automobiles, par exemple, qui fut la plus forte après 1929.

Le changement de la politique monétaire de la banque centrale coïncida avec la première crise bancaire, à la fin de 1930. Elle fut moins grave que la deuxième, en octobre 1931, ou la troisième, en mars 1933. L'instabilité des systèmes bancaires fut un phénomène global. Les faillites furent aussi aiguës en Autriche, en Allemagne et en Hongrie en 1931, en Suède en 1932 et en Belgique en 1933, pour ne citer que les exemples les plus importants.

L'effondrement des prix des denrées agricoles a sapé les bénéfices des banques rurales. La chute de l'activité industrielle a réduit le bilan des banques en Allemagne et en Autriche. Les fraudes et les détournements de fonds jouèrent un rôle important dans le cas de la Suède en 1932. Le seul facteur commun à toutes ces crises fut le rôle de l'étalon-or. Les difficultés du système bancaire poussèrent les banques centrales à intervenir comme prêteur en dernier ressort. Les autorités monétaires furent contraintes à escompter les avoirs pour le compte d'intermédiaires souffrant d'une hémorragie de dépôts. Mais le statut obligatoire de la convertibilité en or obligeant les banques centrales à maintenir un taux minimal d'or et de devises disponibles pour les dettes, le système a empêché les banques centrales de fournir les liquidités supplémentaires pour contenir la crise dans le système bancaire. Par exemple, en juillet 1931, au plus fort de la crise bancaire allemande, le volume des réserves de la Reichsbank tomba au plancher fixe de 40 %, au risque de violer les statuts de l'étalon-or allemand. Ainsi, la Reichsbank ne pouvait prendre que des mesures provisoires pour soutenir le système bancaire, lesquelles ont sapé la confiance dans l'avenir de la convertibilité et provoqué une ruée sur ses réserves internationales. La Reichsbank, pour finir, fut obligée d'installer un contrôle des changes.

Si l'instabilité du système bancaire pouvait ébranler la confiance dans l'étalon-or, l'inverse était aussi vrai. L'illustration la plus claire en est la crise américaine de mars-avril 1933. L'attente de la dévaluation du dollar fut le facteur critique qui provoqua une crise bancaire généralisée. On savait que Franklin Roosevelt, président des États-Unis, était favorable à la dévaluation du dollar. Le Congrès, avec les amendements Wheeler et Thomas, était au contraire pour une surévaluation. En anticipant la dévaluation, les épargnants retirèrent leur argent et le transformèrent en or et en devises. L'inquiétude sur la convertibilité du dollar produisit une ruée des déposants pour retirer leur argent dans les banques.

En Autriche, la crise de 1931 commença dans le système bancaire. La confiance fut détruite par des révélations sur l'amplitude des prêts de la banque Kredit Anstalt. La banque centrale offrit des liquidités additionnelles au système bancaire ; l'émission des billets s'accrut de 23 % dans les premiers mois.

La couverture de l'émission de monnaie n'était plus assurée par le stock d'or, ce qui renforçait la peur quant à l'avenir de la parité de l'or. Les épargnants non disposés à risquer se ruèrent pour retirer leurs fonds du système bancaire, les transformer en devises pour éviter les pertes dues à la dévaluation.

Plus la banque centrale injectait rapidement des liquidités et plus la perte de confiance dans la monnaie se répandait. Le prêteur en dernier ressort intervenait dans le système de manière antiproductive. La nature entrecroisée des systèmes bancaires et la structure particulière de l'étalon-or permirent à l'instabilité financière de passer d'un pays à l'autre. Quand la Grande-Bretagne fut contrainte de dévaluer, en septembre 1931, l'impact se sentit directement sur le dollar. Le fait qu'une monnaie refuge avait été dévaluée provoquait des doutes sur la stabilité de l'autre. La ruée spéculative sur le dollar en fut le résultat inévitable. Les banques centrales liquidèrent leurs devises et les transformèrent en or. La part des devises dans les provisions internationales tomba de deux tiers entre fin 1929 et fin 1931. La valeur des réserves disponibles pour couvrir les engagements monétaires déclina brusquement. La pression sur les pays membres de l'étalon-or s'intensifia.

Comme les crises de convertibilité, la panique bancaire fut contagieuse. Les grandes banques allemandes avaient gardé une partie de leurs opérations à Vienne. Les banques autrichiennes firent de même à Berlin. La ruée sur les banques autrichiennes entraîna le retrait de leurs dépôts, déplaçant la pression sur le système bancaire allemand. Quand le gouvernement autrichien réagit à la crise en imposant le contrôle des changes, la peur que l'Allemagne pourrait réagir de la même façon conduisit d'autres déposants à clôturer leurs comptes à Berlin.

A travers ce mécanisme, la crise se transmit d'un pays à l'autre. En agissant par un certain nombre de canaux différents, la crise bancaire perturba l'activité économique.

La panique bancaire obligea les épargnants à retirer leurs

dépôts et à acheter des devises, réduisant la multiplication de l'argent et faisant chuter le niveau des prix. Le déclin des stocks découragea la dépense à travers ses effets sur les taux d'intérêts. Plus important encore fut l'effet déflationniste de la chute des prix. La déflation accroît le poids réel des créances à recouvrir, renforçant la vulnérabilité des débiteurs à la faillite, érodant la valeur des garanties qu'ils pouvaient offrir à leurs banquiers. Dans beaucoup de pays, les prix agricoles chutèrent des deux tiers, triplant le coût réel des hypothèques agricoles et éliminant toute trace de la crédibilité financière que les agriculteurs pouvaient encore avoir.

La crise bancaire démantela aussi les provisions des services financiers. Les banques, menacées par la ruée des épargnants, n'étaient pas en position de lancer des emprunts risqués dans l'industrie ou le commerce. Les petites sociétés à la recherche de fonds de roulement furent incapables d'en obtenir à n'importe quel prix. Elles durent réduire leurs opérations. Les entreprises ayant des projets d'investissements rentables mais risqués ne purent obtenir le financement nécessaire pour les exploiter.

La chute des crédits à moyen terme paraît avoir eu un effet dépressif sur l'activité économique, indépendamment de l'effet des faillites bancaires sur les provisions financières. Cet effet se répandit au-delà des États-Unis, en Autriche, en Belgique, en France, en Allemagne, en Hongrie, en Italie, en Pologne et en Roumanie.

En 1933, l'Allemagne, la nation européenne la plus endettée, suspendit les paiements de la majorité des obligations étrangères. Beaucoup de petits débiteurs latino-américains n'avaient pas le choix. Certaines des nations les plus endettées, le Canada, l'Australie et l'Argentine, par exemple, respectèrent fidèlement le service de la dette extérieure. Mais ces pays furent des exceptions, le non-paiement était de règle. Les négociations entre les débiteurs et les créanciers s'étendirent sur des décennies. Souvent, un service partiel de la dette extérieure fut demandé, arrêté et redémarré. Le non-paiement généralisé eut un impact ravageur sur le marché des capitaux. Les emprunts américains, qui s'étaient ralentis durant l'été 1928, remontèrent à nouveau après le krach de Wall Street.

Avant 1931, les non-paiements avaient alerté les investisseurs étrangers sur la nature très risquée de l'entreprise. Le marché des obligations retomba dans l'inactivité pour le restant des années trente. Le flux des capitaux étrangers d'importance relative prit la forme de crédits commerciaux et d'investissements étrangers directs.

Vers 1932, la situation se détériore. L'énorme majorité des emprunteurs avaient arrêté les paiements de leur dette extérieure. Les emprunts internationaux avaient cessé de fonctionner. L'Allemagne, l'Autriche et la Hongrie avaient imposé le contrôle des changes et entamé des négociations sur les compensations.

La Grande-Bretagne avait été contrainte de renoncer à l'étalon-or en 1931 et, dans la même année, plus de vingt autres pays avaient suivi. Les faillites bancaires se poursuivaient sans arrêt. Pourtant, cette agitation financière, cette perte de confiance dans le rôle des autorités monétaires qui a contribué à cette crise, offrirent les moyens d'y échapper. La chute des emprunts internationaux découragea les États souverains de servir leurs dettes.

En suspendant le service de la dette, ils purent réorienter leurs ressources vers des utilisations internes. En transférant les intérêts des comptes étrangers, ils renforcèrent la situation de leurs règlements. Le besoin de réduire les dépenses internes par l'application de politiques monétaires et fiscales contraignantes fut atténué.

Dans les pays qui ont suspendu le service de leur dette extérieure, des signes de reprises apparurent en 1932. Des politiques monétaires plus expansionnistes furent, pour les gouvernements, le principal stimulant de leur économie. La chute de l'étalon-or leur donna aussi la liberté de poursuivre des politiques de croissance. La convertibilité n'était plus un engagement contraignant les banques centrales à limiter leurs offres d'argent.

Mais, malgré la tentative d'organiser une réaction coordonnée, il fut impossible de réaliser une coopération internationale. Dans les différents pays, les autorités analysèrent diversement la nature de la crise économique. Ne réussissant pas à diagnostiquer de la même façon l'origine de la crise, ils ne pouvaient pas tomber d'accord sur une réaction commune.

La dévaluation de la monnaie et la stabilisation des prix intérieurs mirent fin à la spirale descendante de l'activité économique, pour les mêmes raisons pour lesquelles, dans la période précédente, la déflation avait aggravé l'effondrement.

La stabilisation ou la légère hausse des prix ont renversé le mouvement des coûts réels de la main-d'œuvre. Les salaires réels perdirent du terrain, encourageant ainsi les employeurs à embaucher davantage. Les prix stables inversèrent l'accroissement du poids réel des dettes. La hausse des prix en monnaie nationale des produits agricoles fut particulièrement importante pour l'agriculture. La stabilité des prix et les provisions de fonds redonnèrent leur stabilité aux systèmes bancaires.

Une fois débarrassées de l'étalon-or, les autorités bancaires purent réagir avec agressivité devant les difficultés du système bancaire. Les crises bancaires dans les pays qui ne participaient pas au système de l'étalon-or furent rares. Quand elles eurent lieu, comme en Argentine en 1931, ou en Suède en 1932, la réaction rapide des autorités libérées des obligations de l'étalon-or empêcha immédiatement la diffusion du phénomène.

Libérés des contraintes de l'étalon-or, les pays auraient pu fortement relancer leurs économies par l'augmentation de la masse monétaire. Pourtant, ils ne le firent pas. La politique monétaire discrétionnaire fit ressortir les souvenirs du désordre financier du début des années vingt, la dernière fois où l'étalon-or avait été suspendu.

L'expansion monétaire avait été associée avec la dévalorisation galopante et l'hyperinflation. Influencés dans leurs actions par ces souvenirs, les décideurs hésitaient. Ils attendirent la confirmation que la dévalorisation ne présageait pas l'hyperinflation avant de réagir.

Cette hésitation eut deux implications. D'abord, parce que les décideurs ne profitèrent pas de leur liberté toute nouvelle. La dépréciation des taux de change stimula les exportations, mais pas la demande intérieure, sauf dans les pays où il y avait aussi un développement du crédit intérieur.

La seconde implication de cette hésitation devant la reflation fut que la dévaluation appauvrit les autres. La dévaluation des monnaies opéra principalement en changeant les prix relatifs des importations et exportations. La dévaluation fit monter les prix des biens importés, éloignant la demande interne des marchandises produites par d'autres pays. Cela rendit les exportations des pays qui dévaluaient plus compétitives. La production européenne dépassa finalement, en 1937, le niveau de 1929. En Amérique, le niveau de 1937 n'atteignit pas celui de 1929.

Les observateurs, impressionnés par le prix de l'instabilité financière, se mirent à transformer rapidement les institutions financières nationales et internationales pour prévenir une réédition de ces événements catastrophiques. Pour décourager la spéculation excessive en Bourse, des règles plus strictes furent annoncées, qui limitèrent la volatilité des marchés financiers. La transformation du système monétaire et financier international fut complétée. Le système monétaire international fut reconstruit d'après les prescriptions des accords de Bretton Woods. Le Fonds monétaire international fut créé pour agir comme prêteur en dernier ressort et pour faciliter la coopération des États membres. Un certain degré de flexibilité des taux de change fit partie intégrante du système de Bretton Woods. Les pays avaient le droit de dévaluer leur monnaie, quand ils devaient choisir entre la parité existante et le maintien du plein emploi.

Toutes ces innovations furent des réponses aux problèmes révélés par la crise du système financier de l'entre-deux-guerres. Les observateurs, impressionnés par l'instabilité financière et son impact sur la crise macroéconomique dans les années vingt et trente, se félicitèrent de ces nouveaux arrangements qui semblaient conduire à une double stabilité.

Mais, aujourd'hui, il faut aussi mesurer l'étendue du renoncement aux réformes de l'immédiat après-guerre. La protection que représentait la séparation entre banques de dépôts et banques d'affaires est annulée dans de nombreux pays. La garantie des dépôts est menacée aux États-Unis, face aux difficultés des banques. La Banque mondiale ne possède pas les ressources suffisantes pour éliminer les dettes des pays en voie de développement.

Le système monétaire européen (SME) s'éloigne souvent d'un système de parité, semblable au système de l'étalon-or. Le monde semble retourner à des institutions qui ressemblent plus à celles qui ont suivi la Première Guerre mondiale qu'à celles qui suivirent la seconde. C'est à se demander si les leçons de l'expérience de l'entre-deux-guerres ont été oubliées.

Débat

Mme Pipien, président honoraire du tribunal administratif de Versailles. — Je voudrais demander à M. Jean Andreau de nous préciser d'où venait l'or de Rome.

Jean Andreau. — L'Italie elle-même a fourni très peu de métaux. L'une des régions qui a fourni le plus d'or est la péninsule ibérique, que Rome a conquise au début du IIe siècle av. J.-C., à la suite de la deuxième guerre punique. Il est fait allusion à cette conquête dans le *Livre des Macchabées*, où l'un des chefs juifs dit en substance : « On sait que Rome a conquis la péninsule ibérique à cause des métaux qui s'y trouvent. » Ce texte date du IIe siècle av. J.-C.

Sous la République, la péninsule ibérique fournissait davantage d'argent et de plomb argentifère que d'or. Mais ensuite, sous le Haut-Empire, elle a fourni beaucoup d'or. D'autres régions, comme la Dacie, fourniront aussi de l'or, plus tardivement, sous l'Empire.

Il faut d'ailleurs souligner que l'or frappé à l'époque républicaine, avant Auguste, est peu de chose à côté de ce qui a été frappé à partir du règne d'Auguste, c'est-à-dire à partir des dernières décennies avant notre ère.

Un auditeur. — M. Pierre Chaunu peut-il indiquer, pour la période dont il a parlé, le rapport existant entre la quantité d'argent-métal et la richesse globale des nations ?

Pierre Chaunu. — Ma réponse sera nécessairement partielle et succincte. L'important à savoir, c'est que la valeur globale représentée par le métal monétaire, au regard de la valeur de toute la production, est très peu de chose. J'ai fait, il y a plus de vingt ans, des calculs qui permettent de situer l'ordre de grandeur de ce rapport. Il est possible de trouver ce que représente en valeur la production du blé dans l'Europe méditerranéenne au cours des XVIe et XVIIe siècles. Si vous mettez en face la valeur de l'argent et de l'or produits par l'Amérique, qui représente la plus grosse partie de la masse monétaire, vous n'arriverez pas à 1 %. C'est dire que la valeur du métal monétaire, au regard de celle de la production agricole, est tout à fait marginale. Il s'agit en quelque sorte de la goutte d'huile qui permet le mouvement de tout le reste, et qui rend possible la circulation des richesses.

La pensée mercantiliste a eu tendance à prendre pour la totalité des richesses ce qui n'en est qu'une infime partie. Cette toute petite partie de la valeur globale, ce petit 1 % ne doit donc pas être sacralisé, même si, évidemment, il permet la circulation de l'ensemble.

Vincent Lefort, professeur d'économie. — M. Jean-Marie Thiveaud a rappelé les liens entre l'argent et la guerre. Je voudrais savoir si cette relation existe depuis toujours et comment elle a évolué.

Jean-Marie Thiveaud. — Il y a évidemment un lien très ancien entre l'argent et la guerre, dont Jean Andreau pourra attester déjà la présence à Rome. J'ai seulement voulu rappeler que les dépenses de guerre s'accélèrent au XVIIIe siècle en fonction de l'apparition d'un armement de plus en plus sophistiqué.

Pierre Chaunu. — Un mot pour rappeler une évidence qu'on peut avoir tendance à oublier : l'impôt royal, qui a été le grand facteur de monétarisation de la masse de la population française, a servi principalement à payer la solde... des soldats, car du XIVe au XVIe siècle se produit la mutation qui voit apparaître dans la guerre le soldat, celui qui touche une solde.

Permettez-moi de dire au passage que la guerre, historiquement, est le grand facteur réducteur de la violence. Elle transforme une violence anomique et générale en violence institutionnalisée. Or, on peut calculer, de manière incontestable, que les sociétés qui pratiquent une violence diffuse ont un niveau de perte d'à peu près 10 %. La guerre, elle, représente 1 % des morts au cours des trois derniers siècles. Elle a donc constitué, de ce point de vue, un processus de réduction de la violence.

Jean Andreau. — Il est sûr que le rapport entre finances publiques et guerres est particulièrement net et fort dans l'Antiquité, au point qu'on a pu soutenir que la courbe des frappes monétaires des cités et de l'État romain devait suivre étroitement celle des dépenses militaires. Le lien est également direct entre l'enrichissement de l'État, la hausse de ses recettes, et les conquêtes. Il ne faut donc pas tenir compte seulement de l'effort de guerre et des dépenses, mais également de l'issue de la guerre, et des recettes qu'elle permet.

Jean-Marie Thiveaud. — Pierre Chaunu a rappelé l'apparition du soldat, l'homme qui touche une solde, au moment de la Renaissance. Je voudrais juste ajouter que, plus tard, quand le soldat laisse place au conscrit et au citoyen en guerre, ce phénomène a aussi une incidence sur la politique financière. Au début du XIXe siècle, en France en particulier, on promeut le titre de rente, et le livret d'épargne qui permet d'y accéder, comme un des moyens de rendre fidèles à l'État les Français des villes, les ouvriers urbanisés qui n'ont plus de terres à défendre et se voient finalement proposer comme idéal collectif de devenir créancier de l'État.

Un auditeur. — Ma question s'adresse à Marc Uzan. A la fin de votre intervention, vous avez suggéré une comparaison entre le système monétaire européen actuel et le système de l'étalon-or dans les années vingt. Pourriez-vous préciser ?

Marc Uzan. — Ce qui rend le parallèle possible, c'est le fait que ces deux systèmes fonctionnent de manière asymétrique. Le système monétaire européen actuel est caractérisé par une monnaie dominante, en l'occurrence le Deutsche Mark, ce qui a pour conséquence que les autres pays doivent suivre la politique monétaire allemande, même si leurs objectifs ne sont pas identiques. Si, par exemple, l'Allemagne décide d'avoir une politique monétaire restrictive pour des raisons internes, tandis que la France, pour lutter contre le chômage, voudrait tolérer un peu plus d'inflation, la France devra suivre la politique monétaire de l'Allemagne. Les situations produites par l'étalon-or étaient du même genre, car ce système fonctionnait également de manière asymétrique.

Un auditeur. — Je voudrais demander à M. Pierre Chaunu d'expliquer ce qu'il veut dire lorsqu'il affirme que l'argent est une fiction.

Pierre Chaunu. — Je voulais seulement rappeler que la décision d'accorder au métal ou au papier une valeur particulière est en elle-même parfaitement arbitraire. La monnaie, vue sous cet angle, est exactement comme le langage : tous deux résultent d'un ensemble de conventions. Il n'y a pas de justification rationnelle qui permettrait de justifier l'existence de ces conventions plutôt que d'autres. Les théologiens chrétiens ont raison de rappeler qu'une pièce d'or dans un désert vous laissera mourir de faim et de soif.

Tout ce qu'on peut dire, c'est que de telles conventions sont utiles. La preuve en est que lorsque la monnaie s'effondre, comme ce fut le cas, dans l'histoire de ce siècle, en Russie en 1918, ou encore en Allemagne en 1923, il y a, au bout d'un certain temps, des gens qui crèvent de faim...

Jean-Marie Thiveaud. — Je me permettrai d'ajouter, en ce qui concerne l'exemple de la Révolution russe, qu'on a cru ne plus avoir besoin de monnaie parce qu'on pensait arriver au bord de l'utopie pratiquée et commencer à vivre les lendemains qui chantent. On peut aussi interpréter cet épisode, qui n'a pas duré six mois, comme un contre-exemple d'une réalité que nous n'avons pas encore évoquée : la monnaie concentre aussi l'attente de l'humanité. Qu'il s'agisse de l'escompte, du crédit, de la lettre de change, on se trouve toujours tourné vers l'avenir. C'est pourquoi on glisse si facilement, au siècle des Lumières, vers l'utopie, l'attente du retour d'un paradis perdu ou de l'avènement d'un futur radieux. C'est une autre face possible du rapport de l'argent à la fiction.

Un auditeur, étudiant en histoire. — Je voudrais savoir de M. Chaunu s'il existe des moyens de reconstituer l'évolution de la représentation de l'argent dans la population paysanne.

Pierre Chaunu. — C'est là une tâche presque impossible, car nous manquons cruellement de documents. Par définition, les gens du peuple n'écrivent pas et s'expriment peu. Nous sommes donc très souvent obligés d'extrapoler. Si je songe aux sociétés que je connais le moins mal, les sociétés paysannes d'avant les grandes transformations technologiques qui se sont poursuivies de la fin du XVIIIe siècle à nos jours, il me semble qu'elles font preuve d'une grande méfiance à l'égard de l'argent. L'argent représente un autre monde, celui des gens des villes, du collecteur d'impôts. La véritable réalité, ce sont plutôt les choses concrètes : le grain, les poules, ce qui assure la subsistance.

Le premier stade est donc celui de la méfiance. On prend conscience qu'il faut de l'argent, qu'il faut se débrouiller pour en avoir, parce que des gens du pouvoir vous le réclament, et que si vous ne l'avez pas, vous êtes en péril.

Et puis, les choses ont évolué. Pendant la dernière guerre, on a tourné un film intitulé *Goupil mains rouges*. Il était extrêmement révélateur de ce changement de mentalité. A la fin du film, on comprend en effet que le poids qui actionne le mouvement de l'horloge est un morceau d'or. Que représente alors cet or ? C'est une protection contre le malheur. En cas de coup dur, il permettra de ne pas vendre son bien. Il me semble qu'il y a donc eu un glissement, une modification de la représentation de l'argent, qui l'a fait passer de la méfiance à la protection, de l'ordre de la menace à celui de la sauvegarde.

TABLE RONDE
L'ESPRIT DU MARCHÉ

Jean Deflassieux, Paul Fabra, François Rachline, Jean-Marie Thiveaud

Roger-Pol Droit. — Faut-il distinguer entre, d'une part, l'argent, objet de désir, de rêve et d'appétit de gain, et, d'autre part, la monnaie, outil conceptuel des économistes ? Cette distinction est-elle pertinente ? Si oui, quelles en sont les conséquences sur l'économie moderne ?

Paul Fabra. — A première vue, il n'y a aucun point commun entre l'argent, synonyme de richesse matérielle, et la monnaie des économistes. L'argent qui circule ne représente aucune richesse proprement dite. Cela tient à la façon même dont la monnaie est émise. En effet, la monnaie en circulation constitue un passif pour la banque émettrice. Ce passif a nécessairement une contrepartie, un actif, le portefeuille de créances — sur l'étranger, l'État et l'économie — qui figurent à l'actif du bilan de ladite banque. Créances et dettes de la banque émettrice s'annulent dans le décompte de la richesse nationale, exception faite peut-être des réserves de change.

Pourtant, en portant l'interrogation sur notre époque et les rapports qu'elle entretient avec la monnaie, dans les faits et dans la théorie (implicite ou explicite), on peut observer un rapprochement paradoxal de la monnaie avec son double mythique, l'argent.

Par une sorte de dérive, qui s'est beaucoup accentuée ces vingt dernières années, on assiste, à l'échelle mondiale, à la disparition progressive de ce que j'appellerais la « discipline du comptant », cette minute de vérité au cours de laquelle on règle définitivement une dette.

Nous sommes passés d'une économie du comptant à une économie de la dette : les dettes sont réglées par de nouvelles dettes.

Jadis, la monnaie *stricto sensu* formait un écran, certes fragile mais quand même efficace, pour éviter à la société tout entière le règne de l'argent sans partage. L'argent a toujours régné, mais son pouvoir était en quelque sorte circonscrit par le fait même qu'à un moment donné on réglait les comptes et on payait ses dettes.

Regardons un instant la façon dont la monnaie est émise aujourd'hui. Jusqu'au milieu des années soixante, le système monétaire était caractérisé par un taux fixe, le taux d'intervention de la banque d'émission sur le marché monétaire, appelé le taux d'escompte. Le taux de réescompte, le taux auquel intervenait la banque centrale, était fixé au-dessus du taux auquel les banques et les établissements financiers s'échangeaient leurs liquidités (taux monétaire). Quand une banque A avait besoin de liquidités, par exemple, pour financer un programme de prêts, elle empruntait auprès de la banque B qui n'avait pas de besoin immédiat de ses liquidités. Bref, pour simplifier, disons que s'échangeaient, sur le marché monétaire, des disponibilités existantes. Dans ce système, quand le marché avait besoin de liquidités supplémentaires, son taux montait jusqu'à ce qu'il bute contre le taux auquel la banque d'émission réescomptait sans limite tout papier qui lui était présenté. Le papier présenté à la banque, qu'on appelle « papier éligible », était constitué de deux sortes de titres : d'un côté, les effets commerciaux, qui représentaient au moins théoriquement des marchandises en cours de fabrication ; et, de l'autre, les bons du Trésor, émis en attente des prochaines rentrées fiscales. Dans un pareil système, il n'y avait donc pas de déficits cumulés. Une émission trop forte était facilement résorbée : quand les papiers qui figuraient à l'actif de la banque d'émission venaient à échéance, le public ne renouvelait pas les réescomptes. La monnaie excédentaire était ainsi résorbée, et l'inflation tuée dans l'œuf, sans hausse des prix. Autrement dit, l'émission monétaire était étroitement liée aux besoins de production.

Ce système a été complètement bouleversé par ce que les spécialistes appellent l'*open market*, que la Banque de France pratique depuis 1985.

Alors qu'auparavant le taux du marché était bien le taux du marché, puisque la banque centrale n'intervenait que dans les périodes de tension, aujourd'hui sa présence y est permanente. Comme le prix du marché est désormais un prix constamment manipulé, il n'est plus un vrai prix du marché.

Dans l'ancien système, par la discipline du comptant, il n'y avait que du papier liquidé automatiquement à l'échéance. Aujourd'hui, le Trésor est le premier à ne plus régler ses dettes en monnaie. Lorsque les bons du Trésor arrivent à échéance, elles sont toutes réglées par le biais d'une nouvelle émission. Les dettes s'accumulent.

Jadis, la monnaie avait une définition *stricto sensu*. Aujourd'hui, presque tout est monnaie. Même les SICAV sont dites monétaires. Voilà où la monnaie rejoint l'argent : une monnaie qui rapporte en tant que monnaie un taux d'intérêt. D'une certaine façon, une contradiction en soi.

Les réserves monétaires, au cœur du nouveau système, ont, elles aussi, changé de nature. Quand la Banque de France dit posséder des dollars, elle possède en fait des bons du Trésor américain. Une situation qui met le système monétaire dans son ensemble au service des Trésors des pays les plus influents. En 1991, par exemple, la quasi-totalité de notre déficit budgétaire a été financée par des constructions à l'étranger. Il faut bien dire que sans cet échafaudage de crédits mutuels, les États modernes ne pourraient pas fonctionner comme ils le font : il n'y aurait, par exemple, pas moyen d'offrir la retraite par répartition.

Ce système est fragile. Sa fragilité nous fait d'ailleurs retrouver un vieux réflexe, que j'appellerais le réflexe du Trésor. Du temps de l'étalon-or, l'or circulait. Aujourd'hui, il ne circule plus. Pourtant, les États entretiennent à grands frais un stock métallique auquel ils tiennent comme à la prunelle de leurs yeux. Une sorte de retour au fétichisme. Rien ne pouvait, par exemple, mieux frapper les esprits quant à la situation catastrophique de l'économie russe que cet aveu des Russes : « Nous avons épuisé notre stock d'or. » Une autre façon pour la monnaie de rejoindre l'argent.

Un dernier rapprochement paradoxal de la monnaie et de l'argent réside dans l'évolution de la notion de valeur. Au départ, la monnaie est un instrument de mesure de la valeur. C'est probablement dans cette notion de valeur que le capitalisme moderne a connu son changement le plus radical au cours du XXe siècle.

Dans la théorie classique du XVIIIe siècle, la valeur avait une définition restrictive. N'avaient de valeur déterminée que les biens reproductibles à volonté : en gros, nos produits manufacturés et agricoles. Leur prix était fixé par leur coût de production plus le profit normal du marché. Au XIXe siècle, les théoriciens ont voulu unifier la théorie de la valeur. Ils ont voulu expliquer à la fois le prix de la tomate et le prix d'un Raphaël. La théorie classique ne s'appliquait qu'aux produits manufacturés selon les méthodes standardisées. Le champ du marché était au moins implicitement restreint à une catégorie de biens et services, alors que l'approche psychologique de la valeur est, elle, universelle et n'admet aucune limite : il suffit qu'une chose soit demandée pour qu'elle ait — au moins théoriquement — de la valeur. Avec le XIXe siècle, le modèle du marché devient une salle des enchères. Le XXe siècle va pousser ce concept jusqu'à son exacerbation. Si le règne de l'argent a toujours existé, on assiste aujourd'hui au règne du *tout-monnaie.*

On parle même désormais du « capital humain », qui pourrait indiquer en quelque sorte un retour à l'esclavage. On met sur le même pied les hommes et les machines : on peut en acheter et en vendre !

François Rachline. — Dans la langue française, le mot « argent » recouvre deux réalités distinctes : l'une est le métal, l'autre est cette valeur universelle qu'on a tendance à confondre avec la monnaie.

Cette dernière confusion vient peut-être de la façon dont les économistes ont brossé le tableau historique de la monnaie. Ils ont vu au départ des objets d'échange — les ethnologues inventorient deux cents à trois cents produits tels le thé séché, les nattes tressées, et même les hommes et les femmes — et puis, petit à petit, on serait passé aux pièces de monnaie. Crésus, le deuxième roi de Lydie, a frappé le premier des pièces en or. Et on serait arrivé enfin à la carte de crédit. Les économistes parlent ainsi de la « dématérialisation de la monnaie ».

Je voudrais vous proposer ici une distinction assez radicale entre l'argent et la monnaie. L'argent est en relation directe avec nos sens. Il se voit : Thénardier, dans *Les Misérables*, demande à M. Madeleine de lui montrer l'argent avant de rendre Cosette. L'argent s'entend : c'est Harpagon qui remue sa cassette pour écouter les louis d'or et les sequins. L'argent se goûte : souvenez-vous des films de notre enfance où l'on voit un aubergiste qui reçoit une pièce, la mettre en bouche pour vérifier que ce n'est pas du toc. L'argent se touche : Picsou, dans *Mickey*, nage dans ses pièces d'or. Lorsque Vespasien dispose à Rome des urnes sectionnées comme urinoirs, il fait payer ce service et, lorsqu'on lui fait remarquer qu'il exagère, il répond : « L'argent n'a pas d'odeur. »

Eh bien, oui, l'argent a une odeur. Un billet neuf sorti du distributeur n'a pas la même odeur qu'un billet usagé. L'argent est en rapport avec notre corps. L'argot, d'ailleurs, évoque le blé, la fraîche, bref tout ce qui se touche. Pour traduire l'idée que l'argent est bien quelque chose de palpable, on dit en français « donner de la main à la main » ou « sous la table ». On ne donne pas sous la table une écriture comptable. Je vous propose de nommer cet argent-là « les espèces ».

Il y a une différence radicale entre les espèces et la monnaie. Elles ne fonctionnent ni selon la même logique ni selon le même mode.

On imagine aisément un monde dans lequel nous n'aurions plus de rapport avec les espèces. Bien sûr, un chèque se touche, mais quand on regarde un chèque, on ne voit pas de la monnaie. On voit des espèces. Quand on voit une carte de crédit, on ne peut pas dire : « Je vois de la monnaie. » Et donc, pour la première fois dans notre histoire, la monnaie est dissociée de son support.

On a pendant très longtemps associé information et papier. Avec l'ordinateur, on a appris que l'information pouvait être véhiculée par un écran. Il en va de même avec la monnaie. Ce n'est pas parce que vous voyez une pièce de dix francs que vous voyez de la monnaie. La monnaie laisse peut-être une trace sur un support papier, un support métallique ou plastique, mais c'est autre chose. Qu'est-ce que la monnaie ? Comment peut-on approcher cette notion et tenter de la définir ?

La monnaie nous a fait entrer dans un univers qui n'a plus rien à voir avec les espèces. C'est un monde dans lequel nous sommes en permanence projetés vers l'avant, dans l'avenir, vers quelque chose qui n'existe pas.

La monnaie — et ce point me paraît décisif — introduit une rupture avec une idée ancestrale que l'on retrouve chez Lucrèce, dans *De natura rerum*, chez Shakespeare, dans *King Lear*, ou encore chez Lavoisier, avec son fameux principe : « Rien ne se perd, rien ne se crée, tout se transforme. » C'est l'idée selon laquelle de rien, rien ne peut naître. Et bien, non. De rien, quelque chose peut naître : la monnaie. C'est précisément ce qui fait la différence entre la monnaie et les espèces.

Les espèces, c'est du butin qui circule. Pour avoir des espèces, il faut le prendre à quelqu'un d'autre. Vous me direz : « Mais on fabrique des espèces. » Oui, mais cette fabrication est relativement récente dans l'histoire moderne. De Mycènes au Moyen Age occidental, la monnaie est constituée pour l'essentiel de butins sous forme numéraire qui circulent. On le prend pour ensuite le faire circuler dans la société.

Sur la période qui s'étale en gros du Xe au XIIIe siècle, si on s'appuie sur les travaux de Georges Duby, il y a une raréfaction des butins, une disparition progressive non pas des espèces, mais de la possibilité de les faire circuler : les guerres coûtent de plus en plus cher et rapportent de moins en moins. Dès lors, on va se mettre à produire plus à l'intérieur des territoires qui deviennent petit à petit des États. Et surtout apparaît la banque. La banque vient du terme *banca*, le banc sur lequel on effectuait les échanges. Apparaît enfin — et c'est là le point crucial — la possibilité d'acheter de l'*à-venir*. Est rendue possible l'apparition d'une avance, de quelque chose qui doit en permanence être renouvelé, jamais annulé. C'est Jacques Derrida qui a créé le concept de *différance* (avec un *a*), la notion de différé, d'écart. La monnaie, c'est quelque chose qui incline notre société vers le futur, qui permet une fuite dans l'avenir.

Nous sommes tous plus ou moins partagés entre deux tendances. D'une part, nous aimons avoir des espèces en poche, avec lesquelles nous savons pouvoir acheter du patrimoine. D'autre part, nous savons qu'à accumuler beaucoup d'espèces, nous risquons de devenir Midas ou Harpagon, quelqu'un qui meurt au milieu de ses espèces et qui n'a rien. Avoir des espèces, c'est ne pas avoir grand-chose, c'est sortir du mouvement dans lequel le capitalisme nous implique depuis plusieurs siècles. Les techniques monétaires et les produits sophistiqués qui ont été inventés au cours du XXe siècle ne sont que des moyens d'exploiter systématiquement cette possibilité de fuite en avant, de se donner une avance que l'on n'annulera jamais.

Dans ce sens, les espèces sont aussi de la monnaie telle que je viens de la définir. Elles peuvent être utilisées comme monnaie et le sont d'ailleurs par les États. Un État freine la création de monnaie, par exemple, en imposant la nécessité de la convertir en espèces. Dans ce sens, et pour radicaliser la question, les espèces sont la crise. Si, demain, nous voulions tous, particuliers et entreprises, convertir nos avoirs en compte auprès des banques, ce serait la crise. Imaginez un instant que tous les clients de toutes les banques du monde demandent simultanément le solde de leurs comptes, la transformation de leurs comptes en espèces, sous prétexte que les espèces seraient la « vraie » monnaie : le monde entier serait en faillite. Notre système ne peut donc fonctionner que si l'on relance en permanence la créance sur la banque. Dans quelles proportions ? Dans quelle mesure ? Paul Fabra soulignait les dérapages possibles. C'est la grande difficulté à laquelle les États sont confrontés que de gérer ce décalage permanent.

Mais si nous devions renoncer au principe même de cette avance sans cesse renouvelée, nous voterions la crise, l'arrêt pur et simple.

Les espèces sont la lenteur, le corps au repos, le ralentissement de l'activité. La monnaie, c'est l'accélération, le mouvement vers l'avant.

Jean Deflassieux. — Permettez-moi d'adopter un parti plus simple que ceux qui ont été pris par Paul Fabra et François Rachline. L'argent, c'est l'argent. Il n'y a en fait que deux sortes d'argent : le sien et celui des autres. Quand on parle de monnaie, on veut faire de la théorie. Quand on parle d'argent, on parle de la réalité. L'argent ne devrait provoquer aucun état d'âme. C'est un outil. Il n'est pas méprisable et il ne blesse ni ne pourrit nécessairement. C'est l'usage que l'on en fait, l'abus du pouvoir qu'il donne qui corrompent. Autrefois, on voulait de l'or pour avoir du pouvoir. Aujourd'hui, on veut du pouvoir pour avoir de l'argent. Et la moralité démocratique s'en est ressentie.

L'idée selon laquelle la monnaie ne naîtrait de rien ne me paraît pas tout à fait exacte : on crée des richesses par anticipation, mais c'est comme en politique. On vous vend du rêve et on imprime de la fausse monnaie politique, puisqu'on ne tient pas ses promesses. Il en va de même avec la monnaie.

Je me sens mal à l'aise pour prendre parti entre la monnaie éthérée et cet argent dont nous avons besoin tous les jours pour nourrir nos enfants, nous loger, nous habiller, etc. Cet argent auquel on accorde tant de soin quand c'est le nôtre et dont on se moque si bien quand on le prélève de force, au niveau de la fiscalité par exemple, pour construire n'importe quoi n'importe où. Au fond, il n'y a que les poches qui changent. Dans l'intervalle, que de joie, de tristesse, de rancœur, de rancune et de haine !

Lorsque les Templiers se sont opposés à Philippe le Bel, ils parlaient sans doute monnaie mais pensaient argent. On ne les a pas brûlés pour autre chose. La monnaie dont ils assuraient la garde et le transfert se transformait en temples puis en forteresses et devait leur permettre de peser sur le pouvoir politique — bien sûr et sans assumer les responsabilités de celui-ci. Paix à leurs cendres... et bon vent aux dirigeants du système monétaire européen... Un peu plus tard, Jacques Cœur manipula d'énormes sommes pour commercer dans toute l'Europe et le Moyen-Orient. Charles VII, alors, a craint pour son pouvoir. Adieu Jacques Cœur !...

Jean-Marie Thiveaud. — La distinction entre monnaie et argent n'a pas beaucoup de sens pour un historien. Avant qu'on ne parle d'argent en France, on ne parlait pas nécessairement de monnaie. Outre-Manche, on ne parlait pas d'argent, mais de ceux qui maniaient la monnaie, les orfèvres, les *goldsmiths*. Il s'agissait d'or au lieu d'argent. Ces notions, que ce soit d'un point de vue linguistique ou macrosémantique, n'ont pas grande signification.

Pour l'historien, le plus frappant, quand on parle de monnaie en tout cas, c'est que, de tout temps, elle renvoie au pouvoir. Le premier homme qui a dû inventer la monnaie devait être le plus costaud du clan. Il a décidé qu'il échangerait tel type de prestations, tel type de privilèges contre Dieu sait quel signe qui devenait ainsi la reconnaissance de son pouvoir, et par là même la reconnaissance de la dette que le reste de la collectivité allait attacher à sa personne. Quand on parle de monnaie au sens large, on parle de pouvoir et de croyance.

Dans l'Inde ancienne, la dette est constitutive de l'être : l'homme en naissant a une dette, il a une dette envers les dieux, envers les saints, envers ses ancêtres et envers ses contemporains. Le mécanisme de la dette enclenche immédiatement le mécanisme de la croyance et du sacrifice. Que l'on parle de monnaie ou de crédit, on est dans l'ordre de la croyance.

Si on redescend l'échelle du temps, à Rome, par exemple, la divinité tutélaire de Rome, que Numa va inventer, c'est *Fides*, qui donnera *Fides publica*, le lieu où l'on réglait tous les échanges économiques du peuple romain et les négociations entre l'État et le peuple.

En redescendant encore l'histoire, on constate que plus les pouvoirs s'organisent, plus se sophistiquent les moyens de maîtrise du pouvoir, dont le financier. Certes les Templiers ont fait ombrage à Philippe le Bel, mais on remettait moins en cause le fait qu'ils battent monnaie que le fait qu'ils échappent à la juridiction du roi.

L'histoire de France fait apparaître un lien étroit entre l'appareil justicier (le plus ancien) et l'appareil financier. Le procès de Jacques Cœur est à ce titre fort instructif. D'abord, parce qu'il montre comment tous les moyens étaient bons pour casser quelqu'un qui échappait à la puissance royale et récupérer ses biens. Ensuite, parce qu'on découvre que le procureur du roi a évalué la fortune de Jacques Cœur dans plus d'une quinzaine de monnaies différentes ! Et tout le monde s'y retrouvait.

De même, sous Louis XIV, alors qu'il y avait vingt-huit monnaies en circulation dans le royaume de France, le crime le plus durement puni était celui de la fausse monnaie. Tandis que les châtiments étaient *grosso modo* démocratisés (on pendait ou on tranchait), le faux-monnayeur était lui bouilli cru : rare sauvagerie dans un pays où les finances étaient particulièrement sophistiquées.

Débat

Un auditeur. — Pourriez-vous développer votre pensée quant au danger d'un retour à l'esclavagisme que revêt la notion de capital humain ?

Paul Fabra. — Notre approche néo-libérale de l'économie est totalement imprégnée de l'économie de guerre. Staline disait : « L'homme est le capital le plus précieux. » Quand on assimile les hommes à un capital, on peut l'envoyer à la guerre. On a trop tendance, aujourd'hui, à mettre sur un même plan le travail et le capital. On parle de productivité du travail comme on parle de la productivité du capital. Selon moi, le capital doit être conçu comme un auxiliaire du travail humain. Le capital permet à l'homme de multiplier les effets de son travail. Le capital est soit tout équipement nécessaire à la réalisation du travail humain, charrette, marteau ou machine, soit un bien qui peut être utilisé productivement en vue d'en tirer un profit. Prenez, par exemple, une armoire. Quand vous l'utilisez pour votre usage personnel, il s'agit d'un bien de consommation. Quand elle permet à un hôtelier d'augmenter le confort d'une chambre et donc de la louer plus cher, la même armoire devient un capital. A ce titre, elle peut d'ailleurs être amortie dans les comptes. Et quand elle sera usée, elle sera remplacée. L'homme est l'utilisateur du capital. Il n'est pas un capital. Il est le sujet, pas l'objet. Cette précision me paraît essentielle.

Un auditeur. — Au XIXe siècle, les établissements financiers s'appelaient des banques. Au XXe siècle, on les a appelés des crédits (Crédit coopératif, Crédit mutuel, Crédit Lyonnais, Crédit agricole). Ce changement d'appellation a-t-il un rapport avec la différence entre monnaie et argent ?

Jean Deflassieux. — En 1715, à la mort de Louis XIV, les caisses sont vides. Le duc d'Orléans, régent, prend le pouvoir. Le roi d'Espagne (issu du duc d'Anjou) souhaite s'emparer de la couronne de France. Il faut réarmer, donc des sous. Dix ans plus tôt, les responsables de la Banque d'Angleterre avaient tenté en vain de convaincre les Français de la nécessité de créer une banque centrale et de faire circuler du papier-monnaie. Cette fois-ci, ils envoient à Paris John Law. Considéré comme un des plus grands monétaristes de tous les temps, et par Schumpeter ! Law propose au Régent de créer une telle banque pour faciliter le développement de la richesse sans s'astreindre à la tyrannie mécanique de l'or.

Or, à l'époque, la richesse résidait essentiellement dans la propriété foncière. Law propose donc de créer une société (propriétaire en Louisiane...) qui émettrait des actions servant à leur tour de garantie à la monnaie. Du foncier on passait ainsi au mobilier et au monétaire. Passant outre à l'opposition des banquiers et de leurs commensaux, les hauts fonctionnaires du Conseil du Roi, le Régent décide d'accepter la proposition de Law.

Mais, tout grand monétariste qu'il fût, Law n'avait pas prévu l'inflation : or, le financement de la guerre et les cadeaux aux copains et aux coquins ont conduit à émettre de plus en plus d'actions, alors que la valeur des gages en Louisiane était de moins en moins assurée. Sentant le premier le danger de banqueroute, un « initié », le duc de Bourbon, se rendit rue Quincampoix, avec plusieurs carrosses pour récupérer son or. Il contribua ainsi à provoquer un mouvement de panique qui fit sauter la banque et ruina des milliers de gens.

Le mot « banque » fut alors banni chez les Français. Voilà pourquoi les établissements financiers s'appelèrent Comptoir d'escompte de Paris ou Société Générale ou Crédit Lyonnais. Il faudra attendre la fin du XIXe siècle pour pouvoir afficher de nouveau le nom de banque. Seules les petites institutions continuèrent à s'appeler « banque » : Mallet, Neuflize, etc. Mais il s'agissait de « banquiers » et non de banques à capitaux collectifs et guichets multiples. Autre conséquence de cette histoire : la Banque de France devra attendre 1800 et Bonaparte pour sa création.

La place de Londres a pris ainsi depuis 1696 un avantage décisif et nous le fit bien voir en finançant les coalitions antinapoléoniennes. Il est clair que cet avantage subsiste encore aujourd'hui.

Jean-Marie Thiveaud. — Ajoutons simplement qu'il y a en France et dans les pays de langue romane, jusqu'à la fin du

XIXe siècle en tout cas, une différence très nette entre ce qu'on appelle « banque » et « caisse ». Lorsque l'on crée la Caisse d'escompte avant la Révolution, la Caisse des dépôts à la Restauration, ou la Caisse d'épargne quelques années plus tard, deux fonctions sont clairement identifiées : la sécurité et la conservation, c'est-à-dire l'accumulation sur le long terme. La « banque » est liée au domaine de l'escompte, du crédit, du court terme et de la rentabilité immédiate, du privé. La « Caisse » renvoie, elle, aux notions d'utilité publique, d'intérêt général, de l'épargne.

Une auditrice. — Pendant la Seconde Guerre mondiale, les prisonniers français en Allemagne utilisaient comme moyen d'échange des cigarettes. Peut-on considérer que le paquet de cigarettes est de l'argent, puisqu'il se palpe, se voit, se sent ? Peut-on considérer que c'est de la monnaie, puisqu'il ne correspond à aucune production ?

François Rachline. — Je ne pourrais pas mieux vous répondre qu'en vous disant que mon père, prisonnier en Allemagne, a organisé son évasion en utilisant des cigarettes. Bien sûr, il y avait là une relation étroite, une confusion même, entre monnaie et argent. Il ne s'agit pas de dire que les espèces ne servent pas au paiement. Nous achetons tous les jours des choses contre des espèces. Il importe de comprendre que les espèces et la monnaie ne recouvrent pas les mêmes réalités, même s'il y a une relation directe entre les deux. Dans le temps, le fermier se disait : « J'ai trois pommes de terre. J'en vends deux et j'en garde une que je ferai germer pour en avoir d'autres l'année prochaine. » Ça, c'est le modèle de l'épargne. Aujourd'hui, le paysan va voir son banquier et lui dit : « J'aimerais bien avoir trois pommes de terre l'année prochaine. Pouvez-vous m'accorder un prêt ? » Si nous ne comprenons pas cette logique, nous allons au-devant d'une crise, d'un ralentissement des activités. Il est essentiel de saisir que la monnaie engendre la réalité et non l'inverse. Bien sûr, comme le disait M. Deflassieux, tout est une question d'équilibre. Il faut savoir acheter ni trop ni trop peu de futur. Lors du krach boursier de 1987, tous les instituts de prévision, les Allemands en tête, avaient pronostiqué une chute d'activité économique en 1988. C'était sans compter avec l'intervention massive des gouvernements qui a ainsi permis une activité économique bien plus soutenue que ce que l'on avait prévu. Il suffisait que quelqu'un d'influent dise « cela ne va pas marcher » pour provoquer la crise même qu'il avait annoncée. C'est ce que l'école de psychologie de Palo Alto a appelé une « prophétie autoréalisatrice ». Un marché est généralement formé de quelques gros opérateurs influents et d'une nuée de petits opérateurs. Si trois ou quatre gros opérateurs anticipent une crise et prennent des dispositions en ce sens, ils vont se donner raison : la crise aura bien lieu. Pour en revenir à votre question, je ne sais pas si les cigarettes étaient de la monnaie pendant la guerre, mais elles étaient en tout cas une sorte d'espèces que nous n'avions pas encore répertoriées : les espèces qui se fument !

Un auditeur. — Au-delà des questions sémantiques sur la monnaie et l'argent, pourriez-vous nous expliquer pourquoi et comment les rumeurs, les craintes, les agissements politiques sans conséquence économique objective viennent perturber, animer ou modifier les marchés ? Pourquoi la finance n'est-elle pas aussi prévisible que le cours des planètes ou des éclipses ?

Jean Deflassieux. — Tout naturellement, ce sont les philosophes qui ont commencé à étudier l'économie, parce qu'il ne s'agissait de rien d'autre que des rapports d'échange entre les hommes. Ces derniers ne sont pas parfaits, l'économie non plus. Un article du *Financial Times* faisait un jour observer que, dans le monde de la finance, plus haut on est placé et plus on dit, avec componction, de préremptoires bêtises. Les champions toutes catégories étant, dans l'ordre, les dirigeants politiques spécialisés, les dirigeants d'instituts d'émissions, les présidents de grands établissements bancaire ou financiers, etc.

Pourquoi ? Parce que, en dehors même des inévitables erreurs d'analyse ou de jugement, tous se sentent obligés de faire accroire des choses, appliquant le précepte de Napoléon : « En matière militaire et en amour (et j'ajoute en matière monétaire), qui veut gagner doit pouvoir mentir. » Parfois, cela marche ; parfois, cela ne marche pas ; en fait, cela paraît marcher de moins en moins.

En matière d'économie, comme en politique, on manipule constamment. On fait miroiter un avenir extraordinaire. Une fois ce sont les trésors de Golconde, puis l'or du Mississippi ou Donogo-Tonka ; une autre fois, on vous promet des bénéfices mirifiques grâce aux dénationalisations... Ici apparaît la théorie des sphères. Il y a la richesse réelle, 20 millions d'emplois, notre inégale sueur quotidienne. Et puis il y a l'appréciation de cette richesse, l'idée que l'on donne de cette réalité. Si, du temps de M. Law, on vous avait persuadé que des fruits en or poussaient sur les arbres de la Louisiane, vous auriez sans doute accepté de payer très cher les actions que l'on vous aurait proposées. Si l'on vous susurre ou claironne aujourd'hui que telle ou telle société va réaliser de substantiels bénéfices et distribuer de super-dividendes, vous serez nombreux à vouloir acquérir ses actions. A ce moment-là, la sphère dite financière se gonfle de plus en plus et s'éloigne de la sphère de l'économie réelle, jusqu'au moment où l'on réalise que les cours boursiers sont à l'évidence trop élevés par rapport aux possibilités de rendement. Et le ballon se dégonfle jusqu'à l'écrasement.

Bien plus que d'autres secteurs sans doute, le monde miroitant des finances est envahi d'escrocs. Récemment, les scandales financiers ont éclaboussé toutes les grandes places : aux États-Unis, les Milken, Boesky et autres Levine se sont retrouvés en prison après avoir ramassé des sommes colossales avec leurs *junk bonds* (obligations pourries) ; il y a six ou sept ans, presque tous les présidents de banque ont été remplacés en Israël ; au Japon, de puissants agents de change sont sous les verrous ; aux États-Unis à nouveau, les caisses d'épargne (Saving & Loans Association) ont été tellement mal gérées que personne ne connaît encore l'ampleur des pertes, trois cents, quatre cents ou cinq cents milliards de dollars ! Et tout cela sous les yeux et le contrôle de ces grands donneurs de leçons de gestion que sont les cabinets d'audit américains.

Nous vivons dans un univers spéculatif où l'anticipation, plus ou moins raisonnée, donc le mirage — plus ou moins provoqué — joue un rôle excessif. Daumier parlait des gogos...

François Rachline. — Si l'on conçoit l'économie comme une activité de production, puis d'échange que doit permettre la monnaie, et donc la présence de deux sphères distinctes, l'une financière, l'autre d'économie, alors on a raison de brosser, comme Jean Deflassieux l'a fait, un tableau apocalyptique de ces dernières années. Pour ma part, je ne vois pas du tout l'économie de cette façon. L'économie, pour moi, est une activité de capture. Et la production n'est qu'un moyen de capturer du flux monétaire. Si on part non pas de la production, mais du flux monétaire, on s'aperçoit que les banques, les entreprises, les particuliers cherchent tous à capturer ce flux. On s'aperçoit aussi qu'il n'y a pas de différence réelle entre la sphère financière et le reste de l'économie. Si nous avions tenu ce Forum en 1770, nous aurions été nombreux à dire que l'agriculture est la seule vraie richesse. En 1850, nous aurions dit que la seule richesse vient de l'agriculture et de l'industrie, pas des services. Nous sommes en 1991, et ces trois activités sont à mettre sur un même plan dans la création de richesse. Elles ont leur vitesse propre, leurs qualités propres, et leurs propres relations avec le réel, mais elles sont toutes une activité de capture des signes de richesse. Pour en revenir à la question de départ, il y a bien une différence majeure entre l'économie et les sciences exactes. Les économistes sont sans cesse mis devant l'exigence suivante : « Donnez-nous l'avenir, prévoyez ce qui va se passer. » A un astronome, on demande de prévoir le passé, c'est-à-dire ce qui, dans l'avenir, est répétitif. « Il y aura une éclipse dans trois mois. » Est-ce de l'avenir ? Malheureusement, un économiste ne pourra jamais dire : « Il y aura un krach boursier dans trois mois. » Pourquoi ? Parce que la réalité économique est faite de tous nos comportements humains. Par nature même, personne ne peut prévoir un comportement humain

Un auditeur. — Comment expliquez-vous l'économie-casino de cette dernière décennie ?

Paul Fabra. — Un fait majeur me semble dominer presque toute l'histoire économico-financière depuis quarante ans. Dans les années cinquante et au début des années soixante, les États-Unis dominaient de très loin la scène économique mondiale. L'Amérique avait des atouts considérables sur le reste du monde. Un de ses atouts était le suivant : il existait à l'époque, aux États-Unis, un marché des capitaux à long terme (vingt ou trente ans) ouvert au secteur privé, permettant de financer sans gêne particulière, par exemple, un logement. On pouvait emprunter sur vingt-cinq ou trente ans à un taux de 5 %. Bien sûr, ce marché existe toujours, mais il est exclusivement réservé à l'État américain. Résultat : pour financer le long terme aujourd'hui, il faut payer un taux d'intérêt bien supérieur à celui auquel on empruntait à l'époque. Et tous les moyens, même les plus spéculatifs, sont bons pour trouver du financement. Le Matif est un autre exemple d'instrument de marché mis au service des pouvoirs publics. Depuis le début des années quatre-vingt, l'État français s'était considérablement endetté. Toutes les banques étaient en possession d'énormes paquets d'obligations d'État. Les établissements financiers ne pouvaient pas soutenir le crédit public sans disposer d'un instrument qui les prémunisse contre les fluctuations des taux d'intérêt. On créa donc le Matif en 1986.

Un auditeur. — Maurice Allais, prix Nobel d'économie, a toujours beaucoup insisté sur la nécessité de rapprocher l'univers de la finance de l'activité économique. François Rachline pourrait-il nous dire si, en faisant passer la monnaie avant la production, il n'y a pas danger à agrandir le fossé entre la finance et l'économie et à nous faire entrer dans un monde qui ne repose sur rien, un monde irréel en quelque sorte ?

Français Rachline. — La question appelle trois réponses : d'abord, constat de désaccord avec Maurice Allais. Ensuite, vous m'avez bien compris quand vous parlez d'un renversement de logique. Enfin, ce renversement de logique, qui met la monnaie en premier, ne signifie pas que l'on est entré dans un monde où tout est irréel, où rien ne se passe. Croyez-vous vraiment que les 650 000 personnes qui travaillent en France sur les marchés financiers ne sont pas réelles ? Que les millions d'individus qui interviennent sur les marchés mondiaux ne sont pas réels ? Chaque pays a une « mémoire » financière. Les Allemands ont connu une des pires inflations qui soient. Ils s'en souviennent. Pour eux, l'inflation est un monstre à abattre dès qu'il relève la tête. Ils sont prêts à augmenter les taux d'intérêt au moindre signe inflationniste. Les Américains sont marqués au sceau de la Grande Crise. Ils guettent avec inquiétude les plus petits signes de ralentissement économique. Les Français ont été traumatisés par l'expérience de Law. Pour eux, rien ne vaut la terre, du concret, du « réel ». Eh bien, non, le PIB français est formé à plus de 60 % de revenus provenant du secteur des services. Nous sommes d'ailleurs dans les cinq premiers exportateurs de services dans le monde. L'activité de service n'est certes pas matérielle — ce n'est ni des patates ni des équipements —, elle n'en est pas moins bien réelle.

Un auditeur. — Comment peut-on créer de la richesse, de la valeur par anticipation ?

Jean Deflassieux. — Les orfèvres de Londres recevaient jadis en dépôt des matières d'argent ou d'or qu'ils conservaient dans leurs coffres de la Tour de Londres pour le compte des particuliers. Ils remettaient en échange un reçu « *good for one pound* » (*one pound* étant une livre-poids) et on a ajouté « *sterling* », c'est-à-dire de bon aloi... chaque fois qu'un déposant devait effectuer un paiement, il lui fallait revenir à la Tour pour y prendre son or en rendant le reçu.

Un jour, quelqu'un s'est aperçu qu'on pouvait tout aussi bien payer son débiteur en lui donnant directement le reçu devenu anonyme. Le billet de banque, c'est-à-dire la monnaie fiduciaire, était inventé. Puisqu'on acceptait leur signature en paiement, les orfèvres — devenus banquiers — se sont mis à émettre du papier qui n'avait plus de contrepartie en or. Cette entourloupette inflationniste leur a permis de prêter davantage à ceux qui souhaitaient investir dans l'agriculture, le commerce ou l'industrie. Le crédit monétaire, créateur d'activité sinon de richesse, était né. En effet, si l'on émet raisonnablement ce crédit-monnaie, la production supplémentaire induite permet de rembourser intérêt et principal, c'est-à-dire de faire disparaître l'excédent monétaire créé.

Et voici comment on en est arrivé à l'économiste Keynes, inspirateur de Roosevelt et de Blum avec son « multiplicateur » à déficit *spending,* et au banquier central Schacht, pourvoyeur de fonds d'Hitler avec son *Arbeitbescharrung-Wechsel.* Mais si l'on exagère — et quelle tentation pour les gouvernements ou les banques qui ont tranquillement et lucrativement battu monnaie en douce pendant un siècle — ou si l'opération financière n'est pas rentable, on provoque l'inflation et le désordre.

Car tout est dans la dose, comme disait, je crois, Paracelse.

Un auditeur. — Si l'on définit une science comme une discipline capable de produire des concepts cohérents et pertinents, ne vous semble-t-il pas que l'économie est loin de satisfaire à ses ambitions scientifiques ?

François Rachline. — Un grand philosophe du XXe siècle, Martin Heidegger, a un jour posé la question : « Qu'est-ce qu'une chose ? » Doit-on dire pour autant que, s'il a fallu des milliers d'années à la philosophie pour poser une telle question, il faut jeter cette discipline au panier ? L'économie est une science jeune. Elle a moins de trois siècles. Toutes ses carences ne justifient pas, à mes yeux, qu'on l'écarte d'un revers de la main.

Un auditeur. — François Rachline pourrait-il nous expliquer comment on peut penser l'économie sans faire appel à la notion de valeur ?

François Rachline. — La valeur a été, il est vrai, un des fondements de l'économie politique pendant près de deux siècles. Aujourd'hui, nous sortons lentement de ce savoir. De plus en plus d'économistes considèrent qu'il n'est pas indispensable de raisonner en termes de valeur, que ce soit le travail, l'utilité ou la rareté, pour déterminer une rationalité dans la pensée économique. A l'évidence, quand une logique échoue, quand elle ne permet pas de comprendre les crises ni de les dépasser, il faut pouvoir en changer. Ou bien on choisit de continuer à se tromper, ou bien on accepte de regarder les choses autrement.

Paul Fabra. — Contrairement à François Rachline, je considère que la notion de valeur reste essentielle pour comprendre l'économie. Ce concept est tout à fait d'actualité. L'économie reste fondée sur l'échange. La meilleure référence de la valeur est celle du travail. C'est en proportion du travail que la valeur se déduit *in fine.*

4. L'œil sur demain

Longtemps, on déposa des pièces sur un comptoir ou au creux d'une main. Et puis on ne fit plus voyager coffres ni lingots : il suffit de signer des papiers. Enfin, on n'expédie plus ni feuille ni traces d'encre. Des séquences d'infimes signaux transitent d'ordinateur à ordinateur. Des codes chiffrés remplacent les noms propres. Les fortunes ne sont plus terres ou immeubles, ni stocks de métaux, mais scintillements continus parcourant des écrans. On dit que la monnaie se « dématérialise », et les patrimoines aussi. Cela demande quelques explications. Cela ne va pas sans de multiples conséquences. Ce chapitre s'efforce de rassembler les unes et les autres.

Christian de Boissieu étudie les incidences actuellement prévisibles de ce remplacement de la plume du comptable par le clavier de l'ordinateur sur les relations du public et des banques, des banques entre elles, et de chacun de nous à l'argent. Avec les distributeurs automatiques de billets, et les guichets permanents où il n'y a plus de guichetier, avec les vingt millions de cartes de paiement et les cinq millions de minitels, les Français sont aujourd'hui fortement électronisés. Il convient donc de mettre en lumière les perspectives et les problèmes de cette mutation, qui touche aux comportements individuels comme à la gestion des grands groupes.

En même temps que disparaît la monnaie marchandise, la finance devient planétaire et informatisée. S'accroissant démesurément, elle paraît à la fois saisie de fièvre ou de vertige et en passe d'accéder à une énigmatique autonomie. Henri Bourguinat fait le point sur la question controversée de la « déconnexion » entre économie financière et économie « réelle ». En éclairant le sens et les limites de ce phénomène récent, il s'agit de comprendre la fragilité du système mondial et les risques d'une perte de contrôle des marchés financiers.

Même détaché de ses supports traditionnels, même exposé à des risques encore mal connus, l'argent n'a rien perdu de son pouvoir de fascination. Au contraire, elle paraît s'exercer plus puissamment que jamais. Bernard Guibert explique comment le fétichisme de l'argent est toujours vivace : on persiste à croire que les valeurs existent par elles-mêmes, et commandent aux relations humaines. Cette notion de fétichisme, l'un des piliers de l'édifice théorique de Marx, peut-elle encore s'utiliser efficacement un siècle et demi après son élaboration ? Marx a-t-il disparu de notre horizon avec la faillite des pays de l'Est, ou bien a-t-il encore quelque chose d'essentiel à nous faire comprendre, si nous parvenons à transcrire l'un des points centraux de ses analyses dans les termes de notre époque ?

A l'évidence, la question de l'argent est comme tissée à toutes celles que pose l'évolution du monde contemporain. En tenant compte des tendances majeures qui l'animent, il est possible de dresser une vue prospective des problèmes qui nous attendent. Dans cette optique, Jacques Lesourne souligne quelles doivent être, dans les divers domaines de la monnaie, des revenus et du patrimoine, les principales incidences de la démographie, du souci de l'environnement, de la mondialisation des marchés et du rôle croissant de la communication et de l'ensemble des techniques d'information. Ainsi l'argent ne sera-t-il probablement pas l'arbitre de toutes les décisions dont notre avenir dépend. Mais il sera mêlé à tous les arbitrages.

LA DÉMATÉRIALISATION DE LA MONNAIE : FAITS ET CONSÉQUENCES

Christian de Boissieu

L'objet de cet article est de présenter quelques propos sur le thème de la dématérialisation de la monnaie. Sur ce thème-là, on ne peut pas s'empêcher de partir d'une comparaison historique. En France, au début de ce siècle, l'essentiel des instruments monétaires apparaît sous forme à la fois métallique et fiduciaire (pièces et billets en circulation). Cette caractéristique allait de pair avec une économie encore largement rurale. Aujourd'hui, la monnaie métallique représente un pourcentage très faible de la masse monétaire en circulation ; les billets résistent, mais leur part n'a cessé de décroître. Dans tous les pays, développés ou en voie de développement, existe une tendance à la baisse de la part des billets dans l'ensemble des moyens de paiement.

La monnaie, d'abord marchandise (*cf.* l'étalon-or ou l'étalon-argent ou les systèmes bimétalliques qui ont fonctionné dans certains pays au XIXe siècle), est devenue ensuite fiduciaire avec essentiellement la croissance des billets (fin du XIXe et début du XXe siècle). Le transfert des billets a été progressivement remplacé, au cours du XXe siècle et en particulier depuis la dernière guerre mondiale, par la plume du comptable, c'est-à-dire que les règlements donnent lieu à une sorte de montée de ce qu'on peut appeler le « comptabilisme universel » : les transferts de moyens de paiement donnent lieu à des jeux d'écriture. Depuis quelques années, à travers ce que l'on appelle la monnaie électronique (ou l'électronisation des flux monétaires), le jeu d'écriture devient informatisé, c'est-à-dire fait appel à la télématique.

Deux aspects de la dématérialisation vont être abordés. Il faut d'abord évoquer l'état des lieux et les perspectives de la dématérialisation de la monnaie. Dans un second temps quelques implications de la dématérialisation seront évoquées.

L'état des lieux et les perspectives de la dématérialisation de la monnaie

La dématérialisation est un phénomène général, qui intervient à des rythmes différents selon les divers pays. Mais il existe une tendance à la convergence des différents pays vers la monnaie électronique, qui est accentuée par la concurrence. Ainsi, la libéralisation financière en Europe et la concurrence créée par la réalisation du grand marché intérieur amènent les pays relativement peu sophistiqués dans ce domaine-là à s'aligner sur les pays dits en avance, par souci du maintien de la compétitivité de leur système bancaire et financier et de leurs marchés de capitaux.

Le phénomène par lequel la plume du comptable est remplacée par le jeu des touches de l'informatique et de l'électronique revêt des formes multiples, qui, d'une façon ou d'une autre, concernent les relations entre la monnaie et l'information.

La monnaie électronique désigne aussi bien les cartes (cartes de crédit qui permettent de différer des paiements, carte de débit à paiement immédiat, carte à puce inventée par un ingénieur français et qui intègre beaucoup d'informations...), les distributeurs automatiques de billets (DAB) et les guichets automatiques de banques (GAB), le phénomène de la banque à domicile qui permet de décentraliser les règlements et de faire des paiements à distance (système de télépaiements), etc.

L'électronisation des flux monétaires se développe à des rythmes différents dans les différents pays. Même si l'on considère les pays de la zone OCDE, il existe des contrastes assez forts. D'une certaine façon, la France est considérée comme ayant eu une avance technologique dans le domaine de la monnaie électronique. C'est un des domaines dans lesquels la technologie française a été assez nettement en pointe par rapport à celle de ses principaux partenaires et, en particulier, par rapport à l'Allemagne. L'Allemagne aujourd'hui est assez nettement en retard par rapport à nous dans l'usage des cartes, même s'il se développe assez rapidement depuis peu chez nos voisins d'outre-Rhin. Ainsi, en 1989, il y avait 9 300 DAB ou GAB pour 100 000 habitants en Allemagne, contre 13 000 en France. Etre en retard, c'est un constat, ce n'est pas nécessairement un handicap : il est intéressant de profiter de l'expérience des autres. Il ne faut donc pas partir de l'idée que le retard est toujours mal et l'avance toujours bien.

En France, la carte à puce sera généralisée en 1992. Les 20 millions de porteurs de cartes en France — ceux qui détiennent au moins une carte — auront une carte à puce.

Un autre exemple de l'avance technologique française est fourni par la densité du réseau des minitels, vecteur de la banque à domicile et du télépaiement. Aujourd'hui en France, il y a à peu près 5 millions de minitels. Le fait que le réseau de minitels soit relativement bien développé en France est à la fois un avantage du point de vue technologique et peut-être une menace concurrentielle. Ce dernier point a été souvent souligné à propos des implications de la construction européenne : il sera en effet assez facile pour les banques étrangères d'utiliser l'accès au minitel pour venir vendre en France des produits financiers sans y être implantées, en libre prestation de services. La densité du réseau de minitels est globalement un avantage dans la mesure où elle permet de réduire les coûts, en particulier les coûts de transaction, et d'améliorer les technologies de paiement, mais, d'une certaine façon, elle peut aussi renforcer la concurrence des banques étrangères sur le marché domestique français.

Une autre caractéristique du système de paiements en France est constituée par l'interbancarité. Grâce à celle-ci, les différents réseaux bancaires, bien que concurrents, ont été en mesure de découvrir des espaces de coopération, chacun acceptant, selon un principe de reconnaissance mutuelle institutionnalisé par la création d'un groupement d'intérêt économique (GIE), les cartes émises par les autres réseaux. Le pullulement des cartes de crédit aux États-Unis tient pour partie à l'absence d'interbancarité, d'autres motivations venant bien sûr interférer avec celle-ci (la carte comme signe extérieur de standing social...). L'interbancarité est sans doute un atout que possède la France dans la concurrence européenne.

Pour tout ce qui concerne les nouvelles technologies appliquées au fonctionnement des marchés de capitaux, la France comble progressivement son retard vis-à-vis des pays anglo-saxons (*cf.* les systèmes de règlement-livraison de titres).

Quand on compare la France à quelques autres pays — par exemple, continuons la comparaison avec l'Allemagne, qui est toujours notre point de mire, notre obsession, d'une certaine façon —, on constate que, du point de vue des technologies de paiement et de la monnaie électronique, il y a des contrastes assez importants aujourd'hui entre la France et l'Allemagne. En Allemagne, l'essentiel des règlements se fait aujourd'hui par des opérations de virement, qui existent en France, mais qui ont été progressivement remplacées par des formes plus modernes de règlement. En Allemagne, les cartes de crédit sont relativement peu développées aujourd'hui, par comparaison avec ce qui existe en France.

Il est clair que les différences présentes entre l'Allemagne et la France vont se réduire, du fait de l'ouverture européenne. L'Allemagne va être amenée à développer rapidement la monnaie électronique et à s'aligner sur le système français en matière de technologies de paiement.

Le phénomène de dématérialisation de la monnaie est non seulement général, il est aussi irréversible. Autrement dit, le retour à des monnaies-marchandises est aujourd'hui hautement improbable, même si, dans le débat économique, il est parfois question de revenir, au plan international, à l'étalon-or ou d'instaurer un étalon-matières premières. Pour différentes raisons, ces propositions ne sont guère crédibles. Dans l'ex-URSS, les propositions visant à gager le rouble sur le stock d'or disponible ont fait long feu. Même pour l'ex-

URSS qui doit effectuer une transition difficile et assurer sa crédibilité, il n'est pas question aujourd'hui de revenir à une monnaie-marchandise.

Quels sont les nouveaux développements à attendre dans le sens de la dématérialisation de la monnaie ? Il y a, devant nous, encore de grandes potentialités pour l'introduction de nouvelles technologies de paiement. Rien ne laisse présager une pause dans le phénomène d'électronisation des flux monétaires. Il faut, par exemple, s'attendre à ce que la dématérialisation des chèques progresse. Les chèques représentent une partie importante des règlements dans un pays comme la France, mais ils donnent encore lieu à des transferts matériels, à des délais entre l'émission des chèques et le débit des comptes. Il faut s'attendre au développement du système d'« images-chèques » (chèques dématérialisés). Dans ce système, un chèque perçu par un commerçant ne sera pas transféré de ce commerçant vers d'autres acteurs (la banque, etc.) ; il y aura simplement transmission d'image, c'est-à-dire transmission de l'information contenue sur le chèque. La dématérialisation des chèques existe déjà dans certains pays, par exemple en Belgique. En France, il y a quelque retard dans la mise en œuvre de ce système. Toutes les parties concernées ne sont pas encore prêtes à jouer le jeu. Par exemple, les banques ont aujourd'hui tendance à freiner un peu le mouvement parce qu'une partie de leurs profits provient justement de l'existence d'un transfert matériel des chèques et des délais qui s'écoulent entre le moment où un chèque est émis et le moment où les comptes sont débités ou crédités (les « jours de valeur »). Une partie de la rentabilité des banques françaises dépend actuellement de l'existence des jours de valeur. Il faut donc pouvoir compenser les effets de la mise en place du système d'image-chèque par la tarification à la fois inéluctable et difficile à mettre en œuvre des services bancaires.

Quelques conséquences de la dématérialisation de la monnaie

Il faut maintenant rapidement évoquer quelques conséquences de la dématérialisation de la monnaie, en formulant sans doute plus de questions que de véritables réponses. Sur la question des conséquences socio-économiques de la monnaie électronique, peu d'études ont été faites, ou alors elles restent monographiques, portant sur une région de l'économie française et de généralisation délicate.

Première interrogation : quelles sont les implications de la monnaie électronique pour ce que l'on peut appeler la liberté individuelle ? Voilà un vaste thème philosophico-économique, qui ne peut être réglé en quelques instants. La monnaie électronique produit à la fois de l'espace et du temps. Elle produit de l'espace, parce qu'elle décuple la faculté d'ubiquité de la monnaie. L'accès à des cartes de paiement (cartes de crédit ou de débit) était encore, il y a peu, un signe extérieur de richesse et de statut social. Devenant plus répandu, il perd progressivement cette propriété. Mais les cartes de paiement renforcent, pour tous ceux qui les utilisent, la liberté d'aller et venir. La monnaie électronique participe au phénomène multiforme de globalisation des économies et des échanges.

Elle produit aussi du temps sous deux angles qui sont assez contrastés : d'un côté, la monnaie électronique fait appel à des opérations qui se passent en temps réel, c'est-à-dire qu'il n'y a plus de décalage temporel entre le moment où un ordre est donné et le moment où il est exécuté. Sans parler des arguments économiques, le système des jours de valeur devrait disparaître pour des raisons purement technologiques. Cela, c'est l'essor du temps réel dans le domaine du règlement. Mais la monnaie électronique produit aussi du temps dans un autre sens. Elle donne en effet du temps grâce au système des cartes dites de crédit (qui sont en fait des cartes à débit différé). La carte de crédit est un instrument qui permet de desserrer à court terme la contrainte de financement. On sait bien qu'il y a là l'une des raisons de son succès.

Une deuxième question doit être abordée : quelles sont les conséquences de l'électronisation des flux monétaires sur le comportement des individus ? Sur cette vaste question, une première observation : on estime — mais c'est très difficile à prouver — que la dématérialisation de la monnaie modifie ce que les psychanalystes appelleraient le rapport de l'individu à l'argent. La monnaie électronique fait en quelque sorte « s'éloigner » ce qu'on peut appeler la valeur des choses. Certains sociologues pensent que la monnaie électronique amènerait aussi un certain nombre d'individus à se libérer de ce qu'ils appellent le « complexe de l'argent », mais, en tout cas, à modifier leur rapport à l'argent par comparaison avec une économie dans laquelle existaient encore des monnaies-marchandises ou une économie dans laquelle les billets constituaient l'essentiel des règlements.

Il faut évoquer un deuxième aspect de la même question. Quelles sont les conséquences de la monnaie électronique sur le comportement de consommation des individus ? Les cartes de crédit constituent un phénomène susceptible de pousser à l'accélération de la consommation à travers, justement, le desserrement de la contrainte de financement précédemment évoqué. Cela dit, même si c'est une observation largement partagée, il ne faudrait pas exagérer l'importance du phénomène. En France, depuis vingt ans, le taux d'épargne des ménages a eu tendance à baisser, du moins jusqu'en 1989-1990. Et le phénomène d'électronisation des flux monétaires a joué un rôle marginal dans cette baisse du taux d'épargne des ménages dans un pays comme la France.

Un autre aspect doit être abordé : quelles sont les conséquences de la monnaie électronique sur la manière dont les agents économiques — aussi bien les entreprises que les particuliers — gèrent leurs encaisses monétaires et leur patrimoine ? Là, on peut se raccrocher à des quasi-certitudes : la monnaie électronique a incité les ménages et les entreprises à mieux gérer leurs encaisses monétaires. Il y a donc eu un phénomène de rationalisation du comportement des agents économiques à l'égard de la monnaie et de leur patrimoine. Réduisant les coûts de transaction unitaires, l'électronisation des flux monétaires renforce la mobilité du capital financier d'un compartiment à l'autre, d'un pays à l'autre, etc., mais en même temps elle rend de plus en plus délicate et conventionnelle la frontière entre la monnaie et les autres actifs financiers, donc également la définition concrète des différents agrégats monétaires. La monnaie a toujours été difficile à appréhender conceptuellement et à délimiter d'un point de vue empirique. Elle l'est encore plus avec le processus de dématérialisation.

Une autre série d'implications concerne les relations entre les banques et leur clientèle. Sur cette question, il y a également plusieurs sous-thèmes que l'on peut évoquer. D'une part, la monnaie électronique, par certains côtés, augmente le rôle des banques en faisant d'elles des pôles technologiques. Par d'autres côtés, elle peut le réduire. Car grâce à la monnaie électronique et à ce qu'il est convenu d'appeler l'échange de données informatisées (EDI), les entreprises vont pouvoir effectuer de plus en plus d'opérations sans avoir besoin de recourir au système bancaire. Il y a là un gisement d'opérations de compensation *(netting)* entre les entreprises. Les banques sont donc exposées à une sorte de désintermédiation généralisée d'ordre technologique, c'est-à-dire un risque de court-circuitage des réseaux bancaires grâce aux nouveaux moyens électroniques qui permettent à des entreprises ou à des entreprises et des particuliers de s'organiser entre eux sans avoir besoin de s'adosser au système bancaire. Cette désintermédiation technologique viendrait s'ajouter à la désintermédiation financière, qui voit un peu partout l'essor des marchés de capitaux et des procédures de financement direct entre les agents non financiers.

Un défi important concerne les banques : dans la mesure où la monnaie électronique a tendance à éloigner la clientèle des guichets, autrement dit, dans la mesure où le contact physique entre les banques et leur clientèle a tendance à se réduire, comment essayer de rétablir le contact avec la clientèle compte tenu de l'essor inéluctable de la monnaie électronique ? La stratégie des banques pour les années quatre-vingt-dix, en France comme à l'étranger, se devra d'apporter des éléments de réponse à cette question.

Une autre grande interrogation à propos des implications de la monnaie électronique concerne l'organisation des échanges dans une économie. Dans quelle mesure l'essor de la monnaie électronique va-t-il modifier le réseau des échanges dans une économie ? Sans aucun doute, la monnaie électronique facilite la décentralisation des échanges et des règlements. Chacun peut se transformer en petite banque chez soi. Il y a donc une tendance inéluctable à la décentralisation, qui amènerait à penser que l'on pourrait aller vers un système d'organisation en « réseaux », c'est-à-dire sans centre et sans véritable centralisation de l'information. En fait, la décentralisation accrue permise par la monnaie électronique ne sera viable et acceptée que si elle s'accompagne, en même temps, d'une certaine centralisation de l'information et des procédures de compensation des paiements *(clearing)* qui sera le pendant de la décentralisation des règlements. Les procédures de compensation ont sans doute un bel avenir devant elles, compte tenu de l'essor de la décentralisation des règlements. Derrière l'opposition entre l'organisation en « réseaux » (décentralisée) et celle en « étoile » (centralisée), se profile la redoutable exigence de la gestion des risques systémiques (ou globaux). Il est *a priori* plus facile de contenir des risques financiers, au départ locaux, dans un schéma décentralisé, et d'éviter ainsi qu'ils ne deviennent systémiques, même si cet avantage doit être rapproché de l'inconvénient potentiel que représente la dispersion de l'information. Quoi qu'il en soit, même dans une organisation en « réseaux », la finance reste globale, et les phénomènes d'interconnexion appellent, de la part de la banque centrale et des autres autorités monétaires et bancaires, des moyens appropriés pour contenir les risques systémiques.

AUTONOMIE DE LA SPHÈRE FINANCIÈRE ET RISQUE DE PERTES DE CONTRÔLE PÉRIODIQUES

Henri Bourguinat

Entre l'*argent*, « notion floue chargée d'histoire et de symboles », et la *monnaie* « catégorie pertinente », pour l'économiste mais de moins en moins saisissable, quelle place pour la *finance* ? Celle-ci ne serait-elle pas cette catégorie, plus objective et plus neutre, qui nous ramène au niveau de l'affectation des moyens — les capitaux — aux besoins socialement reconnus du financement de l'économie ?

Il semble bien, au point de départ, que par rapport à l'argent qui nous fait sans cesse osciller entre les deux pôles de la cupidité-avarice, d'un côté, et du gaspillage-prodigalité, de l'autre, la finance pourrait bien être en effet un champ plus technique, mieux reconnu au point de vue social et moins sensible aux pulsions et aux égoïsmes individuels :

— on *finance* un programme de logements sociaux ;

— on cherche à améliorer le *financement* des pays en développements ;

— on imagine, après avoir défini un projet industriel, le *montage financier* qui le sous-tend.

Alors, par rapport à l'*argent*, catégorie toujours un peu négativement « connotée », la finance serait-elle, d'un point de vue technique, ce simple marché des fonds prêtables, indispensable à l'économie réelle ?

En réalité, depuis pratiquement le début des années quatre-vingt, il n'est pas sûr que l'on puisse s'en tenir à ce schéma : la finance elle-même connaît une montée vertigineuse ; avec ses OPA, ses nouveaux produits, ses *golden boys* et ses

« coups », la sphère financière, à son tour, se *dilate* et parfois semble même « décoller » de l'économie réelle, si ce n'est, plus ou moins périodiquement, éclater.

Dès lors, afin d'aider à réfléchir à son statut actuel et de savoir si justement il peut y avoir *déconnexion* de la finance et de l'économie réelle, on peut proposer de l'analyser à trois niveaux :

— faire tout d'abord apparaître l'extraordinaire montée d'une finance globalisée mais ambivalente à l'image de quelque Janus bifrons ;

— rappeler ensuite ce que dit la théorie économique traditionnelle : celle-ci se veut rassurante et exclut l'hypothèse de déconnexion ;

— montrer, enfin, qu'on peut, au contraire, justifier aujourd'hui l'existence de véritables bulles purement financières, source de désordres économiques plus ou moins généralisés.

L'assomption d'une finance Janus

La finance, de nos jours, prospère. Elle se fait même conquérante. Prenons quelques repères de cette montée en puissance, mais aussi de ses sous-produits.

• *Les performances.* — Songeons d'abord que les financements internationaux représentaient, en juin 1990, 3 750 milliards de dollars et ont progressé jusqu'en 1991 d'environ 10 %-12 % par an. Qu'on réalise aujourd'hui plus de 600 milliards d'opérations de change chaque jour (plus de 180 000 milliards par an !), soit, par rapport aux opérations commerciales, un rapport de 1 à 40 (contre 1 à 8 en 1982). En France même, l'ensemble des transactions boursières et obligataires par rapport au PIB est passé de 6 % en 1982 à 66 % en 1989. La capitalisation boursière atteignait 76 % du PIB en 1989 contre 28 % en 1982.

On assiste bien, aujourd'hui, à une *extraordinaire montée en puissance* de la finance. Celle-ci pénètre partout. La *sphère* financière a connu — et connaît encore — un extraordinaire mouvement de dilatation. Dans un monde de *déréglementation* et d'*innovations financières*, d'ordinateurs et de communications par satellite, d'OPA — et même si, aujourd'hui, les *golden boys* sont déjà bien moins « flamboyants » qu'hier —, la finance reste reine. On peut, sans excès, parler d'une véritable *assomption* de la sphère financière.

• *L'envers du décor.* — C'est d'abord une *instabilité* extrêmement marquée. On rappellera ici simplement que, depuis 1987, ce sont quatre mouvements de baisse brutale de la Bourse — et, plus généralement, des marchés financiers — qui sont intervenus :
— le krach d'octobre 1987 : chute des principales Bourses de 22 % à 40 % ;
— le mini-krach d'octobre 1989 d'amplitude bien moindre ;
— l'effondrement du Kabuto-cho avec, en 1990, près de 30 % de baisse à Tokyo ;
— la baisse brutale des Bourses lors de la guerre du Golfe : 12 % à Wall Street, 22 % à Paris.

C'est, ensuite, *une sensibilité montante aux scandales et dérèglements* :
— les délits d'initiés (Boeski, Guiness et le chantage au billet vert) ;
— les faillites retentissantes : caisses d'épargne américaines, le financier canadien Campeau aux États-Unis, la banque Drexel Burnham et Lambert (et ses *junk bonds*), etc. ;
— scandale de la BCCI, cette banque qui non seulement ne respectait aucune des règles de prudence propres à la gestion bancaire, mais encore avait pour clients, citons-les pêle-mêle, le cartel de Medellín, le dictateur Marcos, le chef terroriste Abou-Nidal, et... la CIA américaine !

Dès lors, doit-on jeter l'*opprobre* sur la finance, dénoncer l'énorme coût social et politique de son épanouissement ?

Pour qui est économiste et non moraliste et qui se souvient à la fois des analyses faisant, dans la ligne de R. Girard[1], apparaître la « violence de l'argent » mais, tout autant, dans

1. R. GIRARD, *La Violence et le Sacré*, Grasset, 1992 ; et M. AGLIETTA et A. ORLÉAN, *La Violence de l'argent*, PUF, Paris, 1982.

celle de Georg Simmel[2], « l'obligation monétaire compatible avec la plus extrême liberté » ou « l'argent qui augmente le tempo de la vie », on ne saurait en *termes de tout ou rien* :
— ni condamner la finance actuelle,
— ni la célébrer purement et simplement.

On proposera ici plutôt une approche beaucoup plus modeste en choisissant une *pierre de touche* en forme de question : cette finance aujourd'hui si puissante par le volume de fonds traités, la sophistication des produits et les intérêts en jeu, pourrait-elle fonctionner sur elle-même et pour elle-même, en vase clos en quelque sorte ? Alors que, par destination, elle devrait être au service de l'économie réelle (la production et l'investissement), ne serait-elle pas devenue aujourd'hui une sphère *déconnectée* de la sphère réelle ?

La question, opportunément posée lors du krach de 1987, reprend aujourd'hui de l'importance à un moment où, par exemple, comme en cet automne de 1991 :
— la Bourse reste forte à New York alors que la croissance économique demeure atone ;
— les crédits internationaux croissent à un rythme encore plus élevé que celui des échanges commerciaux ;
— l'investissement direct à l'étranger s'épanouit alors qu'il stagne, en particulier en France, sur le plan domestique.

En fait, à cette question de base du caractère synchrone de la finance et de l'industrie, la théorie économique *orthodoxe* répond négativement. D'un point de vue théorique, on ne saurait concevoir de déconnexion durable et généralisée. Cependant, les hypothèses théoriques récentes incitent à plus de prudence.

La théorie hier en principe rassurante : l'exclusion de l'hypothèse de déconnexion

A ceux qui croient — ou ont cru — reconnaître un « risque d'autonomisation » de la sphère financière par rapport

---

2. Georg SIMMEL, *Philosophie de l'argent*, trad. franç. PUF, Paris, 1987.

à l'économie réelle, les théoriciens de l'économie de marché opposent trois éléments de réponse.

• *L'efficacité du marché (efficiency).* — Dans un monde où les acteurs d'une finance de plus en plus mondialisée et globalisée (songez que les marchés fonctionnent vingt-quatre heures sur vingt-quatre, que les informations sont transmises en *temps réel* de façon quasi instantanée, d'un bout à l'autre de la planète : *cf.* l'image du « village global » de la planète finance transposée de McLuhan) sont toujours plus nombreux et les agents plus *informés*, les prix des actifs financiers (des titres ou des devises) se doivent d'intégrer, pleinement et, de plus en plus, toute l'information pertinente disponible. Pour donner un exemple, si, demain, on devait apprendre que les écologistes américains marquent des points dans leur campagne contre les emballages métalliques des boissons si répandus aux États-Unis, l'action de la société American Can qu'a absorbée Péchiney devrait s'en ressentir immédiatement. Comme le rappelait récemment le Nobel français d'économie, M. Allais : « Plus un marché est large et plus l'effet des influences erratiques se trouve réduit. C'est là un enseignement fondamental de l'analyse économique et de la loi des grands nombres » (*La Tribune de l'Expansion*, 18 septembre 1991). Pour résumer ce premier argument, plus le marché s'élargit à des acteurs nombreux et informés, plus il doit être « efficient » et donc informé.

• Le fait que *le prix des actifs financiers doit alors tendre vers la valeur fondamentale.* — En effet, si le marché intègre correctement toute information, il n'y a pas de raison pour que, par exemple, une action voie son prix s'écarter durablement de *la valeur actualisée* (en fait, de l'espérance mathématique) *de la somme de ses produits bruts (cash flow) futurs.* Ainsi, toutes choses égales d'ailleurs, si le marché de la boîte d'aluminium devait diminuer à cause des raisons dites plus haut, les souscripteurs de l'action Péchiney en tireraient les conclusions que cet élément devrait, dans l'avenir, jouer *négativement* sur les profits de la société et trouver là — nonobstant, bien sûr, les autres éléments éventuellement susceptibles de se manifester en sens inverse — un motif à faire baisser le prix du titre.

• *Le fait que les marchés financiers soient de plus en plus arbitrés.* — En effet, dès l'instant que les marchés sont moins réglementés, tant sur le plan intranational qu'international, les prix des actifs financiers équivalents (en particulier, à même niveau de risque) doivent être mieux *arbitrés* : de la même façon qu'il n'y a pas de raison de payer un lingot d'or (s'il est de même titre) plus ou moins cher à Londres qu'à Zurich, il n'y a pas davantage motif, sur un marché financier mondial de mieux en mieux unifié, de payer plus cher la même action ou la même devise en quelque place que ce soit. Les marchés financiers mettent en œuvre des procédures telles que les différences de prix sont rapidement gommées de place à place (de pays à pays), de telle sorte que les *prix* d'équilibre doivent nécessairement s'en dégager.

Au total, dans ce monde de marchés financiers de plus en plus larges et de mieux en mieux reliés par l'ordinateur et le satellite, hormis des phases brèves et éphémères intermédiaires, les cours devraient être ceux qui ajustent les offres et les demandes de fonds et, au-delà, reflètent les données de l'économie réelle. A ce paradigme financier finalement un peu irénique, on doit, à notre sens, opposer de nos jours, une interprétation plus réaliste.

La théorie aujourd'hui plus circonspecte : bulles spéculatives et pertes de contrôle

D'un point de vue *factuel*, il est bien certain qu'on peut trouver plus d'une preuve du caractère non synchrone du développement de la sphère financière et de la sphère productive.

Qui, par exemple, aura oublié qu'avant le krach de 1987, plus précisément en France, entre 1980 et le début de 1987, l'investissement productif n'avait pratiquement pas augmenté alors que le cours des actions françaises avait pratiquement été multiplié par trois. De même, on se souviendra, à ce même moment, des rapports cours de l'action-bénéfice (*price earning ratio)* faisant apparaître des ratios de l'ordre de 15 à 20 en Europe ou aux États-Unis et beaucoup plus encore au Japon. Que dire aussi de telle ou telle entreprise française du secteur nationalisé de la haute technologie réalisant alors les quatre cinquièmes de ses bénéfices non par ses ventes de produits industriels, mais par ses opérations financières, du moins tant que celles-ci n'en furent pas détachées. Mais, beaucoup plus récemment encore, la presse nous apprenait (*Le Monde* du 9 octobre 1991) que la société américaine Westinghouse (115 000 personnes) était en train de licencier 6 000 personnes et de provisionner près de 2 milliards de dollars du fait des mauvaises affaires de son service financier, ancienne « vache à lait » du groupe. En y ajoutant les exploits de quelques *raiders* tel le financier canadien Campeau obligé de se déclarer brutalement en faillite du fait de son financement à base de *junk bonds* (obligation de pacotille) de son OPA sur Bloomingdale.

Sans doute trouve-t-on des études — telle celle de la Banque de France et de la Centrale des bilans de 1988 — pour montrer que les placements financiers significatifs sont le fait d'une proportion limitée d'entreprises françaises (25 %) et que, souvent, les plus dynamiques en matières d'investissement sont aussi celles qui interviennent le plus sur le marché financier.

Pour autant, plusieurs caractéristiques de la finance paraissent jouer dans le sens de la déconnexion. Citons, en particulier :

• *L'horizon court du financier.* — L'opération du marché financier a de plus en plus un horizon temporel court. Il est en effet essentiel pour lui de pouvoir recouvrer rapidement sa liquidité. En cela, on retrouve l'opposition faite par Keynes entre l'*esprit d'entreprise* et celui de *spéculation*. Le premier conduit à privilégier le rendement à long terme, et donc essaie d'anticiper ses déterminants profonds ; le second a le souci de pouvoir retrouver aussi rapidement que possible sa liquidité ; se souciant de plus en plus de ne pas immobiliser ses fonds, il se trouvera poussé à l'imitation : il devra toujours être dans le *sens* du marché et ne pourra donc se permettre, comme le disent les hommes de marché, de se fâcher avec la tendance. S'il prenait une position, à contre-courant, il pourrait en payer cher le prix s'il avait à se « dégager » rapidement. Cette opposition entre la temporalité de l'entrepreneur et celle du financier a été souvent mentionnée au moment de certaines OPA hostiles, fondées davantage sur une idée de la liquidation des actifs « par appartement », comme on le dit — afin de réaliser une plus-value rapide — plutôt que sur la volonté de développer l'affaire acquise et de rechercher les synergies industrielles à en attendre.

• *L'arborescence des opérations financières et le risque systémique.* — C'est sans doute à ce niveau que réside l'une des causes les plus évidentes de discordance entre la sphère financière et la sphère réelle. S'il est vrai qu'en bout de chaîne de la majorité de toutes ces opérations financières ou cambiaires, il y a bien quelque projet, ici, d'investissement, de placement, d'exportation (importation), ailleurs, d'achat de capacité à l'étranger — soit donc des opérations « réelles » qui relèvent de la sphère productive —, ceux qui les initient doivent, de nos jours, se protéger d'une *double instabilité* : celle qui découle des taux d'intérêt et, simultanément, celle qui résulte des cours de change. Dès lors, il n'est pas rare que, par exemple, sur le marché international, une opération *primaire* de couverture donne lieu à plusieurs, quatre, cinq et parfois jusqu'à une dizaine, d'opérations *dérivées*, induites par la première d'entre elles. Il y a donc dans ces chaînes d'opérations une *arborescence* poussée, dont, très vite, on ne sait plus exactement quel en est le *fait générateur*. A l'intérieur de ces chaînes fort ramifiées, se mêlent, de façon presque inextricable, techniques d'*endiguement* du risque et, en même temps, de spéculation. D'où le fait, important, que cette finance s'auto-entretienne, voire s'autogénère. Comme, parallèlement, les acteurs des marchés sont devenus de plus en plus nombreux, les techniques et les produits de plus en plus sophistiqués et, quoi qu'on en pense, pas toujours aussi bien maîtrisés qu'on veut bien le dire *(back offices)*, il n'est pas étonnant que la sphère financière en vienne assez vite à fonctionner un peu en vase clos. Certes, elle continue à entretenir des points de sortie et d'entrée avec le secteur productif, mais, entre ceux-ci, il n'est pas surprenant qu'elle aboutisse à « moudre plusieurs fois le même grain » et à développer, à l'intérieur d'elle-même, des tendances autoentretenues.

• Vient en effet se greffer sur ce socle quelque peu mouvant le phénomène des *anticipations autoréalisatrices.* — Le marché *globalisé* de la finance est *surinformé* à l'image du « village global qui résonne des tam-tams tribaux » prédit, dès 1962, pour la diffusion de l'information orale par McLuhan. On y sait toujours, lorsque Londres ouvre le matin à 8 heures, à combien a « clôturé » Tokyo la veille, et, l'on connaîtra ensuite, lorsque démarreront, le lendemain, les Bourses du Sud-Est asiatique, quelle était l'ambiance des places de la côte ouest américaine, fermées à peine une heure plus tôt. Ce marché qui est intégré *horizontalement* dans l'espace, mais aussi, *verticalement*, entre ses divers compartiments (le change, les options, les futures, les marchés monétaires), forme une extraordinaire caisse de résonance. A chaque période, chacun y scrute les mêmes événements, les mêmes indicateurs, les mêmes écrans d'ordinateurs.

Le résultat est que les anticipations, au lieu, comme le voudrait le théoricien, de se construire sur les *déterminants fondamentaux* du prix des actifs, se « *calent* » les unes sur les autres ; même si un opérateur sait pertinemment, à un moment donné, que le prix d'un titre est surévalué, il est pour lui *rationnel* de continuer à l'acheter s'il considère que le marché va lui-même demeurer *bullish* (haussier). C'est ce que dit finalement la théorie des *bulles rationnelles* développée surtout depuis 1980. Il peut être rationnel de continuer à acheter un titre (ou une devise) alors même qu'on sait qu'il est trop cher par rapport à sa valeur fondamentale, dès l'instant que *le risque de perte est plus que compensé par le gain en capital susceptible d'être réalisé.*

Dans une bulle spéculative rationnelle, le prix de l'actif, nous dit la théorie économique moderne, peut fort bien « décoller » de façon croissante de la valeur fondamentale et, finalement — tout au moins tant que la bulle n'éclate pas —, demeurer « rationnel ». N'importe quel niveau de prix peut même se révéler — provisoirement — justifié. Si, à un moment donné, la majorité des agents s'attend à ce que le prix hausse, le mimétisme aidant, il en sera finalement ainsi : les anticipations devenant alors *autoréalisatrices (self-fulfilling)*, leur convergence assurant que le *postulé* — même à des niveaux de prix très excessifs — devienne le *réalisé*. C'est là un constat, redevenu au goût du jour, mais néanmoins historiquement bien connu : de la folie des tulipes en Hollande au XVIIe siècle (on rapporte que les oignons de tulipes atteignirent un tel prix qu'un brasseur français échangera sa fabrique contre un seul tubercule !) à la spéculation sur les actions de la Société des mers du Sud (dont, au XVIIIe siècle, fut victime Isaac Newton) jusqu'au prix, aujourd'hui, des yearlings de Deauville ou du dollar américain — qui, de 1983 à 1985, atteignit son zénith alors que les déficits américains s'élevaient à 250 milliards de dollars pour le budget fédéral et plus de 125 milliards pour la balance courante —, les exemples sont nombreux. Les *bulles spéculatives* — dont, d'ailleurs, la rationalité n'est que relative puisque *l'ensemble d'information* exclut certains éléments de long terme —, comme, par exemple, pour le dollar de 1983 à 1985, les déficits jumeaux américains qui interdisaient alors la perpétuation de ces déséquilibres — correspondent à ces situations, de nos jours, relativement fréquentes. Elles illustrent bien le risque de pertes de contrôle d'une finance devenue globale et mondialisée.

Que dire, pour conclure, de cette trop brève réflexion sur le lien obligé ou, au contraire sur la *déconnexion* parfois contestée de la sphère financière et de l'économie réelle ? Il semble que deux propositions puissent être soumises à la discussion et un point d'interrogation final au moins évoqué.

Oui, la finance paraît bien susceptible de s'« autonomiser » à certains moments — et pour des périodes parfois assez longues — de l'économie réelle. Cela, l'analyse économique moderne permet de le comprendre et d'en rendre compte.

Pour autant, tout le problème est de savoir si ces phases, durant lesquelles elle est à même de se déconnecter, peuvent durer.

Tout semble indiquer que, jusqu'ici, des *forces de rappel* sont toujours intervenues, en 1987 comme en 1989, ou au moment du choc de la guerre du Golfe. Cela passe par des interventions bien choisies des autorités monétaires responsables qui doivent être cohérentes et crédibles pour s'imposer et ramener les prix vers les valeurs fondamentales.

Est-on sûr cependant que l'hypothèse de survenance d'une crise financière généralisée entraînant à sa suite l'économie réelle soit totalement exclue ? Le garantir serait assez risqué. On rappellera qu'on commence aujourd'hui à peine à construire une théorie du *chaos financier* qui fait apparaître, notamment à travers le concept d'*attracteurs étranges*, comment le « battement d'ailes de papillon intervenu en mer de Chine peut déclencher le typhon sur la côte américaine du Pacifique », selon ce qui est devenu l'apologue du météorologue E. Lorenz. Souhaitons que la finance n'ait pas trop fréquemment à bruisser des échos de scandales, délits et autres « affaires » financières susceptibles, à tel ou tel moment, d'affecter en profondeur un équilibre qui paraît finalement relativement précaire.

LE FÉTICHISME DE L'ARGENT

Bernard Guibert

Pour le sens commun, le « fétichisme de l'argent » évoque le culte du gain, une forme excessive et maladive de la religion du Veau d'or. Le mot « fétiche » vient d'ailleurs du portugais. Les premiers explorateurs du Brésil désignaient ainsi les objets de culte des religions des civilisations primitives qu'ils découvraient. Ces choses tiennent lieu des puissances invisibles. Le fétiche est donc un *qui pro quo*, ou plutôt un *quid pro quo*, une chose naturelle pour la personne surnaturelle. Plus près de nous, la psychanalyse a popularisé également son interprétation des pratiques fétichistes : la chose fétiche se substitue également à l'objet abstrait du désir ; mais, en outre, sa fonction est de rendre invisible quelque chose dont la vue est insoutenable, quelque chose de « sacré ». Le « sacré » est fondamentalement ambivalent : il attire invinciblement dans le même temps où il répugne.

Mais avant la psychanalyse avec Freud, c'est l'économie avec Marx, l'auteur des *Manuscrits de 1844* et du *Capital*, qui a donné au « fétichisme de l'argent » une acception technique précise : il s'agit d'une mystification des agents de l'économie qui est engendrée automatiquement par le fonctionnement des institutions économiques et qui fonde ces dernières. C'est une illusion engendrée par le système et qui est nécessaire à sa perpétuation. Il faut donc rappeler, d'abord, ce qu'était le « fétichisme de l'argent » en 1844, avant de se demander si cette analyse technique nous parle encore en

1991, en particulier pour nous aider à nous désenvoûter des maléfices du capitalisme.

Si vous souhaitez me suivre dans ces pérégrinations, vous devez vous astreindre à une ascèse préalable. Notre époque répugne, en effet, à considérer que de l'économie relèvent d'autres choses que des réalités précises et positives, comme des prix, des taux de change et de chômage, etc. L'ascèse, pour nous, consiste à suivre les invitations de G. Bataille et S. Freud et à considérer qu'il n'y a pas de solution de continuité entre les perversions sexuelles, les phénomènes religieux et les réalités économiques. Bref, je vous prie de permettre à un économiste de parler pendant une demi-heure de sorcellerie, de magie, d'enchantement, d'envoûtement, de sortilèges, de fantasmagories et d'exorcismes.

Le fétichisme de l'argent en 1844

Qu'est-ce que le « fétichisme de l'argent » pour Marx, dans les *Manuscrits de 1844*, puis dans *Le Capital* ? C'est une des formes du fétichisme de la marchandise, celle où cette dernière est de l'argent.

La matrice du fétichisme de la marchandise

Et le fétichisme de la marchandise ? Celui-ci découle de la psychologie de l'échange marchand. Dans le face-à-face du vendeur et de l'acheteur s'entrecroisent des regards, se pèsent des supputations, s'échafaudent des calculs, s'élaborent des stratégies et se dissimulent des arrière-pensées. Structuraliste avant l'heure, Marx analyse ces métamorphoses de représentations subjectives comme une structure réglée par un invariant : tout se passe comme si un pouvoir d'achat était intrinsèquement attaché à la marchandise, du seul fait de l'existence de l'institution du marché. Là est le fétichisme, un *quid pro quo* : une seconde nature de la chose, sa valeur, à la place de la personne du producteur. D'où, d'emblée, le principal effet du fétichisme de la marchandise, la réification des rapports sociaux, d'où découlent les deux autres « ensorcellements » de l'économie capitaliste : la personnification des objets et, notamment, de l'argent, et l'aliénation des hommes, en particulier par l'argent.

La réification des rapports sociaux désigne ce *quid pro quo* par lequel une chose, un avoir, un prix, vient se substituer à une personne, un être, une production. Ce *quid pro quo* est au principe d'une substitution généralisée qui transforme le marché en un théâtre d'ombres et de masques, qui relève d'une optique généralisée.

Ce qui est dissimulé par ces phénomènes de substitution et de réflexion totale, c'est donc la production et l'exploitation : c'est *en soi* qu'un objet possède une valeur ; celle-ci découle uniquement de ses caractéristiques intrinsèques qui lui confèrent une plus ou moins grande rareté, abstraction faite des efforts et des techniques employées pour le fabriquer dans une société d'une époque donnée.

Bref, à des relations entre les hommes socialement et historiquement déterminées, se substituent des rapports entre des choses.

De cette réification découlent donc des effets de naturalisation des objets de l'économie et de dissimulation de la violence de l'exploitation.

Taxinomie et épidémiologie des fétichismes : le capital et ses doubles

Mais ce « fétichisme de la marchandise » est une matrice dont procède, dans le capital notamment, toute une procession, une théorie de fétichismes différents. Le fétichisme de la marchandise est analysé dès le premier chapitre de la première section du premier livre du *Capital*. La monumentale dialectique des fétichismes traverse les trois livres pour être condensée, récapitulée et systématisée dans l'avant-dernier chapitre, intitulé théologiquement la « formule trinitaire du capital ». Cette formule, c'est le salaire, la rente et l'intérêt, auxquels correspondent des fétichismes spécifiques.

Pour comprendre cette dialectique, il faut accepter qu'il soit plus important d'expliquer comment les phénomènes économiques impressionnent notre conscience et comment ces représentations subjectives se métamorphosent et s'enchaînent, que de déterminer les mouvements quantitatifs des prix et des volumes de marchandises. Alors, les apparences des phénomènes économiques sont comme ces « avatars » des divinités indiennes par lesquels elles expriment une même essence sous des figures changeantes et envoûtantes. Mais, en réalité, Marx reprend les structures de la phénoménologie hégélienne, de telle sorte qu'on peut mettre en parallèle la taxinomie des fétichismes du capitalisme avec celle des figures de la conscience.

Dans les deux cas, comme dans les religions plotinienne ou indienne, de l'Un du capital procèdent ses différentes hypostases, qui scandent parallèlement les formes de la conscience.

Le préambule de cette procession d'avatars de la valeur est le degré zéro de l'économie capitaliste, l'échange marchand simple avec ses trois structures élémentaires de la vénalité : la marchandise, le marché et l'argent. On a précédemment évoqué le fétichisme de la marchandise. Celui de la circulation ou du marché consiste à conférer à l'argent la puissance magique de mettre en branle la marchandise et d'en être « naturellement » le maître de ballet. Enfin, le fétichisme de l'argent consiste à boucler cette puissance vitale de l'argent sur elle-même : l'argent s'engrosse lui-même ; il apparaît « naturellement » comme une substance automatique qui s'accroît d'elle-même de par sa seule nature formelle.

Le premier pas dans le monde du capital s'appelle le salaire. C'est le plus important, car le rapport social de production du salariat est autant celui de valorisation, c'est-à-dire de production de valeur, que celui d'exploitation, c'est-à-dire d'extraction de plus-value. Dans cette structure fondamentale du capitalisme, le « fétichisme de l'argent » joue un rôle crucial.

Sa magie, en effet, persuade les salariés que ce contre quoi s'échange leur travail, leur salaire, en est l'exacte contrepartie, ce qui dissimule de manière parfaite leur exploitation.

Ainsi, non seulement l'ouvrier est exploité ; mais il ne peut pas en avoir conscience, du fait même que son exploitation est médiatisée par de l'argent ! Dans le vocabulaire classique, la valeur de la force de travail, qui est l'essence, est métamorphosée en valeur du travail : ce qui apparaît, le phénomène économique *(Erscheinung)*, est une apparence fallacieuse *(Schein)*, qui « leurre » le travailleur sur la nature profonde de ce qu'il subit, bref l'essence *(Wesen)* de l'exploitation. C'est cela le fétichisme du salaire.

Une forme primitive du fétichisme de la circulation était présente dès le degré zéro du capitalisme, l'échange sur un marché ordinaire. Lorsque cette circulation est reprise, multipliée, et différenciée dans la matrice du capital, elle donne les trois cycles de l'argent, de la marchandise et de la production, et donc les trois fétichismes correspondants.

La plus-value a beau être parfaitement dissimulée par le fétichisme du salaire, elle n'en agit pas moins réellement dans la sphère où les choses apparaissent aux agents, même sous des apparences transformées. D'où une séquence de métamorphoses du mode de manifestation, depuis le salaire jusqu'à l'intérêt, en passant par le profit d'entreprise. Ce qui intéresse Marx, c'est moins le problème des relations quantitatives entre les différentes grandeurs, ce qu'au XXe siècle les économistes appelleront le problème de la transformation des valeurs en prix, que celui des métamorphoses des phénomènes. Les phénomènes désignent, dans la philosophie critique allemande, à la suite de Kant, les apparitions des essences, apparitions qui ont l'avantage de frapper nos sens et donc de nous donner quelque chose à connaître sur le monde, y compris le monde des rapports sociaux, mais qui ont l'inconvénient de comporter une part irréductible d'illusion, d'apparence fallacieuse : dans *Erscheinung*, il y a *Schein*.

Avec l'intérêt, avatar suprême de la plus-value, le fétichisme du capital (qui récapitule tous les fétichismes précédents) atteint son paroxysme et son apogée.

Mais ici encore, l'illusion joue un rôle essentiel dans la construction marxienne. De même que le fétichisme de l'argent dissimule la plus-value dans le travail du salarié, de même le fétichisme du capital porteur d'intérêt déconnecte la distribution macroéconomique des revenus de la propriété pure du fonctionnement concret des entreprises qui en sont à l'origine. D'où la possibilité formelle d'un revenu de distribution « pur », la rente, qui permet de boucler la boucle du cycle des métamorphoses et des sortilèges du capital : la formule trinitaire du capital ne comprend plus que trois rapports de distribution miraculeusement expurgés de toute trace apparente d'injustice sociale : le salaire, l'intérêt et la rente.

En résumé, à partir du fétichisme matriciel de base, celui de la marchandise, Marx déploie une taxinomie de neuf fétichismes qui constituent les doubles mystificateurs des neuf moments fondamentaux de la structure capitaliste. Ces neuf stases du capital sont elles-mêmes les formes métamorphosées du rapport social fondamental, le salariat, dans une monumentale dialectique qui emprunte sa logique à Hegel.

Mais on peut oublier le caractère baroque, voire rococo, de cette architecture conceptuelle, après tout contemporaine des folies de Louis II de Bavière, pour ne retenir que le caractère assez simple, au fond, du mécanisme de propagation du fétichisme de base à travers toutes les formes enchantées du capitalisme. Il s'agit d'une « épidémiologie des représentations », expression empruntée à l'anthropologue Dan Sperber. En effet, le *quid pro quo*, en lequel se résout fondamentalement le fétichisme de la marchandise, transfère à un objet (le *quid*) les propriétés magiques du fétichisme : la réification qui équivaut à une naturalisation, la personnification qui prélude à une vivification et l'aliénation qui frustre d'une émancipation. Seul change chaque fois l'objet (le *quid*) qui médiatise l'échange. Toutefois, tous ces objets, acquièrent un vêtement uniforme sur les différents marchés, celui de l'argent. C'est pourquoi, si le fétichisme de base est celui de la marchandise, le fétichisme général, voire universel, est celui de l'argent.

L'aliénation par l'argent

Ce dernier hérite de la marchandise les propriétés de réification (des rapports sociaux) et de personnification (des choses). Il convient de dégager les traits spécifiques de l'aliénation, qui en est la troisième caractéristique.

En termes phénoménologiques hégéliens, il ne peut pas y avoir de rapport à un objet extérieur *(Entaüsserung)*, sans qu'il y ait simultanément une aliénation *(Entfremdung)*. Il ne peut y avoir d'échange marchand sur un pied d'égalité, échange égal, échange d'équivalents, sans qu'il y ait, de manière inséparable, un rapport de domination dans une réalation sociale.

En termes économiques, il est impossible de distinguer l'argent qui fonctionne comme simple moyen d'échange égal (ce que Marx appelle le capital-argent) de celui qui fonctionne comme mise en valeur de capitaux (appelé par Marx argent-capital). Toute différence est abolie entre argent-capital et capital-argent, entre marchandise-capital et capital-marchandise, etc. Notre monde économique reste un théâtre d'ombres, peuplé de fictions opératoires, de formes aussi irrationnelles qu'un « logarithme jaune » et néanmoins absolument nécessaires à l'économie (à la différence des logarithmes jaunes).

Dénoncer l'aliénation, c'est appeler l'émancipation, donc l'exorcisme du fétichisme de l'argent. Si l'effet de celui-ci est de rendre invisible la violence et la domination au cœur des relations économiques, le résultat du désenvoûtement sera la perception insupportable de cette violence. Dans la réalité de tous les jours de ces années 1844, c'est l'exploitation féroce des ouvriers. Dans la perspective séculaire de l'histoire, c'est « l'accumulation primitive » qui accouche au forceps « le capital suant le sang et la boue par tous ses pores ».

Le modèle marxien de l'émancipation découle donc de cette analyse du fétichisme de l'argent : il s'agit d'anéantir l'exploitation grâce à la violence révolutionnaire ; il s'agit de « dépasser » l'accumulation primitive par un autre forceps.

Tels sont donc les trois thèmes légués par les *Manuscrits de 1844* : l'étroite solidarité du marché et du capitalisme, à cause de l'invisibilité de l'exploitation ; le caractère exponentiel d'un mouvement qui « s'engrosse lui-même » ; une aliénation qui découle mécaniquement de l'objectivité des structures et qui appelle une émancipation.

Le fétichisme de l'argent en 1991

Mais ce discours marxien est-il encore audible en 1991 ? La question est en fait double.

Notre époque est-elle, comme en 1844, victime du fétichisme de l'argent ? Et, si oui, celui-ci ne s'est-il pas tellement conforté que nous serions devenus incapables d'en être conscients ? Peut-on jouir des bienfaits de l'économie de marché sans souffrir des maléfices de la spéculation capitaliste ?

La réponse de Fernand Braudel à la première question est affirmative. En effet, il distingue trois étages dans l'économie des siècles passés. Le premier est constitué par la masse profonde et presque immuable des pratiques non marchandes de la vie quotidienne : c'est l'autoconsommation des masses paysannes dont le niveau de vie dépasse à peine celui de la survie. La deuxième sphère est celle, dynamique et bénéfique, des échanges marchands. Et, enfin, il y a la pellicule superficielle, mais d'emblée internationalisée, de la spéculation capitaliste fiévreuse et au fond, selon lui, improductive.

La réponse de Braudel à la seconde question est également positive. Même plus, il insinue que les vertus du marché peuvent tempérer et réguler les instabilités, les aliénations et les spéculations de l'économie capitaliste.

On devine quelles implications politiques, à propos notamment de ce qu'on appelle l'économie mixte ou de la transition des économies orientales, peut avoir une telle conception.

Mais pour qu'une telle « planification » soit possible, il faut qu'on soit capable de discerner, sous le vêtement universel et uniforme de l'argent, ce qui constitue l'instrument de l'échange égal, l'argent-marchandise, dirait Marx, et ce qui constitue au contraire la « substance automatique qui s'accroît d'elle-même », la plus-value sous forme de vif-argent, bref, l'argent-capital, dirait le même Marx. Or, le fétichisme de l'argent empêche justement cette distinction.

Les thèses de Polanyi, en revanche, prolongent celles de Marx. En effet, le fétichisme de l'argent permet la constitution, à côté des « vrais » marchés, de pseudo-marchés pour des pseudo-marchandises, qui pour être « pseudo », « fétichisées », dirions-nous, n'en sont pas moins essentielles à l'économie. Il s'agit, en effet, du pseudo-marché du travail, du pseudo-marché des terres (et des rentes) et du pseudo-marché de l'argent. Ces pseudo-marchés sont indiscernables des vrais marchés, à part qu'à la réflexion les marchandises correspondantes ne sont pas produites.

Bref, Polanyi étend et perfectionne le fétichisme de l'argent : non seulement le marché est indiscernable du capital mais même les conditions extra-économiques d'existence des pseudo-marchés, conditions produites et reproduites par de la violence, deviennent invisibles.

Le mouvement historique réel, tant en Europe centrale et orientale, que dans les pays du Sud, semble donner raison à Polanyi, donc à Marx, et non à Braudel. Ce thème de la solidarité entre échange égal marchand et échange inégal (capitaliste) semble donc plus actuel que jamais.

Peut-on refermer la boîte de Pandore de la technique ?

La réification, le fétichisme de l'argent, n'a pas seulement pour conséquence de dissimuler la « violence de la monnaie », comme titrent Michel Aglietta et André Orléan. Mais les formes de la « capitalisation » ont changé entre 1844 et 1991. Maintenant, c'est le progrès technique qui nous apparaît comme le moteur sans frein de l'économie. L'école de Francfort, puis Habermas ont dénoncé la « science et la technique comme idéologie ». Le progrès technique nous apparaît comme un avatar de l'argent, « substance automatique qui s'engrosse elle-même ».

Le perfectionnement de notre époque semble avoir consisté à métamorphoser le fétichisme de l'argent en un fétichisme de la technique. Il y a vingt ans environ, Richta popularisait le thème de la RST, la révolution scientifique et technique.

Il condensait deux traditions apparemment irréconciliables, le positivisme marxiste et le positivisme tout court. Selon la première tradition la révolution des forces productives finit par transformer, en dehors de toute intervention subjective, les rapports sociaux de production.

« L'idéologie spontanée des savants » et des techniciens est le positivisme, c'est-à-dire la croyance au progrès cumulatif et indéfini des connaissances et de la puissance technique : les découvertes scientifiques finissent par révolutionner l'économie. Magies et sortilèges de processus qui s'accroissent et s'entretiennent d'eux-mêmes, pour se déchaîner sans mesure et sans maîtrise. L'anatomie de l'économie montre plutôt que l'impératif d'accumulation intensive est médiatisé à notre époque par la recherche de rentes différentielles d'innovation, formes contemporaines des rentes foncières d'antan. Ce qui est dissimulé par ce nouvel avatar du fétichisme, c'est ce qu'Illich appelle la contre-productivité et les écologistes, le gaspillage de la « dot entropique de l'humanité ».

Faut-il voir dans cet acmé du fétichisme, avec Heidegger, « l'oubli de l'être » qui inaugure notre aliénation fondamentale et renvoie dos à dos les États-empires du levant et du couchant ? N'y a-t-il de désaliénation, d'exorcisme du fétichisme de l'argent, que dans une réaction absolue, une réaction « nazie » ?

L'exorcisme en 1991

Mais pas plus que nous ne pouvons entendre la poésie romantique et kitsch qu'affectionnait Heidegger, nous ne nous reconnaissons dans la philosophie hégélienne romantique que revêt l'analyse marxienne du fétichisme de l'argent en 1844. Nous ne percevons pas, un siècle et demi après, notre société comme un système de métamorphoses de figures de la conscience subjective. Nous répugnons à accorder trop de poids à la subjectivité, surtout si elle est projetée de manière anthropomorphique sur un grand Tout, qui nous dépasse et qui ressemble à un dieu laïque, maître de l'histoire.

Nous sommes également déconcertés par cette « logique » hégélienne, qui n'est pas celle d'un calcul symbolique « implantable » sur un ordinateur, mais une procession d'apparences, les unes fallacieuses et fantomatiques, les autres, au contraire, révélatrices de vérités essentielles, mais cachées : l'ésotérisme nous paraît aux antipodes de notre démarche intellectuelle, qui se veut scientifique, donc résolument exotérique.

• *L'économie est-elle frappée d'une malédiction, celle « d'aliéner » l'homme ?* — Mais le thème de l'aliénation, qui serait une conséquence automatique et fatale du fonctionnement même des mécanismes économiques, a fait couler beaucoup d'encre au XXe siècle. L'utopie d'un rapport à l'Autre qui soit pacifié, donc expurgé de toute violence et de toute domination, est restée l'horizon idéal de beaucoup de philosophes, même quand ils ne privilégiaient pas la critique du capitalisme, selon les canons techniques de la science économique. Leur objet de méditation semble avoir été plus la figure de la conscience malheureuse de la phénoménologie de Hegel, que le capital étudié par Marx. Cela paraît évident dans la tradition qui s'appelle d'ailleurs « phénoménologique » et dont l'existentialisme semble constituer un avatar. C'est moins flagrant pour l'école de Francfort, dont le pessimisme découle sans doute également des tragédies épouvantables qui lui étaient contemporaines. Plus près de nous, on retrouve cette dénonciation des aliénations fatalement inhérentes au fonctionnement même de nos institutions économiques, dans les utopies antiproductivistes de Marcuse, Illich et Gorz.

Bref, notre époque fournit une réponse semblable à celle de Marx : oui, les rouages mêmes de l'économie ensorcellent notre conscience, l'aliènent, l'asservissent et la droguent.

• *Reflexivité et émancipation.* — Mais, en même temps, la vision est moins manichéenne, plus « dialectique », si l'on veut : certes, l'aliénation découle fatalement de l'objectivation, comme le dénoncèrent les premiers Hegel et Marx ; mais la réciproque est vraie, découvre notre époque : l'aliénation est la condition de l'objectivation, donc de la conscience de soi, donc de la réflexivité et donc de l'avènement du sujet. Le fétichisme de l'argent paraît, au premier abord, un phénomène spéculaire. Le miroir de l'argent dissimule par réflexion totale la face cachée de la « violence de la monnaie ».

Mais cette limitation, cette réflexion et cette finitude sont les conditions de possibilité de l'autoréférence, donc de la « mimésis » et de la réflexivité. Ce sont les analyses littéraires de René Girard, reprises par Jean-Pierre Dupuy, Dumouchel, Michel Aglietta et André Orléan en économie.

Notre époque reprend à son compte la méditation kantienne sur la nécessité transcendantale des limites de la conscience pour que la conscience soit. Dans cette perspective, l'exorcisme du fétichisme et l'émancipation de l'exploitation, chez Castoriadis notamment, ne peuvent résulter « simplement » d'un renversement terme à terme et violent de la domination.

La comparaison avec la cure psychanalytique s'impose. Elle ne consiste pas à actualiser l'aporie de la conscience de l'inconscient. Il s'agit, conformément à cette tradition germanique qui distingue l'expliquer *(Erklären)* du comprendre *(Verstehen)*, de maîtriser indirectement et intellectuellement les médiations de l'inconscient.

En des termes popularisés par l'intelligence artificielle et notamment par Herbert Simon, il s'agit moins, comme chez Hegel, de déployer les figures d'une « rationalité substantielle » (absolue même), que d'établir les règles d'une rationalité procédurale qui permette d'instaurer une « communication exempte de domination », selon l'expression consacrée par J. Habermas.

Mais, ce faisant, il semble qu'on perde la dimension intrinsèquement économique des phénomènes d'illusion de la conscience, qu'on appelle « fétichisme de l'argent » : il y a une finitude humaine en général, une aliénation spécifique à la nature humaine et non à tel mode de production économique particulier. L'argent, dans cette perspective, paraît un cristal de réflexivité parmi d'autres, parce que, pour lui aussi, comme pour d'autres véhicules de médiation entre les hommes, le processus coïncide avec le résultat, ce qui fonde l'autoréférence à la base de la réflexivité humaine. Comme le disait Bataille, on en arrive à une économie généralisée, où se réalise le rêve de Braudel, par des méthodes plus complexes et raffinées que celles qu'il suggérait. Son rêve, le nôtre d'ailleurs, c'est d'exorciser ceux qui sont possédés par la soif de l'argent grâce aux vertus de l'argent. Les règles que nous mettons progressivement au point, par essais et erreurs, ce sont au fond celles d'une « communication exempte de domination », autrement dit, celles de la démocratie.

Les moyens sont donc plus politiques qu'économiques. Mais, en même temps, nous ne nous résignons pas à ne pas distinguer la mauvaise spéculation du bon échange.

Cette maîtrise de l'histoire, qui reste toujours notre ambition, est plus donc le résultat d'un « art » politique que la conséquence « scientifique » d'un déterminisme économique.

Je conclurai mon propos en rappelant les trois thèmes que notre époque réélabore à partir des analyses du fétichisme de l'argent, inaugurées par Marx en 1844 dans une perspective hégélienne.

1) L'économie a comme *output* secondaire une illusion qui est sa condition première et fondamentale d'existence.

2) Cette illusion est la cause d'un déchaînement des forces motrices de l'expansion économique. Cette dernière devient une « substance automatique qui s'engrosse elle-même », notamment, à notre époque, sous la forme d'un progrès technique indéfiniment accéléré.

3) Cette illusion est la cause objective et structurale de l'aliénation des consciences individuelles subjectives et appelle donc leur émancipation.

Dans les analyses de 1844, le fétichisme de l'argent relève d'une psychologie, structuraliste avant la lettre, qui s'assimile à une optique du sens de la vision sociale des individus.

Un phénomène de « réflexion », de fétiche, à l'instar du *Glanz auf der Nase* freudien, engendre des effets de dissimulation de ce qu'il y a de l'autre côté du miroir, de « réification des rapports sociaux », de « personnification des choses » et donc d'aliénation des consciences.

En 1991, cette psychologie, surtout lorsqu'elle est intégrée dans une phénoménologie hégélienne des figures de la conscience, ne nous satisfait plus guère. Il conviendrait, sans doute, d'analyser, par l'observation et l'expérience empiriques, ce qu'est le fétichisme de l'argent de nos jours, comment il s'apprend, comment son épidémie se propage dans le tiers monde et dans les pays d'Europe centrale et orientale.

Dans nos pays, en revanche, le « fétichisme de l'argent » semble s'être perfectionné et étendu, si l'on suit les analyses de Polanyi, jusqu'aux conditions d'existence du salariat, qui ne sont pas « spontanément » reproduites par le marché et qui sont le travail, la terre et l'argent. Et, surtout, le fétichisme de l'argent semble s'être métamorphosé en fétichisme de la technique.

Enfin, malgré les vertus anesthésiantes du fétichisme, la libération des aliénations, notamment économiques, reste toujours à l'ordre de jour. Mais les désillusions consécutives aux aventures totalitaires nous ont conduits à mettre au point, à tâtons, des stratégies plus subtiles d'émancipation que celles de l'affrontement violent « classe contre classe ». En effet, les illusions, les « booms » et les aliénations engendrés par le fétichisme ont aussi, paradoxalement, leurs bons côtés : la finitude est nécessaire à la réflexivité ; l'absence de maîtrise est le fond d'où la maîtrise émerge.

Bref, il s'agit moins d'exorciser le fétichisme de l'argent que de le domestiquer.

L'ARGENT DEMAIN

Jacques Lesourne

Chaque discipline a sa lecture de l'argent. La lecture que je voudrais explorer relève à la fois de la science économique, qui étudie l'usage que fait la société des ressources rares à usages multiples, et de la prospective, qui s'efforce de décrire les avenirs susceptibles d'être engendrés par le hasard, la nécessité et la volonté des hommes.

Pourtant, un tel projet rencontre d'emblée une difficulté : l'argent n'est pas un concept d'économiste. A ce terme de la langue courante, l'économiste substitue en effet trois notions :

— *la monnaie*, qui sert à la fois d'intermédiaire des échanges, d'étalon de valeur dans le présent et dans la durée, de moyen d'accumulation des valeurs au cours du temps ;

— *le revenu*, qui mesure ce dont les ménages disposent par unité de temps pour couvrir leur consommation et leur épargne et qui, nominal ou réel, primaire ou secondaire, permet d'évaluer le niveau de vie, mais non la qualité de vie ;

— *le patrimoine*, individuel ou collectif, qui est égal à la valeur du stock des biens possédés par un ménage, une entreprise ou une collectivité publique.

Aussi est-ce à l'égard de chacune de ces notions que nous devons adopter successivement une attitude prospective. Mais un tel découpage suppose *a contrario* que soient identifiées au préalable les quelques tendances lourdes qui vont s'imposer à notre réflexion.

Le poids du prévisible

La première des tendances lourdes concerne à l'évidence *la démographie*. Comment oublier que la population mondiale va continuer à croître rapidement pour atteindre 8 milliards en 2025, en dépit du ralentissement progressif du taux de croissance annuel ? Avec un surplus qui se situera essentiellement dans les pays du tiers monde tandis que la population des pays développés stagnera. L'augmentation démographique s'accompagnera d'intenses migrations : à l'intérieur des pays, des campagnes vers les villes, entre les pays, des régions en développement vers les zones industrialisées. En toute logique, une prospective de l'argent devrait donner la priorité aux relations à l'argent des 6 à 7 milliards d'individus à faible revenu qui constitueront dans trente-cinq ans la majeure partie de l'humanité.

Le changement des relations entre l'homme et *l'écosphère* constitue une deuxième tendance lourde. Qu'il s'agisse de la restriction des émissions de gaz carbonique, de la protection de la couche d'ozone, du maintien de la diversité biologique ou de la protection de l'environnement dans certaines régions de la planète (pluies acides, mers fermées), on assistera probablement à l'instauration de normes internationales obligatoires ou à l'apparition de taxes spécifiques. C'est tout un domaine d'économie non marchande qui voit ainsi le jour.

Il faut mentionner ensuite *la mondialisation de l'économie*, qui n'a cessé de progresser depuis la Seconde Guerre mondiale et qui paraît irréversible, en dépit de la résurgence des nationalismes. Elle affecte les marchés, marchés des biens, marché du travail, marchés des services — financiers notamment —, les acteurs économiques qui deviennent de plus en plus transnationaux, enfin les États. Ces derniers se retrouvent de plus en plus souvent en situation de cosouveraineté (ce sera le cas à la fin du siècle pour la politique monétaire des États européens ayant adhéré à l'UEM). Ils constituent aussi des offreurs de services publics entre lesquels choisissent les grandes firmes lorsqu'elles ont à décider de la localisation de certaines de leurs activités. Nul doute que le devenir de l'argent sera profondément influencé dans les prochaines décennies par la globalisation des phénomènes économiques.

Enfin, la dernière des tendances lourdes que je voudrais évoquer porte sur le rôle croissant des *technologies de l'information*. Certes, le processus est engagé depuis quarante ans, mais nous sommes encore loin de son aboutissement. En dotant l'humanité de la prothèse intellectuelle des logiciels et des banques de données, en permettant à la fois des transmissions de masse et des communications en temps réel entre quelques individus répartis aux quatre coins du globe, l'informatique et les télécommunications contribuent au développement d'une activité « immatérielle » qui sous-tendra désormais toutes les productions matérielles de la société. Monnaie, revenu et patrimoine en seront considérablement affectés.

Ces quelques indications de prospective générale illustrent combien le thème de l'argent est lié à toutes les évolutions économiques et sociales que va connaître l'humanité.

La monnaie et son devenir

Dans leur première leçon sur la monnaie, les étudiants en économie apprennent qu'elle assume quatre fonctions et, en premier lieu, celle d'*intermédiaire des échanges*. A cet égard, la tendance longue depuis l'aube de l'histoire est dépourvue de la moindre ambiguïté : des têtes de bétail aux morceaux de métal, des pièces métalliques aux billets, du chèque au virement ou à la carte à mémoire, la monnaie s'est progressivement dématérialisée. Nul doute qu'avec l'explosion des nouvelles techniques d'information, cette dématérialisation continuera à se poursuivre et atteindra des couches croissantes de la population mondiale. Toutefois, coexisteront encore longtemps sur la planète des groupes humains vivant de l'autoconsommation et du troc et des réseaux d'individus n'utilisant que la « monnaie électronique ».

Quant au rôle de la monnaie comme *étalon de valeur*, il vient d'être brutalement rappelé par l'effondrement des économies planifiées. En effet, c'est leur manque d'efficacité, dû en particulier à l'absence d'un système de prix contraignant les acteurs économiques à s'adapter à la situation de l'offre et de la demande, qui a convaincu Gorbatchev et son entourage de lancer la *perestroïka*. De même, le FMI et la Banque mondiale n'ont-ils cessé, dans les dernières années, de rappeler à de nombreux pays du tiers monde la nécessité de la vérité des prix, une vérité des prix qui n'exclut pas que soit menée en parallèle une politique de redistribution des revenus et des patrimoines. Il existe malheureusement des prix qui, dans l'économie mondiale actuelle, peuvent s'éloigner durablement de leurs valeurs d'équilibre et fausser les choix des agents économiques : les taux de change. D'où l'importance d'une gestion macroéconomique mondiale assurant l'équilibre des balances des paiements des grands pays industriels. Une certitude : le rôle central des prix dans l'orientation de la structure de la production mondiale se maintiendra, dans le prochain quart de siècle. Une proposition qui n'est pas contradictoire avec les autres conjectures que je présenterai plus tard.

Une troisième fonction de la monnaie est de permettre l'*accumulation des valeurs dans le temps* sous forme d'un actif parfaitement liquide, c'est-à-dire qui peut être utilisé à tout moment sans délai ni coût de transaction. En échange, il était autrefois de tradition que cet actif ne porte pas intérêt. Il en résultait une frontière tranchée entre la monnaie et les autres actifs qui étaient imparfaitement liquides et engendraient des intérêts. Or la barrière s'est effondrée au cours des années soixante-dix. On observe aujourd'hui une continuité d'actifs différant par la liquidité et le taux d'intérêt associés. Aussi les économistes ont-ils été contraints d'introduire plusieurs concepts de masse monétaire, M1, M2, M3... Quant aux ministres des Finances, ils ont dû renoncer à contrôler la masse monétaire en édictant des normes, car le système économique échappait à ces contraintes en développant l'usage d'actifs non réglementés. D'où la généralisation de l'usage des taux d'intérêt de la banque centrale comme variable de contrôle. Mais en économie ouverte, cette variable a aussi un effet sur le taux de change, et son emploi est donc très largement commandé par la conjoncture internationale.

Enfin, dernière fonction de la monnaie, celle d'*étalon de valeur dans le temps*. En effet, un billet de 100 francs permet à tout moment — tant qu'il est autorisé à la circulation — l'acquisition de 100 francs de biens ou de services. Mais il y a longtemps que tout consommateur sait très bien que la monnaie remplit fort imparfaitement ce rôle à cause de l'inflation, une inflation dont le taux varie de quelques points à quelques centaines de pour cent par an, sans exclure d'ailleurs, dans les cas d'hyperinflation, des taux encore plus élevés conduisant à l'effondrement du système monétaire d'un pays. Actuellement, deux régions du monde sont rongées par des inflations à taux élevés : une partie de l'Amérique latine et certains pays d'Europe centrale et orientale. Et personne ne peut exclure l'hypothèse d'une hyperinflation russe analogue à l'hyperinflation allemande du début des années vingt. Parmi les nombreuses conséquences de l'inflation, deux doivent être soulignées :

— la dissociation qu'elle entraîne entre le taux d'intérêt nominal et le taux d'intérêt réel et qui peut ruiner le prêteur ou l'emprunteur dans les contrats à taux fixe lorsque les marchés n'ont pas anticipé correctement la hausse des prix ;

— l'apparition qu'elle suscite d'agents économiques tirant leur revenu de son existence et s'opposant par conséquent à sa disparition.

Quels messages de prospective suggère cette brève analyse ? J'en proposerai trois :

1) La monnaie va continuer à se dématérialiser et les frontières entre elle et les autres actifs à s'abaisser. Dès lors, le taux d'intérêt restera à l'avenir le principal élément de contrôle de la politique monétaire.

2) Demain comme hier, tout ensemble secoué par une crise grave d'origine économique, sociale, politique pourra être atteint par une inflation difficile à maîtriser.

3) Un système de prix, reflétant plus ou moins bien les raretés relatives des diverses ressources à l'échelle mondiale, continuera, dans les prochaines décennies, à modeler les structures productives, tous les pays se ralliant progressivement à l'économie de marché, quels que soient les modes d'intervention de leurs gouvernements.

Ce rôle des prix, nous allons le retrouver à propos des revenus.

Les dilemmes des revenus

Dans toute société, le revenu des ménages relève de deux logiques souvent contradictoires :
— d'un côté, il rémunère des services rendus à la collectivité (de ce point de vue, un salaire mensuel est un prix comme un autre) ;
— de l'autre, il conditionne le niveau de vie d'une famille et le pouvoir politique, au nom de l'équité, ne peut pas être indifférent à sa distribution.

Il est commode de retenir successivement ces deux approches.

Pour la première, il vaut mieux parler de *coût du travail* que de salaire. Ce qui fait actuellement novation est la constitution progressive, par l'intermédiaire du commerce international, d'un marché mondial du travail sur lequel se confrontent les offres et les demandes des diverses compétences. Mais l'entrée sur ce marché d'une partie croissante de la population active — en général peu qualifiée — du tiers monde se traduit par une augmentation (relative) des offres d'emplois de haute compétence et un accroissement (relatif) des demandes d'emplois de faible compétence. D'où une tendance à l'augmentation du coût du travail d'équilibre beaucoup plus forte pour les individus de forte compétence que pour ceux de faible compétence, une tendance encore accentuée par l'informatisation et l'automatisation. Cela signifie, en langage ordinaire, que s'il n'y avait aucune redistribution, l'inégalité de la distribution des revenus s'accroîtrait dans les pays européens. L'existence d'un salaire minimal freine le mouvement, mais, en maintenant le coût du travail des individus peu qualifiés au-dessus du niveau d'équilibre, elle engendre un chômage de longue durée. Ce chômage, que les économistes désignent sous le nom de « classique », doit être tout à fait distingué du chômage keynésien engendré, lui, par une insuffisance de la demande. Comment le combattre ? A long terme, en améliorant la compétence des travailleurs les moins qualifiés. A court terme, en abaissant le coût de leur travail pour l'entreprise, quitte à compléter leur revenu primaire par des aides publiques.

Retenons simplement que les gouvernements ne pourront pas demain manipuler impunément les coûts du travail sur le marché national, car la hiérarchie de ces coûts sera largement commandée par le marché mondial.

Le chômage peut toujours s'analyser en termes de chômage classique, keynésien ou frictionnel. Certains prospectivistes prédisent un accroissement futur du chômage comme conséquence du désir permanent des individus de se contenter d'un revenu plus faible et de consommer moins. Mais comment ne pas voir que, s'il en est ainsi, on assistera simultanément à une baisse de la demande d'emplois (les individus désirant réduire la durée de leur travail) et à une diminution de l'offre d'emplois (les entreprises faisant face à une demande plus faible de leurs produits) ; l'équilibre du marché du travail se rétablira à un niveau d'emplois moins élevé. Il est malheureusement des faux raisonnements qui ont la vie dure...

Il ne faudrait pas croire, d'ailleurs, que le problème du niveau du coût du travail ne se pose que dans les pays développés. Dans certaines régions du tiers monde — en Afrique subsaharienne notamment —, les salaires minimaux du secteur formel urbain sont très supérieurs à leur valeur d'équilibre même s'ils nous paraissent très faibles. Il suffit pour s'en convaincre de constater le niveau des rémunérations dans les petites propriétés agricoles ou dans le secteur informel. Cette distorsion contribue au sous-emploi si fréquemment observé dans ces pays en développement.

Le revenu, indicateur de *niveau de vie*, soulève, quant à lui, deux séries de questions.

Même s'il est correctement évalué en tenant compte de l'autoconsommation, quelle relation entretient-il avec la qualité de la vie ? Il est de bon ton, dans une fraction de l'opinion des pays à haut niveau de vie, de nier toute corrélation, mais les comportements de la majeure partie de la population de ces pays — les revendications salariales notamment — montrent combien un tel jugement est excessif. Quant aux masses du tiers monde, elles aspirent incontestablement à une hausse de leur revenu. Je hasarderai pourtant un double pronostic : *1)* dans les pays à haut niveau de vie, revenu monétaire et qualité de la vie vont se dissocier de plus en plus et les demandes des individus porteront souvent à l'avenir sur des aspects qualitatifs de leur existence ; *2)* dans les pays à faible niveau de vie, au contraire, la poursuite simultanée d'une croissance vigoureuse et d'un aménagement de la qualité de la vie des plus défavorisés s'imposera comme un objectif aux gouvernements les mieux inspirés.

Qu'il soit ou non une composante essentielle de la qualité de la vie, le revenu pose par ailleurs le problème de sa distribution, c'est-à-dire, en fait, de sa redistribution.

Redistribution entre les membres d'une même génération au sein d'une société nationale. L'impôt et l'offre de services publics ont été traditionnellement les armes utilisées pour aboutir à cette redistribution. Mais elle se heurte aujourd'hui à deux difficultés : l'apparition, dans le secteur marchand, d'effets pervers dus au taux élevé des prélèvements obligatoires, l'incapacité croissante de l'État-protecteur à gérer efficacement la redistribution. Aussi, par-delà la vague libérale actuelle, les sociétés démocratiques continueront-elles à chercher les moyens d'une politique de redistribution modérée et effective.

Redistribution, enfin, entre les générations successives. C'est normalement le rôle de l'investissement. Mais deux questions se posent à son sujet : le taux d'intérêt qui résulte de l'offre et de la demande de capital par les opérateurs produit-il les arbitrages entre le présent et le futur que devrait faire l'humanité ? L'actualisation[1] est-elle légitime si l'on risque de priver les générations futures de ressources essentielles à leur survie ? En d'autres termes, l'humanité n'a-t-elle pas le devoir de préserver les revenus des générations futures ? Formulée en ces termes, la proposition entraîne naturellement

1. C'est-à-dire la réduction des valeurs futures par calcul à intérêts composés.

une réponse positive, mais elle masque de redoutables imprécisions : la notion de ressource varie dans le temps, le progrès technique rend inutiles certaines ressources, il en crée d'autres, il donne naissance à de nouvelles raretés.

L'arbitrage entre les générations nous conduit logiquement au dernier des thèmes que j'avais annoncés, celui du patrimoine. Mais avant de l'aborder, je voudrais énoncer quelques-unes des convictions que je me suis forgées après de longues années d'études prospectives :

— le revenu réel mondial par tête va continuer à augmenter dans les prochaines décennies sans que la croissance se heurte à des limites physiques ;

— l'humanité devra néanmoins se préoccuper de plus en plus de la protection de l'écosphère et aménager en conséquence le contenu de la croissance ;

— l'ouverture des échanges empêchera les taux de croissance des pays développés de différer durablement de manière sensible ;

— la croissance moyenne des pays du tiers monde sera plus rapide que celle des pays développés, mais cela n'empêchera pas un accroissement de l'écart de revenu entre les individus les plus riches et les plus pauvres ;

— à long terme, les préoccupations de redistribution s'intensifieront, notamment au bénéfice des régions du globe les moins développées.

La diversité des patrimoines

Dans le langage courant, « avoir de l'argent » n'évoque pas seulement le niveau possible des dépenses mensuelles, mais le volume de la fortune disponible, fortune qui peut prendre des formes multiples, de la monnaie aux obligations ou aux actions, de la terre aux gisements miniers, des immeubles aux machines, des brevets aux logiciels.

Mais *le paradoxe de ce patrimoine*, qui, pour l'homme de la rue, semble avoir un prix en soi puisqu'il est composé de biens qui existent, est qu'il n'a de valeur qu'en fonction des services futurs qu'il est susceptible de rendre à ses possesseurs. L'usine sidérurgique la plus moderne, quel que soit le coût de sa réalisation, cesse d'avoir une valeur si l'état du marché dans l'avenir ne lui permettra pas d'écouler sa production à des prix couvrant ses dépenses d'exploitation. Chaque jour, le progrès technique détruit ainsi des éléments de patrimoine. Un phénomène difficile à comprendre pour des ouvriers lorsqu'ils découvrent que les machines qu'ils utilisent doivent aller « à la casse » bien qu'en parfait état de marche. Ce paradoxe a un corollaire : la valeur d'un patrimoine dépend des anticipations que font sur l'avenir les acteurs d'une économie. Autrement dit, un stock de biens qui est la réalité même voit sa valeur conditionnée par ce qu'il y a de plus fragile dans une société, l'image du futur... Autrefois tourné vers le passé, car l'avenir reproduisait ce passé, le patrimoine ne tire aujourd'hui, dans un monde où les structures économiques évoluent en permanence, sa signification que du futur.

Tenter une véritable analyse prospective du patrimoine m'entraînerait trop loin, mais comment ne pas évoquer trois aspects d'une telle analyse ?

On assiste tout d'abord à *une dématérialisation progressive du patrimoine*. C'est la contrepartie du poids croissant des investissements immatériels : recherche, formation, organisation, logiciels, publicité, dans l'ensemble de la formation brute de capital fixe. Dans un pays comme la France, l'investissement immatériel représente déjà le quart de l'investissement total et ce pourcentage augmente rapidement. D'ailleurs, l'entreprise qui lance une OPA sur un concurrent ne le fait guère pour acquérir ses machines. Elle est beaucoup plus intéressée par sa technologie, la qualité de ses équipes, l'état de ses recherches, le volume de ses marchés.

On constate aussi que le patrimoine ne se réduit pas aux biens qui rendront des services marchands, c'est-à-dire vendus à un certain prix. A côté du patrimoine marchand, il existe *un patrimoine non marchand* : ainsi, un système d'armes pour la défense nationale a une valeur s'il n'est pas périmé et s'il répond à des menaces plausibles, mais ses services ne peuvent être évalués à l'aide d'un prix de marché. Tout au plus peut-on déduire indirectement une estimation implicite en étudiant les arbitrages faits par la collectivité entre ces services et des services marchands. Quelle est l'importance des patrimoines marchands par rapport aux patrimoines non marchands ? La question est d'autant plus délicate que les frontières du marchand et du non-marchand se modifient constamment.

Enfin, dernière composante majeure d'une prospective du patrimoine : comment évoluera *la répartition de ce patrimoine* entre les ménages, les collectivités privées, les collectivités publiques ? Et quel sens faut-il donner au concept de patrimoine commun de l'humanité, ce concept qui englobe non seulement les ressources naturelles, mais le stock génétique des espèces, les données invariantes du climat, l'ensemble des langues écrites ou parlées, la totalité des connaissances humaines... ? Comment gérer ce patrimoine commun ? Il ne peut être question de le conserver à l'identique, car l'action quotidienne des hommes l'enrichit tout en le détruisant, mais il faudra à terme maîtriser son devenir, c'est-à-dire la balance de la création et de la destruction, en prenant en compte l'idée que nous nous ferons des aspirations des générations futures.

Faut-il être surpris ? En parlant de l'argent, nous avons redécouvert tous les grands thèmes de la prospective contemporaine et, au cours de notre cheminement, s'est profilé ce qu'il faut bien appeler *une éthique de l'arbitrage*, une morale du compromis qui enjoint à l'homme d'évaluer, dans toutes leurs dimensions, les conséquences des décisions qu'il peut prendre et de pondérer ensuite ces évaluations. Certaines sont monétaires, d'autres ne le sont pas. L'argent est indispensable à la mesure des choses, mais il n'est pas la mesure de toute chose. Il en sera ainsi demain tout autant qu'aujourd'hui.

Débat

Un auditeur. — Je souhaite demander à M. Jacques Lesourne de revenir sur les mécanismes de détermination des revenus. Certaines disparités s'accroissent, d'autres au contraire s'atténuent. Comment peuvent se justifier de telles variations dans l'évaluation du travail ?

Jacques Lesourne. — La question est importante, mais elle se pose différemment dans le secteur concurrentiel du marché du travail et dans le secteur « non concurrentiel » de l'administration. Dans ce dernier cas, les salaires des différentes professions sont liés à des grilles indiquant leurs positions respectives. Ces grilles reflètent la répartition des salaires entre les divers métiers à un moment donné. Or, il se peut que l'appréciation économique de cette répartition évolue, lorsque, par exemple, l'évolution du marché conduit à des rémunérations très différentes, pour des métiers voisins, dans la sphère privée. Cette appréciation peut également évoluer pour des raisons sociales et non plus seulement économiques, lorsque la collectivité juge plus important le service rendu à la société par telle ou telle profession. La difficulté, dans le secteur non concurrentiel, vient du fait que les différentes professions luttent pour conserver dans le temps leur hiérarchie relative. Si un élément de la grille commence à bouger, tous les autres veulent une modification qui permette de maintenir la répartition de l'ensemble. Cette situation peut finir par créer des retards très importants dans les rémunérations de professions très demandées.

La situation se présente d'une autre manière dans la sphère privée, où les situations relatives des différentes professions dépendent de la rareté des offres par rapport aux demandes. Cette rareté relative dépend évidemment de la demande de biens, qui est liée à son tour à la répartition des revenus ou à celle des patrimoines. Quoi qu'il en soit, dans la sphère privée, les positions respectives des professions sont remises en cause de manière beaucoup plus rapide, en dépit des efforts déployés par les syndicats de chaque branche. Les informaticiens, par exemple, ont perçu des salaires particulièrement élevés au moment de la naissance de l'informatique : ils étaient peu nombreux, la demande était très forte et l'offre limitée. Progressivement, leurs rémunérations tendent à se calquer sur celles des ingénieurs ayant un nombre d'années de formation analogue.

Henri Bourguinat. — Je voudrais prolonger une remarque très importante faite par M. Lesourne dans son exposé. Elle concerne l'incidence de la mondialisation de l'économie sur la répartition des revenus. Jacques Lesourne a fait remarquer de manière tout à fait juste que l'intensification du commerce international conduira à la reconnaissance d'un revenu primaire élevé pour ceux dont les fortes compétences sont reconnues à l'échelon mondial, alors que ceux qui ont des compétences faibles seront laminés. Or, l'identification de ces compétences est parfois difficile, et va poser de graves problèmes politiques. Je n'en prendrai qu'un exemple, celui des agriculteurs français. Ils ont conscience, à juste titre, d'avoir fait, au cours de ces dernières décennies, des progrès extraordinaires en matière de productivité. Mais ils se trouvent également laminés par les conséquences des échanges internationaux dans le domaine des produits agricoles. Ce qui sera difficile politiquement va être de faire comprendre que la détermination de leur revenu primaire ne dépend plus de facteurs nationaux, mais de la situation internationale.

Un auditeur. — Je voudrais savoir ce que signifie exactement la notion d'« économie réelle ». N'est-elle pas problématique, surtout à un moment où les sciences physiques s'interrogent sur cette idée de réalité, et ont tendance à penser, pour reprendre la formule de Bernard d'Espagnat, que le réel est « voilé » ?

Henri Bourguinat. — Il peut en effet paraître trop facile, et par là même discutable, de faire une distinction tranchée entre ce qui est financier et ce qui est réel. Je crois, malgré tout, qu'une telle distinction correspond bien à quelque chose. Considérez, par exemple, un programme de construction de logements, ou l'édification d'un grand centre commercial, bref des implantations de séries de bâtiments. Leur financement peut s'organiser par le moyen d'un montage financier éventuellement très complexe, qui fera par exmple intervenir des capitaux japonais rassemblés en Suisse et transitant par le Luxembourg, etc. Vous serez toutefois bien obligé de convenir, quand les logements seront bâtis et que les commerces ouvriront, que le point d'aboutissement est moins « voilé » que le processus financier qui est en amont. Il me semble que même si les réalités financières deviennent de plus en plus complexes et peut-être de moins en moins intelligibles, à l'instar, en un sens, de la réalité physique, il n'en reste pas moins les points d'application de la finance qui sont identifiables dans le monde tel que nous le percevons. Les circuits magnétiques, le flux des télex et les mouvements de capitaux aboutissent, à tel ou tel moment, à des réalisations tout à fait concrètes.

Bernard Guibert. — J'ai, pour ma part, tendance à croire qu'il existe un voilement croissant de l'économie matérielle. Ce voile vient de l'incapacité de plus en plus grande où nous sommes de discerner l'argent qui sert de moyen de circulation et d'échange de l'argent qui sert de capital. Je ne prendrai que deux exemples : les « bulles spéculatives », et les revenus. On suppose que ces « bulles » résultent du fait que l'économie financière a décollé de l'économie « réelle », en devenant ainsi une sorte d'économie fictive. Quel est le substrat social de ce décollement ? Il me semble que c'est l'incapacité, à un moment donné, d'imputer une cause individuelle à un phénomène d'affectation économique. On parle par exemple des *junk bonds*, les bons qui ne valent rien. Mais qui peut discerner *a priori* un bon qui ne vaut rien d'un bon qui vaut quelque chose ? Cela est impossible avant que ne se produise des « crises de réalisation », avec des faillites et des effets très réels, où se produit le recollement entre l'économie fictive et l'économie réelle.

Cette incapacité à individualiser les causes économiques se retrouve au niveau des revenus. Quitte à faire hurler mes collègues, je soutiendrai que la catégorie de salaire englobe des phénomènes radicalement différents. Quand on compare le salaire d'un conseiller d'État avec le salaire d'une infirmière, il me semble qu'on compare des éléments totalement hétérogènes sur le plan économique. C'est précisément là que le fétichisme de l'argent ne nous permet plus de distinguer entre la rente de position, qui donne à certains héritiers des castes privilégiées le droit à un revenu supérieur à la moyenne, et le revenu lié à un travail utile. Le fétichisme de l'argent nous incite à confondre l'avoir et l'être. Pour justifier l'inégalité des revenus, on affirme que certains sont plus compétents que d'autres. Mais leur utilité sociale est-elle plus forte ? Permettez-moi d'en douter.

Jean-Loup Jolivet, président de l'université du Maine. — A propos de la monnaie électronique, les questions de la fraude et de la confidentialité n'ont pas été abordées. J'aimerais avoir l'avis de M. de Boissieu sur ces questions.

Christian de Boissieu. — Effectivement, je n'ai pas évoqué ces problèmes, et vous avez raison de les rappeler, car ils sont très importants. En ce qui concerne la fraude, il va de soi que le passage à la monnaie électronique n'a pas fait disparaître les « faux-monnayeurs ». Il y a eu des fraudes bien connues avec les cartes magnétiques. La carte à puce réduit le risque, à cause de l'information qu'elle contient, mais ne l'élimine pas totalement. Les progrès techniques en cours augmenteront encore la fiabilité de ces systèmes, mais on ne pourra jamais voir entièrement disparaître les possibilités de fraude. La monnaie électronique, je l'ai souligné, favorise une certaine forme de liberté individuelle. Mais en même temps, parce qu'elle suppose une centralisation des informations, elle peut constituer un danger pour la liberté de l'individu, si ces informations tombaient entre de mauvaises mains. En France, la Commission nationale de l'informatique et des libertés a mis en garde contre l'éventuelle transmission des informations que détiennent les banques et d'autres établissements. Je crois qu'en France les pouvoirs publics sont extrêmement vigilants à cet égard. Et ils continueront certainement à l'être, car si la confiance dans cette nouvelle monnaie se trouvait entamée, il deviendrait difficile de prétendre la développer.

Un auditeur. — M. Lesourne a parlé de la mondialisation de l'économie, mais celle-ci n'est pas uniforme. Que deviendront les pays du tiers monde qui, du fait de leur handicap technologique, demeurent à la traîne ?

Jacques Lesourne. — Il faut d'abord rappeler que l'idée d'un non-développement du tiers monde ne correspond pas à la réalité. Au contraire, il n'y eut sans doute jamais dans l'histoire autant de changements économiques et sociaux pour un si grand nombre d'hommes et de femmes durant une période aussi courte. Il n'en reste pas moins vrai que certaines zones du monde se trouvent plus ou moins déconnectées de l'intensité des échanges qui se construisent. C'est en particulier le cas de l'Afrique au sud du Sahara, où la plupart des études prévoient une stagnation, voire une légère régression, du revenu par tête dans les vingt-cinq prochaines années. Il serait toutefois totalement inexact de généraliser cette situation à l'ensemble du tiers monde. Le cas de l'Asie du Sud-Est, par exemple, est très différent. Même le Mexique, qui a connu de grandes difficultés à une certaine époque, a de nouveau des taux de croissance positifs, dont bénéficient à peu près toutes les catégories de la population, même si l'inégalité de la distribution du revenu y est considérable.

5. Le prix de la vie

Chacun sait que la vie n'a pas de prix. Et la mort pas plus. Ni l'existence d'un être humain, ni son corps, ni tel ou tel de ses organes, ni sa souffrance, qu'elle soit physique ou mentale, ni sa disparition, et le vide qu'elle laisse, ne peuvent s'estimer véritablement en aucune monnaie. Ce ne sont pas des marchandises — ni choses ni services. Cela est d'un autre ordre, et donc, à proprement parler, inestimable.

Pourtant, chacun sait aussi bien qu'on ne cesse de pratiquer de tels chiffrages. Quotidiennement, et légitimement. Toutes les formes d'indemnisations, de réparations de préjudices, d'estimation des dommages corporels supposent que l'on décide d'un prix des larmes. On devra fixer ce que vaut cette mort, ce handicap, cette mutilation ou cette douleur. Cas par cas, de lieu en lieu, moment après moment. Et on le fait.

Ce passage paradoxal et usuel de l'inestimable à l'estimé, du « sans prix » au chiffre exact est au cœur de ce chapitre. Il essaie de saisir comment ce qui n'appartient à aucun marché entre malgré tout dans les circuits de l'argent. Il examine certains des moyens par lesquels cette transposition a lieu, et les questions qu'elle soulève, du point de vue des juristes et des assureurs comme du point de vue d'une réflexion éthique.

Dany Cohen insiste sur le fait que le droit pense à l'argent même quand il ne le nomme pas. La réflexion juridique entretient avec la propriété, le patrimoine, la transmission et le partage des biens des relations fondamentales et bien ancrées, plus profondes et plus essentielles qu'on ne croit. Entre le droit et l'argent, la connexion ne serait nullement limitée aux droits des affaires ou au calcul des dommages et intérêts. Le statut même du sujet du droit, l'ensemble des conceptions relatives à ses relations aux autres, à ses capa-

cités comme à ses devoirs, entretiennent avec la question de l'argent une constante proximité.

Denis Kessler expose les difficultés auxquelles doivent faire face les praticiens des assurances. Comment estime-t-on la valeur économique d'un être humain vivant ? Comment fixe-t-on le prix de sa mort ? En exposant les méthodes actuellement en vigueur, leurs principes de calcul, leurs avantages et inconvénients, son analyse permet de passer de questions extrêmement concrètes à des interrogations fondamentales qui concernent aussi bien des choix de société que des questions d'éthique.

Ces mêmes interrogations s'aiguisent lorsqu'on passe sur le plan du droit international. Chaque État possède en effet « son » droit international, ses manières de concevoir l'indemnisation de ses ressortissants victimes de dommages à l'étranger, ou des étrangers accidentés sur son territoire, ses accords ou ses absences d'accords avec les autres États sur ces questions. Ce ne sont pas des problèmes théoriques : il arrive qu'en Hollande un autocar allemand percute une voiture espagnole. Il arrive aussi qu'une usine de produits chimiques appartenant à une société américaine provoque en Inde une catastrophe faisant des centaines de morts et quelques milliers de blessés. Le calcul des dommages et intérêts à verser aux victimes soulève une série de questions qui sont à la frontière de l'éthique et de la politique.

C'est dans le même registre, où s'entrecroisent les finances, les relations internationales et la morale, que se situent les problèmes soulevés par les relations Nord-Sud. Bernard Maris analyse la situation créée par la dette du Sud, le discours et les comportements moralisateurs du Nord, et en particulier l'attitude du FMI. Il montre que prix de la vie et valeurs morales entretiennent toujours, à la fin du XX*e siècle, le même genre de relations qu'aux beaux jours des empires coloniaux et des usuriers triomphants.*

LE DROIT ET L'ARGENT
TOUT A-T-IL UN PRIX ?

Dany Cohen

L'ordre dans lequel sont formulées les choses revêt (spécialement pour les juristes ?) une importance capitale : l'intitulé n'est pas ici *l'argent et le droit* — sur lequel il y aurait bien des choses à dire. L'ordre adopté ici vise à montrer, peut-être par un réflexe naïf et un peu chauvin de juriste, que le droit était, si l'on peut dire, là *avant*. Le droit est consubstantiel à l'existence d'une société : dès qu'il y a plus d'une personne sur une île dite déserte, il y a naissance d'un droit, entendez d'un début de système juridique ; l'argent, au sens monétaire du terme, vient ensuite. Ajouterais-je que l'argent perd parfois son authenticité ? Il existe de la fausse monnaie et je ne sache pas encore qu'il existe un faux droit.

L'argent est naturellement à prendre ici dans sa définition monétaire, mais peut-être peut-on aller au-delà et englober dans la notion le sens de valeur pécuniaire, économique, ce que les juristes appellent les biens.

Il est banal de dire que l'argent s'insinue partout, le droit se contentant, lorsque encore il le peut, de le canaliser. Ils entretiennent des rapports intimes — et le terme n'est pas innocent, car existe entre droit et argent une connivence, accompagnée, comme dans tant de couples, d'un rejet partiel. Le droit ménage, bien entendu, une place et même une large place à l'argent, mais, là encore, les mots ont leur importance. Lorsque le droit prétend *ménager* une place à l'argent, autrement dit organiser les rapports d'argent au sein de la société, il cherche en tant que système à marquer la vie socio-économique de son empreinte ; il feint d'être l'organisateur d'un ensemble de mouvements monétaires qui, non contents de le dépasser, lui échappent en grande partie. Certes, les exemples frustes auxquels on peut songer, comme jadis le contrôle des changes, montraient bien qu'existait une emprise de la règle juridique. Même la liberté des transactions commerciales et monétaires est en soi un phénomène d'organisation juridique, précisément parce que cette liberté est *octroyée, prévue* par la règle de droit, laquelle se nourrit ainsi de l'idée, partiellement illusoire, que les échanges d'argent s'accomplissent sous son contrôle. Sans doute est-ce au prix de cette dialectique, de cette image de domination, d'organisation, que la science et la technique juridiques peuvent tenir le discours qui leur permet d'apparaître, non sans ambiguïté, comme les protecteurs de l'argent et, par conséquent, de ceux qui en possèdent. A-t-on assez dit que le Code civil français, qui demeure un monument sur le plan juridique, qui fut extraordinairement imité à l'étranger, était le code des propriétaires. On en voulait pour preuve le fait que la place consacrée dans ce fort volume aux aspects pécuniaires fut et reste prédominante.

Le recensement de ces évidences laisse pourtant subsister bien des zones d'ombre. On est d'abord frappé par le fait que l'argent se rencontre non seulement dans les domaines du droit où on l'attend, mais également dans ceux où l'on s'imaginerait qu'il n'est pas, tandis qu'à l'inverse il est absent de domaines où on aurait pu concevoir qu'il fût. Enfin, il est des domaines où l'argent est présent, mais discrètement, où il est introduit par l'entrée de service, comme une excuse.

Pour peu que l'on schématise, il y a d'abord deux situations simples :

— celle, étroite mais solide, facile à examiner, où l'argent est proscrit, rejeté, exclu, de notre système juridique et de bien d'autres ;

— celle où c'est l'inverse et qui est tout aussi simple, puisque l'argent y règne en maître.

A l'écart de ces situations simples (ou entre elles ?) s'est forgée une troisième catégorie, peut-être la plus subtile, la plus intéressante, celle où l'argent est un succédané, un palliatif.

Prenons les choses par le début : il est des situations où l'argent est banni, ce qui revient à dire qu'il y a des choses qui « n'ont pas de prix ». Là aussi, l'ambiguïté de l'expression est révélatrice. Ne pas avoir de prix signifie précisément en avoir un, mais inestimable. Ce qui n'a pas de prix, c'est précisément ce qui vaut le plus dans notre échelle de valeurs. Il n'y a rien là d'inattendu. Mais au sein même de la catégorie des choses sans prix, il faut encore distinguer. Ainsi, l'amitié, qui, chacun le sait, ne s'achète pas, n'est pas seulement en dehors des rapports monétaires, mais aussi hors de la sphère juridique : il n'y a pas de règle de droit en ce domaine.

D'autres phénomènes à première vue étrangers à l'argent sont, en revanche, inclus dans le domaine juridique. Notre droit parle de choses « hors commerce », désignant par là les objets sur lesquels aucune transaction ne peut s'effectuer. Cette notion de choses hors commerce n'est du reste pas nouvelle. On la rencontre déjà dans l'Antiquité : les Romains, peuple de juristes, connaissent des choses hors commerce, pas toujours les mêmes que les nôtres. Sont pour eux hors commerce les personnes — mais les personnes libres, car celles qui ne le sont pas peuvent être vendues. Le principe était en somme le même qu'aujourd'hui ; seules ses applications différaient.

Nous disons aujourd'hui que l'être *humain* est hors commerce — non pas l'être vivant, puisque les plantes et les animaux peuvent être vendus et achetés.

La liberté aussi est aujourd'hui hors commerce, ce qui témoigne d'une évolution, ne serait-ce que par rapport à notre XIXe siècle, qui connut un temps la prison pour dettes, ce qui revenait à dire que la liberté d'un individu pouvait valoir moins qu'une dette monétaire. C'est *à cet égard* que l'on pourrait dire que s'est opérée une régression de la place de l'argent dans la hiérarchie *juridique* des valeurs de notre civilisation. L'être humain, vivant ou mort, ni sa liberté — au sens le plus simple du terme — ne peuvent faire l'objet d'une transaction en argent.

On peut pourtant hésiter à franchir un pas supplémentaire et à affirmer que le corps ne peut se monnayer. Certes, le contrat de prostitution est nul..., ce qui n'empêche pas la prostitution d'exister. Qu'est-ce alors, en présence de cette réalité tangible, qu'un *contrat nul* ? C'est tout simplement le contrat que l'on ne peut pas faire exécuter en justice : le client qui a payé la prostituée peut toujours essayer de se plaindre ensuite devant le tribunal de ce qu'elle s'est refusée à lui ; ai-je besoin de dire qu'il ne pourra rien espérer de la justice ?

La nullité du contrat de mères porteuses s'est avérée de manière plus récente. Dieu sait si l'on s'est ému à cet égard du « vide du droit », si l'on a assez répété qu'il n'existait pas de règle, que les systèmes juridiques étaient démunis devant ces situations inédites, technologiquement nouvelles. Est-on sûr que les choses soient si nouvelles et qu'il y a vraiment vide juridique ? La règle existe, posée par la Cour de cassation et au demeurant prévisible, puisqu'elle résulte de l'application de grands principes de notre droit : le contrat de mères porteuses est nul. J'approuve pour ma part la solution, tout en sachant que l'opinion contraire existe. Je persiste pourtant à croire opportun et même heureux que l'on ne puisse louer le ventre d'une femme. Je n'ignore pas que des gens le font, de même qu'il existe des automobilistes qui brûlent les feux rouges.

Quant à prétendre que le problème est nouveau, que l'on n'y avait jamais songé, c'est ne pas voir plus loin que le bout de la technique. Les hommes ont-ils vraiment besoin que les problèmes soient actuels, technologiquement parlant, pour réfléchir et se livrer à la prospective, à la dialectique, voire à la philosophie ? Le problème consistant à savoir à qui doit revenir l'enfant conçu ou porté dans des conditions inhabituelles avait commencé d'être pensé dès l'Antiquité, avec l'enfant de l'esclave, lorsque l'esclave femme, qui était une chose et avait été prêtée par son maître à autrui, donnait le jour à un enfant et que l'on se demandait alors à qui était cet enfant. Le parallèle fait par le professeur François Terré[1]

1. *L'Enfant de l'esclave. Génétique et droit*, Flammarion, Paris, 1987.

n'est pas si anodin, tant il est vrai que les contrats de mères porteuses sont loin de toujours intervenir dans des contextes de gratuité absolue et entre des personnes de situation socio-économique comparable, en sorte que, même s'il n'y a pas similitude absolue, il y a à tout le moins ressemblance, interdisant de balayer d'un revers de main les réflexions des juristes romains.

La position récemment adoptée sur cette question par la Cour de cassation ne montre-t-elle pas qu'il peut parfois y avoir résistance du droit à l'argent — avec plus ou moins de succès —, résistance à l'idée qu'il conviendrait d'être « réaliste » et que les règles juridiques ne devraient être qu'un décalque de la réalité, selon une conception froidement prosaïque et exempte de morale.

Louons-nous également du fait que les organes du corps et le sang soient hors commerce.

A côté de ce bannissement absolu, dans un domaine étroitement circonscrit, de l'argent par le droit, existe toute une sphère de choses hors commerce mais qui peuvent, *faute de mieux*, donner lieu à conversion en argent. Je songe ici à nos libertés, réputées avoir une valeur telle qu'on ne peut y renoncer, et qui sont hors commerce. Les exemples sont nombreux. Celui du licenciement est peut-être le plus frappant. L'employeur est toujours libre de licencier son salarié et l'on pourrait dire en simplifiant que les règles de droit sont, pour l'essentiel, là pour fixer la manière, sans attenter à cette liberté. Imaginons maintenant qu'un employeur licencie un salarié de manière illicite. Chacun sait que, s'il y a procès aboutissant à la reconnaissance d'illicéité du licenciement, l'employeur se verra ordinairement condamné, non à reprendre le salarié, mais à verser une indemnité à celui-ci. En sorte que ce qui au départ n'était pas monnayable pourra le devenir, avec toutefois de très rares exceptions, comme, par exemple, le fait que, depuis le 26 septembre 1990, la Cour de cassation décide que l'employeur ne peut, lorsque le salarié licencié l'est pour fait de grève, transformer un licenciement irrégulier en prélude à un simple paiement. Le droit de grève étant une liberté publique, l'employeur ne doit pas pouvoir, dit la Cour de cassation, évaluer à l'avance en argent le prix de l'illicéité qu'il commet... et voici que, une fois n'est pas coutume, elle aboutit à revenir sur le licenciement plutôt qu'à accorder de l'argent. La réalité est certes plus terre à terre, puisque la presque totalité des grévistes licenciés n'a évidemment pas la naïveté d'escompter sa réintégration dans l'entreprise.

Il y a aussi, à l'opposé, les domaines où l'argent est roi. Il y a un droit de l'argent. On parle communément de droit des affaires, protéiforme, conquérant, droit des marchands au sens le plus large du terme, conçu pour régir les échanges économiques. Droit à facettes, parmi lesquelles, bien sûr, le droit fiscal, droit incitatif. Les entreprises et les hommes d'affaires se préoccupent constamment de savoir ce qu'ils auront à acquitter comme impôts. La double face du droit fiscal se révèle ici : là où beaucoup n'aperçoivent qu'une énorme seringue à ponctionner les agents économiques, il y a aussi un ensemble extraordinairement complexe de mécanismes incitatifs, accordant une kyrielle d'avantages fiscaux. Ces derniers sont généralement reçus de curieuse manière dans l'opinion publique, qui y verrait presque une manière de tourner la loi, comme s'il ne devait pas y avoir d'avantages, comme si la politique économique ne passait pas par le maniement d'instruments monétaires et en particulier par des impositions à géométrie variable, et donc des avantages corrélatifs.

Mais parler du droit de l'argent, c'est aller au-delà du droit des affaires, car le droit du travail et même le droit civil se rattachent à ce versant de notre économie marchande. Même si le droit civil n'est pas le droit spécifique des relations économiques, tout y a un prix. Chacun des objets qui nous entourent pourrait comporter une étiquette indiquant son prix. Ces prix sont libres ou presque. Si l'on vend trop cher, il n'y a presque jamais de problème. Si l'on vend trop bon marché, il y aura problème en certaines hypothèses — pas dans toutes —, ce qui montre bien que la règle juridique entretient un rapport direct avec un respect relatif, dans des hypothèses déterminées, de la valeur économique des choses, qu'en somme le droit se mêle d'apprécier la valeur des objets. Ainsi le contrat de vente dont le prix ne serait pas précisé serait nul, quelles que soient par ailleurs ses conditions. Le contrat est nul en pareille hypothèse parce qu'il n'y a pas de prix. La chose semble aller de soi, mais le système n'est pas universel.

Allons plus loin. L'argent est, en maintes hypothèses, entrelacé avec la règle de droit dans des situations où il n'a théoriquement pas de place directe. Pour ne prendre qu'un exemple, combien de directeurs de personnel, combien d'employeurs expliquent qu'ils entendent se défaire de tel ou tel salarié, mais qu'ils ne peuvent, à cause du Code du travail, procéder exactement comme ils l'entendent. Et les voici qui prennent une calculette, qui évaluent le risque, qui anticipent le coût financier — cas concret et banal où le droit est battu en brèche par l'argent, où l'entreprise sait qu'elle ne peut procéder comme elle l'entend, mais où elle décide néanmoins de passer outre, de prendre un risque calculé, ayant considéré à l'avance ce que risquait de lui coûter l'infraction à la règle juridique.

On butte sur une difficulté plus importante avec ce que le droit appelle les obligations de faire. Pour être technique, le concept n'en est pas moins fondamental dans la perspective qui nous occupe ici : un professeur qui doit faire un cours a une obligation de faire. Mais s'il s'y dérobe, comment le forcer ? L'amener de force dans la salle ? Nul ne le fera parler contre son gré ! Naturellement, l'exemple est caricatural, mais le nuancerait-on que le principe demeurerait. Et surtout, on aperçoit que la situation peut se rencontrer dans des domaines très divers. Aussi le Code civil prévoit-il, en son article 1142, que toute obligation de faire se résout en dommages-intérêts, simple constatation de bon sens, en d'autres termes d'impuissance : quand on ne peut contraindre quelqu'un à faire quelque chose qu'il s'était pourtant engagé à accomplir, il ne reste qu'à se rabattre sur une indemnité. Une idée réaliste (que faire d'autre ?) met parfois en évidence une dérive, en sorte que la décision de respecter ou d'enfeindre son obligation peut résulter d'un calcul monétaire, montrant ainsi que la sanction de la règle de droit est au moins aussi importante que la règle elle-même et qu'en maintes hypothèses un calcul économique peut conduire à échapper à des obligations, parce que le créancier de l'obligation n'aura pas de moyens de contrainte efficace. Le calcul économique peut d'autant plus volontiers se pratiquer en France que ce que j'oserai presque appeler la pingrerie de nos tribunaux est chose connue, ne serait-ce que si on la compare avec les indemnités couramment accordées aux États-Unis. L'argent alloué à titre de réparations scelle alors un constat d'échec.

Constat qui nous mène directement à une troisième série de situations, peut-être la plus insolite, la plus subtile, celle où l'argent va ostensiblement servir de *substitut*. Il entre par la petite porte, il n'est qu'un pis-aller et devient bientôt central dans un domaine où il n'a normalement pas sa place. C'est un intrus. Le professeur Cottereau vous expliquera comment fonctionne ce système qui conduit à indemniser les victimes d'un certain nombre d'événements dommageables.

La structure juridique de ces situations est invariable, leur diversité pratique est infinie. Il y a d'abord la vie privée, la protection de l'intimité des individus, de leur image. Je pense au jour où l'épouse d'un de mes confrères a été photographiée alors qu'elle faisait ses courses dans un grand magasin pour la rentrée scolaire accompagnée de ses enfants. La photo est parue en première page d'un quotidien, à titre d'illustration on ne peut plus banale de la préparation de la rentrée, sans que le consentement de l'intéressée ait été sollicité. Il y eut procès et le journal dut payer une indemnité : chacun a droit à son image. Mais que faire lorsque le mal est fait, lorsque la photo est déjà parue, lorsque l'atteinte à la vie privée est consommée ? On ne sait pas l'effacer et puisque l'on est incapable de proposer autre chose, il ne reste plus alors que l'indemnisation, sauf à ne pas réparer du tout. L'argent joue ici le double rôle de réparation — lorsque l'atteinte est réalisée — et de menace pour dissuader, si faire se peut, ceux qui seraient enclins à attenter à la vie privée des autres.

Il en va de même pour la liberté individuelle. Il arrive que l'on emprisonne une personne soupçonnée d'avoir commis une infraction et que l'on s'aperçoive ensuite qu'elle est innocente. Voici encore quelques années, l'intéressé n'obtenait que des excuses polies. Celles-ci s'accompagneront aujourd'hui d'une indemnité, ce qui ne m'apparaît pas vraiment choquant. Peut être néanmoins devrais-je attirer l'attention de ceux qui seraient intéressés par cette modalité sur le caractère fort modeste des indemnités attribuées en pareille hypothèse, en sorte que le calcul économique commande plutôt de ne pas se faire emprisonner...

Il me reste encore à vous parler d'amour et, plus précisément, de divorce. Dans les procédures de divorce, combien d'affrontements sur les questions d'argent montrent indirectement mais clairement que celui-ci n'est qu'un dérivatif, que les protagonistes se battent au moins partiellement sur les choses qui n'ont rien à voir avec l'argent, lequel n'est ici qu'un substitut, destiné à masquer le reste, à donner une délimitation matérielle — donc rassurante — à des choses qui ne relèvent pas de ce registre. Cette matérialisation n'est peut-être pas inutile.

Il y a, enfin, ce que l'on appelle le prix de la douleur, le prix de la vie, le prix des larmes. On a parlé ce matin de l'accident, de l'infirmité. On peut évoquer dans la même perspective un arrêt bien connu du Conseil d'État, rendu en 1968 dans une hypothèse où une jeune femme avait subi une intervention chirurgicale au cours de laquelle avait été commise une faute médicale, faute qui avait conduit la victime à ne plus pouvoir avoir de rapports sexuels sans d'importantes douleurs. Le Conseil d'État a évalué à 20 000 francs (de 1968) le préjudice subi. Faut-il être choqué de constater que, même en ce domaine intime, il y a un prix ? On pourrait être heurté non seulement par le montant — témoin de la place modeste accordée par les conseillers d'État à certains actes de la vie affective — mais peut-être aussi par le principe. Doit-on indemniser *cela* ? La réponse à la question ne peut pas être envisagée indépendamment des aspects les plus voisins, comme par exemple celui du « prix de la vie », expression à signification variable selon le contexte (la vie n'a théoriquement pas de prix lorsqu'il s'agit de déployer des soins médicaux). On a dit et on dira encore que la vie n'a pas de prix lorsque nous sommes en temps de paix et surtout dans une société riche. Est-ce si sûr ? Mourir n'est certes pas un préjudice : cela doit arriver, cela arrive. Ceux qui souffrent sont ceux qui restent et c'est envers eux que s'exprime l'embarras du droit. Dans notre système de responsabilité civile, deux principes majeurs veulent de longue date que l'on doive réparer le dommage causé et que cette réparation doive s'effectuer en nature, c'est-à-dire que l'on tente de remettre les choses en l'état dans lequel elles se trouvaient avant la survenance de l'événement dommageable. Dans les hypothèses que je viens d'évoquer et naturellement dans celle d'un décès, la remise des choses en leur état antérieur est inconcevable. C'est pourquoi l'on se résout à ce que l'on appelle la réparation « en équivalent pécuniaire ». Détestable expression ! Non parce qu'elle implique que la perte d'un être cher a une certaine valeur, mais parce qu'elle postule que la réparation monétaire est satisfactoire. Jusqu'en 1962, le Conseil d'État disait en substance : *c'est inestimable. C'est tellement inestimable que vous n'aurez rien.* Il a cette année-là changé d'attitude et admis d'évaluer ce qui est théoriquement inestimable. Nous sommes bien au cœur de la discussion : est-il décent d'allouer de l'argent dans de telles hypothèses ? On a même dit : n'est-il pas choquant que les survivants *demandent* de l'argent ? Mais pourquoi demandent-ils de l'argent ? Qui peut infirmer avec certitude qu'ils sont exclusivement mus par des motivations pécuniaires ? Comment savoir ? Comment ne pas relier ce comportement à la nécessité de trouver un responsable du malheur, au fait qu'après une disparition il faut agir, s'activer, organiser les obsèques pour, d'une certaine manière, faire vraiment le deuil ? A cet égard, le versement de l'indemnité clôt un chapitre. D'ailleurs, si cet argent n'allait pas aux survivants qui ont souffert, à qui irait-il, sinon aux compagnies d'assurances qui le conserveraient ?

En définitive, ce qui apparaît ici, c'est que l'argent révèle, au sens photographique du terme, les situations où l'individu et la société sont également désemparés. Une fois le drame survenu, nous restons aussi désarmés que le furent nos ancêtres au long des siècles devant des événements qui, à mesure que notre civilisation progresse scientifiquement et technologiquement, nous révoltent de plus en plus. A cela s'ajoute le fait que notre société s'est considérablement enrichie. Elle a les moyens financiers de pallier certaines situations, mais elle ne sait rien faire d'autre. Il serait naïf de croire que ce qu'elle accorde alors est le prix de la vie, des larmes ou de la douleur. L'argent versé en la circonstance n'est rien d'autre qu'un aveu d'impuissance, en dernière analyse un signe de pauvreté. Démunis, la société et les juges ne savent rien faire d'autre que dire à la victime : c'est ça ou rien.

QUELLE EST LA VALEUR ÉCONOMIQUE DE LA VIE HUMAINE ?

Denis Kessler

Si l'on reconnaît, depuis plusieurs millénaires, la valeur morale de la vie humaine, si l'on reconnaît, depuis plusieurs siècles, la valeur politique de la vie humaine — depuis, en fait, le moment où l'on a réservé l'exercice de la violence légale à l'État —, ce n'est que depuis quelques décennies que l'on commence à rechercher et à comprendre la valeur économique de la vie humaine. C'est ce dernier point que je vais essayer de défricher aujourd'hui en faisant rapidement le point des développements théoriques, analytiques et empiriques qui permettent de donner un prix à quelque chose qui n'en a pas, qui est la vie.

C'est un sujet difficile. Je crois qu'il faut essayer de regarder lucidement, essayer de comprendre, les démarches qui ont été suivies par un certain nombre d'économistes, sachant que celles-ci sont forcément critiquables. On regardera aussi la démarche qui est suivie à l'heure actuelle par les tribunaux ou lors de transactions, et on verra aussi en quoi elle s'inscrit à la fois dans le temps historique et dans l'espace.

Lorsqu'on essaie de comprendre la valeur économique de la vie humaine, il faut toujours distinguer clairement la valeur économique de la vie humaine *ex ante*, c'est-à-dire lorsque la personne est en vie, de la valeur économique de la vie humaine lorsque la personne est décédée ou atteinte d'un handicap irrémédiable, celle que l'on appelle la valeur *ex post*, qui est celle qui est suivie par la société elle-même lors de procès ou de transactions.

Commençons donc par essayer de comprendre la valeur de la vie humaine *ex ante*. Les économistes suivent, en fait, deux grandes approches. La première, celle que l'on appelle l'approche du capital humain, a été fortement critiquée. Aussi une seconde approche s'est-elle développée, j'allais dire contre l'approche du capital humain, celle dite de la « disposition à payer ».

La définition de l'approche par le capital humain est très simple. La valeur de la vie humaine serait égale à la somme actualisée des ressources à venir jusqu'au décès prévisible d'un individu. Disons, de manière très pratique, que l'on considère que la « valeur » d'une personne qui a vingt ans, est égale à la totalité des ressources, des salaires, qu'elle percevra au cours de sa vie jusqu'au moment où elle décède, y compris bien sûr les pensions de retraite. Ces revenus pourront évidemment augmenter au cours de sa vie et on essaiera d'en tenir compte. En sens inverse, on va « actualiser » ces différents revenus, processus simple qui consiste à dire que des ressources qui interviennent dans quarante ans ont moins de valeur que des ressources immédiates. On va faire la somme de ces revenus pondérés par l'âge auquel ils sont versés et on va appeler le résultat « valeur de la vie humaine ». Si l'on retient cette approche, on comprend que le capital humain va se bonifier avec les études ; il voit d'abord sa valeur augmenter, il s'accroît dans un premier temps avec l'âge, puisque, lorsque l'on entre sur le marché du travail, on apprend beaucoup de choses dans l'entreprise ; mais ensuite, au fur et à mesure que l'on avance en âge, la valeur du capital humain va diminuer puisqu'elle est égale à la somme des ressources qui restent à percevoir. Évidemment, la veille du décès d'un individu mort de mort naturelle, son capital humain est épuisé. La preuve, c'est que, le jour où il décède, il n'a plus de capacité à percevoir des revenus !

Dans cette approche, on voit bien qu'une variable très importante est le choix du taux d'actualisation, c'est-à-dire la façon dont on arrive à prendre en compte aujourd'hui la valeur des ressources qui seront perçues plus tard dans la vie. Le taux d'actualisation peut être subjectif : vous pouvez être impatient ou patient ; ou, au contraire, il peut être objectif, et on prendrait, par exemple, le taux d'intérêt en vigueur. Le choix de ce taux d'actualisation est crucial pour déterminer empiriquement la valeur du capital humain.

Les espérances de vie jouent aussi un rôle très important dans la valeur de la vie humaine. Puisque l'on fait la somme des ressources jusqu'au décès, l'âge auquel celui-ci est censé intervenir est essentiel. Là aussi, il peut y avoir opposition entre l'espérance de vie subjective, celle que l'on se prête à soi-même, et les espérances de vie objectives, celles qui correspondent aux tables de mortalité résultant de l'étude de la population générale.

Quels sont les principaux résultats de cette théorie du capital humain ? C'est simple. Le capital humain aboutit à une valeur de la vie humaine qui suit une forme de courbe en cloche au cours de la vie : elle est nulle au départ, augmente pendant toute la durée des études, augmente encore un peu dans les premières années de vie professionnelle, puis diminue jusqu'au moment où elle devient nulle, au moment du décès. Vous voyez que cette approche par le capital humain aboutit à l'idée selon laquelle un individu a beaucoup de valeur lorsqu'il détient des diplômes élevés et une capacité de gains importante et moins de valeur dès lors qu'il perçoit un salaire plus faible.

Quelles sont, rapidement, les critiques que l'on peut adresser à cette théorie ? La première, c'est que, selon elle, une personne à la retraite aurait très peu de valeur, ne détiendrait quasiment plus de capital humain. Cela semble choquant, rien qu'à son énoncé. De même, de l'autre côté, à l'autre bout de l'échelle des âges, un jeune enfant aurait également très peu de valeur parce qu'il n'aurait pas encore bénéficié des investissements éducatifs. Là aussi, on a l'impression que cette valeur économique de la vie humaine ne correspond pas à la valeur que nous accorderions à un tel enfant ou à un tel bébé. Troisième critique : une femme au foyer qui ne travaille pas, qui n'a jamais travaillé, par exemple, pourrait être considérée comme ayant un capital humain très faible, dans la mesure où elle ne perçoit pas à proprement parler un salaire, et même si on lui prête un salaire familial, il n'empêche qu'une personne qui ne travaille pas verra systématiquement sa valeur économique dépréciée par rapport à quelqu'un qui travaille ou compte travailler. Quatrième critique : la souffrance n'entre pas dans ce schéma, mais uniquement l'invalidité, et encore, dans la seule mesure où elle affecte la capacité de percevoir des ressources, de mettre en œuvre son capital humain. Enfin, il peut exister — c'est ma cinquième critique — des différences très importantes entre la valeur subjective des paramètres, celles que, vous, vous retenez, par exemple votre taux d'impatience et l'âge auquel vous pensez mourir, et la valeur objective des paramètres dans la population, par exemple le taux d'intérêt du marché ou les tables de mortalité en vigueur. Ces écarts entre les valeurs subjectives des paramètres et les valeurs objectives aboutissent à des écarts préjudiciables entre les diverses évaluations possibles de la valeur de la vie humaine.

Prenons un seul cas pour montrer le type de chiffrage. Soit un individu qui gagnerait 100 000 francs pendant quarante ans, et qui percevrait pendant vingt ans une retraite de 50 000 francs. Choisissons un taux d'actualisation nul : à vingt ans, le capital humain, c'est-à-dire la valeur de la vie humaine de cette personne, serait de 5 millions de francs ; à la veille de la retraite, son capital humain ne vaudrait plus que 1 million de francs. Mais si vous choisissez un simple taux d'actualisation de l'ordre de 10 %, les 5 millions de francs à vingt ans tombent à quelque chose qui est inférieur à 3 millions de francs. Je rappelle que le patrimoine moyen physique et financier, non pas humain, des Français à l'heure actuelle est inférieur à 1 million de francs.

La méthode du capital humain a comme effet de privilégier les hommes par rapport aux femmes, les actifs par rapport aux retraités, les gens diplômés par rapport aux sans-diplôme, elle ne reflète pas les préférences individuelles ou les préférences collectives.

Toutes ces critiques ont fait que beaucoup d'auteurs, de chercheurs ont considéré qu'il fallait s'engager dans une autre voie et ils ont choisi une nouvelle approche qui s'appelle l'approche de la disposition à payer ; en anglais, *willingness to pay*. Cette approche repose sur des jugements de valeur de la part des individus.

Son principe, simple, est le suivant : le fait de vivre est une activité *a priori* sympathique, agréable, et il en découle que l'on souhaite vivre le plus longtemps possible — je reviendrai sur cet aspect des choses. Pour y parvenir, les consommateurs, les individus sont donc prêts à sacrifier certaines activités, certaines dépenses de consommation, même s'il s'agit de consommations agréables. Je m'explique. Par exemple, le fait de fumer peut être une consommation agréable à court terme, mais cela peut réduire la durée de vie. On voit bien que, pour allonger sa durée de vie, il faut diminuer la consommation, par exemple, de tabac.

Quelle est la somme — et c'est la question à laquelle répond cette approche dite de la disposition à payer — que quelqu'un est disposé à payer pour augmenter, à chaque âge, sa probabilité de survie ? On voit bien que cette somme va nécessairement varier d'un individu à l'autre, puisqu'elle est fonction de ses préférences, de la valeur que chacun prête à l'intérêt de survivre, de passer, à chaque âge, à l'âge suivant et ainsi de suite, à repousser l'âge anticipé de son décès. Ce n'est donc pas du tout l'évaluation comme dans l'approche par le capital humain d'une somme des ressources à venir, mais l'estimation de ce qu'un individu donné est prêt à payer pour pouvoir survivre. C'est cela que l'on appelle valeur de la vie humaine.

Il y a trois voies possibles pour estimer la disposition à payer d'un individu pour allonger sa durée de vie ou survivre.

La première est une voie indirecte, qui passe par une analyse du marché du travail. On observe les comportements sur ce marché et on va chercher à estimer les valeurs implicites que les individus accordent à la vie humaine. Je vais expliquer immédiatement ce que j'ai en tête. Vous avez tous vu dans le passé un film qui s'appelait *Le Salaire de la peur*, dans lequel Yves Montand accepte une prime importante, à condition d'accepter de mettre sa vie en jeu pour transporter de la nitroglycérine — si ma mémoire est bonne — qui servira à éteindre un puits de pétrole en feu. C'est cette approche-là qui est retenue. Certains emplois sont risqués, d'autres emplois ne le sont pas. Les gens qui acceptent des emplois risqués demandent et acceptent la plupart du temps un sursalaire qui correspond implicitement à la valeur qu'ils ont accordée au fait de voir leur durée de vie éventuellement réduite parce qu'ils s'exposent à des risques. Ce surcroît de salaire correspond, d'une manière ou d'une autre, à la valeur subjective que ces individus-là accordent à leur propre vie. On est ainsi allé regarder, par exemple, les montants des sursalaires pour un certain nombre d'emplois dangereux. Quelqu'un, par exemple, qui construit des gratte-ciel, qui manipule des substances dangereuses, qui travaille dans des centrales nucléaires, qui accepte d'être pilote d'avion, pilote d'essai, perçoit un sursalaire. Tout cela a permis d'estimer, d'une manière ou d'une autre, la valeur de la vie humaine à partir de la disposition à payer. Cela, vous l'avez bien compris, fonctionne à l'envers : le sursalaire correspond au fait d'accepter d'exposer sa vie.

La deuxième voie qui a été choisie est aussi indirecte. Elle se fonde sur les dépenses de consommation : on cherche à estimer la valeur implicite de la vie humaine à partir des dépenses de protection et de prévention qu'un individu accepte d'entreprendre. Un individu supporte des coûts qui sont censés *de facto* augmenter sa sécurité et donc sa durée de vie en bonne santé. On s'équipe par exemple d'un extincteur ou on décide de procéder à des investissements importants de prévention en matière de santé. On voit bien, dans ces cas-là, que, si les individus ont une bonne perception de l'impact que ces dépenses de prévention ont sur leur durée de vie, on peut induire, à partir d'elles, d'autant plus qu'elles sont souvent importantes, la valeur qu'ils attribuent au fait de vivre plus longtemps. On procède donc à l'analyse de ces investissements en termes de prévention, analyse qui repose quand même sur l'hypothèse forte selon laquelle les individus font un lien assez clair, connaissent bien les probabilités de survie et font des choix relativement rationnels selon lesquels ils considèrent effectivement que, par exemple, faire du sport de manière régulière modifie de manière sensible la probabilité d'avoir un accident cardiaque, que la modification de la probabilité d'avoir un accident cardiaque va allonger leur durée de vie et qu'ils en retireront donc un avantage. Malheureusement, les études empiriques qui ont été faites ont souvent montré que les individus ont des probabilités subjectives de survie associée à des opérations de prévention relativement différentes des probabilités objectives. Si je faisais passer maintenant un questionnaire dans la salle en vous posant la question suivante : quel est l'ordre de grandeur de la diminution du quotient de mortalité associée au fait de s'arrêter de fumer ? et qu'ensuite je vous révélais ce chiffre, il y a fort à parier que l'écart moyen qui résulterait de ce sondage serait relativement important. Il en irait de même pour des questions portant, par exemple, sur le lien entre pratique sportive et probabilités de survie.

Il reste une troisième voie pour pouvoir estimer, dans ce cadre de la disposition à payer, la valeur de la vie humaine, c'est ce qu'on appelle les « valeurs contingentes ». Ce cas est simple car la méthode est beaucoup plus directe. On demande explicitement aux individus de donner les montants qu'ils accepteraient de payer pour diminuer des risques que l'on a estimés avant eux. En d'autres termes, on les engage à « jouer » pour voir à partir de quel moment ils acceptent de supporter des risques.

Prenons l'exemple d'un billet d'avion. Il a un prix. A ce prix est associé le fait qu'il y a une probabilité non nulle qu'au cours du transport, malheureusement, cet avion s'écrase. Accepteriez-vous de payer pour être sûr que l'avion arrive à bon port ? On peut acheter un aller et retour Paris-New York pour 10 000 francs, ce qui correspond à un équipement, en termes d'avion, de prévention, d'équipement, de formation du personnel, que sais-je encore, qui aboutit au fait que vous avez une probabilité, disons de 1 sur 100 000 que cet avion n'arrive pas à bon port. Si on vous disait : on vous jure que vous arriverez à bon port parce que cet avion vous serait réservé, qu'il ne fera qu'une seule rotation, qu'il aura été testé 28 fois, que vous aurez le meilleur pilote, etc., d'où une probabilité d'arriver à bon port de 100 %, est-ce que vous seriez prêt à payer votre billet 50 000 francs, 100 000 francs, 200 000 francs ?

Vous voyez bien que, en répétant l'exercice dans de nombreux cas de figure, on estimera subjectivement le prix qu'une personne accepte de payer pour pouvoir supprimer tout risque, ce qui donnera par là même le prix implicite qu'elle accorde à sa propre vie. Or, cela a été fait dans quantité de cas, ce qui a permis d'estimer la valeur de la vie humaine, par exemple, dans le cadre de programmes médicaux, dans le cadre de programmes antipollution...

Quelle est la critique que l'on peut apporter à l'approche par la disposition à payer ? Il faut d'abord souligner la difficulté d'apprécier les probabilités, et notamment de manière subjective. Deuxième critique : il n'est pas évident que les jeux de rôle auxquels je viens de vous convier correspondent réellement à ce que l'individu ferait dans la réalité. Cela donne seulement une indication. Je ne suis pas sûr que vous acceptiez de payer, en fait, 100 000 francs votre billet d'avion, même si vous répondez cela au questionnaire que nous venons d'évoquer. Et puis, troisième critique fondamentale, on ne traite jamais, dans ces cas-là, de la qualité de la vie, et l'on a toujours l'impression que gagner une année de vie supplémentaire, en espérance mathématique, est une chose positive, comme je vous l'ai dit tout à l'heure. Or, c'est beaucoup plus compliqué : dans la réalité, il faudrait associer au nombre d'années de vie la qualité de cette vie. Je fais simplement une parenthèse pour vous expliquer ce que j'ai en tête. On parle beaucoup, à l'heure actuelle en France, des problèmes liés à la dépendance. La dépendance, c'est l'état dans lequel se retrouvent un certain nombre de personnes très âgées qui n'ont plus la capacité, plus l'autonomie, de faire quoi que ce soit. Est-on sûr que gagner deux ou trois années en état de dépendance absolue, pour passer de 95 à 98 ans, corresponde, toutes choses égales d'ailleurs, à quelque chose d'éminemment souhaitable et pour lequel on soit prêt, aujourd'hui, à dépenser une grosse somme d'argent ? J'ai posé ces termes dans un sens très provocateur pour vous montrer que le nombre d'années de vie, c'est-à-dire la possibilité de survivre, n'est pas un indicateur satisfaisant. Il faudrait associer l'autre aspect, qui est la qualité de la vie lorsque l'on survit.

Vous voyez bien que ces approches économiques ne sont

pas très satisfaisantes. Le capital humain se fonde uniquement sur la capacité de gagner de l'argent et l'on a l'impression de passer à côté de l'essentiel. L'approche subjective sur ce que vous, sur ce que je suis prêt à payer pour pouvoir survivre, pose elle aussi quantité de problèmes pour pouvoir apprécier, j'allais dire, le prix que l'on donne à sa propre vie. Certes, on a l'impression d'être plus exact, parce que l'on peut considérer que l'on est plus proche des préférences des individus, mais il n'empêche qu'on est encore éloigné d'une approche de la vie économique qui permettrait de satisfaire les critères que l'on a du mal à expliciter, mais que l'on a tous en tête.

J'ajoute qu'il y a un moyen très simple de connaître le prix que l'on donne à sa vie, c'est de regarder la prime d'assurance-décès que l'on est prêt à payer et le montant que l'on garantit à ses ayants droit. Quelqu'un qui considère qu'il faut absolument que ses ayants droit aient, au cas où il disparaisse, un capital de 1,5 million de francs, vient de faire l'acte qui considère que, lui absent, 1,5 million le remplace, d'une manière ou d'une autre, en termes économiques. Vous n'avez qu'à regarder, à l'heure actuelle, l'importance de l'assurance-décès. Vous constaterez que peu de Français considèrent qu'ils ont une valeur économique importante.

Passons rapidement — et en conclusion — à l'autre grand type de méthode, que j'aurais aimé avoir le temps de développer plus longuement, celui de la valeur *ex post*. On quitte le domaine de la personne qui est en vie et qui estime la valeur de sa vie, pour s'intéresser à quelqu'un qui, malheureusement, vient de décéder ou a subi un handicap important. Soyons clair immédiatement. On va considérer qu'il n'y a pas lieu de fixer un prix au décès de quelqu'un qui vient de mourir de manière naturelle. De même, quelqu'un qui vient de subir un handicap sans que cela soit causé par autrui, *a priori*, la société, vous et moi, considère jusqu'à présent que cela ne donne pas lieu à indemnisation.

Quand on quitte l'approche *ex ante* et qu'on rentre dans l'approche *ex post*, on est obligé d'introduire immédiatement le concept de responsabilité. Explicitons cela en une seule parabole. Un alpiniste qui décide d'aller faire de la varappe, qui ne s'encorde pas et qui dévisse, on va considérer que cela ne devra donner lieu à aucune indemnité de quelque ordre que ce soit, versée par qui que ce soit. Il a exposé sa vie à un risque. Ce risque est survenu. En l'absence d'une couverture quelconque par l'assurance, on considère que, malheureusement, le dossier est réglé et que cette vie humaine n'a pas de valeur dès lors que la personne est décédée. Mais si un piéton traverse un passage clouté, est dans ses droits, et qu'il se fait renverser par un chauffard, on considère qu'il y a responsabilité du chauffard et qu'il y aura, dans ce cas-là, indemnisation, c'est-à-dire qu'on va donner une valeur à la vie humaine du piéton sur le principe de la responsabilité que le chauffard a pu avoir.

On entre en réalité dans le domaine de la réparation, c'est-à-dire la façon dont on va accorder une valeur à la vie humaine et à la souffrance. L'approche *ex ante* et l'approche *ex post* ne sont pas indépendantes, ce sont deux choses qui sont, d'une manière ou d'une autre, relativement liées.

Les indemnisations de la vie humaine ou de la souffrance passent toujours au travers du filtre de la responsabilité, du dommage causé à autrui alors que la valeur *ex ante* de la vie humaine, lorsque l'on est en vie, repose sur le principe des choix individuels.

Pour montrer comment la collectivité décide de donner une valeur à la vie humaine en cas d'accident de responsabilité, prenons simplement le cas des règles d'indemnisation de droit commun dans le cas des accidents de la route en France. Il y a 320 000 victimes par an d'accidents automobiles en France, 240 000 sont indemnisées. On considère que les autres sont à la source de leur propre mal. Par exemple, lorsque quelqu'un quitte la route à la suite d'une erreur de conduite, rentre dans un arbre et décède, il n'y a pas indemnité pour la valeur de cette vie.

L'indemnisation est fixée par les jugements des tribunaux ou les transactions qui sont opérées entre les parties prenantes. La démarche est identique dans les deux cas : on recherche les chefs de préjudices, en cas de survie avec handicap, on s'intéresse à l'incapacité temporaire ou à l'incapacité permanente, c'est-à-dire le fait d'avoir perdu un bras, une jambe, des moyens, quels qu'ils soient, physiologiques ; on s'intéresse aussi au *pretium doloris*, c'est-à-dire la souffrance que l'on a endurée ; on s'intéresse au préjudice moral ; on s'intéresse enfin au préjudice esthétique. Je vous rassure : on ne tient pas compte du sexe, de l'âge ou de la profession lorsque l'on apprécie le préjudice esthétique, on se concentre sur le préjudice d'agrément. Les tribunaux fixent une valeur à chacun de ces préjudices, c'est-à-dire, notamment, aux « points » d'invalidité permanente. Ces points tiennent comptent de l'âge de la victime, de son sexe, de son revenu, de sa situation familiale. Tous les jugements des tribunaux et toutes les transactions ont été mis sur ordinateur. Je vous donne simplement les résultats pour vous montrer la valeur que la collectivité accorde, à l'heure actuelle, à la souffrance et au décès.

La valeur moyenne d'un point d'indemnisation, pour tous les chefs de préjudices que j'ai cités, croît exponentiellement avec le nombre de points. En d'autres termes, le montant global de l'indemnisation croît plus que proportionnellement avec la gravité du handicap. La valeur moyenne de l'indemnisation est supérieure pour les hommes. Pour l'homme comme pour la femme, l'indemnisation augmente avec l'âge, atteint son maximum entre 20 et 39 ans, diminue ensuite, et est relativement faible pour les personnes de 60 ans et plus. Un seul chiffre : la valeur moyenne du point d'indemnisation est de 16 000 francs pour les personnes de 20 à 39 ans et de 9 000 francs pour celles qui ont 60 et plus. Tout confondu, quelqu'un qui aurait un handicap grave, c'est-à-dire un taux d'invalidité permanente de plus de 50 %, a bénéficié, en 1990, d'une réparation de son préjudice, d'après les jugements des tribunaux, s'élevant à 1 500 000 francs. En cas de décès, la valeur moyenne de l'indemnisation est beaucoup plus faible : elle s'est élevée, en 1990, à 256 000 francs, soit trois années du salaire moyen des Français.

Cela n'est pas étonnant — ce sera ma conclusion. En cas de décès, il faudrait pouvoir indemniser la victime elle-même. Malheureusement, la victime n'est plus de ce monde. On va donc indemniser les ayants droit, mais beaucoup de ceux qui meurent sur les routes n'ent ont pas, car, comme vous le savez, ce sont principalement des jeunes qui disparaissent. Retenons simplement le fait important suivant : la valeur de l'indemnisation est supérieure lorsque l'on reste en vie, mais avec incapacité, que lorsque l'on décède. La vie humaine a beaucoup de prix lorsque l'on est en vie et, bizarrement, elle perd beaucoup de son prix lorsque l'on est mort. En cas de décès, jamais les indemnisations ne remplacent, en France, la perte de la capacité de gains de la personne disparue. Ce sont nos normes sociales, ce sont nos normes collectives. Elles ont des racines historiques. En Europe, on constate de fortes différences — mais elles ont déjà été évoquées ce matin. Il vaut mieux être en France qu'en Italie, en Espagne ou au Royaume-Uni lorsqu'un accident survient. Deuxième idée : ces normes collectives évoluent dans le temps. Il est remarquable de voir que, au cours des dix dernières années, les Français considèrent que la valeur de la vie humaine, en cas d'accident, vaut de plus en plus cher. J'en veux pour preuve que, lorsque l'on compare l'évolution du salaire moyen et des indemnités qui sont versées, ces dernières augmentent à peu près de 50 % plus rapidement que le salaire moyen.

Réfléchissons à notre valeur de la vie humaine. Ce sont nos valeurs collectives. Je crois qu'elles sont un des garants de la cohésion sociale. Merci.

R.P.-D. — Merci beaucoup, M. Denis Kessler, parce que je crois que, à travers ces exposés, il y a à la fois la question des faits et celle des principes qui sont en jeu, et que la discussion va pouvoir s'amorcer tout à l'heure. Je pensais, en écoutant l'un des moments de l'exposé de M. Kessler, à cette publicité d'une compagnie de pompes funèbres américaine, publiée dans un quotidien, dans les années vingt, et que Freud cite et commente, en psychanalyste, dans sa correspondance et, je crois, aussi dans plusieurs textes. Cette publicité était tout simplement la suivante : « Pourquoi continuer à vivre puisque nous pouvons vous enterrer pour

100 dollars ? » Ce serait une manière un peu brutale mais peut-être franche, en tout cas trop directe, de tester la *willingness to pay*, c'est-à-dire si on choisit de payer pour vivre, quoique, là, il y aurait la question du suicide qui se pose. Sur ces mots, je passe la parole…

DU CARACTÈRE RELATIF DU PRIX DE LA VIE

Gilles Cottereau

Le prix de la vie est relatif. Cette relativité peut être une constatation qui nous met mal à l'aise, au moins pour nous, Occidentaux, qui souhaiterions plutôt, en ce domaine, une stricte égalité, égalité verticale peut-être, où l'on estime qu'au fond on peut assumer la vertigineuse asymptote des dépenses pour sauver la vie d'un homme. Celui qui meurt voit ceux qui l'aiment et qui l'entourent vous le dire : « Sa vie n'a pas de prix. Allez-y ! Dépensez ! » Égalité horizontale aussi. Oui, la mort frappe chacun : c'est la condition humaine. Dès lors, pourquoi distinguer entre les morts ? La certitude de l'événement justifie la rigueur de la constante : rien. Tout individu meurt. Et puisque la mort est certaine, pourquoi indemniser la mort en fonction des circonstances de la vie, en fonction des circonstances de la mort ? Cette égalité horizontale, cette égalité verticale, ce n'est pas la réponse que donnent les sociétés organisées dans leurs systèmes juridiques. Le prix de la vie est relatif dans le temps, dans l'espace : il vaudra mieux mourir du sida à la suite d'une transfusion l'année prochaine, après le vote de la loi indemnisant ce décès, que l'année dernière, période pour laquelle il n'y avait pas de responsabilités reconnues. Bref, au travers de l'histoire, au travers de l'espace, au travers des systèmes juridiques des civilisations, les réponses sont différentes. Résumons-les en prenant une vérité historique : un Franc (au sens de Clovis) vaut deux Gaulois ; dans la monarchie franque, un Franc vaut deux Gaulois. Voilà une relativité du prix de la vie, qui nous choque aujourd'hui.

Valeur relative du prix de la vie. On aurait pu explorer le sujet suivant différentes pistes. « La vie ne vaut pas la peine d'être vécue », dit le grabataire. Dans cette formule, tous les mots ont-ils un rapport avec l'argent ou la valeur ? Non, les mots n'ont pas de rapport avec l'argent, mais renvoient à une équivalence : « Ma vie ne vaut pas la peine [c'est le prix de la peine] d'être vécue. »

On pourrait aussi s'interroger sur la relativité du prix de la vie en reprenant une idée de Roger-Pol Droit et en faisant varier ce que l'on appelle le préjudice. Aujourd'hui, d'une façon dominante dans les systèmes juridiques, on n'indemnise que certains types de préjudices : le préjudice patrimonial, les espérances de ce qu'on pouvait gagner, et puis le préjudice moral, et encore, à l'intérieur uniquement de certains systèmes juridiques. On indemnise mal le préjudice social global. Il est vrai que c'est au travers de phénomènes comme les catastrophes de très grande ampleur qu'on commence à s'interroger sur la notion même de préjudice. En ce sens, nous voyons bien que, sous cet angle, l'enfant n'aurait qu'une valeur modeste puisqu'il n'aurait pas encore bénéficié des investissements que la société met sur la tête de chaque individu ; le vieillard, dans ce domaine comme dans d'autres, retrouverait l'enfance ; et l'adulte, en fonction de sa situation sur l'échelle de l'espérance de vie, aurait alors une valeur tout à fait différente.

Valeur relative du prix de la vie. Pour être moins gai, mais sans doute plus vrai, et peut-être même plus concret, il faut admettre qu'au juste on va s'interroger sur le prix de la mort, sur la compensation (compensation de la disparition, compensation des larmes). Cette compensation est éminemment variable en fonction des systèmes juridiques. La relativité qui se trouve à l'intérieur d'un système, et qui existe — vous aurez l'occasion de le voir en discutant, je pense, avec le représentant des compagnies d'assurances — augmente dès lors que vous introduisez en élément international dans le débat.

Pour comprendre, il faut faire un petit retour théorique

sur un point crucial. Le droit est un phénomène qui est lié à l'État. L'État, aujourd'hui, c'est un territoire, c'est essentiellement un territoire. C'est donc à partir d'une compétence territoriale que se construisent les systèmes juridiques. C'est ainsi que s'est organisée l'humanité, c'est, en tout cas, le système qui a réussi dans l'organisation de l'humanité. Ce n'était pas le seul système concevable, bien entendu. On aurait pu imaginer que les systèmes juridiques, loin d'être attachés à la puissance publique sur un espace territorial, soient attachés aux liens personnels, aux liens de fratrie, de tribu, d'ethnie. Ainsi, le droit aurait été le droit de tel groupe, et les rapports n'auraient pas été des rapports internationaux parce qu'interétatiques mettant en jeu des territoires différents, mais auraient été internationaux parce qu'interethniques. Ce n'est pas le cas. C'est donc le système territorial qui a réussi. Mais les individus pourtant ne sont pas restés immobiles. En bougeant, ils sont nécessairement en contact avec les autres systèmes juridiques, ils se mettent nécessairement sous l'empire d'une autre loi. Et même, à l'intérieur d'un système juridique, on peut se demander s'il ne faut pas faire place à l'application des règles des autres États.

Ce mouvement des hommes va donc déclencher l'existence de circonstances variables. Ou bien les circonstances propres à déclencher l'indemnité sont tout entières incluses — que ce soit le lieu, l'auteur, le responsable, la victime — à l'intérieur d'un ordre juridique, et il n'y aura pas d'élément international à prendre en compte. Ou bien un de ces éléments sera extérieur à l'unicité de l'État : l'auteur est de nationalité étrangère, des personnes d'une nationalité meurent ailleurs que dans leur pays d'origine, etc. Dans cette situation où s'introduit un élément étranger, il faudra sans doute prendre en compte la règle étrangère. Le premier cas (situation tout entière incluse à l'intérieur du périmètre étatique) ne nous retiendra donc pas. Nous retiendrons le cas où une circonstance fait qu'un élément étranger est pris en compte et introduit l'emploi d'une loi différente de la loi de l'État qui tranche le problème.

Tout cela concerne des rapports entre des personnes privées. Mais il existe, bien entendu, des circonstances où le responsable de la perte de la vie est un État. Là encore, si la circonstance est entièrement enfermée à l'intérieur d'un État, nous ne nous intéresserons pas au problème. En revanche, s'il y a un élément étranger, c'est-à-dire, par exemple, si l'État est responsable du décès de quelqu'un qui n'a pas sa nationalité ou de quelqu'un qui n'est pas situé sur son territoire, alors le problème nous intéresse parce qu'il apporte, dans la question, l'élément international. Ici, les réponses relèvent de ce que l'on appelle le droit international public. Nous verrons qu'il y a un certain nombre de difficultés.

D'abord les questions qui relèvent des rapports privés entre les gens, de ce que l'on appelle le droit international privé. Dans un système juridique donné, il existe une réelle relativité dans l'estimation du prix de la vie des individus. Si je prends des exemples d'affaires effectivement jugées en France au cours de l'année 1990 à l'intérieur d'une cour d'appel, j'imagine que tout à l'heure un autre orateur aura de très larges exemples à fournir. Monsieur X décède. Son enfant naturel perçoit, au titre du préjudice moral — je ne parle pas de préjudice patrimonial qui va dépendre de sa fortune, de son âge, etc. — 20 000 francs. Dans la même cour d'appel, la même année, la mort d'une femme, mère de famille, veuve (il n'y a donc pas de père, les enfants sont déjà orphelins) voit chacun des enfants — je ne parle pas du préjudice patrimonial — percevoir, au titre du préjudice moral, pour la mort de la mère, 30 000 francs. 20 000 dans un cas, 30 000 dans l'autre, et nous sommes à l'intérieur de la même juridiction, la même année.

Cette relativité, qui existe dans les décisions du juge, va considérablement augmenter si l'on introduit un élément international. Sans pouvoir entrer dans les détails, souvenons-nous de trois choses. D'abord, le droit international privé, ce que l'on appelle le droit international privé, contrairement aux apparences, n'est pas véritablement international mais est le droit d'un État : chaque État a son droit international privé. Il peut donc y avoir de fortes divergences d'État à État. Ensuite, la règle qui va s'appliquer va varier en fonction du lien qui existe entre le responsable et la victime. On n'appliquera pas la même règle, c'est-à-dire une règle du même État, si le lien est contractuel (si la suite de la perte de la vie résulte de la mauvaise exécution d'un contrat) ou si cette perte de la vie résulte de ce que l'on appelle un délit, c'est-à-dire d'une circonstance qui ne relève pas du contrat.

Enfin, troisième point : la règle substantielle, celle qui va s'appliquer, peut être, dans son fond, différente. Le droit international privé appartient à chaque État. Le droit international privé français va fournir une réponse à la question du droit qu'on doit appliquer si des Français meurent dans un accident de voiture en Espagne. Rien ne garantit que ce soit évidemment la même règle qui s'applique lorsque des Espagnols meurent d'un accident de voiture en France. Il existe des conventions internationales, mais *a priori* rien ne garantit que ce soit la même chose. Le droit international privé est donc tout à fait variable. La règle qui va s'appliquer va varier en fonction des circonstances. S'il y a un contrat entre l'auteur et la victime, la plupart des systèmes de droit international privé, pas tous, admettent que c'est la loi du contrat qui va jouer. S'il n'y a pas de contrat, si c'est une responsabilité délictuelle, cela va être la loi du lieu du délit, et cela pourra être, dans certains cas, la loi du lieu du dommage. Cela pourra amener des circonstances extrêmement compliquées, bien entendu, pour lesquelles des rationalisations ont été introduites. Mais vous voyez bien que cette idée d'éléments étrangers, combinée avec l'idée de contrat ou d'absence de contrat, dans une situation relativement fréquente comme celle de l'accident de voiture, peut donner des ensembles extrêmement compliqués et des résultats tout à fait différents suivant les pays, *a priori*. S'il n'y avait pas eu de rationalisation au travers de conventions, on aurait des situations différentes pour un accident qui se produit avec des Français en Espagne, la personne transportée dans la voiture étant une personne transportée de façon bénévole, et un accident qui se produit en voiture pour des Français qui sont en Espagne, la personne ayant été transportée dans la voiture française à la suite d'un contrat. En principe, on applique, lorsqu'il y a une situation contractuelle, la loi du contrat, et ces personnes ont passé un contrat en France ;

lorsqu'il y a un délit, on applique la loi du lieu du délit, et c'est la loi espagnole puisqu'il y a eu un accident en Espagne. Je vous laisse rêver aux problèmes qui pourraient se poser si le véhicule français heurtait un véhicule turc en Allemagne et était projeté sur un véhicule suédois... si on n'avait pas introduit un minimum de rationalisation. Cette rationalisation, on l'a évidemment introduite pour les accidents de voiture, mais aussi pour la responsabilité du fait des produits. Voilà des produits qui, après leur fabrication, vont et viennent à travers le monde et sont, dans certains cas, détenus à titre contractuel et parfois détenus par hasard et sans contrat. On a donc essayé de rationaliser ces choses.

Les lois qui s'appliquent ne contiennent pas forcément les mêmes règles. C'est peut-être ce qui nous choque le plus. Ici, descendons sur quelque chose de tout à fait concret. En principe, la loi allemande ne connaît pas, en tout cas, ne connaît pas de la même façon que la loi française, la notion de préjudice moral. Si donc, par application du droit international privé français, on doit, analysant les circonstances du décès d'un Français en Allemagne, appliquer la loi allemande, on ne pourra pas, pour le juge français, indemniser le préjudice moral des ayants droit — des héritiers, si l'on veut —, des héritiers de cette personne parce qu'on applique la loi allemande. Le juge français qui s'est trouvé confronté à cette situation a estimé qu'il était particulièrement choquant que l'on puisse indemniser le préjudice moral, en général, pour un Français qui mourait en France de circonstances identiques à celles qui faisaient qu'un Français mourant en Allemagne, on ne puisse pas indemniser le préjudice moral. Un juge a décidé, au nom de l'ordre public français, d'indemniser le préjudice moral qui n'est pas dans la loi allemande, pour rétablir l'égalité. La Cour de cassation a décidé qu'il fallait casser cette décision de justice qui entraînait l'indemnisation du préjudice moral d'un Allemand décédé en Allemagne, loi applicable qui ne connaît pas l'indemnisation du préjudice moral.

Prenons un exemple concret : Monsieur X, marié, huit enfants, décède. Préjudice patrimonial : pour son conjoint, 26 000 francs pour les frais d'obsèques, plus — voilà quelqu'un qui gagnait bien sa vie — 2 356 000 francs d'indemnités patrimoniales, c'est-à-dire de compensation des gains qu'il n'aura pas au fur et à mesure du déroulement de sa vie, puisqu'elle est interrompue, à sa veuve ; pour les quatre fils et les quatre filles, le préjudice patrimonial oscille entre 96 000 francs pour l'aîné qui a déjà bénéficié de la plus longue période de soutien de ses parents à 274 000 francs pour le benjamin qui, lui, donc peinera plus dans la vie par absence de son père et des moyens matériels qu'il pouvait mettre à sa disposition. Le préjudice moral, dans cette même famille : pour le conjoint, 70 000 ; pour l'enfant, cela oscille de 15 000 pour ceux qui ont touché le plus au titre du préjudice patrimonial à 35 000 pour ceux qui ont touché le moins. Si on appliquait la loi allemande, il faudrait retirer 70 000, 35 000 et 15 000.

Au-delà de ces questions un peu techniques, ces règles sur les procédés de détermination de la loi applicable nous amènent à nous poser une question qui va toucher à l'éthique. Construisons une fable qui, je dois le dire, ne correspond pas à la solution du droit positif, telle qu'elle s'esquisse, mais qui est utile pour comprendre. Imaginons une société américaine qui développe, dans un pays pauvre, une partie de sa production. Une catastrophe survient dans ce pays. On va se poser la question de l'indemnisation de ce sinistre. Une grande société américaine qui exploite un produit dangereux dans un pays pauvre, c'est tout à fait inimaginable, bien entendu, n'est-ce pas, puisque Bhopal, Union Carbide, c'est purement imaginaire... Le juge qui est saisi de cette question — je fais l'impasse sur la question de savoir quel est le juge qui doit être saisi : est-ce un juge indien ou un juge américain ? — doit-il prononcer une indemnité que j'appellerai de type californien ou doit-il prononcer une indemnité de type indien ? S'il donne une indemnité de type californien, les Californiens qui ont été éventuellement touchés par cette explosion verront là une juste indemnité. Les Indiens qui toucheront une indemnité de type californien seront brutalement mis dans une position de quasi-milliardaires — quand on connaît l'évaluation des dommages ayant entraîné la perte de la vie dans le système américain — dans leur propre société. Autrement dit, Monsieur X qui meurt à la suite d'une explosion d'une société américaine se voit considérablement plus indemnisé que Monsieur Y, son voisin de palier qui, lui, n'a pas eu la « chance » de mourir dans l'explosion d'une entreprise américaine, mais de mourir à la suite de l'explosion d'une entreprise indienne. Mais si on choisit de donner une indemnité indienne, alors ne pousse-t-on pas au crime ? Pourquoi ne pas aller produire là où la vie est le moins cher les produits les plus dangereux ? Là, je pense que l'on rencontre un problème éthique, un problème qu'on ne peut pas trancher simplement en disant : « Eh bien, il n'y a qu'à augmenter les primes d'assurances, y compris dans les pays pauvres, pour que les risques couverts soient beaucoup plus élevés », parce que cela posera un problème économique qui n'est pas simple.

Quittons ces questions de pur droit international privé pour nous interroger maintenant sur les questions qui relèvent du droit international public. L'activité de l'État peut entraîner la mort de personnes. Cette activité de l'État qui peut entraîner la mort de personnes peut être une activité illicite ou une activité licite. Regardons le cas de l'État qui, par une activité illicite, quelque chose que l'on n'a pas le droit de faire, déclenche la perte de vies humaines — bien entendu, dans une situation internationale. L'individu qui est victime de cette situation ne peut pas, en tant qu'individu, réclamer à l'État. Si une personne privée veut réclamer devant les tribunaux de son pays une indemnisation au gouvernement français, elle se heurtera à l'immunité juridictionnelle des États et ne pourra donc pas obtenir satisfaction. Pour que cette indemnisation soit possible, il faut que le problème soit un problème de droit international public. La transformation, la transmutation du problème privé se fera par un mécanisme complexe — sur lequel je passe — et que l'on appelle la protection diplomatique. On constate que, lorsque l'État reconnaît sa responsabilité ou se la voit imposer (lorsqu'un juge international, un arbitre, lui impose de la reconnaître) les indemnisations sont nettement plus fortes, me semble-t-il — il n'est pas facile de savoir exactement combien les États ont payé —, beaucoup plus fortes que dans une opération de pur droit interne.

Là aussi — on nous a demandé d'être bien concret, alors soyons-le et tâchons de prendre un exemple qui ne nous est pas totalement étranger —, dans l'affaire du *Rainbow Warrior*, ce navire coulé « par mégarde » par deux officiers des renseignements français, il y avait un individu. On n'a pas seulement coulé le bateau, on a tué M. Perrera. Dans le bateau, il y avait un photographe qui travaillait pour Greenpeace. Ce photographe, d'origine portugaise, était citoyen néerlandais. On a un peu tergiversé et puis la France s'est reconnue responsable. Si les ayants droit, les héritiers de M. Perrera, avaient voulu faire un procès, ils n'auraient pas pu arriver à gagner parce que, pour que le procès devienne international, il aurait fallu que les Pays-Bas, qui étaient son pays, prennent fait et cause pour lui et fassent un procès à la France. Or, si la Nouvelle-Zélande était tout à fait disposée à faire un procès à la France, pour des raisons diplomatiques que vous connaissez maintenant, les Pays-Bas n'étaient pas du tout disposés à le faire. M. Perrera n'aurait donc pas pu obtenir satisfaction devant les tribunaux néo-zélandais à cause de l'application de l'immunité juridictionnelle des États. La France a finalement reconnu qu'elle était responsable et a passé une transaction avec la famille de M. Perrera. Eh bien, les sommes qui sont données à la famille Perrera sont, me semble-t-il, bien plus importantes que les sommes qui sont données dans le cadre de litiges internes. Le gouvernement français a donné 650 000 francs à la compagne de M. Perrera, les enfants ont perçu 1 500 000 francs et les parents 150 000 francs. Prenons, par exemple, uniquement les parents. Ces parents ne peuvent invoquer qu'un préjudice moral, de toute façon. Une compagnie d'assurances néerlandaise avait versé une somme de 30 000 florins au titre du préjudice à la famille Perrera. La compagnie d'ailleurs a été remboursée par le gouvernement français. Les parents perçoivent 150 000 francs, c'est purement un préjudice moral ; c'est beaucoup plus que ce qu'on donne d'habitude dans le cadre d'un préjudice moral interne. Ce montant relativement élevé, à mon avis, doit être considéré comme le prix de l'apaisement de la conscience des gouvernants, pour ne pas dire de l'État. Si le prix de la vie est ici plus important qu'ailleurs, c'est parce que, en quelque sorte, on demande à l'État de faire un geste de contrition. Il n'y a pas de droit pénal entre les États. Cela n'existe pas. Cette méconnaissance du droit, que la France a reconnue, on va la rectifier en une seule opération : on va lui faire compenser le préjudice et aussi la méconnaissance du droit. Il y a un côté un peu punitif dans le montant que s'inflige la France dans cette réparation.

C'est une démarche du même ordre qu'ont proposée les Américains à la suite de l'erreur faite par le commandant du navire *Le Vincennes* qui, prenant un Boeing d'Iran Airlines pour un avion dangereux, a tiré sur cet avion, ce qui a entraîné l'explosion de l'avion et la chute des corps qu'on est allé rechercher dans le golfe Persique. Le gouvernement américain a proposé une indemnisation pour chaque passager. Mais le gouvernement iranien — vous voyez la différence avec le gouvernement néerlandais pour M. Perrera — ne veut pas d'un arrangement privé ; il veut un procès international pour que l'on voie les responsabilités de l'État américain.

Une situation strictement identique débouche sur des résultats tout à fait différents. Les passagers de la Korean Airlines, de l'avion de la compagnie coréenne qui a été descendu par la chasse soviétique, il y a dix ans, n'ont pas bénéficié de la contrition de l'État parce que l'Union soviétique a considéré qu'elle n'était absolument responsable de rien. Dès lors, ces personnes ne pouvaient voir jouer que la bonne volonté de la compagnie qui, il est vrai, a indemnisé les victimes, mais pour des raisons commerciales, parce qu'elle ne voulait pas avoir d'ennuis sur son réseau, et pouvait compter sur l'indemnisation forfaitaire de la convention de Varsovie. Là encore, relativité du prix de la vie. Le montant forfaitaire de l'indemnité versée pour perte de vie humaine dans un accident d'avion, qui figure dans la convention de Varsovie, n'est pas le même si l'avion dessert ou ne dessert pas de façon régulière des destinations américaines, parce que les Américains ne supportaient pas l'idée du plafonnement trop modeste, forfaitaire, de la convention de Varsovie qui, à l'époque, de l'accident de la KAL, était de 8 300 dollars américains par tête, en cas de décès. Elle est montée à 75 000 dollars américains, s'il s'agit d'une ligne aérienne qui dessert régulièrement les Américains et qui a donc de fortes probabilités de compter dans ses rangs des citoyens américains.

La responsabilité de l'État peut être aussi engagée pour faits licites. Cette responsabilité pour faits licites va entraîner des indemnisations, elles aussi susceptibles de grandes variations. Parmi les différents cas possibles, explorons les systèmes mis en place en cas de dommages catastrophiques dans le cadre d'une explosion nucléaire. Dans le cadre d'une explosion nucléaire, en principe rarissime, mais qui, si elle se réalise, peut déclencher des dommages absolument faramineux, dans ce cas, des mécanismes de responsabilité peuvent se mettre en place, mais ce n'est pas certain. Cela peut vous paraître choquant, mais il n'y a pas, en droit international, de responsabilité *a priori* pour les dommages qui ont leur source dans un État et qui, à la suite d'une activité licite, débordent sur le territoire d'un autre État. Voilà une belle question d'éthique. Si cela n'est pas convenu, ce n'est pas indemnisé. Au passage, aucun État n'a demandé d'indemnisations à l'Union soviétique pour les dommages subis à la suite de Tchernobyl, tout simplement parce que les États savent très bien qu'il n'y a à ce jour rien de prévu en matière d'indemnisation des dommages pour les explosions nucléaires. S'il survient une explosion de ce type, il n'y aura donc d'indemnisation pour les victimes que si elles sont membres d'un pays qui a prévu cette indemnisation. Grandes différences sur la planète ! Ces indemnisations sont toutes plafonnées. Il y a, en effet, des sommes tout à fait considérables qui ont été préparées, à la fois obligatoirement par l'opérateur grâce à des compagnies d'assurances et, en plus par les États qui ont mis des sommes supplémentaires pour intervenir, mais, malgré tout, il y a un plafond. Les sommes qui sont utilisables ne sont pas les mêmes pour les victimes en fonction de leur lieu par rapport à l'explosion. Si je prends le cas de l'Allemagne, qu'a-t-elle prévu ? Aucun plafond pour une explosion en Allemagne touchant des gens qui sont en Allemagne ; un plafond pour les explosions qui se produisent en Allemagne et qui touchent des personnes qui ne sont pas en Allemagne, mais qui sont à l'intérieur d'un pays qui a une convention avec l'Allemagne ; un plafond encore plus bas pour les victimes qui sont hors de l'Allemagne, mais qui ne sont pas non plus dans un pays qui a une convention avec l'Allemagne. En fonction du lieu où vous êtes, le plafond étant différent, s'il y a une très grande quantité de victimes, il y aura donc des indemnisations différentes. Les sommes sont colossales. Il faut savoir qu'elles sont cinq fois plus importantes pour les Allemands que pour les Français, quatre fois plus importantes pour les Américains que pour les Français.

Voilà brossées les réflexions que je voulais vous présenter et qui montrent, me semble-t-il, qu'il y a un écart, à l'intérieur de chaque ordre juridique, qui tend à augmenter considérablement dès lors qu'on introduit dans le litige ce que les juristes appellent un élément d'extranéité.

NORD-SUD : L'ARGENT DU RICHE ET L'ARGENT DU PAUVRE

Bernard Maris

Le billet de banque est une reconnaissance de dette. Parlant d'argent, on parle de dettes. La dette du riche (les États-Unis — environ 660 milliards de dollars) est comparable à celle des pauvres d'Amérique latine (420 milliards de dollars). Mais elles n'ont pas la même nature : la première correspond à une créance du riche sur lui-même ; la seconde à une créance du riche sur les pauvres.

Lorsqu'on pose à Milton Friedman, prix Nobel d'économie 1976, la question : « Faut-il s'inquiéter de ce que les États-Unis vivent à crédit ? », il répond : « Pourquoi s'inquiéter ? Le déficit est libellé en dollars, et non en livres ou en francs. En dernier recours nous disposons de la planche à billets[1]. » Réponse cynique et superbe, vision régalienne du *bank note* : la monnaie est la dette du prince, et le prince ne rend de comptes qu'à Dieu. Garantie divine de l'argent, « Nous croyons en Dieu » est gravé sur le billet vert. La nature fait les métaux, le roi fait les monnaies. En attendant, les États-Unis ne doivent rien.

Les pauvres, eux, paient leur dette. Pourquoi ? Pour s'enrichir sans doute. Ce qui nous intéresse ici, c'est l'endettement tel qu'il est analysé dans les rapports du FMI et de la Banque mondiale. Que content à mots ouverts ou couverts le FMI et la Banque mondiale, dans leurs rapports ? Une histoire plutôt éculée, paternaliste et réactionnaire des rapports

1. *Le Monde*, 8 novembre 1988.

entre les nations. Au-delà, les deux institutions révèlent la même conception, infantile et moralisante, des citoyens du Sud.

Pourquoi les pauvres paient ?

L'apparition de la dette

La crise de la dette du Sud se révèle en août 1982 lorsque le Mexique se déclare en cessation de paiements, suivi de peu par le Brésil. L'échéance mexicaine est immédiatement réglée par le FMI et les États-Unis.

Il apparaît que le Sud doit 600 milliards de dollars, qui très probablement ne seront jamais remboursés[2]. Or, ces 600 milliards représentent approximativement les surplus financiers dégagés après les crises du pétrole de 1973 et 1979. Tout se passe comme si le « mistigri de la crise pétrolière[3] » était passé des riches aux pauvres.

En 1991, la dette du Sud est de plus de 1 400 milliards de dollars. Mais le Sud a payé. De 1982 à 1989, les transferts nets de capitaux de l'Amérique latine seule ont atteint 150 milliards de dollars[4], plus selon certains auteurs. En intérêts seuls, le Brésil a payé 100 milliards de dollars sur la période[5], soit près de la moitié de ses exportations, soit encore 5 % de son PIB.

L'Allemagne, durant l'entre-deux-guerres, n'eut jamais à fournir un tel effort : en 1929, elle affectait 2,3 % de son PIB aux réparations, et 12,6 % de ses exportations ; en 1985, l'Amérique latine en moyenne consacre 4,1 % de son PIB et 34 % de ses exportations au paiement de la dette[6].

---

2. FMI, *Perspectives de l'économie mondiale*, octobre 1990, graphique 20, p. 35.
3. Lionel STOLERU, « Du tiers monde au tiers payant », *Le Monde*, 22 juin 1989.
4. Voir Elmar ALTVATER, *Le Monde diplomatique*, juillet 1989. Pour une excellente analyse de la dette de l'Amérique latine, voir le récent ouvrage de Marie-Hélène DUPRAT, *La Dette latino-américaine : quelle politique pour quelle crise ?*, Masson, Paris, 1991.
5. Cf. I. SACHS, *Le Monde diplomatique*, novembre 1989.
6. Cf. ALTVATER, *art. cit.*

Le cartel du Nord

Le FMI a géré la crise mexicaine de façon remarquable. Le FMI est une institution créée au lendemain de la Seconde Guerre mondiale, sorte d'autorité de tutelle des banques, chargée d'aider à la stabilité des monnaies : on sait qu'en raison de la proportionnalité des quotes-parts et des votes, le FMI est contrôlé par les États-Unis et les pays les plus riches. Le G7, réunion informelle des ministres des Finances (États-Unis, France, Grande-Bretagne, Allemagne, Japon, Italie, Canada), représente à lui seul 50 % des voix.

Ce qu'a réussi le FMI en 1982, c'est la solidarité du Nord, et la constitution d'un cartel des créanciers. Non seulement les pays riches ont solidairement « fait face » à la crise, mais les banques européennes, ou les petites banques et les banques régionales américaines, moins engagées que les grosses banques américaines, ont été sommées d'assumer une responsabilité collective de prêteurs, et d'assurer le rééchelonnement de la dette. Ce rééchelonnement se fait à Paris, sous les auspices du Trésor. Le « Club de Paris », revitalisé pour la circonstance, et qui regroupe les banquiers créditeurs, traite *au cas par cas* les problèmes de dette. Depuis 1983, ce Club de Paris a rééchelonné 180 milliards de dollars, autrement dit, rien.

La hantise du FMI — et du Club de Paris — est l'abandon du « cas par cas ». Il faut éviter à tout prix un traitement collectif de la dette, et pis, la genèse d'un cartel des débiteurs. En effet, autant le traitement « cas par cas » ne met jamais la communauté financière en péril, autant le moratoire collectif peut le faire. Mais, de fait, il n'y eut jamais, même sous l'impulsion des « mauvais pauvres », c'est-à-dire des mauvais payeurs (le Brésil, l'Argentine, le Pérou, le Guatémala), d'ébauche de club des endettés.

Le Club de Paris examine de façon bienveillante les demandes de rééchelonnement, c'est-à-dire le report d'intérêts ou de principal, donc de fait la dévalorisation des dettes, en échange de l'acceptation d'une politique d'ajustement prônée par le FMI. Et ce même FMI accorde à ce moment-là des crédits pour payer les intérêts. Le Nord paie — très partiellement — le Nord. C'est un système d'auto-assurance.

La politique d'ajustement

Elle tient en deux mots : comprimer la dépense publique, dévaluer la monnaie nationale. Les conséquences sont tragiques pour les pays les plus endettés. Le pouvoir d'achat s'effondre : moins 25 % du PIB par tête pour le Vénézuela, le Pérou, l'Argentine, moins 45 % pour le Nicaragua. En fait, c'est le facteur travail qui supporte l'ajustement. Le SMIC passe de 120 dollars à 50 dollars au Mexique, moins au Pérou. Comme la dépense publique est visée, on constate un effondrement du service public, l'investissement étant plus facile à contracter que la dépense courante, et le civil, plus facile à comprimer que le militaire.

Bons et mauvais pauvres

A partir de 1982, la doctrine de l'ajustement est acceptée et encouragée par Paul Volcker, président de la Banque fédérale américaine, organe de tutelle du système des créditeurs américains. Paul Volcker souligne que les bons payeurs doivent bénéficier de crédits-relais de court terme, et les mauvais sanctionnés. Les sanctions sont : la confiscation des actifs ; l'embargo sur le commerce extérieur ; surtout, l'interdiction d'accès au marché international des capitaux.

En réalité, ces sanctions sont inopérantes. La dette est largement publique, et non garantie. L'embargo sur le commerce extérieur pénalise plutôt le Nord. Enfin, les accès aux marchés de capitaux ne sont pas totalement fermés. De sorte qu'il est parfaitement possible de refuser, au moins temporairement, la dette. La décision du Pérou, en 1986, de ne rembourser qu'à concurrence de 10 % des exportations lui procura une nette aisance financière[7]. En 1984, l'Argentine avait déjà menacé de ne pas payer. On assista à une surpre-

7. Voir l'analyse de M.-H. DUPRAT, *op. cit.*, p. 222.

nante opération de sauvetage montée par le Mexique et soutenue par le Trésor américain. Le Mexique prêta.

Typiquement, le Mexique est le bon élève. Il suit scrupuleusement les consignes du FMI, attend « la vie après la dette », selon le mot d'un de ses ministres des Finances, et finalement, en 1987, la Banque mondiale renoncera à sa dette sur lui. En 1989, après le « plan Brady » (voir *infra*), le Mexique connaîtra une autre réduction substantielle. Mais le Brésil, qui fait figure de mauvais payeur, connaîtra la même réduction substantielle de dette.

Le Chili et la Colombie sont d'autres bons élèves. Mais les deux « chouchous » du Nord sont la Pologne et l'Égypte, qui voient pratiquement leur dette annulée, la première en tant que laboratoire de privatisation à l'Est, la seconde en raison de sa participation à la coalition qui écrasa l'Irak. Toujours le cas par cas.

En pratique, la qualité de bon ou mauvais élève ne semble pas avoir de grande incidence. C'est le problème du passager clandestin : le mauvais payeur profite, au même titre que les bons, d'un apurement de la dette[8].

Annuler la dette ?

A partir de 1985, il devient clair que le Sud ne pourra pas payer. Mais dès 1985, les risques de banqueroute du Nord ont disparu. Les banques ont fait des provisions suffisantes pour créances douteuses, elles ont organisé un marché gris de la dette où celles-ci sont renégociées entre 25 % et 50 % de leur valeur. Et, surtout, les marchés financiers cotent aujourd'hui les actions des banques américaines comme si le Sud ne devait jamais rembourser.

Une proposition de James Baker de 1985 voulait réamorcer les crédits vers le Sud. Puis en 1989, un plan de Nicholas Brady, du nom de son successeur, suggéra d'annuler les deux

8. Voir les déclarations relativement convaincantes du directeur du FMI (*Le Monde*, 23 septembre 1989). Sont considérés comme tirés d'affaire le Vénézuela, le Chili, la Colombie, le Costa Rica, l'Équateur. Sur la période 1982-1991, le ratio dette/PIB passe de 50 % à 68 % pour les plus pauvres, et reste stable pour l'ensemble des PVD à 30 %. Le rapport intérêts/exportations reste stable à 10 %.

tiers de la dette et de garantir le reliquat. Proposition reprise par la France, et récemment par la Grande-Bretagne. Mais quelles seraient les raisons d'annuler la dette ?

Raisons économiques ? Aucune. Les banques sont tirées d'affaire. Le Sud ne représente plus de débouchés intéressants par rapport à l'Est. Certes, le rééquilibrage du commerce extérieur du Sud peut concurrencer le Nord. Et encore : la France, par exemple, « généreuse », reste néanmoins excédentaire vis-à-vis de ses anciennes colonies. Le seul argument économique, faible, c'est que les pays du Sud sont « surétranglés » : ils remboursent moins que ce qu'ils feraient avec moins de dette. Trop de dette tue la dette.

Raisons politiques ? Aucune. La question du Nicaragua est réglée. On voit mal un régime marxiste s'implanter en Amérique latine. La région se démocratise, et les démocraties sont raisonnables. Le Pérou, premier producteur de cocaïne brute du monde, vient enfin de faire amende honorable.

Raisons écologiques ? Aucune. Le Brésil de Sarney et la Banque mondiale (laquelle vient brusquement de se découvrir une fibre écologique après avoir favorisé les projets les plus dévastateurs) avaient envisagé de négocier de la dette contre de la forêt épargnée. Mais les banques du Club de Paris favorisent les projets de développement dans l'espoir d'être remboursées.

Ne restent plus guère que des *raisons morales*. C'est l'idée du plan Brady d'un moratoire de la dette. Malheureusement, la morale du moratoire n'est pas exactement celle du FMI et de la Banque mondiale.

La morale du FMI et de la Banque mondiale

En lisant les rapports du FMI et de la Banque mondiale, qui ne sont malheureusement pas écrits par un Joseph de Maistre, un Burke, ni même un Thiers, on redécouvre une vieille morale et une rhétorique réactionnaires. Quels en sont les thèmes ?

Le pardon

« *Forgiveness* » : le pardon et l'oubli des dettes. C'est l'un des thèmes du discours de J. Baker à Séoul en 1985. Le pardon, c'est ce que demande Violeta Chamorro pour le Nicaragua en visite à Paris en septembre (le revenu moyen du Nicaragua est de 2 500 francs/an, et chaque Nicaraguayen doit 15 000 francs). Le FMI évoque la « générosité » des créanciers dans les reports d'échéance[9].

La patience

Tous les rapports insistent sur la persévérance des pays endettés, même si le FMI concède que « le processus d'ajustement donne des signes d'essoufflement ». Mais, ajoute-t-il, peu à peu, certains pays endettés se sont vus spontanément offrir de nouvelles recettes extérieures[10]. La patience, c'est d'abord la stabilisation macroéconomique, ensuite les réformes de structure, et, « si nécessaire, l'allégement de la dette[11] ».

L'immaturité

Le thème de l'infantilisme du Sud est lancinant. A propos de l'environnement, la Banque mondiale souligne « l'irresponsabilité » des pauvres, poussés à abuser des ressources naturelles, à déboiser, etc.[12].

Mais l'immaturité du Sud se traduit surtout dans la mauvaise gestion. On retrouve la thèse éminemment réactionnaire de *l'effet pervers* : les pays pauvres ont voulu bien faire, et malheureusement les plus défavorisés ont pâti de leur inconscience : « Par une ironie du sort, ce sont souvent les catégories sociales que l'on prétendait favoriser qui ont finalement

---

9. *Rapport sur les perspectives de l'économie mondiale*, Washington, 1990, p. 90.
10. *Ibid.*, p. 48.
11. *Ibid.*, p. 87.
12. Banque mondiale, *Rapport sur le développement dans le monde*, Washington, p. 61 *sq.*

le plus souffert[13]. » La Banque fait allusion à trois régimes qu'elle associe souvent : le Chili d'Allende (1970-1973), le Pérou de Garcia (1985-1988) et le Brésil de Sarney (1985-1988).

Le thème de l'effet pervers est, bien entendu, repris pour parler de l'ajustement nécessaire : le Sud a mal géré, et sa politique retombe aujourd'hui sur les plus pauvres par la nécessité d'ajuster. Le thème de la *dureté du sacrifice*, lié à celui de l'ajustement nécessaire, renvoie à celui de l'immaturité et de l'enfance par le biais du « châtiment » de l'ajustement.

A côté de l'immaturité économique, l'immaturité politique. A propos du Japon de l'ère Meiji, la Banque mondiale fait remarquer que, certes, le gouvernement d'alors n'était pas démocratiquement élu, mais que le peuple le considérait comme légitime, et qu'il a pu entreprendre de grandes choses[14]. En revanche, les gouvernements du Chili d'Allende ou du Pérou pré-Fujimori sont qualifiés de « populistes », et l'on sait que leur gestion fut démogagique et funeste. L'excès des dépenses militaires, souligné aujourd'hui par le FMI et la Banque mondiale, peut également être rattaché au thème de l'immaturité.

Le retour de l'enfant prodigue

Lorsque les « donateurs » *(sic)* se réunissent à Paris pour donner des *satisfecit*, des félicitations ou des encouragements, comme dans les conseils de discipline des lycées ou les cercles de famille, ils se félicitent des efforts et surtout du retour de l'enfant prodigue. La Bolivie a ainsi renoué avec le cercle de la famille financière. Et le grand retour du moment est celui du Pérou, qui a adopté un plan drastique d'ajustement depuis l'élection du président Fujimori. En échange,

---

13. Banque mondiale, *Rapport sur le développement dans le monde, op. cit.*, p. 13. Sur la thèse de l'effet pervers, voir l'analyse remarquable d'Albert HIRSHMAN, *Deux siècles de rhétorique réactionnaire*, Fayard, Paris, 1991. Une autre formulation de l'effet pervers se trouve dans *La Croissance appauvrissante* de S. Kuznets (prix Nobel d'économie 1971).
14. *Ibid.*, p. 148.

comme le fils prodigue, il a droit au veau gras, c'est-à-dire à un prêt-relais de 2 milliards de dollars. Il en doit toujours 22.

La figure du fils prodigue apparaît dans le thème de la « dépense excessive » et des pays qui « vivaient au-dessus de leurs moyens, de sorte que l'ajustement était inextricablement lié à la réduction de la demande[15] ». Le retour est évidemment consubstantiel du pardon du père, lequel, en attendant, poursuit sa pratique d'usurier en prêtant à court terme. Pratique d'usurier, parce que tous les crédits nouveaux du FMI (gratuits ou presque) sont des soutiens budgétaires pour parer à la consommation courante d'un malade de plus en plus maigre. Le Sud s'épuise à s'endetter pour se nourrir afin de payer des arriérés : c'est l'usure.

Des onze vertus morales prônées par Benjamin Franklin, neuf sont désormais partagées par les pauvres : le silence, l'ordre, la frugalité, la modération, le respect de la parole, la loyauté, la recherche de l'utile, l'équilibre moral, l'humilité ; deux seulement ne sont pas encore atteintes : la chasteté et la propreté. A propos de cette dernière, très nordique, le Pérou a payé son insalubrité et sa saleté d'une épidémie de choléra qui a fait plus de deux mille victimes. Le paludisme, la lèpre blanche y sont en pleine expansion. Le Nord, lui, a atteint le stade suprême des guerres propres.

---

15. Banque mondiale, *Rapport sur le développement dans le monde, op. cit.*, p. 123.

Débat

Un auditeur. — J'aimerais savoir, en ce qui concerne la dette des pays du Sud, sur quels obstacles butent son apurement.

Bernard Maris. — Tout le monde considère aujourd'hui que le Sud ne sera jamais en mesure de rembourser et les pays du Nord ont à présent des garanties suffisantes pour apurer cette dette. Dès lors, d'où provient l'hésitation ? Où sont les difficultés ? Le principal obstacle réside dans le retour de l'argent destiné au Sud vers le Nord. Je m'explique : si la communauté financière internationale recommence d'alimenter les pays du Sud, les capitaux envoyés dans certains pays comme l'Argentine ou le Pérou vont repartir immédiatement vers le Nord par le biais des oligarchies financières locales qui parviennent à capter une large partie des financements. C'est là que réside actuellement le principal obstacle dans l'apurement de la dette. Pour l'éviter, le Fonds monétaire international envisage aujourd'hui de n'apurer qu'une partie de la dette, environ les deux tiers. C'est vers une solution de ce type que l'on se dirige en ce moment.

Le même auditeur. — Est-ce que le maintien de cette dette et les conditions commerciales privilégiées qui l'accompagnent ne constituent pas également une aide pour l'économie des pays du Nord, une aide dont ils n'ont pas intérêt à se priver dans la conjoncture mondiale actuelle ?

Bernard Maris. — Non, je ne vous suivrai pas dans cette voie. Un pays comme la France, au cours de son système de prêts à l'Afrique, a probablement plus perdu qu'il n'a gagné. L'économie française a, en effet, favorisé ce qu'on appelle des « éléphants blancs », c'est-à-dire des projets démesurés et sans suites, qui n'ont pas nécessairement enrichi son industrie. De tels projets ont tout au plus stimulé temporairement ses exportations, mais sans effets durables. La grande force de l'Allemagne ou du Japon réside dans le fait d'avoir compris qu'il faut vendre aux riches, et non, comme on le croyait dans les années soixante-dix, aux pauvres.

Une auditrice. — Je souhaite demander à M. Kessler s'il trouve normal que les montants des réparations pour un même préjudice puisse varier d'un jugement à l'autre.

Denis Kessler. — Nous sommes dans un État de droit. Dans un tel État, à l'heure actuelle, celui qui dit le droit, c'est le juge. Il entend les parties et fixe les montants des préjudices. Que ces montants varient d'un juge à l'autre, c'est indéniable. Nous avons mis toutes ces données sur ordinateur, et cela est aisé à constater. On peut le déplorer. On peut juger choquant que la perte de la vue n'ait pas la même valeur à Toulouse qu'à Strasbourg, ou que perdre une jambe à Brest soit moins estimé qu'à Lyon. Cette situation qui peut paraître critriquable est liée au principe même de l'estimation par le juge. On peut discuter de ce principe. Je considère pour ma part qu'en dépit de ces inconvénients une justice qui procède de ce principe est une garantie pour le citoyen.

Une auditrice. — A plusieurs reprises, il a été question, dans les interventions que nous avons écoutées, de la notion de responsabilité. Pourriez-vous préciser quel est son contenu et quelles sont ses limites ?

Denis Kessler. — C'est une question très importante, que je vous remercie de soulever. En effet, ce concept de responsabilité est décisif dans tout ce domaine de questions. Dans le système de normes qui est le nôtre, et qui préside à nos décisions individuelles ou collectives, et même aux décisions publiques, on a toujours considéré qu'il n'y a pas lieu à indemnisation ni à réparation d'aucune sorte lorsque c'est l'aléa qui frappe. Il y a au contraire dédommagement du préjudice lorsque existe une responsabilité, c'est-à-dire lorsqu'on peut imputer à une personne la cause des faits qui ont provoqué un dommage. Si personne ne peut être tenu pour responsable, il n'y a pas, encore une fois, de droit à une réparation. Si, par exemple, je fais une chute en descendant l'escalier et me casse la colonne vertébrale, personne ne viendra indemniser ce handicap. Voilà quels sont les principes de départ. La situation s'est singulièrement compliquée depuis 1985 avec la loi Badinter qui a introduit pour la première fois le concept de responsabilité sans faute. Si, au lieu de tomber dans l'escalier, je me casse la colonne vertébrale sur le trottoir, après avoir glissé sur une crotte de chien, cette fois je suis sur la voie publique ! Au terme de cette nouvelle loi, la collectivité va m'indemniser. Pour ma part, je suis plus que réservé sur les développements que pourrait prendre ce concept de responsabilité sans faute. Il me semblerait intolérable que se mettent en place des mécanismes pour réparer et indemniser toutes les difficultés de la vie. Il s'agirait, à mes yeux, d'un complet dévoiement du concept de responsabilité qui nous entraînerait tous dans une irresponsabilité totale.

Dany Cohen. — Sur ce point, permettez-moi d'affirmer mon total désaccord. A mon avis, ce système de la responsabilité sans faute se développe dans une société développée et riche pour une raison simple et en fin de compte parfaitement saine. Il est certain que si je traverse au feu vert, hors des clous et sans regarder, si je me fais renverser par une voiture, ce sera de ma faute. Le conducteur de l'automobile ne pourra pas être tenu pour responsable. Mais c'est alors que la question se pose : est-il juste — le droit est la science du juste —, est-il proportionné à l'inattention d'un instant de passer sa vie sur une chaise roulante, sans aucune indemnité de l'État même si on ne peut subvenir à ses besoins ? Il me semble que c'est précisément à cause du fait que, dans nos sociétés mécanisées, plus encore que dans d'autres, les conséquences de fautes vénielles peuvent être énormes que ce système est justifié.

Denis Kessler. — Je maintiens, pour ma part, qu'il est dangereux. A l'heure actuelle, un Français sur deux, à peu de chose près, meurt à l'hôpital. Imaginons à quoi peut aboutir dans ce domaine le développement du concept de responsabilité sans faute. A chaque fois que quelqu'un rentre à l'hôpital vivant, et en sort mort, on devrait estimer, sans pouvoir prouver la faute, qu'il y a une présomption de responsabilité. La prime d'assurance qu'un chirurgien devrait payer pour l'exercice de son métier serait alors multipliée par cent. Je maintiens ce que j'ai dit : la responsabilité sans faute, c'est la fin de la liberté.

Un auditeur. — Dans ce que je viens d'entendre, il me semble que la solidarité a été oubliée. Ne peut-on considérer que la société, par solidarité, décide d'indemniser des victimes même s'il n'y a pas de responsable de leur sort ?

Denis Kessler. — Je suis tout à fait d'accord avec cette idée, à condition de bien préciser les principes. Un enfant se fait renverser à la sortie de l'école maternelle par un chauffard alcoolique. Il y a responsabilité, et donc droit à réparation. Un enfant du même âge décède de la maladie bleue. Ses parents perdent d'un coup l'être qui leur est le plus cher. Personne ne leur versera quoi que ce soit, ni la collectivité ni les assureurs. On peut juger qu'une forme de solidarité nationale devrait s'exercer envers ces parents. Mais la solidarité ne repose pas sur le principe de responsabilité. Elle en est même entièrement distincte. La solidarité, c'est la liberté qu'une société se donne, par pure noblesse, de procéder à des indemnisations qui ne reposent pas sur le principe de responsabilité.

6. Crédit, créance, croyance

Crédit, créance, croyance : trois termes, une même racine. Un même fond de signification lie ensemble les opérations de la finance et les impulsions du psychisme. Ce n'est ni une bizarrerie de l'étymologie ni une coïncidence sans portée. Les mots eux-mêmes disent qu'entre argent et sensibilité existe une connexion originaire, sans doute impossible à défaire. Faire crédit à quelqu'un, c'est aussi bien estimer qu'on peut le croire que lui avancer de l'argent. La confiance fait intervenir le temps, le rapport à autrui, et une forme de foi. Elle constitue le fil directeur des textes qu'on va lire.

La confiance est « le moteur central du marché », souligne Robert Lion. En un temps où les crises et les turbulences s'accroissent au rythme des progrès techniques, où le chiffre d'affaires du marché de la drogue équivaut à peu près à celui des échanges pétroliers, que peut donc devenir l'antique figure romaine de Fides, *la foi publique, incarnation de cette « religion de la confiance » sans laquelle aucune vie civile n'est assurée de se poursuivre ? Robert Lion montre comment cette foi publique n'a pas disparu et demeure, sous ses formes contemporaines, le seul élément de stabilité au sein de nos périlleux désordres. « Inviolable gardien du trésor de la nation », comme disait Lamartine, la Caisse des dépôts et consignations, fondée en 1816, a su depuis cette date conserver la confiance de tous et suivre les mutations du monde en restant fidèle à sa vocation.*

« L'ordre économique reste un ordre religieux », affirme comme en écho Marc Guillaume, signifiant par cette formule que les passions humaines, leur archaïsme et leur violence ne peuvent être éliminées du domaine monétaire. Elles en font partie, non par accident ou comme quelque impureté, mais de manière constitutive et essentielle. La question est alors de savoir ce que deviennent ces affects sous l'empire si propre des technologies nouvelles. Les dispositifs électroniques instaurent en effet un paiement invisible, automatisé,

purifié, sans douleur ni rivalité ni affrontement. Avec quelles conséquences ?

Notamment, celle de faire disparaître la signature, l'inscription du nom propre, l'écriture qui marquait le règlement. C'est un des points évoqués par l'analyse de Jacques Derrida. Ce n'est pas le seul. Les relations de la finance et de la confiance, les liens entre le marché monétaire et les passions du jour, ces « rides éphémères de l'affect », sont évoqués par ses propos, qui débouchent sur une mise en lumière des rapports entre l'argent, la langue et le temps, et finalement sur la place de l'indifférenciation dans l'échange monétaire et dans la morale de Kant.

« Il ne faut pas s'arrêter à la pensée de l'argent », estime Alain Cotta, qui passe en revue les principales fonctions de l'argent pour montrer qu'il n'est en fin de compte qu'un masque, un voile, un leurre, un alibi que nous aurions tort de confondre avec l'essentiel : notre fragilité ou notre puissance intellectuelle ou biologique, nos rapports à nous-même, aux autres et à la mort. Sur ce refus paradoxal mais motivé de s'arrêter sur la question de ce Forum se clôt un chapitre où, par rapport à ceux qui précèdent, aucun domaine nouveau ne vient s'ajouter à ceux qui furent abordés, mais où se retrouvent tous les thèmes de ce livre, autrement ordonnés, éclairés, repris ou prolongés.

Histoire de ne pas conclure.

FINANCE ET CONFIANCE
ACTUALITÉ DE LA FOI PUBLIQUE

Robert Lion

C'est un constat bien connu de l'opinion : nos sociétés industrielles vivent sous le signe de l'argent, la finance est partout présente, certains ajoutent qu'elle corrompt beaucoup. Nous avons facilement le sentiment que l'argent domine à peu près tout, et que le monde et les sociétés se partagent entre ceux qui ont de l'argent et ceux qui n'en ont pas. Dans notre pays, et dans beaucoup d'autres, si l'on admet que la finance est nécessaire, l'on fait aussi une différence entre la nature et la destination de ces moyens financiers et, comme l'exprime parfois François Mitterrand, entre l'argent utile et l'argent facile. Le président de la République a rappelé cette distinction lorsqu'il a célébré, avec nous, le cent-soixante-quinzième anniversaire de la Caisse des dépôts, à la fin du mois de septembre 1991.

Mais la question n'est pas seulement celle du bon usage de l'argent, car, au-delà de son utilité concrète, matérielle, de mesure et de valeur, qui est indiscutable, l'argent a acquis d'autant plus de puissance, au fil du temps, qu'il demande la confiance des usagers.

Or, en même temps que croît cette puissance, la confiance s'altère, la confiance dans la finance, comme dans la politique où l'argent est si bruyamment présent.

John K. Galbraith, interrogé récemment par notre *Revue d'économie financière*, ajoute : « Quand la possession de l'argent devient une fin en soi, un but à toute épreuve pour l'individu, alors il n'y a plus de respect pour la loi. C'est l'histoire sans cesse répétée des spéculateurs. » Et le grand économiste américain évoque les années quatre-vingt, aux États-Unis, qui ont été la période des aberrations financières au cours de laquelle le lien entre l'économie réelle et l'économie financière a éclaté après la spéculation et la bulle pétrolières dans le Texas dans les années soixante-dix, le boom de l'immobilier dans les années quatre-vingt, l'ère des mégafusions-acquisitions et des LBO, et l'émergence du marché des *junk bonds*.

Dans ce monde dominé par l'argent et les logiques financières, les crises, les scandales, les turbulences se multiplient. L'Amérique vient de connaître la plus grave crise financière de son histoire, bien plus importante, disent les économistes, que la crise de 1929. Les caisses d'épargne sont en faillite et le contribuable américain va éprouver, pendant des années, le poids de cette banqueroute à grande échelle, provoquée par une dérégulation intempestive dans les années quatre-vingt.

Des millions de personnes se trouvent spoliées par la déroute des caisses d'épargne ; des centaines de banques menacent de déposer leur bilan et l'on a vu récemment un État reprendre le contrôle de certaines banques, suivant un scénario de « nationalisation-catastrophe », pour sauver les déposants. L'endettement y est à la fois général et exorbitant, suivant l'exemple que donne l'État fédéral, incapable de conjurer la croissance du déficit budgétaire. Le crédit public est entamé, comme le montrent les difficultés qu'éprouve le Trésor américain à placer certaines adjudications.

Le siècle qui s'achève a donné mille exemples de ce qu'on appelait jadis la banqueroute. Des crises ponctuelles ou générales se succèdent, parfois de façon spectaculaire : hyperinflation et fuite devant la monnaie, surendettements conduisant à la négation des dettes, krachs boursiers ; de grandes institutions financières vacillent périodiquement, des filets de sécurité lâchent ; la spéculation, amplifiée par les technologies, les outils mathématiques, l'interconnexion planétaire des marchés, choisit le court terme au détriment de la durée. Il arrive fréquemment aussi que, comme d'ailleurs dans le passé, l'argent et la politique se corrompent mutuellement, privilégiant le gain de quelques-uns au détriment de l'intérêt général.

Les marchés financiers sont fragiles, minés en particulier par l'abus des spéculations qui ont souvent débouché sur le dépeçage d'ensembles industriels pour se retourner ensuite contre leurs auteurs, ou contre les détenteurs des capitaux engloutis dans ces manipulations. De multiples exemples comparables à travers le monde pourraient s'ajouter à ce tableau et que l'entremêlement douteux de la politique et de l'argent viendrait enrichir. Ils concernent aussi bien le Japon, aux apparences si probes, même si ce pays a su, mieux qu'ailleurs, déconnecter la sphère financière, ravagée par les scandales, et l'économie, dont la santé demeure insolente.

En effet, à tous ces phénomènes techniques s'ajoutent de véritables syndromes de corruption et l'on peut, parfois, se demander si nous ne verrons pas la naissance d'une espèce de marché mondial où tout serait permis. Les signes d'inquiétude se multiplient. L'argent de la drogue est pratiquement l'équivalent du marché des produits pétroliers dans le monde. Dans les pays de l'Est européen, la corruption se dresse comme système social. Le tiers monde, les pays en voie de développement offrent aussi malheureusement des exemples d'atteinte évidente à la moralité publique.

Le monde économique, le monde financier, tout particulièrement, ne peuvent pas vivre sans confiance. Comment un marché de titres pourrait-il fonctionner sans la confiance des opérateurs ? Aujourd'hui, plus encore avec les nouvelles techniques, l'informatique, les négociations en temps réel à l'échelle mondiale, des gens qui ne se sont jamais vus, mais qui appartiennent à un même milieu professionnel, avec ses règles, ses lois, se font intégralement confiance pour des enjeux financiers considérables. On ne peut pas faire fonctionner un système économique, sans une base de confiance. Le crédit est la croyance dans la parole donnée, la confiance est le moteur central du marché.

Finance et confiance vont de pair depuis la nuit des temps, et crédit et méfiance obéissent aux cycles de l'alternance.

Comment alors penser la finance, l'argent, la confiance, au milieu de tous ces scandales, de toutes ces tensions ?

La Caisse des dépôts est vouée au maintien de la confiance, son statut, ses missions obéissent à un maître mot, la foi publique. La France a, en effet, souvent connu des crises financières et des crises de confiance, et la Caisse des dépôts est là pour témoigner, par sa création en 1816 et son action depuis cent soixante-quinze ans, que des remèdes peuvent être apportés.

La situation de la France de la seconde Restauration, en 1815, est particulièrement difficile. Le nouveau régime politique manque de crédibilité, l'économie, sans être épuisée, est fortement déstabilisée, le crédit est mort. L'urgence est alors le rétablissement de la confiance, dans tous les domaines et plus encore dans le monde financier. La faillite des finances publiques avait entraîné la chute de la monarchie absolue et allumé les premiers feux de la Révolution. Les gouvernements successifs de la période révolutionnaire s'étaient, tour à tour et vainement, attachés à résoudre cette question pour sombrer, sous le Directoire, dans la « banqueroute des deux tiers ». Le Consulat et l'Empire avaient commencé d'édifier un système financier plus efficace, avec la Banque de France et la Caisse d'amortissement, créées en 1800, mais les derniers troubles des Cent-Jours venaient de raviver les grandes peurs. Napoléon, peu avant la déroute, avait vidé les coffres les plus sacrés, puisant dans les fonds de l'amortissement et les dépôts et consignations.

Or, la nation, l'État avaient des besoins gigantesques, le pays occupé par les troupes des coalisés était à la rançon, les créanciers attendaient le paiement des arriérés de l'Ancien Régime, les caisses du Trésor étaient vides. Dans ce climat d'incertitude politique et d'agitation, le recours à l'impôt était impossible, l'État devait emprunter et nul ne songeait à vouloir lui prêter.

Le gouvernement lance alors un énorme pari sur la confiance, qui se traduit, en termes pratiques, par la loi de finances de 1816. Ce texte, en vérité le premier code de finances publiques dans l'histoire de la France, met en place deux institutions qui, dans l'esprit du législateur et du gouvernement, seront le fer de lance de leur campagne pour la confiance. La nouvelle Caisse d'amortissement et la Caisse des dépôts et consignations vont donner corps à ces espérances.

La Caisse d'amortissement sera le meilleur garant de la réussite des emprunts nécessaires ; la Caisse des dépôts et consignations sera la preuve active de la crédibilité de l'État et ressuscitera le crédit public. Cette institution s'adresse, en effet, à l'ensemble des citoyens, qui pourront venir lui confier les dépôts volontaires et obligés, de même que leurs épargnes pour la prévoyance.

Ainsi, par le double effet, d'une part, de la sécurité pour la masse des déposants qui n'ont pas accès au secteur bancaire, alors presque inexistant, d'autre part, de l'utilité collective des fonds particuliers ainsi recueillis, le crédit de l'État, celui de la nation seront restaurés et l'économie se trouvera encouragée ; la société pourra s'engager sur les voies du progrès.

Et la Caisse des dépôts, instrument de confiance, est aussi dotée de mécanismes particuliers pour inspirer et maintenir la confiance. Un même directeur général, jurant de défendre l'inviolabilité des deux caisses, préside à leurs destinées. La clé du système de sécurité, exigée par l'histoire et les circonstances, est son pouvoir de dire non : il peut faire obstacle aux prétentions éventuelles du gouvernement sur les deniers confiés à sa garde. Cette position, tout à fait exorbitante, est la condition du succès et elle répond, en modeste mais net écho, à celle que la Charte, la Constitution de 1814, a assignée au roi, avec son droit de veto. Les prédécesseurs, dirigeants des caisses d'amortissement du XVIIIe siècle et de l'Empire, avaient un statut ordinaire qui les laissait livrés à l'arbitraire de tous les pouvoirs exécutifs, au grand dam de l'épargne, du crédit public et de la rente, du crédit tout court.

L'expérience, l'urgence du moment, la prudence pour le futur imposent un tel statut, aussi extraordinaire qu'il puisse paraître, non pas seulement aujourd'hui mais déjà il y a cent soixante-quinze ans. Il n'a qu'un objet : donner la plus grande indépendance au directeur général, gardien du « trésor sacré des citoyens », garant de la confiance de la nation. S'il est nommé par le roi, le chef de l'État, le directeur général ne rend pas de comptes au pouvoir exécutif, il n'est pas sous la tutelle du ministère des Finances. Si son mandat n'a pas de terme, c'est afin qu'il ne vive pas dans la préoccupation de plaire, combien tentante pour celui qui espère être renouvelé dans ses fonctions. Il n'est pourtant pas livré à lui-même. Le législateur lui assigne pour « surveillant » et pour « garant » la plus digne autorité qui soit : l'autorité législative, c'est-à-dire le Parlement, représentant de la nation, de l'ensemble des citoyens.

La Caisse des dépôts et consignations est placée, de la manière la plus spéciale, sous la surveillance et la garantie de l'autorité législative, conclut l'article 115 de la loi fondatrice. Cette autre disposition, novatrice pour l'époque, répond aux modèles rêvés de la démocratie antique, aux recommandations de Montesquieu et des philosophes politiques de son temps. Car il s'agit bien en effet des deniers des citoyens, de la fortune de la nation et qui, mieux que les représentants de la nation, qui, mieux que ceux qui font les lois « expression de la volonté générale », saurait veiller sur leur gestion ?

Les dispositions du législateur vont plus loin encore pour mettre ce nouvel instrument, la Caisse des dépôts, à proximité du citoyen, entre les mains de la nation. Non seulement elle est sous la tutelle du Parlement, non seulement elle est surveillée comme quotidiennement par une commission qui réunit autour de parlementaires les représentants de divers corps de l'État et de l'économie, mais elle est aussi soumise au contrôle de l'opinion. Ses résultats sont publiés trimestriellement au *Journal officiel* et cette clause représente à l'époque une considérable innovation.

Dès l'origine, ce que nous appelons aujourd'hui la transparence est inscrit comme une obligation, la gestion de la Caisse des dépôts est mise « sur la place publique ».

Et la foi publique, dans l'Antiquité comme en 1816 et sans doute aujourd'hui, est une véritable religion de la confiance, avec son rituel fixé aux origines des sociétés. Ainsi, le serment que prête le directeur général résume avec solennité l'engagement qu'il prend devant la nation. Ce serment, cette « garantie » solennisée, fait bien écho au culte antique de la « foi publique », sous l'invocation de laquelle est placée la Caisse des dépôts et consignations. « Les intérêts particuliers ne peuvent trouver une plus sûre garantie que dans un dépôt placé sous la foi publique », dit un texte d'application de la loi de 1816.

C'est une vieille histoire que celle de la « foi publique ». Elle remonte à l'aube des civilisations, aux fondements primitifs de la dette et du contrat. Rome en fait une divinité de son panthéon, à l'instigation de Numa, le premier roi, le père des lois. Ce dernier, raconte Plutarque, « donna à entendre aux Romains que le plus saint et le plus grand serment qu'ils eussent su faire était de jurer leur foi ». La foi publique a son temple sur le Capitole, on y dépose les traités diplomatiques, mais aussi les dépôts et les biens consignés que les citoyens confient à la déesse. *Fides publica*, la foi du peuple romain, atteste la confiance dans ses deux acceptions, confiance que le peuple inspire, confiance qu'il exige des autres et de l'État. La foi publique est ainsi la sacralisation du lien social, le signe tabou de l'engagement collectif, la marque d'une nation solidaire.

Les Temps modernes réveillent la foi publique lorsque commence de s'organiser le crédit des États. Gênes, Venise, fondent, au XVIe siècle, leur banque nationale *sotto la fede publica.*

Notre antique principe est surtout l'objet d'un actif rajeunissement lorsque l'Europe des Lumières ouvre la voie des révolutions. Au XVIIIe siècle, la confiance devient un instrument essentiel de gouvernement dans une Europe en permanente économie de guerre, et les Anglais en font la première efficace démonstration en créant la Banque d'Angleterre, leur arme secrète pour longtemps. La France monarchique n'est pas capable de s'adapter à cette révolution financière, et cette impuissance sera la cause, à la fin du siècle, d'une plus radicale révolution. Pourtant, dans les cercles des philosophes, des publicistes, des mathématiciens et des manieurs d'argent, la conviction s'établit que la confiance du peuple est la seule garantie possible d'une politique financière saine. Le crédit public, c'est le crédit du peuple, il repose sur la foi de la nation ou bien il n'existe pas. Le grand désir de liberté et d'égalité qui traverse l'opinion fait naître le souci de l'équité financière, gage du salut pour les gouvernements. L'épargne, l'assurance qui accompagnent techniquement cette autre notion révolutionnaire, la prévoyance, exigent, pour régler à la fois l'amortissement de la dette publique et l'amélioration du sort des pauvres gens, que règne partout la foi publique.

Mais rien de tout cela ne se traduit en France solidement dans les faits. Bien au contraire, à la veille de 1789, le crédit de l'État est ruiné, la place de Paris viciée par la spéculation. Alors la foi publique devient le slogan mobilisateur de la grande Révolution. « La confiance publique est ébranlée, s'écrie Necker à l'ouverture des états généraux, et pourtant cette confiance est indispensable : elle honore la nation et constitue sa force politique. » Deux mois plus tard, la veille de la prise de la Bastille, l'Assemblée nationale déclare que « nul pouvoir n'a le droit de prononcer l'infâme mot de banqueroute, nul pouvoir n'a le droit de manquer à la foi publique sous quelque forme ou quelque dénomination que ce soit ».

Il faudra attendre 1815 pour qu'à nouveau retentissent dans les assemblées les termes sacrés de la foi publique. En proposant la création de la Caisse des dépôts et consignations et de la Caisse d'amortissement, le ministre Corvetto rappelle le vieux principe : « La dette est sacrée, elle repose sur la foi publique. Ce n'est qu'à ce prix que vous pourrez espérer d'établir le crédit du gouvernement. La confiance publique rétablira l'équilibre, elle sera assurée sur l'inviolabilité de la foi promise par nos engagements sacrés. »

La Caisse des dépôts est donc vouée à la mise en action de la foi publique, la foi publique est désormais opérationnelle. La restauration des finances et du crédit restera une page très étonnante de l'histoire de France et l'efficacité du dispositif mis en place en 1816 garde encore aujourd'hui un caractère presque miraculeux. En quelques années, la mécanique de l'amortissement libère le pays de ses dettes et relance une dynamique de l'emprunt tout à fait inédite. En quelques années, le « dépositaire général », la Caisse des consignations, comme on la désigne en ces temps, remplit avec succès ses premières missions sécuritaires devant les marchés et l'opinion.

Selon les modèles des savants et financiers du XVIIIe siècle, elle doit concentrer et coordonner l'effort nouveau de la prévoyance, offrir un abri et une fructification aux moindres épargnes des citoyens. Après un rendez-vous manqué, dès 1816, et à la demande sans cesse réitérée des intéressés, la Caisse des dépôts reçoit, en 1837, la gestion des fonds des caisses d'épargne. Lamartine réclame, depuis longtemps, que ce « dépôt sacré des ouvriers soit confié à l'inviolable gardien du trésor de la nation ».

Lorsque, poussée par l'urgente pression de la « question sociale », la France veut élargir les moyens de la prévoyance, offrir aux classes laborieuses la sécurité d'une retraite pour la vieillesse, elle se tourne à nouveau vers la Caisse des dépôts et consignations. Il y faut l'ardeur d'une nouvelle révolution, et les hommes de 1848, en organisant la Caisse des retraites pour la vieillesse et les sociétés de secours mutuels, décident de confier la gestion de ces fonds à la Caisse des dépôts. Le second Empire poursuit cette œuvre sociale et financière et réunit à la Caisse des dépôts tous les fonds de toutes les nombreuses institutions de prévoyance que crée l'État assureur. Cette masse de capitaux appartient au peuple et elle doit bénéficier de toutes les sûretés pour pouvoir fructifier utilement sur le long terme de quelque trente ans. Cette concentration permet aussi de renforcer la stabilité des finances publiques, concourant à la gestion de l'endettement.

Et, ainsi de suite, à travers les régimes et les générations, la Caisse des dépôts justifie de cette mission qu'elle remplit au nom de la foi publique. En 1848, Goudchaux, ministre des Finances, saluait « cet établissement qui s'est emparé de la confiance publique ».

Pour cette raison, les « clients » se sont succédé au fil des ans, les notaires de 1890 et les liquidateurs judiciaires de 1985, ou encore tout récemment, en cet été de 1991, certains fonds remis par les hôpitaux, dont les dépôts étaient déjà admis en 1816. Parce que, sans doute, en nul autre lieu, les deniers privés ne connaissent une plus grande sécurité. Parce que pour le législateur, en cette fin de siècle encore, nulle part la finance ne rime aussi bien avec la confiance.

Et il est bien vrai que jamais un épargnant dont les fonds remontent à la Caisse des dépôts n'a connu le moindre accroc au contrat qui le lie à elle. Ainsi, pour les 700 milliards sur livret A, la restitution immédiate et sans préavis des sommes déposées, le paiement régulier de la rémunération due (ce n'est pas une mince question : plus de 30 milliards de francs par an) n'ont jamais été mis en question.

Je tiens que cette situation repose largement sur l'indépendance de cette maison. En ces temps de gourmandises budgétaires, il est bon que le statut et le serment s'épaulent mutuellement pour que la Caisse des dépôts demeure le rempart bâti par nos fondateurs. « La confiance ne se commande pas », répétaient-ils en 1816. Si la confiance règne sur de larges pans de l'édifice financier français, cette maison n'y est pas étrangère.

La rente et la route, ces deux mots peuvent résumer les missions et l'action de la Caisse des dépôts et consignations, fondées sur les deux principes complémentaires de l'utilité et de la sécurité.

De manière concrète, ses fondateurs la chargeaient, tout à la fois, de contribuer à la stabilité financière de l'État par le soutien de la rente, grâce aussi à ses liens avec la Caisse d'amortissement, mais encore de concourir directement aux progrès du bien-être collectif, en participant au financement des équipements publics, depuis les routes royales et les compagnies des canaux en 1816 jusqu'aux « grands travaux » de la monarchie de Juillet.

La rente et la route : ne sommes-nous pas encore sur ces mêmes terrains d'intervention lorsque nous proposons au Trésor français le plus puissant des appuis pour la gestion de sa dette, et quand, si activement, au travers de nos filiales CLF et C3D, nous sommes, comme on le dit aujourd'hui, leaders pour le développement local ?

1837 : viennent à nous les fonds des caisses d'épargne ; elles se comptaient par centaines et, dans sa sagesse, le législateur voyait la Caisse des dépôts non point seulement comme un havre de sécurité, mais encore comme l'instrument le plus avisé pour que ces épargnes servent efficacement le bien commun. Alors, il nous demanda, successivement, et pendant très longtemps sous la forme d'avances au Trésor, d'escorter les grandes étapes de l'aménagement du territoire : la généralisation du réseau routier, avec les chemins vicinaux, vers 1870, les écoles, les lycées, vers 1880, puis l'adduction d'eau, l'électrification des campagnes, au début de ce siècle, etc. Mais, au nom de cette prudence fondamentale, le législateur et la Caisse elle-même attendront 1931 pour que les fonds des caisses d'épargne puissent être directement employés en prêts aux communes et aux départements. A partir de 1950, ces capitaux permirent la reconstruction et la modernisation du pays, au long des trois décennies « glorieuses » de l'expansion.

Et voici qu'à présent, avec cet argent plus rare qui vient des caisses d'épargne — je veux parler de la ressource centrale, le livret défiscalisé —, l'État nous prescrit de poursuivre cette œuvre au service du bien-être du plus grand nombre, en nous consacrant aux urgences du logement social. Cette ressource est défiscalisée : l'État, normalement, décide à quoi nous devons l'employer ; encore ne le fait-il que dans les grandes masses ; il nous laisse le soin du ligne à ligne ; surtout, il charge implicitement la Caisse des dépôts de sauvegarder les équilibres, c'est-à-dire la sécurité du dispositif, ce qui nous ramène à la foi publique. Ce n'est pas une légère responsabilité : cet exercice de la transformation — livrets à vue d'un côté, prêts à plus de trente ans de l'autre — est le plus remarquable qui soit au monde ; ainsi sont financés quelque 550 milliards de francs de prêts à long terme. Certes, la garantie de l'État sur ces livrets est un ressort ultime de la confiance : mais pour la Caisse des dépôts, le cas — qui n'est jamais survenu — où cette garantie serait appelée constituerait le déshonneur suprême.

Si les dispositions séculaires et le choix de la destination des fonds d'épargne sont assurés en liaison étroite avec les pouvoirs publics, la Caisse des dépôts, selon les vœux et les directives de ses fondateurs de 1816, reste strictement indépendante dans l'emploi des fonds de sa « section générale », ceux qui correspondent aux services propres fixés à l'origine. Cette liberté, qui n'a jamais été bridée, est la condition à la fois de l'indépendance de l'établissement et de la sécurité des capitaux qui lui sont confiés, car sa responsabilité, et celle plus directe du directeur général, est strictement engagée. Elle joue ainsi pleinement son rôle premier de dépositaire inviolable au service de la nation. Depuis toujours, elle a cherché des emplois qui présentent le double avantage de la sûreté et du rendement, les titres d'État, bien sûr, mais aussi les canaux, les ports, les routes et les fleuves, dans les années de sa création, à présent l'investissement en immeubles ou en forêts, de larges portefeuilles mobiliers, essentiellement obligataires, composés aussi de titres représentatifs de secteurs en développement.

De fil en aiguille, sur la trame du temps, la Caisse des dépôts, suivant les évolutions de l'économie et de la société françaises, est intervenue sur des territoires multiples. Mais nombre d'entre les domaines où s'exercent aujourd'hui ses métiers modernes sont hérités ainsi du passé le plus lointain.

Avec la Caisse nationale de prévoyance, notre groupe est assureur-vie, en filiation directe de ces premières institutions nées de la Révolution de 1848 et que la République lui a confiées, lorsque l'État, pour subvenir aux besoins des classes les plus pauvres, a décidé de devenir assureur. Pendant près d'un siècle, et jusqu'à la naissance de la Sécurité sociale en 1945, la Caisse des dépôts a été l'instrument quasi exclusif en France de la prévoyance publique et, lors de l'Exposition universelle de 1937, elle était présentée comme la plus grande institution de prévoyance et d'assurance du monde. Aujourd'hui, la CNP franchit à grandes guides de nouvelles étapes vers son alignement sur la profession, mais elle n'entend pas, pour autant, se banaliser et elle conservera cet esprit généreux, au service des citoyens, qui féconda, en 1848, l'origine de son lignage.

De la même manière, nous avons hérité des premiers âges des régimes de retraites des caisses importantes dont la gestion nous est confiée. Elles permettent de dire qu'un Français sur sept dépend, pour sa retraite, de la Caisse des dépôts.

Celle-ci est aussi la maison mère de sociétés de services, Cela est le fruit de l'heureuse initiative de François Bloch-Lainé, dans les années cinquante, lorsque la France de l'après-guerre réclamait des logements pour tous, des autoroutes, des grands programmes d'aménagement. Personne alors, ni l'État ni le marché n'étaient en mesure de répondre à ces urgences, et la Caisse a joué un rôle pionnier, en intervenant sur le terrain, au travers de ses « filiales techniques ». Aujourd'hui, toutes ces sociétés vivent — et meurent parfois — en plein jeu de la concurrence, n'ont plus ni monopole ni privilèges, mais elles offrent ce « plus » : les valeurs du groupe de la Caisse des dépôts, dans la tradition de 1816.

La Caisse des dépôts est aussi l'actionnaire de multiples sociétés par actions. Elle le fut dès 1816, dans un cadre étroit, mais depuis 1931, le législateur l'a incitée à des placements en actions, y compris pour les fonds d'épargne. La première prise de participation significative fut celle de la Compagnie des wagons-lits, en 1931, pour permettre à la France d'être présente dans les nouvelles organisations industrielles de l'Europe et favoriser l'équilibre des alliances internationales.

Ces placements, quand la gestion en est avisée, sont sources de plus-values, donc de gains pour les fonds que nous gérons. Beaucoup moins lourds que les portefeuilles obligataires ou de produits de taux — la Caisse détient 13 % du portefeuille obligataire français, mais seulement 3 % de la capitalisation en actions —, ils constituent néanmoins un volet de nos actifs financiers, une face de cet investisseur institutionnel dont on a souvent voulu faire le gendarme de la Bourse, alors qu'il est tout au plus le leader des pools de régulation, les jours chauds. Ces lignes d'actions, qui ne sont, à quelques exceptions près, que des placements, nous les gérons avec le seul souci d'en tirer, à terme plus ou moins long, le profit le meilleur pour les fonds auxquels ils sont adossés.

Nous sommes amenés aujourd'hui à conduire ces gestions les yeux ouverts, par exemple, en ne refusant pas de prendre parti quand une OPA fait des titres que nous détenons un enjeu dans une bataille boursière ; en ce cas, et en sollicitant l'avis des pouvoirs publics — qui généralement se murent alors dans le silence ! —, c'est l'intérêt de l'économie française, ou les chances industrielles respectives des combattants, que nous nous efforçons d'apprécier.

Quant aux lignes de participations, c'est-à-dire aux portefeuilles que nous gérons en actionnaire actif, représenté au conseil d'administration et s'intéressant à la vie de l'entreprise, elles se comptent sur les doigts d'une ou deux mains. Elles se limitent aux secteurs de la communication et du tourisme : cinq ou six grandes entreprises, quelques investissements en capital-risque. Sur ce créneau — où l'enjeu est, en termes financiers, inférieur à 0,5 % des actifs gérés par la Caisse, 5 à 6 milliards de francs sur une gestion totale de 1 600 milliards —, je propose aujourd'hui un dispositif, « encadrant » de manière plus avisée, et bien entendu plus contraignante, notre gestion.

Tout cela forme un ensemble qui souvent impressionne et paraît disparate. Il est cependant constitué suivant un axe à deux voies que parcourent toutes nos missions et tous nos métiers : la sécurité, laquelle engendre la confiance, et qui protège les deniers que nous remettent des possesseurs innombrables, et puis l'utilité, qui répond au devoir de faire fructifier cet argent privé pour le bien public.

Il fallait que la mise en action de ces principes s'adaptât aux mondes changeants que la Caisse des dépôts et consignations a connus. On ne sert pas longtemps si l'on ne change pas avec son temps. Cela fut fait au long de ces cent soixante-quinze années. Et les années quatre-vingt ont été de ce point de vue une période de grand mouvement.

Il fallait, dans le même temps, demeurer fidèles, sans quoi la banalisation nous aurait guettés, et le statut particulier aurait perdu son fondement. Il ne suffit pas de porter à nouveau sur notre blason la « foi publique », il faut que celle-ci soit vivante et que nous soyons vigilants à la maintenir, en des temps où la sphère financière devient planétaire et se voit animée de tourbillons inouïs.

Or, dans un monde où la confiance diminue, tout particulièrement dans le secteur de la finance, il y a crise de la foi publique. Et cela explique pour une bonne part l'épargne délaissée, son hésitation à s'investir dans le long terme, le crédit public fréquemment lézardé. Malgré l'arsenal législatif qui vise à protéger l'épargne, l'édifice financier n'inspire pas la confiance. Au surplus, animé par des vues à court terme, il assure mal le financement de l'économie.

Ainsi, la confiance dans les mécanismes financiers est assez universellement entamée, lorsqu'elle n'est pas ruinée. Ces deux piliers de l'économie occidentale : le marché et le contrat, ont connu des abus qui se sont retournés contre eux. La dérégulation inconsidérée autorisant des placements imprudents et des pratiques condamnables, ou la spéculation juridique, dont témoigne par exemple le dévoiement des *lawyers* américains, sont aujourd'hui remises en cause.

Mais n'est-il pas déjà tard ? La fragilité des édifices financiers leur laisserait-elle une chance de survivre si le monde développé sortait — et peut-être est-il en train de sortir — de la longue période de croissance qu'il a connue depuis la dernière guerre mondiale ? Dès à présent, l'épargne est affaiblie et ne suffit pas à assurer le financement sain des investissements, ce qui rend plus fragile l'économie tout entière. Ne verra-t-on pas bientôt, faute qu'existent généralement de bons mécanismes régulateurs, des sinistres sérieux, susceptibles de se propager davantage, affecter à la fois la fortune des particuliers et le crédit des États ?

Rendre à la foi publique sa légitimité, c'est d'abord faire œuvre utile pour la prospérité des nations. En effet, et selon l'analyse brillante des économistes du XVIIIe siècle, seules des épargnes stables, constituant durablement une masse de capitaux disposés à s'investir, peuvent assurer le développement de l'économie.

C'est aussi emboîter le pas à des courants de pensée qui se font jour dans le monde occidental. Il existe sur notre sujet une demande nouvelle de régulation publique et un mouvement effectif vers une réglementation renforcée. La moralisation des opérations de marché donne lieu à des « déontologies de place » de plus en plus rigoureuses. L'information des épargnants est mieux assurée ; l'information de place, les index, les évaluations, la transparence sont des objectifs auxquels s'attachent certaines institutions. La protection plus efficace des souscripteurs de contrats, des investisseurs, des cotisants, est également un thème actuel. Les mécanismes d'assurance des dépôts ont trouvé leurs limites, en particulier aux États-Unis où les déconfitures présentes, ricochant des fonds de garantie sur le budget de l'État, montrent que la sécurité ne s'achète pas par une cotisation. Ce mouvement de protection concerne encore l'assurance, il concerne les marchés financiers.

Est-ce que la foi publique, relayée par des institutions publiques, aurait permis d'éviter ces faillites en cascade aux États-Unis ? Sûrement, affirme John Galbraith, récemment consulté. Leur premier rôle, nous dit-il, est d'établir un standard de sobriété, sans lien avec une institution privée. « Elles doivent garder, poursuit Galbraith, un comportement de long terme et réfléchir sans cesse au bien collectif. Le fait pour une nation de disposer de ce type d'institution offre l'avantage unique de pouvoir éviter des faillites semblables à celles que nous essuyons aujourd'hui dans mon pays. Ces institutions publiques, conclut l'économiste américain, donnent au consommateur le sentiment de la confiance qui est fondamental dans le métier de la finance. »

La situation internationale accentue cette nécessité, en particulier les événements en URSS et dans les pays de l'Est. Au sortir de quarante ans de guerre froide, il faut penser le développement. Les États sont en concurrence les uns avec les autres, et chacun essaie de faire plus ou mieux et de disposer d'un appareillage financier important. Par ailleurs, les peuples du tiers monde ne vont pas accepter indéfiniment cette inégalité ni se résigner à n'être aidés qu'à titre secondaire. Mais cette question du développement nous ramène à celle de la confiance et de la nécessaire stabilisation des systèmes financiers.

La foi publique dépend aussi aujourd'hui des équilibres généraux de l'économie. Quand l'industrie est compétitive, quand les échanges extérieurs sont excédentaires, quand le déficit des comptes publics est maîtrisé et le recours de l'État à l'emprunt limité, quand la gestion de la dette maintient au plus haut le crédit de l'État, quand les agrégats monétaires sont sous contrôle et les taux d'intérêt pilotés avec pertinence, quand les marchés financiers sont sains et transparents, en même temps que dynamiques et attractifs, quand des règles de droit pérennes et claires gouvernent les activités financières, quand enfin, et ceci résulte pour l'essentiel de cela, l'inflation est jugulée, quand la monnaie est stable et réputée, on peut gager que la confiance règne.

Cela signifie en effet un climat de sécurité paisible pour l'épargne. A juste titre, nul ne nourrit de crainte pour les dépôts et les contrats d'assurance qu'il confie aux institutions compétentes. C'est bien la collectivité qui répond de la foi publique, par la politique savante et dosée — les Anglo-Saxons disent le *policy mix* — qu'elle met en œuvre. C'est une affaire autrement technique et complexe que la protection des deniers que l'on remettait à *Fides publica*, il y a vingt-cinq siècles. Mais ainsi en va-t-il dans le monde sophistiqué, imbriqué, internationalisé qui est le nôtre.

Or, il n'en va pas ainsi. Pareil paradis économique n'existe pas. On ne décrète pas la compétitivité, ni l'excédent commercial, ni le taux de change, etc. Surtout, on n'équilibre pas un budget sans une exceptionnelle assise politique ; on ne fait pas de bonnes finances sans bonne politique et la bonne politique n'est pas... monnaie courante.

Il faudrait que s'établisse un cercle vertueux entre une conduite politique courageuse et éclairée, ferme et acceptée, et la sécurité financière. Elles ne forment, en général, que les éléments d'un édifice auquel il manque la clé de voûte, la confiance.

Pour des motifs plus généraux et plus universels que ceux qui animent aujourd'hui la course au profit maximal, chaque citoyen doit pouvoir placer tout ou partie de ses « économies » à l'abri des risques qui sont le lot des activités financières. Des dépôts « de père de famille », formant le socle des placements des ménages, devraient donc être proposés dans chaque pays. Notre livret A est un bon exemple : fort de sa centralisation à la Caisse des dépôts et de la limitation de ses emplois à des placements garantis par une collectivité publique (on retrouve la foi publique dans ce trait, comme dans l'organisation du système par la loi), il offre un modeste rendement, mais la collectivité garantit la restitution immédiate et sans préavis des sommes déposées, sans non plus que l'inflation en ait réduit la valeur.

Face aux risques inhérents aux marchés financiers, il apparaît utile qu'un ensemble de dispositions garantisse que l'épargne à la recherche de la sécurité, et non du gain, puisse effectivement la trouver. Toute nation devrait s'attacher à ce qu'une politique d'ensemble, ou à tout le moins des systèmes particuliers, assure cette garantie. En France, plutôt que de bâtir un édifice nouveau, il s'agit que le mécanisme existant survive aux courants de pensée qui veulent sa fin.

La foi publique demeure actuelle. Mais, quand les périodes de relative santé financière en ont masqué la nécessité, on ne l'apprécie trop souvent que lorsque la crise est là, c'est-à-dire trop tard.

ARGENT ET HYPERMONNAIE

Marc Guillaume

L'argent est une notion à deux faces, qui s'inscrit par chacune d'elles dans des espaces de signification hétérogènes entre eux. De rapprocher ainsi deux espaces sans les mettre vraiment en rapport de sens confère déjà au mot *argent* une inquiétante polysémie.

D'un côté, c'est un terme de la langue de tous les jours, entouré de multiples synonymes familiers ou argotiques. Un terme que les enfants rencontrent très tôt et en même temps que la réalité concrète qu'il recouvre : argent reçu, trouvé, volé, argent de poche..., rencontres diverses qui peuvent marquer toute une existence. Mais, d'un autre côté, on ne peut vraiment comprendre ce que signifie l'argent qu'en le replaçant dans l'univers social et économique qui le fonde : la monnaie, le champ économique et, en dernière instance, l'ordre économique.

On posera les définitions suivantes :

— *argent* : support de la monnaie ;

— *monnaie* : opérateur de compte, de réserve, de transaction dans le champ économique ;

— *champ économique* : ensemble des opérations de production, consommation et échange de biens ou services valorisés ;

— *ordre économique* : pratiques et représentations engendrées par la valorisation économique.

Les définitions de la monnaie et du champ économique sont habituelles et n'appellent pas de remarques particulières. En revanche, la notion d'ordre économique, qui fonde le champ économique et qui est pourtant peu explicitée en général, mérite d'être précisée : il s'agit d'un ensemble cohérent de pratiques (de travail, de consommations, d'usages...), de rapports sociaux forgés par ces pratiques, de discours et de représentations (mêlant savoirs et croyances). C'est en bref une *organisation* et une *vision* du monde, celui des pays industrialisés et du point de vue de ces pays principalement : ordre économique mondial, comme on dit. De cette vision, je ne retiendrai qu'un aspect parmi bien d'autres, un aspect qui illustre la capacité qu'a cet ordre économique de distordre des valeurs qui semblaient assurées : c'est l'acceptation, ou plutôt même l'exaltation d'un *état de guerre permanent*, comme situation normale, voire idéale. Il s'agit, bien sûr, de la guerre économique, guerre considérée comme légitime, que se livrent, par entreprises interposées, les nations entre elles. Guerre fertile en misères et en drames pour les pays du tiers monde, et lourde aussi de conséquences pour les pays industrialisés.

Si les économistes consacrent leurs analyses à la monnaie et au champ économique, ils se préoccupent peu de l'ordre économique. Il faudrait pour cela qu'ils deviennent sociologues et anthropologues, au risque de perdre leur identité disciplinaire. Réciproquement d'ailleurs, les sociologues, à de rares exceptions près, n'analysent guère l'ordre économique. Les séparations disciplinaires engendrent une tache aveugle sur ce qui fonde notre culture (au sens anthropologique). En dépit de l'énorme accumulation de savoir et de la posture d'explication rationnelle du monde que revendique notre modernité, nos sociétés, comme celles du passé, ne s'expliquent pas complètement à elles-mêmes ce qui fonde leur fonctionnement et leur évolution.

Les économistes s'intéressent encore moins à l'argent. D'abord, parce que son statut dépend de l'ordre économique qui forge les usages et les représentations communes à son égard ; ensuite, parce que son appréhension totale relève de tout autres disciplines. Même les spécialistes de la monnaie ne parlent jamais d'argent, à l'exception des quelques historiens de la monnaie. Mais ceux-ci finissent par devenir plus historiens qu'économistes, ce qui les conduit à la tâche écrasante et ingrate de détruire les idées fausses des économistes (*cf.* la contribution, dans ce volume, de J.-M. Servet).

L'argent n'est donc pas l'affaire des économistes. Il n'est cependant pas abandonné pour autant. Il existe d'innombrables travaux ethnologiques sur l'argent et ses fonctions sociales autres que strictement économiques (lesquelles subsistent dans des sociétés contemporaines. Je pense par exemple à la monnaie de papier brûlée aux obsèques en Chine). Par ailleurs, depuis le travail fondateur de Freud (*Caractère et érotisme anal*, 1908), celui de Ferenczi (*Sur l'ontogenèse de l'intérêt pour l'argent*, 1914), la psychanalyse ne cesse d'explorer les fonctions de l'argent dans une psychopathologie de la vie quotidienne (*cf.* la contribution d'A. de Mijolla ; *cf.* aussi l'ouvrage récent de S. Viderman, *De l'argent en psychanalyse et au-delà*, PUF, 1992).

Tout cela est bien intéressant, mais du coup s'opère une séparation fondatrice, qui n'est d'ailleurs pas sans rapport avec la séparation disciplinaire que je viens d'évoquer.

D'un côté, la *monnaie*, opérateur (de réserve, de transaction et de compte) en aval des prix, eux-mêmes en aval de la valeur. Opérateur *stérilisé* de tout affect, instrument technique et neutre. De l'autre, l'*argent*. Qui n'est pas stérile. Qui engendre une multitude de passions, de pathologies, de fantasmes : on n'est pas l'équivalent général de tous les biens, donc le support de tous les *désirs*, sans laisser une *empreinte*, au plus profond de l'être, y compris, bien sûr, dans son inconscient ; au cœur également de toute société.

Admirable partage des tâches : économistes penseurs de la neutralité de la monnaie et analystes, à ce prix, de ses fonctions utilitaires. Anthropologues, historiens et psychanalystes explorant des questions essentielles, mais *ailleurs* (dans des sociétés exotiques ou du passé) ou bien au niveau de la psychopathologie personnelle et sans se préoccuper de replacer ces questions essentielles dans l'ordre économique qui est le nôtre.

Ce cloisonnement, qui s'est encore durci avec l'organisation disciplinaire des savoirs contemporains, n'a pas empêché des explorations transversales en vue de bâtir des systèmes explicatifs de la totalité sociale ou d'analyser des situations singulières. Ces brèches restent rares et surtout le rapport qu'elles établissent entre argent et monnaie a été plutôt ignoré, en tout cas peu exploité. Ceux qui ont tenté d'être des « passeurs » entre des continents séparés ont fait l'objet de relectures qui les assignaient à un territoire disciplinaire principal. Une volonté de ne pas en savoir plus, à tout le moins une force d'inertie, a été opposée à leurs explorations[1].

Il existe pourtant des situations extrêmes ou marginales, mais fortement significatives et spectaculaires, dans lesquelles les notions d'argent et de monnaie se mêlent ; l'analyse économique et monétaire laisse alors le plus souvent une place indécise à des réprobations et condamnations exprimées en termes d'argent. Ce sont, par exemple, les cas de spéculation, de trafic illicite, de prostitution, de jeu d'argent, qui font surgir des qualificatifs singuliers : argent facile, sale, blanchi...

Ces cloisons entre argent et monnaie, que la démarche scientifique et le langage savant ou le réel de certaines situations franchissent rarement, sont en revanche brouillées par le langage courant.

Certes, il existe, sans doute dans la plupart des langues, une diversification des termes qui se regroupent en deux familles, dont l'une renvoie au monde économique. La distinction argent/monnaie se retrouve, avec moins de force d'ailleurs, en anglais *(money/currency)*, en allemand *(Geld/Münze)*, en japonais *(okane/kahei)*, etc. Mais cette

---

1. Par exemple : la sociologie balzacienne de l'argent, qui vise à montrer, d'une part, sa fonction d'étalon universel et destructeur et, d'autre part, son insertion dans des situations psychologiques et sociales concrètes, a été peu étudiée en tant que telle. En dépit de la volonté fortement exprimée par Balzac de faire œuvre de sociologie, la plupart des critiques (à l'exception, sans doute, de P. Nykrog) n'ont donné à l'argent qu'un statut de symbole dans sa pensée politique et sociale. Quant à la critique marxiste, mise en mouvement à partir des éloges d'Engels, elle propose une lecture rétrohistorique d'un romancier talentueux, prophétisant les fondements d'une science à venir, celle présentée par Marx et Engels vingt ans après (sur cette question, cf. M. Tibon-Cornillot, « Balzac, Marx et l'argent », *Connexion*, n° 25, 1978). De même, mais dans une perspective différente, *La Philosophie de l'argent*, de G. Simmel, ou *La Grande Transformation*, de K. Polanyi, n'ont guère suscité l'attention des économistes. Un traitement analogue a été réservé au livre récent de M. Aglietta et A. Orléan, *La Violence de la monnaie*, PUF, 1982, auquel les critiques ont significativement reproché de constituer deux ouvrages distincts en un seul, alors que son principal mérite est au contraire d'avoir tenté une réunification des approches économique et anthropologique.

distinction n'est pas toujours respectée dans l'usage courant. Dans notre langue, le terme argent est la façon la plus expressive et la plus fréquente pour désigner des phénomènes relevant de la valorisation économique ou de l'ordre économique. C'est selon cet usage qu'il faut entendre des expressions comme « l'argent de la drogue » (pour désigner un marché mondial d'environ 120 milliards de dollars), un « homme d'argent » (un *golden boy*, dit-on aujourd'hui dans une acception significativement plus restreinte), la « société de l'argent » pour stigmatiser le capitalisme. Le même usage extensif se retrouve en allemand (et par conséquent dans les traductions, au risque, parfois, de certains malentendus). Quand Marx parle de « l'argent, matrice de toutes les perversions, destructeur de toutes les relations sociales », il se réfère plus à la monnaie de l'ordre capitaliste naissant qu'à l'argent en général, tel qu'il est impliqué dans toutes les formes de relations sociales.

Dans cet usage extensif, on est d'abord tenté de voir seulement une figure de rhétorique bien connue, la métonymie. De même que l'on dit le glaive pour la justice, l'argent représente, selon les contextes, la monnaie, certains excès économiques, la notion marxiste de valeur, etc. Cette interprétation n'est évidemment pas fausse, mais elle est très insuffisante. S'il ne s'agissait que d'une métonymie à visée d'effet littéraire, elle serait rapidement devenue désuète, comme l'expérience des langues l'atteste dans d'autres domaines. Derrière l'apparente figure de rhétorique il faut lire un véritable mélange des significations, voulu ou inévitable, une polysémie fondatrice. *L'argent — l'argent support de passions et de mythes — n'est pas qu'une façon suggestive de désigner l'ordre économique, il en est une composante essentielle, inéliminable bien que non analysée.*

Plus généralement, la forme de civilisation que l'ordre économique surimpose à diverses sociétés se caractérise par une bivalence : on y trouve, d'un côté, l'extrême de l'utilitarisme, l'exaltation de l'efficacité et de l'organisation rationnelle des moyens ; mais, d'un autre côté, elle s'enracine en des mythes, une religion civile, comme disait Rousseau. L'ordre économique reste un ordre religieux, une forme de *lien* social tissé de croyances et de mythes partagés : mythe de la nécessité de la guerre économique, mythe de la croissance, du bonheur atteint par accumulation de biens matériels, de la maladie et de la mort repoussées par le progrès des techniques, etc.

L'argent, par sa polysémie même, résume cette *illusion fondatrice*, cette ambivalence de l'ordre économique. Il en incorpore les deux faces puisqu'il est lui-même l'essence de l'utilitarisme, qu'il est géré de plus en plus efficacement par des institutions spécialisées et qu'il reste, dans le même temps, le support de toutes les croyances de félicité (l'argent ne fait pas le bonheur, dit-on, comme pour interdire l'aveu d'une croyance ou d'un désir contraire), le support de toutes les sacralisations et de toutes les diabolisations qui rendent crédible et tolérable l'ordre économique.

Il n'est pas possible d'analyser ici plus précisément ce statut ambivalent de l'argent. Mais ce détour introductif était indispensable pour présenter un objet beaucoup plus limité, les nouvelles techniques monétaires, dans un cadre d'hypothèses qui ne les réduise pas à un simple progrès technique. Mon propos est d'analyser les transformations de l'argent en tant qu'objet hybride, en tenant compte de cette relation ambivalente entre l'argent et l'ordre économique, et sans oublier la violence qui fonde l'un et l'autre. La ligne de force que je voudrais faire apparaître est celle-ci : les nouvelles techniques monétaires (NTM), dans la plupart de leurs aspects, s'efforcent de masquer, voire de faire disparaître l'argent en tant que support de passions, d'imaginaire, de violence. Cette tentative de « purifier », de stériliser l'argent est cependant, au moins en partie, vouée à l'échec et il faut apercevoir les formes sémiologiques qui émergent en accompagnement des progrès techniques. On ne peut pas se limiter à cet égard à souligner la *dématérialisation* de l'argent. En observant les usages naissants des NTM — principalement ceux qui ne relèvent pas d'agents économiques —, c'est une géographie nouvelle des pratiques et des représentations qui apparaît dans l'ordre économique.

Les domaines d'application des nouvelles techniques monétaires

• *La ville.* — En France, l'ancêtre des NTM, pour les transports collectifs urbains, étant la carte orange, beaucoup de villes se sont engagées dans des projets, plus modernes, de monétique. Le « passe électronique » utilisé dans les transports collectifs à Lyon (une carte à mémoire non nominative) permet le paiement du transport *par zone* et l'activation de la carte se fait « à la volée » au passage de l'usager à l'entrée et à la sortie du bus : le prix du déplacement est *calculé et débité automatiquement*. Ce qui est payé et le solde de la carte peuvent être consultés sur l'écran à cristaux liquides du passe. Tout cela suscite de la méfiance et parfois quelques résistances... Mais cela permet de nouvelles sophistications : à Blois, une carte à puce permet le paiement des transports en bus modulé *en fonction des heures de la journée.* « Time is money » prend ainsi une signification plus qualitative.

Si l'on sort du champ des transports collectifs urbains, on trouve les premières expérimentations de monétique locale dans l'Ariège, en 1986, *dans de toutes petites communes* (grâce à l'initiative d'élus locaux dynamiques, ingénieux et quelque peu utopistes). Saint-Girons et Saint-Lizier furent ainsi les premières communes à utiliser des cartes à puce pour la cantine, la garderie, le ramassage scolaire. Cette pépinière technologique initiale a essaimé en vendant le système à plusieurs autres villes : Montpellier, Vitrolles. D'autres communes ont envisagé d'emblée des cartes multiservices : La Rochelle (bus, taxi, bateau) ; Valenciennes (« Transcarte » pour transports urbains, interurbains, SNCF) ; Blagnac (crèche, restaurant scolaire, centre de loisirs) ; Amiens (expérience de cartes auprès des touristes, des jeunes, pour les cantines scolaires, le parking du centre-ville). Projet également ambitieux à la résidence universitaire du Technopôle de Metz, combinant carte de paiement du restaurant universitaire, services domotiques et communication télématique.

Les avantages de cette monétique urbaine sont nombreux : efficacité et commodité pour les usagers, image moderniste de la ville (la carte support de publicité et d'information), efficacité pour les gestionnaires (moins d'impayés, modulation des tarifs). *Plus généralement*, il s'agit de faire payer, sans inconvénient, *sans « douleur »*, les services municipaux. Par là, les revaloriser, les rendre relativement plus attractifs, par rapport aux biens de consommation ordinaires.

Ces premières expériences se heurtent cependant à plusieurs difficultés : méfiance de certains usagers, difficulté de gestion de trésorerie pour les ménages modestes ; problèmes techniques divers et surtout difficile articulation des *comptabilités publique et privée.*

A court terme, d'autres applications apparaîtront (péages d'autoroutes à la volée, du stationnement en fonction de paramètres précis et variables, etc.) et rendront nécessaire, par leur prolifération même, une certaine harmonisation de ces supports et pratiques monétaires nouveaux.

• *Les fonctions collectives.* — C'est dans le secteur des télécommunications, et d'abord de la téléphonie, que de nouvelles formes de monnaie sont apparues en premier lieu. La carte de téléphone a réglé le problème du vandalisme et décompose le paiement en deux temps (comme chaque fois qu'il y a prépaiement). Avec les développements à attendre d'un *numéro de communication* individuel, équivalent de l'actuel numéro INSEE (qui rattache le téléphone à la personne et non plus au domicile), cette carte présente beaucoup de potentialités techniques qui seront exploitées dans un proche avenir (il se pourrait d'ailleurs qu'elle soit remplacée elle-même par un codage : la monnaie téléphonique, qui est déjà dématérialisée à domicile et dans les mobiles personnels, le serait ainsi complètement).

La même dématérialisation se retrouve avec la télématique grâce à l'invention ingénieuse du tarif kiosque, qui permet un paiement ajusté selon la durée et la nature du service. Cet aspect monétique a largement contribué au succès des applications télématiques qui, pour le moment, ne se sont véritablement développées qu'en France.

Pour la télévision, la situation est plutôt inverse, le *pay per view* ne s'étant presque pas implanté dans notre pays à la différence de ce que l'on peut observer aux États-Unis et au Canada. Les réalisations dans ce domaine restent cependant inférieures aux prévisions et cette forme de paiement se heurte aux habitudes acquises d'une télévision « gratuite », c'est-à-dire payée de façon détournée et presque invisible.

D'une manière générale, l'objectif de cette monétique de la communication est de rendre le paiement aussi invisible (imperceptible, automatique) que possible. C'est aussi de l'affiner en fonction du temps (durée et plages horaires) et de la qualité des services.

Au voisinage du secteur de la communication, se développera une monétique des loisirs dont on voit les prémices dans certains des parcs à thèmes ou équipements sportifs qui parsèment de plus en plus les territoires des pays développés. Encore faut-il noter que cette forme de paiement a des racines très anciennes : c'est l'argent spécifique aux jeux (lots en nature, jetons, etc.) tel qu'on le retrouve à l'époque moderne dans les casinos et tel que G. Trigano l'a adapté, avec un à-propos qui a contribué en partie à la fortune de ses villages de vacances.

Le secteur de la santé est également un vaste domaine potentiel pour des applications monétiques. Les dépenses de santé sont largement prises en charge par un système parafiscal complexe que l'introduction d'une carte sanitaire pourrait simplifier. Les objectifs d'une telle carte seraient aussi de rendre le paiement direct (non fiscalisé) moins perceptible et mieux ajusté à chaque situation individuelle. Une telle carte pourrait d'ailleurs rendre de multiples services non monétaires (banque de données individuelles) dont la mise en œuvre reste cependant difficile.

On peut imaginer qu'à moyen terme l'argent mis en circulation par l'ensemble des fonctions collectives soit « supporté » par quelques cartes spécifiques (cartes de transport, de communication, de santé, de formation, etc.), ces cartes étant, pour l'argent public ou semi-public, l'équivalent des cartes de crédit pour la consommation privée.

• *La consommation.* — Dans les circuits du commerce de détail, les billets ont laissé une place croissante aux chèques qui, eux-mêmes, cèdent du terrain face aux cartes (environ 500 millions de cartes aujourd'hui dans le monde).

Le paiement par carte est une amélioration du conditionnement de l'objet ou du service. On a vu que les services téléphoniques ont largement profité d'une facturation incorporée, qui rend leur usage plus commode. Plus généralement, la facilité, voire l'imperceptibilité du paiement, devient un facteur de vente important qui peut même aller jusqu'à provoquer certains changements dans la structure des consommations.

Si la carte apporte un plus à l'objet ou au service qu'elle permet d'acquérir, elle qualifie aussi son propriétaire. Elle participe de la carte d'identité (une identité monétaire) et de la carte de visite (dont elle emprunte le format). Elle n'est que le support d'un code qui permet un traitement informatisé des nombres, bien que la publicité insiste sur l'idée contraire : *member not number*. En outre, il existe une hiérarchie des cartes qui, par ailleurs, ne sont pas utilisables pour tous les échanges commerciaux. On retrouve ainsi dans ces nouvelles formes monétaires certains aspects des monnaies archaïques qui ne pouvaient être émises ou possédées que par des personnes qualifiées, qui étaient segmentées suivant la nature des choses échangées. Les cartes de paiement allient donc l'efficacité technique à des archaïsmes oubliés pour faire payer l'usage de l'argent — ce que les banquiers français n'ont pas réussi à réaliser jusqu'à maintenant avec les chèques — sous forme d'un forfait annuel variable selon le statut de la carte et surtout sous forme de délais de paiement et de commissions supportés par les commerçants.

• *Les banques.* — Pour le système bancaire, les nouvelles techniques de paiement et de transfert constituent un progrès organisationnel (moins de chèques) et une rationalisation d'une partie de ses fonctions. Elles sont en outre un produit d'appel permettant de rendre des services associés. C'est d'ailleurs l'usager qui supporte une partie de la charge du travail que les banques effectuaient précédemment (guichets automatiques, télématique bancaire). Un usager qui est à la fois *tenu à distance* (ce qui lui convient plutôt, le face-à-face étant parfois redouté en matière de commerce de l'argent) et *encerclé* par ces nouvelles techniques bancaires. « La banque télématisée déborde de son rôle séculaire limité pour annexer le *chez-soi* (télépaiement) et le *lointain* (le change, partout), le *présent* (cash) et le *futur* (crédit, assurance, retraite) en une bancarisation-providence intéressant tous les aspects de la vie[2]. »

Ces nouvelles techniques ne sont pas l'apanage exclusif des banques, des organisations non bancaires peuvent les utiliser également et faire surgir de nouvelles concurrences. Sous la pression de la concurrence s'aggrave le problème de la démutualisation bancaire qui est à la fois un problème technique (comment ajuster les tarifs aux coûts bancaires réels) et un problème de justice sociale (comment éviter de faire supporter un coût bancaire élevé aux usagers les plus défavorisés). On sait qu'aujourd'hui, en France, une minorité de clients assurent les bénéfices des banques tandis que la majorité de leurs clients sont une charge pour elles. Elles ne peuvent pas appliquer la solution adoptée par les compagnies d'assurances (ajustement des tarifs à l'évaluation des risques), la tarification des chèques se heurte à beaucoup de résistances, la solution brutale consistant à fermer d'autorité des comptes non rentables ne peut pas être généralisée. Les NTM offriront sans doute un moyen de démutualiser progressivement et subrepticement, mais sans régler cependant le problème de l'accès des plus pauvres à ces moyens modernes de paiement.

Quelques lignes de force : vers une hypermonnaie ?

Quand on envisage les formes monétaires nouvelles, on évoque d'abord leur dématérialisation. C'est en effet un phénomène visible et massif qu'il est aisé de décrire. Le passage du métal aux billets, puis à l'inscription sur des supports de moins en moins visibles ne peut que frapper l'imagination.

2. J.-J. Goux, « Cash, check or charge ? », *Communications*, « L'argent », n° 59, 1989.

Il serait cependant regrettable d'arrêter l'analyse à ce simple effet de surface.

Sous la dématérialisation, il y a d'abord l'inscription centralisée qui autorise le contrôle et la mémoire des mouvements d'argent. Quand ce dernier est matériel, sa circulation est peut-être malaisée dans certaines circonstances, mais ses mouvements sont peu visibles ou du moins ils peuvent demeurer clandestins. En se *dématérialisant*, l'argent devient mémorisable ; grâce à l'informatisation, il est contrôlable dans tous ses mouvements (ou presque et en tout cas de plus en plus). Cette mémoire monétaire a des conséquences concrètes au niveau du contrôle fiscal que les États exercent, directement ou par un effet d'autodiscipline, sur les échanges de l'économie de marché. L'argent cesse d'être inséparable, comme il a pu l'être dans le passé, du risque de trafics interdits et incontrôlables.

En se dématérialisant, l'argent devient plus *labile*, ses mouvements s'accélèrent sans fin. Le phénomène est beaucoup plus sensible et lourd de conséquences pour l'argent financier, qui circule de place en place au gré des moindres écarts. Cela provoque des effets indésirables qui ont été observés et analysés à plusieurs reprises ces dernières années. C'est ici encore la puissance de l'informatique qui est le moteur de cette accélération du mouvement de l'argent.

Si l'informatisation est facteur de contrôle généralisé et de vitesse (pour les agents financiers), elle est aussi à l'origine d'une efficacité plus souterraine à l'égard des consommateurs. La monétique facilite l'allocation des ressources dès qu'elles sont disponibles, en réduisant finalement les délais, les hésitations, voire les libertés de choix des individus. Elle pousse aux consommations privées à crédit, y compris les consommateurs les plus jeunes. Elle facilite, on l'a dit, les paiements pour les fonctions collectives, les transports, les communications, les impôts ; elle permet de mobiliser des clientèles nouvelles pour des placements d'épargne diversifiés et éventuellement autogérés. Les NTM ont ainsi une capacité d'absorption généralisée des fonds disponibles, qui est liée à la *commutation* informatique qui les fonde. Commutation qui permet d'associer rapidement une gamme d'emplois ajustés aux fonds disponibles de tout un chacun. De la même façon que les traitements informatisés des données et des textes (grâce à la télématique et aux hypertextes) *apportent* l'information désirée à leurs destinataires (en inversant le cheminement traditionnel), le traitement informatisé de la monnaie *apporte* la dépense ou l'épargne ajustée à toute personne disposant d'un pouvoir d'achat réel ou anticipé. C'est dans ce sens que l'on peut parler d'*hypermonnaie*.

Le résultat de cette allocation accélérée des ressources disponibles, c'est de ne laisser finalement entre les mains des particuliers que de l'argent de poche, et cela reste vrai pour des ménages bénéficiant de revenus importants. Marx avait bien vu que l'argent du prolétaire n'est pas, en dépit d'un étalon de mesure commun, de même nature que l'argent du capitaliste. Le premier est futile, l'autre fertile, puisque sa masse permet d'acquérir une force de travail productrice de plus-value. L'hypermonnaie qui encercle les particuliers réduit les investissements directs et risqués ; elle contribue à stériliser les ressources ordinaires et donc à séparer encore plus nettement ces deux formes de monnaie.

Les nouvelles formes monétaires s'inscrivent enfin dans un processus de stérilisation de la violence de la monnaie. La généralisation des échanges commerciaux est un opérateur d'objectivation (de désubjectivation) des rapports interpersonnels. C'est un aspect de ce que Marx appelait le fétichisme de l'argent. Imposer une valorisation à tout ce qui peut faire l'objet d'échanges commerciaux (produit à consommer, service, force de travail, etc.), valorisation indépendante de la relation du vendeur à l'acheteur et des relations de chacun à l'objet échangé, est une réduction violente de l'ensemble des relations sociales mises en œuvre à travers les échanges. On sait bien que cette réduction s'est heurtée pendant des siècles, en Europe, à de vives résistances culturelles et religieuses ; par exemple, pour le catholicisme, doctrine du « juste prix », interdit de l'intérêt sur l'argent emprunté, interdit (jusqu'en 1788 en France) de l'assurance, etc. Aujourd'hui même, les sociétés capitalistes de développement comparable n'ont pas le même niveau de monétarisation et les mêmes sensibilités à cet égard : on observe, par exemple, diverses divergences en matière de commerce des organes humains ou d'applications de génie génétique.

Cette violence de la monnaie est en fait une violence de l'ordre économique, dans son cœur même, l'organisation des marchés (qui n'est qu'une modalité parmi d'autres, mais dominante dans la réalité concrète, de la valorisation économique) et l'utilisation de la monnaie n'en sont que les outils d'application. Cette violence abstraite, à laquelle nous sommes en grande partie acculturés aujourd'hui, persiste cependant encore dans la monnaie puisqu'elle en reste l'instrument quotidien.

Outre cette violence abstraite de la réification, la monnaie suscite une forme de violence beaucoup plus directe et concrète puisqu'elle représente pour chacun l'accès à la réalisation de certains de ses désirs et il n'est pas nécessaire ici de préciser l'analyse, d'évoquer la mise en jeu d'un désir mimétique ou autre : *c'est la violence de l'argent* (et non plus celle de la monnaie) qui nous saisit.

Dans un échange commercial, la violence de la monnaie et celle de l'argent sont simultanément présentes. On éprouve la réduction de la réification : l'objet rare sera acquis par l'amateur non éclairé mais riche, la conversation (téléphonique) est tarifée, etc. On éprouve *la perte* de l'argent, représentant de tous les autres désirs, et *le gain* d'un objet bien défini (l'objet d'un désir « satisfait », mais déjà la déception menace) et on ne peut que s'inquiéter du juste équilibre de l'échange. Le commerce est donc un moment violent, mais c'est aussi un exorcisme de cette violence, car il a ses règles, ses rituels, et cet échange, plus ou moins équilibré ou vécu comme tel, donne à l'argent une dimension interpersonnelle. On retrouve la vision (de Montesquieu, entre bien d'autres) du « bon commerce qui adoucit les mœurs ».

Or, il se trouve que les NTM contribuent à une extension du champ de la valorisation (grâce à elles, il est facile de payer le temps des communications dès qu'elles sont médiatisées, l'espace dès qu'il est encombré, les risques que l'on impose aux autres, etc.) et que, dans le même temps, elles masquent l'échange monétaire. La cruauté, le vertige liés à la monnaie et surtout à l'argent sont écartés, éludés. Depuis longtemps déjà, il est devenu déplacé de payer des sommes importantes avec de l'argent liquide (l'interdiction de ces versements dans un souci de contrôle n'explique pas, à elle seule, la répugnance éprouvée à payer de cette façon). C'est le paradoxe des évolutions actuelles : une monétarisation de plus en plus étendue s'accompagne de la quasi-disparition de la matérialité de l'argent.

Des transactions commerciales sans cette présence matérielle, des imputations de dépenses automatisées et à peine perçues, les jeux d'argent eux-mêmes contrôlés et aseptisés (petites pertes, gains fiscalisés — il y a cependant des exceptions et des communautés diverses qui jouent encore des sommes importantes), cette omniprésence-absence de la monnaie s'inscrit dans une évolution bien plus générale. Après les sociétés vouées à la normalisation, nous entrons dans l'ère des sociétés de contrôle et d'autocontrôle. Tout ce qui apparaît comme transgression, vertige, cruauté — et en même temps exorcisme — devient interdit, réprouvé, masqué ou édulcoré. On se souvient de l'émotion et de la réprobation provoquées par Serge Gainsbourg brûlant en direct à la télévision un billet de 500 francs alors même que son geste, à travers la désinflation — infime certes — qu'il induisait, équivalait à un don à tous les détenteurs de francs.

Dans cette asepsie généralisée, que deviennent les passions et, en particulier, le vécu de l'argent dans ce qu'il a de plus brûlant ? Que devient la poésie de l'argent qui embrase nos désirs et que nous rêvons encore de tenir dans nos mains ? Comme l'attestent toutes les représentations de l'argent : ce sont encore des billets ou des lingots d'or qui apparaissent comme *image* de l'argent. Le « penseur de l'argent » qui figure sur l'affiche de ce colloque tient encore dans ses mains un billet de 500 francs et non pas une carte de paiement.

Mais ces images ne sont qu'un écho affadi de l'imaginaire qui a inspiré naguère Balzac (« Belle comme un million ! » écrivait-il, comme l'a rappelé Maurice Ménard), Zola, Marcel L'Herbier, Scott Fitzgerald ou encore Mallarmé, qui parle des « monnaies à demi effacées qu'on se passe en silence » pour symboliser ces paroles qui ne veulent rien dire, mais qui, justement, expriment l'essentiel, la joie d'exister, le bonheur d'être ensemble. La « monnaie vivante » ne subsiste plus que dans des situations marginales, elle n'est plus le symbole du lien social et d'un imaginaire de violence, la passion de l'argent semble avoir implosé au moment même où la monétique offre la possibilité de tout prendre en compte.

BIBLIOGRAPHIE

Articles

BIDOU C., « Amiens, nouvelles techniques de communication et gestion symbolique de l'espace », *Métropolis*, n°s 90-91, 1990.

CAILLÉ A., « Monnaie des sauvages et monnaie des modernes », *Actions et recherches sociales*, n° 2, juin 1986.

J.-J. GOUX, « Cash, check or card », *in* GORIN M. (dir.), « L'argent », *Communications*, n° 50, Seuil, 1989.

LASFARGUE Y., « Technologies nouvelles, nouveaux exclus ? Changements technologiques et évolutions du travail », *Futuribles*, octobre 1989.

Rapports et livres

ABALLEA F., *L'Introduction de la monétique dans les transports urbains*, Plan Urbain, mars 1990.

BIDOU C., LEPRESLE M., *L'Informatique à la cantine : bilan évaluation d'une expérimentation de monétique urbaine*, IRIS/université Paris-Dauphine, 1989.

DINI L., *Étude de perception et de motivation des étudiants envers la résidence, ses installations, son environnement*, Opac Metz/Plan Construction et Architecture, mai 1990.

GILLE D., STENGERS I., *Introduction de la monnaie électronique en Belgique*, GECS, Institut de sociologie, ULB-Bruxelles, octobre 1982.

GUEISSAZ A., *La Carte bancaire et ses utilisateurs : une approche anthropologique*, CAESER/université Paris-X-Nanterre, mars 1990.

Roux J., Micoud A., *Terminal monnaie*, CRESAL/CNRS, Saint-Étienne, avril 1984.

SEDES, *Perception par les usagers des systèmes de tarification des services de transports collectifs urbains*, Plan Urbain, décembre 1987. — *La Difficile Émergence de la monétique urbaine locale*, Plan Urbain, janvier 1990.

Martres D., Sabatier G., *La Monnaie électronique*, PUF, « Que sais-je ? », Paris, 1987.

Stauder B., *Les Nouveaux Moyens électroniques de paiement*, Payot, Paris, 1986.

Tibon-Cornillot M., « Balzac, Marx et l'argent », *Connexion*, n° 25, 1978.

Viderman S., *De l'argent en psychanalyse et au-delà*, PUF, Paris, 1992.

DU « SANS PRIX », OU LE « JUSTE PRIX » DE LA TRANSACTION

Jacques Derrida

(La dernière fois que j'ai eu l'honneur de prendre la parole au Mans, c'était il y a trente et un ans, en juin 1960, j'y terminais ma première année d'enseignement en terminale et en hypokhâgne au lycée Montesquieu. C'est dire le prix et l'émotion que j'attache à ces retrouvailles. En 1960, mon discours alors n'était pas sans rapport au prix, déjà, puisqu'il s'agissait du discours de distribution des prix — dont traditionnellement on charge le plus jeune professeur ou le dernier arrivé dans le lycée. C'était alors mon cas.)

Il faut sacrifier, il faut économiser — en premier lieu le temps.

Je m'en tiendrai d'abord à la lettre du titre qui avait été proposé à la séance à laquelle je devais initialement participer — titre qu'au demeurant je trouve très heureux : *l'esprit du marché*. Est-il possible de prendre cette expression à la lettre ? Et n'oppose-t-on pas souvent l'esprit, justement, à la lettre ?

L'« esprit » du marché, ne serait-ce pas, entre autres choses, justement, ce qu'il faudrait opposer, sous le mot d'« argent », *à la lettre*, à la littéralité du marché, à savoir à la fois au corps et au corps chiffrable, inscriptible, comptable, c'est-à-dire calculable de l'objectivité monétaire ? « L'esprit du marché » : cette expression viserait donc, entre autres choses, tout ce qui, sous le nom d'argent, ne se laisse pas réduire à l'économie tout court. L'argent comme *esprit* du marché, ce serait ce qui, dans le marché, voire dans l'échange en général, *ou bien* ne relève plus de l'économie au sens strict, de l'*économie restreinte*, et ne se réduit plus au champ clôturable d'une théorie, comme calculabilité objective, matérielle, techniquement maîtrisable, *ou bien* ce qui, sans excéder l'économie en général, déborderait la stricte et froide comptabilité monétaire des intérêts matériels, des échanges ou de la production de biens utiles. Dans les deux cas, l'esprit du marché désignerait, au moins à titre de problème, un ensemble de lois, de motivations ou de finalités qui, mettant en mouvement le système ou le cycle des échanges, ne seraient pas comprises en lui ; déterminant ou surdéterminant, cet excès moteur serait tantôt l'argent comme valeur non économique, tantôt l'argent comme valeur, donc, et certes comme valeur économique, mais comme valeur métamonétaire en quelque sorte, comme valeur irréductible à quelque équivalent monétaire. L'argent, ce serait plus ou moins que la monnaie.

Dans les deux cas, l'élément de la calculabilité serait débordé par cette chose obscure, déroutante et peut-être immatérielle qu'on appelle « argent », par opposition à « monnaie », si du moins on tient à se fier à cette distinction. Une telle distinction peut être accréditée ou disqualifiée, suivant les contextes et les conventions. Dans certains cas, comme ici ce soir, on décidera de se rendre plus attentif à ce qui n'est plus strictement monétaire dans la valeur d'argent ou dans la valeur de l'argent, en faisant comme si, en quelque sorte, l'origine ou l'histoire de la monnaie était plus tardive que celle de l'argent, et relativement autonome : comme si le monétaire était l'objet d'une science ou d'un projet de science objective plus étroite que celle de l'argent, voire de la valeur économique tout court.

Je viens de dire que c'était par convention et selon les contextes qu'on distinguait l'argent de la monnaie. J'y reviens dans un instant, mais cela me paraît imposer aussitôt deux remarques ou deux rappels.

1. De toute façon, les deux concepts ou les deux mots, *argent* et *monnaie*, qu'on les distingue ou non, ont en commun, il ne faut jamais l'oublier, de désigner des choses qui ne sont pas naturelles. L'argent dont nous parlons dans ce contexte, pas plus que la monnaie, ne se trouve dans la nature. L'argent et la monnaie dépendent du *crédit* qu'on fait à des conventions, à des artifices techniques, à des lois. Avant même de donner lieu aux procédures du crédit, à la dimension du fiduciaire, ils sont l'un et l'autre (l'argent autant que la monnaie) des phénomènes de crédit et de convention, ils n'appartiennent plus à ce qu'on appelle couramment la nature, mais à l'expérience symbolique de la « foi publique » *(fides publica)* dont il fut question tout à l'heure, de la confiance et de la « foi jurée ». Ils nous obligent à nous retourner vers l'énigme de cette expérience si étrange et si familière qu'on appelle « croire » : l'inépuisable pour la philosophie. Et ce que je souligne ainsi n'a de valeur et ne se légitime à son tour que depuis une vieille et fondamentale distinction entre la nature et la convention, la nature et la loi, la nature et l'art ou l'artifice *(physis/thesis, physis/nomos, physis/tekhnè)*, opposition fondamentale mais historique dont on peut interroger à son tour la généalogie : énorme tâche qu'il n'est pas question d'aborder ici, si peu que ce soit. Je noterai seulement en passant que les notions d'échange ou de production économique, de valeur ou de marchandise, d'argent ou de signe monétaire ne sont pas seulement l'un de ses exemples. Il n'y a ni histoire, ni convention, ni art ou technique sans production, sans division du travail, sans émergence de valeur d'échange et de signe monétaire. Si, même en réservant des questions plus radicales sur cette opposition « nature/convention », il faut insister sur cette conventionnalité de l'argent ou de l'or, c'est pour résister à une tendance *naturalisatrice* dans l'interprétation de l'histoire de la monnaie ou de la valeur. L'un des exemples de cette tendance consiste à considérer, par exemple, comme une histoire dé-naturante le passage de la monnaie-or ou de la monnaie-argent au papier-monnaie (à convertibilité assurée par l'État), puis au papier-monnaie fiduciaire (le billet de banque) à garantie non assurée, puis enfin au papier-monnaie conventionnel inconvertible et à cours forcé (après la Première Guerre mondiale). On représente en effet souvent cette histoire comme le mouvement d'une simple déchéance — loin de l'âge d'or d'une monnaie qu'on voudrait vraiment naturelle et vraiment fiable, originaire, vraie, authentique, comme si la monnaie-or ou la monnaie-argent, comme si la décision de considérer le métal naturel (or ou argent) comme valeur ou richesse naturelle n'était pas déjà un effet non naturel de convention, de crédit, de quasi-fiction. La condamnation de cette déchéance dans l'inauthenticité ou de cette dénaturation appartient à tout un registre de la morale de l'argent ou de l'or, une sorte de code de l'éthique intra-économique qu'il faudrait interroger pour lui-même — et en rapport avec tous les phénomènes de fétichisme (de l'argent ou de la marchandise) dont nous aurons sans doute à reparler ce soir. L'analyse classique, voire la dénonciation du fétichisme, en particulier de celui-là, par Marx ou Freud, repose sur des axiomes philosophiques qui appellent aussi de nombreuses questions (nous n'avons pas le temps d'aborder ce problème ici, j'avais tenté de le faire ailleurs).

2. Si une convention secondaire ou supplémentaire règle parfois, dans certains contextes, la distinction entre les mots d'argent et de monnaie (et donc l'ouverture d'un problème quant à « l'esprit du marché »), c'est sur le fond d'une conventionnalité plus générale et d'une co-implication plus essentielle. Il n'y a rien de fortuit, en effet, à ce qu'on se soit si souvent servi du modèle du numéraire et du signe monétaire pour analyser le fonctionnement du langage — ou d'un système de signes en général. Bien avant Mallarmé et Saussure, et sans doute depuis Platon, on pourrait citer de nombreux exemples de discours qui recourent à cette analogie. Valéry, par exemple, use largement de cette analogie entre le capital et le signe linguistique, voire entre le capital et l'esprit, le capital et le *logos*. On pourrait montrer que c'est là plus qu'une analogie, ou en tout cas plus qu'une analogie comme les autres ou parmi d'autres. Ici surgit peut-être en sa dimension la plus propre ce qu'on propose de nommer « l'esprit du marché ». Pour deux raisons, là encore.

• Dans la mesure où le langage est le medium des transactions économiques, de l'information et des cotations boursières, dans la mesure même où le marché est pris, de part en part, dans des systèmes de communication — eux-mêmes engagés dans une transformation technique incessante et dont l'accélération croissante ne gagne de la vitesse que pour autant que le langage peut être considéré, nous y reviendrons, comme un accélérateur —, eh bien, cette implication essentielle du langage dans la géopolitique monétaire y introduit tout ce que langage et langue importent dans leurs plis : la rhétorique, les connotations, la théâtralisation, la fiction, on dirait presque la littérature, bref les surdéterminations qu'on appelle de mots obscurs dont je me sers ici au moins par commodité : les surdéterminations qualitatives, affectives, imaginaires, fantasmatiques, idéologiques, les mouvements irrationnels de l'opinion, par exemple, les humeurs et les rumeurs qui déterminent les mouvements d'une machine pourtant hypermétronomisée, je veux dire capable de mesure, de quantification et de calcul horloger. Je fais ainsi allusion aux micro-phénomènes dont dépend la géopolitique de ce temps, à savoir les plis obscurs d'un sentiment ou d'une passion, d'une angoisse ou d'une exaltation, toujours difficiles à localiser dans un sujet individuel ou collectif ; on connaît les effets de tels plis, de ces rides éphémères de l'affect. Ils ne sont jamais totalement objectivables. A une vitesse maximale, grâce aux satellites et aux ressources de l'informatique, en jouant des réseaux et des décalages horaires sur toute la surface de la terre, ils peuvent provoquer des séismes historiques dont l'humanité sera affectée pendant de longues séquences de son histoire, dans son expérience de guerre et de paix, dans son travail et ses souffrances, dans ses modes de vie, jusqu'au fond du village apparemment le plus éloigné des Bourses de Wall Street, de Londres, de Paris ou de Tokyo. Comme la spéculation économique en général, la scène de la cotation boursière reste une scène de chiffrage, d'information, de communication et d'informatique, mais aussi une écriture et un langage dont le medium ne peut être totalement formalisé. Il s'agit d'une scène « humaine », évidemment, mais elle ne saurait être réduite à la calculabilité.

Il y a un *esprit* du marché parce que le marché est un langage, et un langage qui ne se laisse jamais totalement quantifier ou formaliser. Cet « esprit du marché » ne discrédite pas toute science économique, mais il en interdit la clôture, l'autonomie, la spécificité absolue, il en limite l'ambition ou même la maîtrise quantificatrice.

• Cela concernait l'esprit du marché comme langage en général. Je proposerai une deuxième remarque, cette fois sur l'argent et sur la langue. La distinction entre l'argent et la monnaie implique certes le langage en général, au sens large que je viens d'indiquer, mais elle ne se marque pas de la même manière d'une langue à l'autre. La série allemande *(Silber, Geld, Münze, Geldstück)* ou la série anglaise *(silver, money, currency, change)* ne peut se traduire immédiatement, sans de longues et laborieuses médiations dans l'idiome français qui n'a, par exemple, qu'un mot pour désigner l'argent comme métal naturel *(silver, Silber)*, l'argent comme monnaie ou signe monétaire et l'argent comme monnaie investie, et investie, précisément à cause de son homonymie avec la richesse naturelle, de toutes sortes de valeurs projetées selon les figures complexes et surdéterminées du désir ou de la haine, de la convoitise ou du dégoût, de la rétention dans l'avarice anale ou du rejet de l'excrément, etc. Ce que nous appelons l'argent en français (et qui n'est ni simplement le signe monétaire ni simplement la monnaie qu'on rend au cours d'une opération de vente — le « change » en anglais — ni simplement le métal qu'on trouve dans les mines ou dans des bijoux) ne peut pas se traduire d'un seul mot par *silver* ou *Silber*, mais pas davantage de façon stricte par *Geld* ou *money*.

Mais c'est seulement en français que le mot « argent » fait immédiatement communiquer, au moins dans ce qui lie le fantasme ou l'imaginaire au signifiant linguistique, ce qui associe l'argent comme signe monétaire de la valeur au métal précieux, à la substance sensible et brillante dont ont pu être faites les pièces de monnaie ou les bijoux. Avoir un billet de banque, un compte en banque, de la propriété privée, c'est avoir de l'argent. On ne dira pas en anglais ou en allemand que c'est avoir quelque chose qu'on pourrait appeler *silver*[1] ou *Silber*. Et toutes les locutions idiomatiques comme « le temps, c'est de l'argent », « l'argent ne fait pas le bonheur », « prendre pour argent comptant » ne sont pas traduisibles sans reste. D'une certaine manière, l'esprit du marché trouve aussi son espace dans un investissement irrationnel, en tout cas très difficile à analyser, à formaliser, à calculer. Cet investissement s'accumule, il complique sa surdétermination, il enrichit sa plus-value au cours d'une histoire sédimentée. Une telle histoire se sédimente, et sédimente donc l'investissement, non seulement dans la valeur supposée d'un métal, mais dans les valeurs d'usage sémantique d'un mot ou dans les écarts entre la valeur d'usage et la valeur d'échange du mot. Il y aurait trop à dire, dans le temps dont nous disposons, sur cet investissement de valeur et de sens : il s'engage dans un idiome à traductibilité limitée, et pourtant à travers l'un de ces vocables qui, croit-on, signifient la chose la plus universelle, la plus transculturelle, la plus traductible qui soit : on considère en effet l'argent comme le medium neutre, indifférent, impersonnel, l'équivalent général de tout échange et de toute transaction, le substitut universel en somme, la chose du monde la mieux partagée (alors même que sa quantité est la chose du monde la moins bien partagée). La même universalité se trouve d'ailleurs présupposée quand on considère l'argent comme le pôle de pulsions contradictoires ou ambivalentes (désir ou rejet d'une chose noble ou vile qui, d'une part, appelle l'appropriation et peut signifier, par métonymie, tout ce qui est appropriable en général, mais aussi bien tout ce qu'on peut, par générosité naturelle ou non, sacrifier, offrir, donner). De toutes les manières, l'appartenance de l'argent à l'ordre illimitable du langage ou de l'inscription — de la marque — est cela même qui déborde le calcul monétaire ou l'objectivité économique. L'argent entraîne ce calcul vers l'infini ou vers l'incalculable, vers

1. Marc Shell m'apprit après cette conférence que, selon l'*Oxford English Dictionary, silver* peut aussi parfois signifier *money in general*, mais que si les citations venues appuyer cette définition remontent jusqu'au IXe siècle, elles restent, comme on peut l'imaginer, « ambiguës ». Au Canada, aujourd'hui encore, *silver* peut signifier parfois *small change* ou « monnaie », la monnaie rendue.

l'abîme d'une spéculation qui n'est plus strictement boursière ou contenue dans les institutions de la transaction économique.

On retrouve ici une vieille distinction proposée par Aristote. Elle est intéressante, et elle donne toujours à penser, même si elle peut paraître intenable, précisément pour les raisons que je viens d'indiquer. C'est la distinction entre la *chrématistique* et l'*économie*.

L'*économie*, c'est l'art de gérer les biens de l'*oikos*, de la maison, de la famille, du foyer, voire de la cité (nation ou État), la technique nécessaire pour acquérir ou échanger ces biens à proportion de besoins qui sont en principe déterminables et finis. La *chrématistique*, elle, ne connaît pas ces limites. Elle désigne l'art d'acquérir des biens ou des richesses *pour elles-mêmes*, par le commerce ou la spéculation, selon la loi du marché, sans limite et en faisant *comme si* (c'est, nous dit Aristote, l'illusion artificielle, non naturelle, dénaturante de la pulsion chrématistique). La chrématistique fait *comme si* la vraie richesse consistait en une quantité d'argent. Et c'est aussi le commencement de ce qu'on appellera, à partir du XVIIIe siècle, et par analogie, le fétichisme de l'argent. La chrématistique, si on l'opposait, dans ce contexte ou selon cette convention, à l'économie, et si on la tenait pour un art ou une science, ce serait justement ce qui forme à la fois l'esprit *du* marché et l'esprit *de* marché, tout ce qui dans le marché excède — à l'infini — les limites du besoin, de l'utile, du naturel, du raisonnable, du calculable, du rapport réglé entre la production et la consommation, entre le « chez soi » et le « chez l'autre », etc. Mon hypothèse ici, c'est que cette limite entre le *besoin* et le *désir*, voire cette opposition entre les deux, comme entre le marché économique ou purement monétaire et l'esprit *du* marché — ou l'esprit *de* marché —, est traversée dès qu'il y a le moindre échange, la moindre trace, dès le premier besoin. Et, pour en rester dans le domaine de l'argent ou de la monnaie, dès qu'il y a argent, signe monétaire, substitution et répétition, la frontière entre l'économique et le chrématistique est déjà franchie — comme celle de toutes les oppositions connexes.

Le franchissement inévitable, indéniable et, je dirais, originaire de cette limite a des conséquences incalculables, les conséquences *de* l'incalculable ; cela dans tous les domaines mais exemplairement sur tout ce qui touche à l'argent, tout ce qui touche l'argent. C'est sans doute ce qui permet la spéculation, le travail sans travail du capital, l'accumulation, le fétichisme de la marchandise et du signe monétaire, mais c'est aussi ce qui permet de passer au-delà du besoin, comme on suppose que fait le désir ; ce qui permet aussi de passer au-delà du calcul économique, comme devrait le faire le don, s'il est possible et s'il y en a jamais.

Nous disions pour commencer : il faut sacrifier, il faut économiser, en premier lieu le temps. Et voici que le temps manque pour conclure. En précipitant les choses, référons-nous pour conclure aux limites de temps qui nous sont imparties. Autour de ce thème, le temps, j'ordonnerai quelques points que je voudrais, sans les traiter, soumettre à la discussion.

Sous l'expression idiomatique que je rappelais à l'instant, « le temps, c'est de l'argent », et qui se traduit, elle, au moins en anglais *(Time is money)*, peut-être faut-il entendre autre chose que ce qu'on croit en général y entendre, à savoir que le temps mesure une capacité de travail et de production, c'est-à-dire qu'il équivaut par là au processus de création et d'acquisition de richesses — et les richesses sont en principe comptables ou traduisibles, pour l'économie ou la rhétorique, par métonymie, en argent. Si bien que, selon cette interprétation courante, « le temps, c'est de l'argent », cela signifierait par implication que le travail, le travail comme production, joue un rôle médiateur entre le temps et de l'argent. Le travail serait une conjonction entre le temps et l'argent, ou encore la « copule », la cheville ouvrière de la proposition « Le temps, c'est de l'argent », parce que c'est le temps du travail, fût-ce le travail immobile du capital (et comme on sait, Marx n'a pas été le seul économiste à s'intéresser par privilège à l'interprétation du temps et des rapports entre temps, travail, production et argent). Telle serait donc l'interprétation courante — et d'ailleurs largement justifiée — d'un proverbe en circulation. Un proverbe est d'ailleurs, lui aussi, une sorte de monnaie en circulation, à la fois précieuse et sans valeur, inusable et dévaluée, héritage d'un patrimoine aussi *commun* que la langue. Rien n'est plus et moins commun à la fois qu'un proverbe — et que l'argent.

Mais si l'on voulait déplacer ou réévaluer le proverbe, ne pourrait-on dire que l'argent, c'est du temps ? Non plus parce que le temps fait gagner de l'argent, comme je viens de le rappeler, soit qu'il représente un temps de travail, soit qu'il fasse « travailler » l'argent lui-même ; mais inversement parce que l'argent fait gagner du temps ? En tant que substitut ou équivalent général, il économise d'abord le temps de l'échange des choses et des biens ; il accélère à l'infini la circulation : non seulement en fournissant des substituts, mais en substituant d'abord son principe au principe du troc. En ouvrant le règne de la répétition, de la substitution, c'est-à-dire de la neutralisation qui efface les caractéristiques individuelles des choses échangées et des sujets de l'échange, il fournit un élément de quantification ou de mathématisation de la valeur qui est d'abord une extraordinaire neutralisation du temps. C'est pourquoi, soit dit au passage, le gain de temps que la technologie de la communication assure au marché, à l'activité de la cotation boursière, aux mouvements de la spéculation chrématistique n'est pas un bénéfice secondaire ou accidentel ; c'est, pourrait-on dire, le déploiement même de l'essence de l'argent comme temps (l'argent, c'est du temps), comme accélération du temps social, comme quantification et économie du temps. L'argent est du temps gagné, du temps économisé (nous disions, en commençant, qu'il fallait économiser le temps) ou du non-temps dans le temps, un *temps mort* qui fait gagner du temps. Entre « l'esprit du marché » et la technique, il n'y a pas l'extériorité que l'on serait tenté d'y voir. La loi de leur mouvement est la même. Cette économie du temps comme quantification est aussi une spatialisation du temps dans sa mesure. L'argent est à cet égard, non pas seulement comme monnaie, mais comme esprit du marché, comme mouvement du désir chrématistique qui se porte au-delà de l'économie — au sens étroit que lui donne Aristote —, une *économie du temps*, une horloge que la technologie, en particulier celle de la communication, à supposer qu'on puisse la distinguer de la technique en général, ne vient pas seulement servir comme un instrument, mais entraîner comme son propre mouvement.

De ces quelques indications préliminaires, je retiendrai, encore par économie, *deux problèmes* (problèmes nécessairement liés de l'*éthique* d'une part, de la *signature* de l'autre) dont je ne ferai que schématiser en quelque sorte les titres ; ils tiennent tous deux aux concepts essentiels de *substitution*, de *répétition* et de *neutralisation* qui viennent d'être nommés au passage. Ces trois prédicats ont en commun de signifier une certaine *indifférence*. L'argent est indifférent parce que ses signes doivent être égaux et semblables (il n'y a pas de différence entre deux pièces ou deux billets de dix francs : indifférence essentielle, conventionnalité, non-naturalité, arbitraire du signe, donc répétition, itérabilité et substituabilité, mouvement d'universalisation). La même chose vaut pour l'origine ou le porteur de l'argent qui, comme on dit, n'a pas d'odeur. Ces trois prédicats de l'indifférence (substitution, répétition, neutralisation) sont ici indissociables — et indispensables à tout concept de l'argent : comme valeur quantifiable, comme signe monétaire ou comme figure du désirable, de l'infiniment désirable, qu'il soit simple ou ambivalent.

Problèmes de l'*éthique* et de la *signature*, donc.

1. *Éthique* au sens large, le premier problème serait donc à la fois moral, juridique et politique. *Indifférente* à la singularité, l'expérience de l'argent serait propice à la substitution, à la répétition, à la neutralisation. En raison de cette indifférence, jointe à ce qui associe l'argent à la non-valeur (l'argent comme déchet, excrément, objet de désir fétichiste, d'avarice ou de rétention anale — mais « sans odeur » !), la raison morale, juridique ou politique devrait alors s'élever au-dessus de l'argent : non seulement au-dessus de l'économie, de la calculabilité monétaire, mais aussi, et peut-être surtout, de l'esprit de marché. Souvent *inavouable*, l'argent appartiendrait ainsi, selon Freud, à une *série* d'objets substituables : l'excrément, l'enfant, le pénis, l'arme, le cadeau. Figurant parmi les autres termes, il marque de surcroît, me semble-t-il, l'équivalence, donc l'indifférence qui permet la substitution sérielle. Insistant très tôt sur la nécessité du paiement dans la cure, Freud rappelle aussi que les peuples civilisés traitent l'argent comme les choses du sexe, avec autant d'hypocrisie que d'inconséquence.

Mais une contradiction travaille le mépris de l'argent. Elle produit d'ailleurs dénégations idéologiques et poses hiérarchiques : le seigneur terrien affecte de s'élever au-dessus du commerçant, du spéculateur ou de l'usurier, souvent représenté dans l'Occident chrétien par la figure du Levantin ou du Juif (Shylock). Ces partages divisent la communauté des philosophes : ceux qui parlent d'argent et ceux qui affectent de ne pas s'y intéresser. Au titre des grands discours qui opposent la morale au principe du marché, rappelons la distinction kantienne entre deux significations voisines mais hétérogènes, la *dignité* et le *prix*, *Würde* et *Preis*. La dignité est une valeur *inconditionnelle*. Son respect absolu obéit à une loi impérative qui est en vérité sa cause même, l'origine du sentiment moral. Cette loi n'est pas négociable, elle se tient au-delà du marché. A la différence de la dignité comme valeur *incalculable*, le *prix* est conditionnel, hypothétique, négociable, calculable.

« Dans le règne des fins, dit Kant, tout a un *prix [Preis]* ou une *dignité [Würde]*. Ce qui a un prix peut être aussi bien remplacé par quelque chose d'autre, à titre d'*équivalent [Äquivalent]* ; au contraire, ce qui est supérieur à tout prix *[über allen Preis erhaben]*, ce qui par suite n'admet pas d'équivalent, c'est ce qui a une dignité *[Würde]*. » Autrement dit, supérieure à tout prix, la dignité est de l'ordre de ce qu'on appelle le « sans prix ». Ce qui est *absolument précieux*, l'autre dans sa dignité, n'a pas de prix. Réciproquement : tout ce qui, chez l'autre (ou chez moi comme autre et singularité absolue), est absolument précieux et respectable, non négociable, définit l'ordre de la dignité comme fin en soi. Mais qu'est-ce qui est tel, chez l'autre, dans le moi de l'autre ou chez moi comme autre ? Ce trait incalculable reste le plus difficile à déterminer. Est-ce un « moi » ? Est-ce l'élément le plus secret ou le plus universel ? Quoi de la singularité ? Doit-on déterminer comme sujet, et sujet de la raison, ce qui transcende ainsi le prix du marché ? Ou bien au contraire le sujet est-il cela même qui, en tant qu'identité calculable, comptable, etc., peut devenir marchandise ?

Kant poursuit : « Ce qui se rapporte aux inclinations et aux besoins généraux de l'homme, cela a un *prix marchand* [*Marktpreis :* un prix de marché, donc] ; ce qui, même sans supposer de besoin, correspond à un certain goût, c'est-à-dire à la satisfaction que nous procure un simple jeu sans but de nos facultés mentales, cela a un *prix de sentiment [Affectionspreis]* ; mais ce qui constitue la condition qui seule peut faire que quelque chose est une fin en soi *[Zweck an sich selbst]*, cela n'a pas seulement une valeur relative *[einen relativen Werth]*, c'est-à-dire un prix, mais une valeur interne *[einen innern Werth]*, c'est-à-dire une *dignité [Würde]*. »

Le terrifiant problème imposé par cette distinction fondamentale, nous l'annonçions en posant la question du sujet, c'est que si la calculabilité du prix, le marché ou l'argent, menace la dignité (par exemple, celle de l'homme, de l'être raisonnable, mais aussi de toute fin en soi — et le droit de l'homme n'en est aux yeux de Kant que le meilleur exemple), c'est aussi, comme *principe* d'équivalence et de substitution, ce qui assure l'égalité entre toutes les singularités, et donc l'impossibilité, l'interdiction morale, même, de choisir entre deux fins absolues, entre deux singularités : deux hommes, *par exemple*, ont une égale *dignité* morale, juridique, politique, quelles que soient les différences de tous ordres (social, économique, biologique, sexuel, psychique ou intellectuel, etc.). Entre ces deux équivalences, ces deux neutralisations, ces deux indifférences hétérogènes, le choix est indispensable mais aussi critique : radicalement menacé, le plus souvent impossible ou aporétique.

C'est là qu'*il faut* négocier le non-négociable. Cette nécessité n'est pas un pis-aller empirique : à travers son indécidabilité même, c'est un impératif. Elle ouvre l'espace de la décision et donc de la responsabilité (morale, juridique ou politique). Et elle l'ouvre avant même la négociation entre l'impératif et l'hypothétique, l'inconditionnel et le conditionnel, le non-négociable et le négociable. Car c'est la possibilité même de l'argent, du prix, à savoir le principe d'équivalence, qui permet *aussi* de neutraliser les différences pour atteindre à la singularité pure comme dignité ou droit universel. L'accès à la dignité de l'autre est l'accès à la singularité de sa différence absolue, certes, mais cela n'est possible qu'à travers *une certaine indifférence*, à travers la neutralisation des différences (sociale, économique, ethnique, sexuelle, etc.). Excédant le savoir et toute détermination objective, cette neutralisation permet seule d'accéder à la dignité, c'est-à-dire au fait que chacun, *chaque un, chaque une vaut* autant que *l'autre*, précisément au-delà de la valeur : *sans-prix*. Le rejet de l'argent ou de son principe d'indifférence abstraite, le mépris du calcul peut être de connivence avec la destruction de la morale, du droit — et, par exemple, de la démocratie électorale, qui compte avec les « voix », etc.

L'aporie donne toujours à penser et à décider : tout autant que l'argent ou le fétichisme de la marchandise, ne faut-il pas analyser leur contraire ? Sans fin, et avec la même vigilance ?

2. L'autre problème, celui de la *signature*, touche aussi au temps de la singularité absolue. C'est celui de la disparition croissante non pas de l'argent, mais du signe monétaire sous sa forme dite matérielle. Je dis bien « sous sa forme dite matérielle » : il faudrait ici analyser de près, en effet, tout ce qui rend le mot de « matière » problématique ; surtout quand on dit, et il m'est arrivé de me servir à l'occasion de cette expression ambiguë, que nous assistons à une dématérialisation de la monnaie (carte de crédit, informatisation des échanges, etc.). Le problème de la singularité absolue passe cette fois par l'expérience de la *signature*. Dans l'histoire de la circulation des signes monétaires, l'« argent » (la pièce de monnaie, d'or ou d'argent, ou bien le billet de papier-monnaie inconvertible en or — comme ce fut souvent le cas après la Première Guerre mondiale — ou à convertibilité assurée, parfois par l'État, ou encore à cours forcé) appartient en principe au sujet comme *porteur* de la monnaie, et comme porteur anonyme, porteur de la monnaie qui ne porte aucun nom. L'invention de la lettre de change et du chèque faisait un appel essentiel au porteur du nom qui doit signer, en personne, présentement, ici, maintenant.

Même si cette signature peut se déléguer ou s'imiter, délégation et imitation renvoient en principe, en droit, et de façon essentielle ou structurelle à l'attestation du porteur du nom dans l'acte par lequel il s'engage lui-même, présentement, à honorer l'engagement, le paiement, la reconnaissance de dette, etc. La dématérialisation de la monnaie, sans restaurer l'anonymat du porteur, à savoir le système de la monnaie métallique et du billet de banque, en appelle à la signature *chiffrée*, sans nom propre écrit de la main du sujet ; elle substitue cette signature chiffrée à la fois à la signature non chiffrée et au signe monétaire, à son support de papier ou de métal. Ce qu'on appelle dématérialisation ne signifie pas la disparition ou la spiritualisation de la matière (et d'ailleurs on pourrait montrer qu'il y avait aussi une idéalité de la monnaie à support dit « matériel » — laissons cela), mais le passage d'un support à un autre, du support visible sous l'espèce d'une substance qui tient dans la main ou dans la poche du *porteur* (le métal ou le papier) à un support électronique qui garde un enregistrement que le sujet ne *porte* pas tel quel, directement, sur lui. Bien que l'instance du nom, de l'attestation présente et personnelle soit réservée en un certain lieu du système et reste un axiome de la monnaie électronique (à la différence d'un déplacement près, puisqu'il faut bien signer quelque part de sa main « propre » pour garantir le secret et l'usage du chiffre codé), ces différences phénoménales, ces écarts dans la phénoménalité des échanges, ne peuvent pas ne pas avoir des effets phénoménaux, entendons ici énormes, sur la subjectivité individuelle ou sociale, sur l'expérience de la subjectivité ou même de l'intersubjectivité, sur tout ce qui passe par l'expérience du présent, sur l'expérience du corps propre, du vêtement, de la main, de ce qu'on donne et reçoit en général. Cela ne peut pas être sans effet sur l'expérience du nom propre même, désormais remplaçable par un chiffre secret, etc.

Ayant déjà abusé du temps qui m'était accordé, m'étant donné pour règle de ne revenir ni de renvoyer en rien à un livre que je viens de publier sur le don et la monnaie, je me contenterai de raconter en forme d'épilogue elliptique une petite histoire vraie. Elle vient de m'arriver dans une gare.

Elle m'a donné et me donne encore à penser. Je la raconte sans commentaire, mais nous pourrions y revenir dans la discussion qui suivra.

Ce n'est pas une histoire de carte de crédit bancaire. Il n'y est pas question non plus de ces cartes chiffrées grâce auxquelles nous puisons des billets dans les murs après avoir montré patte blanche à une machine distributrice. Il s'agit d'une carte téléphonique, déjà partiellement usée, mais usée à un degré que je ne pouvais ni mesurer ni calculer. Je venais de téléphoner, en me servant de cette carte, depuis la gare du Nord vers minuit, au retour de Lille. Un jeune couple d'Anglais, à côté de moi, avait affaire à une machine téléphonique à pièces. Cette machine ne marchait pas et les jeunes Anglais n'avaient pas de carte. Après avoir fait le numéro à leur place et avec ma carte, je la leur laissai, et comme je m'éloignai alors que le jeune Anglais me proposait de me payer, sans savoir comment ni combien, j'ai fait un geste de la main pour signifier que non, c'était un cadeau et qu'en tout cas je ne voulais pas d'argent. Tout cela a duré quelques secondes et je me suis demandé, je crois que la réponse n'est pas possible pour mille raisons que je ne développerai pas, si j'avais donné quelque chose, et quoi, ou combien, combien d'argent, en les aidant à faire non pas n'importe quoi, mais seulement à appeler quelqu'un, au loin, par téléphone. Et pour les mêmes raisons, que je n'ai pas le temps de développer, comme je n'avais pas eu le temps de réfléchir à la gare du Nord, il n'y a pas lieu de répondre à la question de savoir s'il y avait de quoi se féliciter, narcissiquement, d'avoir donné, par générosité ou non, quelque chose, de l'argent ou non. Et à qui.

Si nous avions le temps d'une discussion, j'essaierais de vous convaincre qu'il ne *peut* pas et de surcroît qu'il ne *doit* pas y avoir de réponse qui tienne à ces questions.

Et qu'ainsi on ne peut ni ne doit savoir — s'il y a eu don. Par-dessus le marché.

L'ALIBI DE L'ARGENT

Alain Cotta

Mesdames, Messieurs, j'ai accepté, pour un très grand nombre de raisons et, d'abord, pour retrouver cette ville où j'ai enseigné au tout début de son université, l'invitation qui m'était faite de participer à ces journées qui nous convient à nous interroger sur l'argent : « Comment le penser. »

Je partirai, donc, de l'énoncé d'une question dont le caractère terroriste ne saurait vous échapper. Habitué à distinguer les trois ordres d'enseignement, le primaire consacré au « quoi », le secondaire au « comment », et le supérieur au « pourquoi », j'ai vu dans le thème qui nous réunit une invitation à ne pas quitter l'enseignement secondaire en posant, implicitement, qu'il ne convient pas de s'interroger sur la nécessité de penser l'argent. Or, pouvons-nous vraiment faire l'économie du pourquoi et s'interroger sur le comment avant d'avoir donné quelques raisons convaincantes de la nécessité — au moins de l'opportunité — de penser l'argent. Ne courons-nous pas des risques très réels à accepter cette invitation, aux allures d'ordre, à nous limiter au « comment le penser » ? Est-ce que nous ne tombons pas, si nous suivons cet ordre, dans le trou noir qui s'offre à toute démarche scientifique qui s'estime fondée à négliger les raisons de notre comportement.

Or, si nous nous intéressons à ces raisons, un paradoxe surgit que je voudrais évoquer devant vous puisqu'il me paraît justifier l'affirmation selon laquelle, au contraire de votre invitation, *il ne faut surtout pas s'arrêter à la « pen-*

sée de l'argent ». Non que l'argent n'existe pas, non que M. Robert Lion ait eu le moindre tort dans ses propos, non que nous n'ayons pas conscience de ses formes différentes, ainsi que vient de nous le montrer mon collègue Guillaume. Non, l'argent existe, l'argent a des formes, l'argent a des modes, l'argent a des procédures, l'argent a ses pouvoirs, l'argent a ses hommes et ses femmes, l'argent existe bien et nous le savons tous. *Mais faut-il le penser ?*

Quelles que soient ses formes, quels que soient ses pouvoirs, quelles que soient ses procédures, l'argent a une *fonction* sociale essentielle qu'il doit à trois de ses qualités. L'argent *mesure* d'abord, l'argent est une métrique. A cet égard d'ailleurs, il est moins convention que marque de confiance. L'argent porte en lui deux confiances essentielles : d'une part, il permet l'échange et sous-tend toute la socialisation économique et, d'autre part, il favorise l'accumulation sociale. Quelles que soient la force de la convention et celles des deux confiances sur lesquelles elle se fonde, il ne faut pas penser l'argent, il ne faut pas s'arrêter à sa pensée.

Commençons par la convention, par le fait que lorsque nous disons : « Un franc, deux francs, trois francs », nous mesurons ; bref, que l'argent est *la seule métrique sociale dont nous disposions.* Nous nous sommes arrêtés quelque temps à cette métrique, qui est au cœur du débat qui commence avec la révolution industrielle et dont vous avez eu quelques échos ici. Il s'agit des controverses sur les relations entre la métrique de l'argent, la valeur et surtout du prix : le prix d'un bien, d'un être, de n'importe quoi par l'argent exprime-t-il sa « valeur » ? Ce débat qui aura duré deux siècles vient, dans une très large mesure, de s'effondrer sans qu'il faille s'en étonner outre mesure.

Ce fut, depuis ses débuts, depuis Aristote, un débat où la « pensée de l'argent » constituait un alibi. A quelle fin ? Nous le savons tous. Un alibi pour dire, pendant deux siècles : « Mais non, l'argent ne mesure pas la valeur. Mais non, le prix n'est pas la valeur. » Je sais bien que l'on jouait — mon collègue Guillaume vient de le faire avec sa maestria habituelle — sur les termes de valeur et de valorisation. N'empêche que la pensée de l'argent en tant que métrique était un alibi pour affirmer que le prix était distinct de la valeur, bref, qu'il y avait une autre métrique que celle de « l'argent », par exemple, celle du travail.

Or, c'est sans doute ce fondement du marxisme qui vient de recevoir les coups les plus violents dans cette décennie. Non qu'il faille le moins du monde admettre que Marx soit mort : il faut être inculte, fanatique ou financé par des prébendes occultes pour admettre que le destin de Marx puisse être lié à ce que de pauvres commissaires du peuple ont essayé de faire ou plutôt de ne pas faire du contenu économique et moral du marxisme. Reste que la fin de l'économie soviétique, la fin de l'économie planifiée (fort mal certes), cette espèce d'enthousiasme avec lequel nos socialistes français — pour ne pas évoquer notre ministre des Finances — prêtent leur concours à la renaissance — que dis-je ! — à la création d'une économie de marché en Union soviétique, montre bien que l'argent, dans sa puissance conventionnelle, a triomphé. Parions que, pendant très longtemps, on ne discutera plus de valeur et de prix, de valorisation et de prix, et que l'on admettra que le prix exprimant la métrique de l'argent est sinon la seule convention sociale du moins la plus commode sur laquelle il convienne de vivre.

De ce point de vue, l'alibi de l'argent n'était qu'un acteur, de tréteau, même pas un faire-valoir, mais plutôt un personnage dont la fonction dans le drame était de détourner l'attention des spectateurs. Cet alibi a vécu : nous n'arrêterons plus, de longtemps, la pensée de l'argent à sa fonction de métrique.

En revanche, dans les deux grandes confiances que nous lui accordons, sa présence continue de s'imposer. D'abord, dans sa fonction d'échange qui exprime le « pouvoir d'achat » de notre revenu. Léon Bloy proposait de l'argent cette magnifique définition : « L'argent, c'est de la liberté frappée. » Autrement dit, notre liberté se mesure, qu'on le veuille ou non, à un revenu dont les disparités individuelles fondent l'essentiel des inégalités sociales. Nos revenus sont inégaux et limités : que de biens ou d'avantages que nous ne pouvons pas nous offrir. D'où la focalisation de notre pensée sur l'argent, sur l'évaluation monétaire de nos revenus pour y trouver l'argument essentiel de l'affirmation de l'injustice dont nous sommes victimes. La pensée de tous ceux dont les revenus sont faibles, dans l'absolu et le relatif (et ils sont les plus nombreux), s'arrête à l'argent. « Que le monde est injuste avec nous ! » Quant aux autres, selon les cultures, les civilisations, les pays, ils parlent pas ou peu de leurs hauts revenus ou y trouvent raison à se croire intrinsèquement supérieurs aux autres.

Ainsi, la conscience des inégalités entre les capacités économiques des êtres qui cohabitent en une même communauté ou société s'arrête, se fixe à la considération des revenus. Si, de surcroît, nous affirmons que les sentiments et d'abord la vie, elle-même, sont, ainsi qu'il vient d'être affirmé, inestimables ou difficilement estimables, nous imposons une distinction de fond entre le non-marchand et le marchand, entre ce qui relèverait de l'argent et ce qui, plus ou moins noble, n'en relèverait pas.

Cette attitude est pur alibi et, à ce titre, fort préjudiciable à nos destins. Notre pensée ne saurait s'arrêter à cette conception des inégalités, même si celle-ci est propre à animer les places publiques. Pas plus d'ailleurs la pensée de chacun d'entre nous pour soi-même, que la pensée de chacun d'entre nous pour les autres. L'inégalité des revenus a ses origines, qu'il s'agisse de la naissance, de l'inégalité des sorts et des conditions, des capacités physiques ou intellectuelles, des dispositions de caractère. C'est une inégalité intellectuelle qui condamne, à l'heure actuelle, 30 % de la classe d'âge en France à ne pas atteindre le « niveau » brevet. Cette inégalité est devenue telle, d'ailleurs, qu'on essaie désespérément d'intégrer socialement des individus dits sans qualification en y consacrant des moyens uniquement financiers. Bref, l'inégalité des revenus, l'inégalité de nos conditions personnelles et sociales en général sont l'expression de phénomènes beaucoup plus profonds qui ne se limitent pas à des rapports sociaux, mais aussi à des dispositions proprement biologiques ou naturelles. Les nier aboutit à des positions de principe qui conduisent elles-mêmes à des errements que nous connaissons bien. De même, dire que la vie est « inestimable » relève du sentiment et non de la raison. La vie s'estime en permanence ; elle a un prix qui varie selon les époques et les sociétés. Certaines sociétés peuvent sauver la vie de leurs membres pour leur capacité à en consentir un coût qui évalue objectivement cette vie alors que d'autres, moins développées, sont impuissantes à y parvenir.

Quels que soient nos scrupules moraux à l'accepter, la vie des premiers vaut plus que celle des seconds. Peut-on et doit-on séparer le deuxième monde de Popper et son monde premier, celui de l'inerte, des choses, de la matière, de l'argent ? Doit-on monétiser le non-marchand en acceptant l'aphorisme selon lequel rien ne coûte aussi cher à un homme qu'une femme qui l'aime pour lui-même, ou le vieil adage « Pas d'argent, pas de Suisse » ? Nous savons depuis toujours que le poids, les conséquences, les effets de nos sentiments ont un coût, même si nous nous le cachons soigneusement, ne fût-ce que pour légitimer la permanence de nos affections.

Ainsi, quel que soit l'univers où nous nous situons, que l'argent serve à acheter et à vendre ou seulement à évaluer nos passions, cet argent n'est qu'un *voile*. Que dissimule-t-il, sinon notre condition comparée à celle des autres, notre rôle social, notre place parmi les autres, dans une hiérarchie dont le contenu tient à des causes les plus personnelles et les plus circonstantielles jusqu'aux plus collectives et durables. S'arrêter à l'argent, s'interdire d'aller à l'origine même de notre condition dans notre absolu biologique et notre relatif social manifeste une erreur de jugement, un recul de notre entendement fort préjudiciable à toute lucidité.

L'argent contient aussi une seconde confiance qui sous-tend notre capacité individuelle et collective à l'accumulation et constitue ainsi la condition basilaire de l'évolution économique et sociale. On peut, à partir de l'argent et avec l'argent, constituer une fortune. L'argent en tant qu'il est lié au revenu est une capacité d'échange ; en tant qu'il est lié à une fortune, l'argent traduit la continuité de l'effort et la sédimentation de l'épargne quelquefois sur plusieurs générations. Mais, là encore, quand nous pensons l'argent, quel discours adoptons-nous ? Nous affirmons que la fortune d'un individu est le signe de sa réussite, qu'elle traduit et exprime le pouvoir qu'il a ainsi accumulé et qu'il peut mobiliser à volonté. On admet aussi que la fortune de l'individu atteste de l'amour qu'il porte à ses enfants, qu'elle possède un sens phylogénétique, sans oublier le discours psychanalytique de ceux qui voient dans l'argent le produit ou le moyen d'un transfert, le succédané d'une relation sexuelle.

Cette attitude est, certes, rationnelle. L'argent demeure le moyen presque unique de notre fortune. Mais, là encore, on aurait tort de s'arrêter en chemin. A vrai dire, l'argent, nous le savons bien, que nous invoquions nos enfants ou non, que nous pensions à l'évaluer en espèces sonnantes et trébuchantes, est fondamentalement, à mesure que nous vieillissons — voilà pourquoi on devient d'autant plus avare qu'on avance en âge — un moyen, dérisoire, d'exorcisme de la mort. L'argent se rapproche de la mort en s'éloignant de la vie. Nos fameuses caisses d'épargne dont on nous a dit qu'elles devaient être à l'abri de tout risque voudraient bien, au fond, pouvoir nous proposer un abri individuel à tous les risques, un havre pour l'éternité. Pour l'instant, elles ne nous proposent qu'un taux d'intérêt ; elles ne sont pas encore religieuses — nouveau produit à venir, peut-être ? M. Robert Lion serait assuré d'un beau succès s'il arrivait à nous proposer l'éternité, dans des conditions de confort acceptables.

Ainsi, s'arrêter, pour chacun d'entre nous, à l'argent, qu'il s'agisse de l'échange, du revenu ou de la fortune, est un « arrêt sur image » préjudiciable à sa compréhension des instances sociales, à la place qu'il y occupe et, donc, à la définition des moyens dont l'usage serait apte à l'améliorer. Contrairement aux apparences, la focalisation sur l'argent conduit à la résignation plus qu'à une quelconque forme d'activisme.

Il ne faut pas penser l'argent, il faut s'interroger sur ce pourquoi il existe, ce pourquoi nous en usons, ce pourquoi nous le désirons, ce pourquoi brûler un billet est symbolique, ce pourquoi cette idée ne viendrait pas à la plupart d'entre nous, et ce pourquoi nous désirons le conserver, même au prix de quelques actions plus ou moins avouables.

Il nous faut, au contraire, admettre que l'argent n'est qu'une espèce d'artefact qui permet aux hommes de vivre ensemble à l'intérieur de ces vastes communautés assez récentes qu'on appelle nations et peut-être, demain, dans une entité plus collective encore : l'espèce. Il convient, donc, de reconnaître définitivement que l'argent n'a rien à voir avec la culture au sens où, avec Michel Serres, nous considérons la culture davantage comme un mode de vie que comme une érudition limitée à un petit nombre, toujours sujette aux effets de mode qui passent. La culture ne fait pas de place à l'argent. Ses trois fondements essentiels relèvent de notre attitude à l'égard du corps et essentiellement de la nourriture — du moins pour les Français que nous sommes —, du sexe et de la mort. L'argent, dans cette espèce de trépied fondamental, n'est pas autre chose qu'une commodité qui, si nous la prenons ainsi qu'on nous le demande ici, c'est-à-dire si nous nous efforçons de « penser son comment », nous désoriente, nous prive de considérer que notre condition personnelle et nos inégalités sociales possèdent des « causes » qui se précisent pour peu qu'on veuille bien les identifier et les réfléchir : bonne ou mauvaise fortune d'être né ici ou là avec tels réseaux neuronaux plutôt que tels autres, dans telle configuration de pouvoir, bref *hic et nunc* et non pas ailleurs et autrement.

Errements graves, donc, que cet arrêt de la pensée et du jugement sur l'argent qui nous autorise à considérer que nous sommes partiellement irresponsables de notre condition et de nos comportements et que cette irresponsabilité supposée est, si j'ose dire, neutre, et se limite sur un plan général aux effets d'un taux d'intérêt réel, plus ou moins élevé, et à une politique monétaire ou financière plus ou moins rigoriste.

L'argent est, d'ailleurs, plus qu'un alibi. Il nous renvoie une image flatteuse de notre « moi ». Il intermédie entre le moi et la mort. La focalisation que notre société, en ce moment de son histoire, nous incite à faire sur l'argent, et à laquelle nous répondons si nous nous arrêtons au « comment penser la monnaie » nous interdit toute véritable conquête morale et nous condamne à l'absence de lucidité. Le grand poète René Char disait : « La lucidité est la blessure la plus rapprochée du soleil. » Je ne pense pas que considérer avec une très grande attention l'argent puisse nous préserver en quoi que ce soit de cette blessure qu'il appelait de ses vœux.

Débat

Une auditrice. — Le passage du paiement en espèces ou par chèque au paiement par carte bancaire me semble comporter des modifications dans l'attitude interne, si je puis dire, envers l'argent. Pensez-vous qu'il modifie les relations entre les gens, et la relation de chacun envers l'argent, qui devient peut-être plus irréelle ?

Marc Guillaume. — C'est une vraie question. Elle concerne le rituel du paiement, l'échange des regards aussi bien que l'échange des billets ou des chèques. La monétique apporte à ce rituel deux transformations qui sont, d'une certaine manière, opposées. D'un côté, la carte de crédit rend ce rituel plus discret, plus courtois. Au fond, la carte de crédit est presque une carte de visite, elle en a d'ailleurs le format. De ce point de vue, c'est une sorte d'argent anesthésié, qui efface la violence de l'échange monétaire et du commerce et, en un sens, « adoucit » les rapports humains. Mais, d'un autre côté, on peut également remarquer que la monétique va pouvoir effacer ce rapport entre les individus. Par exemple, avec le développement des techniques de péage à la volée. Dans les prochaines années, les franchissements de barrières, et bon nombre de consommations soit de temps soit d'espace seront automatiquement débités sans même qu'il y ait de signature. Jacques Derrida a insisté sur ce point essentiel, sur ce moment fondamental de l'émission, de l'échange de la monnaie que constituait jusqu'à présent le fait de signer. Ce codage qui s'opère dans le dos du porteur de la carte, cet effacement et cette anesthésie vont dans le sens d'une sorte de blanchiment de l'argent, d'une spectralisation de l'argent, d'une sorte d'automatisation généralisée.

Alain Cotta. — Deux remarques très rapides. La première c'est que le terme de « dématérialisation » me semble osé, si on ne le précise pas. L'ensemble de ces techniques implique en effet des infrastructures industrielles très développées. Il serait donc abusif de penser que cette dématérialisation, qui affecte la relation vécue entre l'usager et la monnaie qu'il utilise, peut s'appliquer de manière globale. Il n'y a, au contraire, que les pays très industrialisés qui peuvent s'offrir ces techniques « dématérialisées ». Deuxièmement, je pense que les individus finissent toujours, au bout d'un certain temps, par connaître quelles sont leurs limites de dépenses — d'ailleurs, on le leur rappelle assez rapidement —, quels que soient les formes et usages de la monnaie. Je ne pense donc pas que ces modifications puissent aller bien loin. Dans les casinos, les individus perdent ce qu'on appelle leur chemise parce qu'ils ont des jetons. Mais, en général, ils ne perdent qu'autant de chemises qu'ils en ont. Là aussi, la modification de leur attitude est donc limitée.

Une auditrice. — J'ai eu le sentiment que Jacques Derrida établit une équivalence entre le caractère formel de la loi morale chez Kant et le caractère neutre de l'équivalent monétaire dans les échanges marchands. Et j'aimerais savoir si c'est bien là sa pensée, car cela me paraît très discutable.

Jacques Derrida. — Non, pas du tout. Si j'avais dit ça, ce serait énorme. J'ai voulu attirer l'attention sur le fait que, dans le domaine moral, la forme d'indifférence qui *rend possible* la monnaie, par la neutralisation des caractères particuliers, renferme aussi la *possibilité* de neutraliser les différences pour accéder à la singularité de chacun. C'est donc au nom de l'unicité, de la singularité du sans-prix, du respect de ce qu'on appelle la dignité que s'opère un passage par la neutralisation des différences. Chaque être raisonnable, chaque personne, comme on dit, est unique et a droit au respect absolu. C'est une fin en soi, quelle qu'elle soit, quels que soient ses caractères naturels, ses aptitudes, ses attributs sociaux, sexuels ou économiques : égale dignité. Pour accéder à cette égalité qui veut que chacun en vaut un autre, il faut passer par une certaine indifférence. Je n'ai pas dit que c'était la *même* indifférence que celle sur laquelle est fondée l'existence de la monnaie. J'avais plutôt en tête de montrer que le mépris de l'argent, lié au fait que l'argent est anonyme, indifférent, circule de main en main sans qu'on sache, en quelque sorte, à quelle singularité il se rattache, revient souvent à mépriser cet élément de calculabilité et d'indifférence qui est nécessaire aussi à la morale, au sens kantien.

Laissons Kant de côté. Prenons l'axiome selon lequel la vie

humaine (pour aller vite, je laisse de côté le grave problème de l'animal) a son prix, chaque vie est égale en dignité à une autre et, par conséquent, quelle que soit la classe sociale, la place dans une hiérarchie, etc., l'une vaut l'autre. J'ai voulu souligner que cette neutralisation des différences a la même condition de possibilité que le signe en général, que le langage et que l'argent. Mais, à partir de cette condition de possibilité commune, je ne dis pas que cela s'équivaut !

Un auditeur. — Si la rigueur dans le domaine monétaire est un facteur de santé pour l'économie, les excès de rigorisme et du monétarisme ne sont-ils pas des freins pour l'ensemble du développement, conduisant à des effets inverses à ceux que l'on peut espérer ?

Alain Cotta. — Le fait est qu'il doit exister dans nos sociétés des normes d'émission de la monnaie qui s'imposent au pouvoir. Si le pouvoir était totalement libre d'émettre la monnaie qu'il désire au moment où il le désire, nos démocraties n'existeraient pas : elles seraient vidées de tout leur contenu. Cette nécessité peut conduire aux thèses extrémistes du monétarisme, qui n'a pas de fondement théorique, mais seulement un fondement de type sociologique. Son discours est à peu près le suivant : « Nous nous méfions de tous les pouvoirs, et d'abord du pouvoir politique, qui est le plus suspect de tous. Pour le contraindre, il nous faut un pouvoir qui soit absolument indépendant, technocratique. Ce pouvoir, c'est la banque centrale, qui doit seule fixer les normes. »

Faut-il adopter de telles normes ? Faut-il être aussi méfiant à l'égard du pouvoir politique, et du pouvoir économique des entreprises ? Bref, faut-il adopter des formes de démocratie qui n'en sont plus, mais qui sont des formes de dictature financière ? J'ai pour ma part récemment porté un jugement sur la politique économique et financière menée en France à l'heure actuelle — je dis bien « à l'heure actuelle » et non « il y a dix ans ». Cette politique est à mes yeux trop restrictive. Au nom d'un monétarisme qui devient dogmatique, elle met en cause la croissance, l'emploi, et d'autres petites choses de ce genre...

Je vous répondrai enfin, d'un point de vue global, que toute politique économique et monétaire finit par devenir perverse si elle n'est pas modifiée. L'usage immodéré et continu de l'inflation finit par pervertir tout le système économique, provoquer de faux investissements, etc. Il ne faut jamais oublier que nous sommes dans des systèmes humains, où joue l'apprentissage. Ceux qu'une politique économique favorise le sont de plus en plus, et ceux auxquels elle porte préjudice finissent par s'y adapter et par trouver quantité d'échappatoires. Rien n'est plus préjudiciable à une collectivité qu'une espèce de dogmatisme entêté, quel qu'il soit. De même que l'inflation à 300 % par an au Chili conduit à des errements, de même la désinflation dite compétitive finira par avoir comme conséquence que nous mourrons guéris.

Robert Lion. — Je ne suis pas vraiment en désaccord avec Alain Cotta. Il y a aujourd'hui un grand débat sur la frilosité de l'appareil financier, et plus particulièrement bancaire. J'en parle d'autant plus aisément que l'institution que je dirige ne finance pas les entreprises, mais les collectivités locales et les investissements publics.

Je voudrais simplement attirer votre attention sur les difficultés que rencontre l'activité des institutions financières. Si elles vont trop loin et si, par exemple, elles dégradent ces ratios que j'ai évoqués tout à l'heure entre les fonds propres et les engagements, votre confiance n'est plus méritée, et vous irez déposer la trésorerie de votre entreprise ou confier la gestion de ses capitaux à d'autres. Il s'agit donc de raison garder, et l'idée de la prudentialité, c'est-à-dire le respect de normes strictes dans la conduite des affaires financières, demeure de ce point de vue essentielle. Car si on se trompe, l'ensemble de l'économie dérape. L'exemple de la dérégulation excessive que les États-Unis ont subie dans les années quatre-vingt viendrait l'illustrer. En France, c'est parce qu'il y a eu des emballements, et notamment du prêt à tout-va de la part d'un appareil bancaire à la fois rustique et hyperstructuré, avec un nombre de guichets tout à fait déraisonnable, que se sont produits la spéculation foncière et les emballements immobiliers que l'on connaît. Retour de bâton : aujourd'hui, l'immobilier ne vaut plus ce qu'il valait. Les bilans des banques sont menacés ; elles ne prêtent plus. Si l'appareil avait été plus raisonnable, peut-être n'aurait-on pas connu cet effet de rétrécissement de la contribution des banques au développement de l'économie qu'on observe dans notre pays à l'heure actuelle.

Jean-Loup Jolivet. — La monétique dont Marc Guillaume nous a parlé ne pose-t-elle pas sous un angle nouveau la question de la sécurité de la monnaie et celle aussi de la protection de la liberté ?

Marc Guillaume. — Très brièvement, trois impressions. La première, c'est que les problèmes de confidentialité soulèvent des questions mathématiques et informatiques tout à fait passionnantes, qui intéressent énormément ceux qui travaillent dans ce domaine, d'après ce que je sais, sans être spécialiste. Par ailleurs, je n'ai pas l'impression que les problèmes soient insurmontables, et les fraudes ou utilisations abusives ne sont pas plus importantes que celles des « faux-monnayeurs ». A terme, on trouvera des parades. Enfin, troisième impression — là, je ne vais pas me rendre sympathique —, je crois que ces histoires de respect de la vie privée sont tout à fait rétrogrades. Je ne crois pas que ce soit un problème essentiel. Je sais que cette affirmation choque. J'ai, bien entendu, le plus grand respect pour la commission Informatique et libertés. Ces questions méritent attention, mais ce sont malgré tout des questions du passé. Je crois en effet que le pouvoir ne s'intéresse pas aux individus. Les sociétés de contrôle sont des sociétés à contrôle statistique. Personne ne vous écoute, ou presque. Le fantasme du panoptisme électronique n'existe que dans notre tête. Personne ne nous regarde. Le contrôle s'exerce à la marge, c'est un contrôle global, pas de contrôle individuel. Aujourd'hui, il faut sans doute se battre pour que la CNIL soit la plus efficace possible, mais, à terme, ce n'est pas le grand problème social.

Robert Lion. — Je suis tout à fait d'accord avec les deux dernières remarques que vient de faire Marc Guillaume. Dans le domaine bancaire et financier, je n'ai pas le sentiment qu'il y ait des violations de la vie privée à partir des éléments que détiennent les banques. Je peux me tromper, mais il est évident qu'il n'y a pas de *vox populi* forte qui se fasse entendre en ce sens. Je serai par ailleurs d'accord pour dire que l'inviolabilité du secret bancaire peut être remise en cause, par exemple dans la lutte contre le blanchiment de l'argent de la drogue. La Suisse, dont on a tant vanté la confidentialité des banques, n'est pas grandie par l'image qu'elle s'est faite de refuge d'argent mal gagné. Il y a donc aujourd'hui, me semble-t-il, à composer entre le respect de la vie privée et les intérêts collectifs qui peuvent donner lieu à la mise à nu d'un certain nombre d'informations.

Marc Guillaume. — Si ce Forum avait eu lieu au début du siècle, nous aurions eu raison d'avoir la même réaction concernant le téléphone, en disant : « Personne ne va tout écouter. » Je ne pense pas qu'il y ait lieu d'entretenir un fantasme d'espionnage généralisé. Quand de nouveaux moyens techniques sont mis à disposition des pouvoirs, il semble important d'en codifier l'usage pour le cas, improbable, où il y ait de temps en temps des débordements.

Alain Cotta. — Cette distinction est importante. Car entre dire que les pouvoirs actuels, dans nos démocraties, n'utilisent pas les moyens qu'ils ont de pénétrer dans la vie privée et le fait de rendre impossible qu'ils puissent le faire, même s'ils le voulaient, il y a une différence de taille !

ORIENTATION BIBLIOGRAPHIQUE

Les pages qui précèdent indiquent déjà bon nombre de références, dans les notes ou les bibliographies. On rassemble ici quelques titres, pour la plupart déjà mentionnés, à l'usage du lecteur désireux de poursuivre la réflexion.

Parmi les revues et volumes collectifs :

L'argent, sous la direction de Martin Gorin (*Communications,* n° 50, Le Seuil, 1989).
L'argent (*Corps Ecrit*, n° 22, PUF, 1987).
L'argent. Actes du XXVIIIe Colloque des intellectuels juifs de langue française. Textes présentés par Jean Halpérin et Georges Lévitte (Denoël, 1989).

Parmi les ouvrages de psychanalyse :

Psychanalyse de l'argent, d'Ernest Borneman (PUF, 1978).
De l'argent en psychanalyse et au-delà, de Serge Viderman (PUF, 1991).

Parmi les ouvrages de philosophie et de sociologie :

La philosophie de l'argent, de Georg Simmel (PUF, 1987).
La violence de la monnaie, de Michel Aglietta et André Orléan (PUF, 1982).
La machine à faire des dieux, de Serge Moscovici (Fayard, 1988).

Remerciements

Ce Forum est, par définition, une expérience collective. Le volume qui en est issu n'existe également que par des concours multiples, auxquels il convient d'exprimer la gratitude qui leur revient de droit.

C'est aux auteurs du livre, pour leur travail, leur ponctualité, leur collaboration attentive et patiente que vont évidemment, et en tout premier lieu, les remerciements de celui qui est seulement le rassembleur de leurs textes et de quelques-uns de leurs propos.

C'est au public ensuite, pour sa présence massive, sa qualité d'écoute, ses questions pertinentes, dont bien peu seulement ont pu être retenues, que va ma reconnaissance, car il n'est pas seulement un des principaux acteurs de ce Forum, mais un des auteurs de cet ouvrage.

Sans le soutien actif de la ville du Mans, et d'abord de son maire, M. Robert Jarry, et de l'université du Maine, présidée par M. Jean-Loup Jolivet, partenaires du journal *Le Monde* dans l'organisation de cette manifestation, rien n'aurait pu être fait. Qu'ils soient vivement remerciés, ainsi que toutes les institutions et les personnes du Mans ou de sa région, trop nombreuses pour être ici mentionnées, qui ont apporté leur soutien à cette aventure.

Une mention tout particulière doit être réservée au Dr Henry Lelièvre, maire-adjoint du Mans. C'est à lui en effet que revient l'initiative de ces rencontres, la suggestion de leur thème, et une large part de leur style. Son infatigable ardeur et son enthousiasme au service d'une culture sans démagogie ont constamment fait avancer cette entreprise inédite.

Parmi les conseillers du Forum pour cette édition, mes remerciements vont plus particulièrement à Jean-Marie Thiveaud et à

Bernard Maris, qui ont bien voulu m'éclairer dans des domaines où les repères parfois me manquaient, à Jean Beaujouan, sous-directeur du Crédit agricole, qui m'a aidé à compléter ma documentation, ainsi qu'à l'ensemble des personnalités qui se sont groupées dans le « Cercle du Forum *Le Monde* Le Mans », qui se réunit désormais plusieurs fois par an.

La confection de ce volume doit aussi beaucoup à la collaboration chaleureuse de Jean Parthenay, directeur du Palais des congrès et de la culture du Mans, de toute l'équipe administrative et technique du Palais, et à l'efficacité de Laurence Jauneau, chargée de la coordination des multiples tâches d'organisation.

Agnès Botz, élève de l'École normale supérieure de Fontenay, a bien voulu se charger de traduire le texte du philosophe américain Mark C. Taylor, avec ma collaboration, et je lui en suis reconnaissant.

Je tiens particulièrement à remercier Yvette Gogue, spécialiste hors pair de la transcription de débats et d'entretiens enregistrés. Sa rapidité, sa compétence et son exactitude m'ont permis d'achever la mise au point des tables rondes et des forums sans nuire à d'autres travaux en cours.

Mon plus amical remerciement s'adresse enfin à Danielle Nees, dont la double compétence d'économiste et d'éditeur m'est venue en aide pour la mise au net de la première table ronde.

Les participants

Jean ANDREAU
• Directeur d'études à l'École des hautes études en sciences sociales.
• Spécialiste de l'économie et de la société du monde romain antique, et plus particulièrement des activités financières et commerciales.
• A notamment publié *Les Affaires de Monsieur Jucundus* (École française de Rome, 1987). *La Vie financière dans le monde romain, les métiers de manieurs d'argent* (École française de Rome, 1987), et préfacé la traduction française des travaux de Michel Rostovtseff (*Histoire économique et sociale de l'Empire romain, Histoire économique et sociale du monde hellénistique*. Laffont, coll. « Bouquins », 1988 et 1989).

Christian de BOISSIEU
• Professeur à l'université de Paris-I (Panthéon-Sorbonne) et à l'Institut d'études politiques de Paris. Membre du Conseil national de crédit, du Comité de la réglementation bancaire et président de l'Association française de finance.
• Ses travaux portent sur les questions monétaires et financières, et sur la liaison entre les théories et les politiques économiques, en particulier dans les domaines de la politique monétaire, des taux d'intérêt, des innovations financières et de la construction de l'Europe monétaire.
• A publié de nombreux articles et une douzaine d'ouvrages, parmi lesquels : *Les Vitesses de circulation de la monnaie* (Cujas, 1975), *La Structure des taux d'intérêt* (Economica, 1977), *Principes de politique économique* (Economica, 1980), *Banking in France* (Routledge, 1990), *Monnaie européenne, Système monétaire international* (PUF, 1991).

Henri BOURGUINAT
• Professeur d'économie à l'université de Bordeaux-I. Directeur du laboratoire d'analyse et de recherche économiques (unité de recherche associée au CNRS).
• A centré ses recherches sur l'analyse des phénomènes de crise dans les marchés financiers contemporains.
• A notamment publié *L'Économie mondiale à découvert* (Calmann-Lévy, 1985), *Les Vertiges de la Finance internationale* (Economica, 1987), *Théo-*

rie économique et crises des marchés financiers (en collaboration avec P. Artus, Economica, 1990).

Pierre CHAUNU

• Professeur à l'université de Paris-Sorbonne. Membre de l'Institut. Fondateur du Centre de recherches d'histoire quantitative.
• Connu pour ses travaux monumentaux consacrés à l'histoire économique et sociale de l'expansion européenne, Pierre Chaunu l'est aussi pour ses nombreux essais philosophiques et politiques.
• De 1948 à 1991, a publié quatre-vingts ouvrages, dont *Séville et l'Atlantique (1504-1650)* (SEVPEN, 1955-1960, 12 volumes), *Les Philippines et le Pacifique des Ibériques* (SEVPEN, 1960-1966, 2 vol.), et récemment *Colère contre colère* (Seghers, 1991).
• Fut également membre du Conseil économique et social, et tient depuis dix ans une chronique dans *Le Figaro*.

Dany COHEN

• Avocat au barreau de Paris depuis 1975. Secrétaire de la conférence de La Haye de droit international privé de 1982 à 1985. Professeur de droit privé à l'université du Maine de 1985 à 1991, et actuellement à l'université de Cergy.
• A notamment publié : *La Cour de cassation et le principe de séparation des autorités administratives et judiciaires* (Economica, 1987), *La Cour européenne des droits de l'homme et le droit international privé* (*Revue critique de droit international privé,* 1989).

Alain COTTA

• Docteur ès sciences économiques. Agrégé des facultés de droit et de sciences économiques. Professeur à l'université de Paris-IX-Dauphine et à l'École des hautes études commerciales. Membre de la commission Trilatérale.
• A principalement centré ses recherches sur l'analyse du capitalisme et sur les questions éthiques et géopolitiques que pose son évolution contemporaine.
• A publié une quinzaine d'ouvrages parmi lesquels : *Analyse qualitative de la croissance des pays sous-développés* (PUF, 1967), *Le Capitalisme* (PUF, « Que sais-je ? », 1977), *La Société ludique* (Grasset, 1980), *Le Capitalisme dans tous ses états* (Fayard, 1990).

Gilles COTTEREAU

• Professeur agrégé de droit public à la faculté de droit et des sciences économiques de l'université du Maine.
• Spécialiste de droit international, a effectué des études et expertises dans le cadre de l'ONU et une mission dans le cadre d'un programme « Croix-Rouge et droits de l'homme ».
• A notamment publié *Position de la France à l'égard de la juridiction internationale* (1980), *Vivre et penser le droit international* (1990), *La Responsabilité dans le système international* (1990).

Jean DEFLASSIEUX

• Diplômé de l'École des hautes études commerciales, licencié en droit. Diplômé d'études supérieures d'économie politique et de sciences économiques.

• Président du Crédit Lyonnais (1982-1986), aujourd'hui président honoraire. Président de la Banque centrale monégasque de crédit (depuis 1978). Président de la Banque des échanges internationaux (depuis 1987).
• Administrateur, notamment, d'East Asiatic Holding Co. (depuis 1972), d'UBAF Bank Londres (depuis 1973), de la Gulf Riyad Bank (depuis 1978), du Crédit commercial de France.

Jacques DERRIDA
• Directeur d'études à l'École des hautes études en sciences sociales. Enseigne régulièrement aux États-Unis. Docteur *honoris causa* de plusieurs universités américaines.
• Auteur d'une œuvre philosophique et littéraire considérable, qui a déjà suscité en Europe et hors d'Europe des centaines d'études qui y voient une des pensées majeures du XXe siècle.
• A publié une quarantaine d'ouvrages, depuis *L'Écriture et la différence* (Éd. du Seuil, 1967), et *De la grammatologie* (Éd. de Minuit, 1967) jusqu'à *Du droit à la philosophie* (Galilée, 1990) et *L'Autre Cap* (Éd. de Minuit, 1991). Dernier en date des livres consacrés à son travail : *Jacques Derrida*, par Geoffrey BENNINGTON, et *Jacques Derrida* (Éd. du Seuil, collection « Les contemporains », 1991).

Paul FABRA
• Diplômé de l'Institut d'études politiques de Paris, journaliste au *Monde*, éditorialiste de la rubrique économique, collaborateur de différentes revues françaises et étrangères, parmi lesquelles le *Wall Street Journal*.
• A notamment publié *Y a-t-il un marché commun ?* (1965) et *L'Anticapitalisme, essai de réhabilitation de l'économie politique* (1974).

Christophe GUETTIER
• Professeur agrégé des facultés de droit. Doyen de la faculté de droit et des sciences économiques de l'université du Maine. Chargé de cours aux Écoles de Coëtquidan.
• Spécialiste du droit parlementaire français, des institutions de la Ve République et des procédures administratives contentieuses.
• A récemment publié *Le Conseil constitutionnel et le droit parlementaire sous la Ve République* (*Revue du droit public*, 1990), et diverses notes de jurisprudence administrative dans les revues spécialisées.

Bernard GUIBERT
• Ancien élève de l'École polytechnique, docteur d'État en économie. Actuellement administrateur de l'Institut national de statistiques et études économiques (INSEE).
• A collaboré à la politique de recherche en sciences sociales au Plan, à la Caisse nationale des allocations familiales et au ministère de la Recherche et de la Technologie.
• Ses publications ont eu pour principaux objets la crise des années soixante-dix, la pensée économique et philosophique de Marx, les transformations de la famille et la protection sociale.

Géraud GUIBERT
• Conseiller auprès du ministre d'État, ministre de l'Économie, des Finances et du Budget, chargé des affaires internationales et de la coopération. Chargé de conférences à l'université du Maine.

• Spécialiste et praticien des relations économiques et financières internationales (en particulier dans les domaines du sous-développement et des économies des pays de l'Est).
• A publié *Le Grand Tournant énergétique* (Syros, 1963).

Marc GUILLAUME
• Ancien élève de l'École polytechnique et de l'École nationale de statistique et d'administration économique. Docteur ès sciences économiques. Agrégé des facultés de droit et des sciences économiques. Professeur à l'université de Paris-IX-Dauphine, directeur de l'IRIS (Centre de recherche associé au CNRS).
• Travaille actuellement sur les enjeux culturels de certaines technologies de la communication, le rapport nature/artificiel, l'imaginaire écologique, etc.
• A publié une dizaine d'ouvrages, parmi lesquels : *les Marchés d'occasion et la dépréciation du capital* (PUF, 1966), *L'Anti-économique* (en collaboration avec Jacques ATTALI, PUF, 1973), *Éloge du désordre* (Gallimard, 1980), *La Contagion des passions, essai sur l'exotisme intérieur* (Plon, 1989).
• Est également codirecteur de la collection « Économie en liberté » (PUF) et délégué général de l'Association Descartes (ministère de la Recherche et de la Technologie).

Michel HENRY
• Professeur de philosophie à l'université Paul-Valéry de Montpellier.
• A consacré sa recherche à l'étude du problème de la vie, sous ses aspects essentiels : le corps, l'affectivité, la force. Cette préoccupation se poursuit aussi bien dans ses recherches consacrées à la métaphysique que dans celles qui traitent du travail, ou de l'esthétique contemporaine.
• A notamment publié *L'Essence de la manifestation* (PUF, 1963, rééd. 1991), *Philosophie et phénoménologie du corps* (PUF, 1965, rééd. 1987), ainsi qu'une réinterprétation de *Marx* (Gallimard, 2 vol., 1976, rééd. collection « Tel », 1991) et une *Généalogie de la psychanalyse* (PUF, 1985). Est également l'auteur d'essais, parmi lesquels *La Barbarie* (Grasset, 1987), *Du communisme au capitalisme, théorie d'une catastrophe* (Odile Jacob, 1990), et de trois romans chez Gallimard, dont *L'Amour les yeux fermés* obtint le prix Renaudot en 1976.

Denis KESSLER
• Agrégé en sciences économiques et en sciences sociales. Directeur d'études à l'École des hautes études en sciences sociales. Président du Comité des usagers des services bancaires de 1985 à 1990. Actuellement président de la Fédération française des sociétés d'assurances.
• Spécialiste des problèmes d'épargne, de patrimoine et de retraite.
• A notamment publié *L'Épargne et la retraite* (en collaboration avec Dominique STRAUSS-KAHN, Economica, 1982), *Accumulation et répartition des patrimoines* (en collaboration avec André MASSON et Dominique STRAUSS-KAHN, Economica, 1982), *Cycles de vie et générations* (en collaboration avec André MASSON, Economica, 1985) et dirigé les ouvrages collectifs *Economie sociale* (Éd. du CNRS, 1988) ainsi que *L'Assurance européenne* (en collaboration avec Benoît JOLIVET, *Revue d'économie financière*, n° 11, PUF, 1990).

Jacques LESOURNE
• Ancien élève de l'École polytechnique, ancien ingénieur au corps des Mines.
Professeur d'économie au Conservatoire national des arts et métiers.
Directeur gérant du journal *Le Monde.*
• Ses travaux portent sur l'économie prospective, l'analyse des stratégies industrielles, et les réponses possibles aux multiples défis de la complexité de notre époque.
• A publié une vingtaine de livres, parmi lesquels *Les Mille Sentiers de l'avenir* (Seghers, 1981, rééd. Hachette-Pluriel, 1983), *Éducation et société, les défis de l'an 2000* (La Découverte - *Le Monde*, 1988), *De l'Atlantique à l'Oural, l'après-communisme* (en collaboration avec Bernard LECOMTE, Éd. Robert Laffont, 1990), *Économie de l'ordre au désordre* (Economica, 1991).

Robert LION
• Directeur général de la Caisse des dépôts et consignations depuis 1982.
Inspecteur général des finances depuis 1984.
Membre du Conseil général de la Banque de France, du Conseil national du crédit, de la Commission supérieure de la Caisse nationale de prévoyance.
Président de la Société d'économie mixte nationale Tête-Défense, administrateur notamment du Crédit national, d'Eurotunnel, d'Air France, etc.

Bernard MARIS
• Docteur d'État ès sciences économiques. Maître de conférences à l'université de Toulouse-I. Membre du groupe de recherches sur l'Amérique latine (CNRS).
Chroniqueur au journal *Le Monde.*
• Spécialiste de l'analyse des politiques économiques et des problèmes du sous-développement.
• A publié récemment *Des économistes au-dessus de tout soupçon* (Albin Michel, 1990), *Les Politiques économiques conjoncturelles* (PUF, 1991), et dirigé l'ouvrage collectif *La Question alimentaire en Amérique latine* (Éd. du CNRS, 1991).

Maurice MÉNARD
• Professeur de littérature française à l'université du Maine.
• Spécialiste de Balzac et du roman français des XIXe et XXe siècles.
• A publié *Balzac et le comique dans « la Comédie humaine »* (PUF, 1983), ainsi que de nombreux articles sur le roman, de Jules Janin à Marcel Proust, et a édité *Illusions perdues, Le Cousin Pons, Les Chouans.*

Alain de MIJOLLA
• Psychanalyste. Président de l'Association internationale d'histoire de la psychanalyse.
Chargé de conférence à l'École des hautes études en sciences sociales.
• A centré ses recherches sur l'histoire de la psychanalyse.
• A notamment publié *Les Visiteurs du moi* (Éd. Les Belles Lettres, 1981) et *Les Mots de Freud* (Éd. Les Belles Lettres, 1990). Dirige la *Revue internationale d'histoire de la psychanalyse* (Presses universitaires de France).

Vinh Nguyen Quoc
• Professeur de droit public à l'université du Maine.
• Spécialiste du droit public économique et des questions juridiques liées aux finances publiques et au domaine public maritime.
• Parmi ses publications : *Les Entreprises face au droit des sociétés commerciales* (LGDJ, 1979), *Les Institutions d'économie mixte* (Juris-Classeur administratif, fasc. 160 et 161, Éditions Techniques, 1986 et 1990), *Le Droit du littoral et de la mer côtière* (collaboration, Economica, 1991).

Éric Arnoult (Erik Orsenna)
• Maître des requêtes au Conseil d'État. Actuellement conseiller auprès de Roland Dumas, ministre d'État, ministre des Affaires étrangères.
• A publié notamment quatre romans sous le nom d'Erik Orsenna, dont *L'Exposition coloniale* (Éd. du Seuil, prix Goncourt, 1988), coscénariste du film *Indochine*, de Régis Wargnier.
En préparation : deux romans, un projet de théâtre, et deux scénarii.

François Rachline
• Enseigne l'économie à l'université de Paris-X-Nanterre et à l'Institut d'études politiques de Paris. Président de l'Association des professeurs et maîtres de conférences de sciences po.
• A centré ses recherches sur l'épistémologie de l'économie, la macroéconomie monétaire et sur de nouvelles hypothèses interprétatives du capitalisme.
• A publié notamment *La Nature de la monnaie* (*Revue économique*, vol. 33, n° 3, mai 1982), *Une économie mondiale* (Hachette-Pluriel, en collaboration, 1985), des tribunes dans *Libération* et dans *Le Monde*. Son dernier ouvrage s'intitule *De zéro à epsilon, vers une nouvelle théorie de l'économie* (Archipel-First, 1991).

Jean-Michel Servet
• Professeur à la faculté de sciences économiques et de gestion de l'université Lumière Lyon-II, responsable du DEA « Monnaie, finances, banque ».
• Travaille sur l'histoire des faits et de la pensée économiques et monétaires, ainsi que dans le domaine de l'anthropologie économique (études de terrain en Afrique de l'Ouest).
• A notamment publié *Nomismata : état et origines de la monnaie* (Presses universitaires de Lyon, 1984), *Idées économiques sous la Révolution, 1789-1794* (Presses universitaires de Lyon, 1989). Éditeur, en collaboration avec B. Courbis, des *Ecrits monétaires (1809-1811)* de David Ricardo (Musée de l'Imprimerie et de la Banque, 1991). Coéditeur des *Œuvres économiques complètes* d'Auguste et de Léon Walras (Economica, 5 vol. parus depuis 1987).

Marc Shell
• Ancien président du département de littérature comparée à l'université du Massachusetts (États-Unis). Actuellement professeur de littérature anglaise et comparée à l'université de Harvard (États-Unis)
• Spécialiste des relations entre littérature, philosophie et sciences sociales (économie, anthropologie).
• A notamment publié *The Economy of Literature* (John Hopkins Uni-

versity Press, 1978, traduit en espagnol, traduction italienne en cours), *Money, Language and Thought : Literary and Philosophical Economies from the Medieval to the Modern Era* (University of California Press, 1982, traduit en espagnol et en italien, traduction allemande en cours). Plusieurs titres sous presse.

Mark C. TAYLOR
• Docteur de l'université de Harvard et de l'université de Copenhague. Professeur au Williams College (Massachussetts, États-Unis).
• A centré ses recherches sur les relations entre théologie, esthétique et philosophie à l'époque contemporaine.
• A publié une dizaine d'ouvrages, parmi lesquels *Journeys to Selfhood : Hegel and Kirkegaard* (University of California Press, 1980), *Deconstructing Theology* (New York, 1982), *Tears* (State University of New York Press). Un de ses livres, paru à Chicago en 1984, a été traduit en français : *Errance, lecture de Jacques Derrida, un essai d'athéologie postmoderne* (traduit de l'américain par Michel Barat, Éd. du Cerf, 1985).

Jean-Marie THIVEAUD
• Archiviste-paléographe. Conseiller historique de la Caisse des dépôts et consignations.
Délégué de l'Association d'économie financière. Conseiller scientifique de la Société européenne d'histoire bancaire.
• Travaille à l'analyse des mécanismes des finances publiques (épargne, prévoyance, crédit public), du XVIIIe siècle à nos jours.
• A notamment publié *1816-1986. La Caisse des dépôts et consignations* (CDC, 1988), *Deux Cents ans de prévoyance* (CDC, 1989), *Finances et Révolution* (CDC, 1989), et différents articles dans *La Revue d'économie financière, Le Journal des caisses d'épargne, Marchés et techniques financières*, etc.

Marc UZAN
• Chercheur associé au département d'économie de l'université de Berkeley (Californie, États-Unis).
• Spécialiste de l'histoire économique et financière des relations américano-européennes contemporaines.
• A notamment publié *Le Rôle de la banque Morgan dans l'entre-deux-guerres*, et *La Compétitivité des banques américaines* (*Revue d'économie financière*, automne et hiver 1990). A paraître, en collaboration avec Barry EICHENGREEN, *The Economic Consequences of the Marshall Plan*.

Jean-Louis VIEILLARD-BARON
• Professeur de philosophie à l'université de Poitiers. Directeur du Centre de recherche et de documentation sur Hegel et sur Marx (philosophie allemande post-kantienne).
• A centré ses recherches sur la philosophie allemande du XIXe siècle, en particulier Fichte et Hegel, sur Georg Simmel, ainsi que sur Bergson, et sur les problèmes de la réception de la philosophie antique dans la pensée moderne.
• A publié plusieurs traductions avec commentaires (dont Simmel, *Philosophie de la modernité*, Payot, 2 vol. 1989 et 1990) et, parmi d'autres ouvrages, *Platon et l'idéalisme allemand (1770-1830)* (Beauchesne, 1979),

Platonisme et interprétation de Platon à l'époque moderne (Vrin, 1989), *Bergson* (PUF, « Que sais-je ? », 1991).

Ces textes ont été réunis et présentés par

Roger-Pol DROIT

• Normalien, agrégé de philosophie. Chargé de recherche au CNRS (philosophie). Chroniqueur au journal *Le Monde*.

• A notamment publié *L'Oubli de l'Inde, une amnésie philosophique* (PUF, 1989 ; Le Livre de poche, « Biblio-Essais », 1992) et dirigé des ouvrages collectifs : *Présences de Schopenhauer* (Grasset, 1989 ; Le Livre de poche, « Biblio-Essais », 1991) et les publications du Forum (Le Monde-Editions, 1990-1992).

Table des matières

Composition Facompo, Lisieux (Calvados)
Achevé d'imprimer en septembre 1992
sur les presses de l'imprimerie Carlo Descamps,
Condé-sur-l'Escaut (Nord)
Dépôt légal: septembre 1992
Numéro d'imprimeur: 7578
ISBN 2-87899-050-1